U0071118

基督教文化對
五四新文學的影響

楊劍龍
著

目　次

緒論　基督教文化思潮與「五四」新文化運動 1

上　編　非基督教運動與五四知識分子

第一章　少年中國學會關於宗教問題的論爭 23

第二章　非基督教、非宗教運動的興起與發展 53

第三章　「五四」語境中的基督教新文化運動 101

第四章　陳獨秀的宗教觀與對基督教的複雜態度 115

第五章　眞理社、生命社對「非基督教運動」的回應 ... 136

第六章　《眞光》雜誌對於非基督教言論的反駁 153

第七章　非基督教思潮與中國教會本色化運動 179

第八章　基督徒知識份子的思索與應對 202

第九章　「五四」知識份子與基督教文化 229

下　編　基督教文化與中國新文學

第 十 章　教會學校文化教育與中國現代作家 263

第十一章　基督教文化與中國新文學的人道精神 277

第十二章　中國現代小說敘事模式與《聖經》文本 290

第十三章　基督教文化與二十世紀中國新文學 302

第十四章　論郁達夫小說的宗教意味..................................316

第十五章　論冰心聖詩創作的基督教價值 326

第十六章　寫出文化衝突與融合中基督徒的複雜心態....341

第十七章　論基督教文化與冰心、許地山小說的
敘事模式..357

第十八章　基督教文化影響與中國家族觀念的嬗變........369

附錄　在文化傳佈與影響下的深入研究與探索 389

後記 405

緒論

基督教文化思潮與「五四」新文化運動

「五四」新文化運動是一場立足於民族自省文化批判的政治運動、文化運動，在中華民族面對列強欺凌中期盼民眾的啟蒙、民族的自強。基督教文化是由西方宗教傳入中國的文化思潮，在經歷了唐朝景教、元朝也里可溫教、明末清初基督教在中國三次傳教高潮後，「禮儀之爭」導致了雍正皇帝的近百年禁教。鴉片戰爭後，隨著列強對於中國的不平等條約，基督教在中國的傳教活動又蓬勃開展。「五四」成為基督教文化思潮在中國發展的複雜時期，對於基督教文化的推崇與抨擊、對於基督精神的弘揚與質疑都交織在一起，成為一種十分複雜的社會現象、文化現象。

如何看待「五四」時期新文化先驅者們對於基督教文化的複雜態度？如何看待教會人士對於「五四」新文化運動的激進態度？如何看待非基督教、非宗教運動？如何看待教會人士對於非基督教、非宗教運動的反駁？「五四」新文化運動與基督教文化思潮究竟是怎樣的一種關係？等等，這是我們需要認真梳理與研究的問題[1]。

---

[1] 該方面的研究可參見：李志剛〈五四運動與中國基督教復興之探討〉，見李志剛《百年煙雲、滄海一粟：近代中國基督教文化掠影》，今日中國出版社 1997 年版；趙天恩、莊婉芳《當代中國基督教發展史 1949-1997》，臺北中國福音會出版部 1997 年版；楊天宏《基督教與近代中國》，四川人民出版社 1994 年版；段琦《奮進的歷程——中國基督教的本色化》，商務印書館 2004 年版；章開沅《基督教與五四運動》，見章開沅《傳播和植根——基督教與中西歷史文化交流論集》，廣東人民出版社 2005 年版；邵玉銘〈二十世紀初中國知識份子對覺得的態度〉，見劉小楓主編《道與言——華夏文

一

有學者將中國近代社會的啟蒙運動稱為洋務運動、政治維新和新文化運動三部曲[2]。倘若我們能夠比較客觀地看待 1840 年鴉片戰爭對於中國的巨大影響，我們應該看到：一方面它打開了帝國主義列強侵略中國的門戶，使閉關鎖國的華夏古國受到了帝國主義列強的欺凌；另一方面也形成了中國人走出國門走向世界的契機，從而看到中國的積弱與他國的強盛，進而形成了中國知識份子的一種民族焦慮感，思考如何借鑒西方的思想資源、先進技術，改變中國落後民族的淪落的狀況。

鴉片戰爭後，在努力追求船堅炮利的國策中，中國社會努力接受西方近代的先進思想，基督教文化也成為被「拿來」的一部分。康有為曾「悉購江南製造局及西教會所譯出各書盡讀之」，他認為基督教「然其所長者，在直接在專純，單標一義，深切著明曰人類同胞也，曰人類平等也，皆上原於真理，而下切於實用，於救眾生最有效焉」[3]，康有為曾以基督教的馬丁路德自稱。孫中山從基督教中汲取有關因素形成其三民主義，並提出「為基督徒者，正宜發揚基督教之教理，同負國家之責任，使政治宗教，同達完美之目的」[4]。孫中山還認為：「再像耶穌教，從前自歐洲傳到美洲，近代傳到亞洲，流行於中國，世界上到處都有他們的教堂，這樣普遍的道理，也是由於耶穌教徒善於宣

化與基督教文化相遇》，上海三聯書店 1995 年 2 月版；楊劍龍《基督教文化與中國現代知識份子》，香港中文大學出版社 2004 年 6 月版。

2 俞吾金〈啟蒙的缺失與重建——對當代中國文化發展的思考〉，《上海師範大學學報》2010 年第 4 期。

3 見楊克己編《民國康長素先生有為梁任公先生啟超師生合譜》，商務印書館 1982 年 10 月版，第 268 頁。

4 見《孫中山全集》第 2 卷，（北京）中華書局 1981 年版，第 361 頁。

傳。宗教之所以能夠感化人的道理，便是他們有一種主義，令人信仰……。」[5]他認為「（基督教）是活的真理，可以實行的」，還聲明他「知革命真理，大半由教會所得來」[6]。晏陽初甚至說：「中國近代的大革命家、大政治家、大外交家，如孫中山先生、王正廷先生、佘日章先生等，幾乎沒有一個不是受過基督教教育的造就。就是那班提倡新文化運動的人，也莫不是直接地或間接地受過基督教教育的影響的。」[7]

在新文化運動先驅者中，陳獨秀是極為重要的人物，他對於基督教的態度影響了當時社會。雖然他在 1918 年發表的〈偶像破壞論〉[8]中，對於如耶和華上帝等一切偶像作了抨擊，認為一切宗教的偶像都應該破壞；但是他在 1920 年在〈新文化運動是什麼？〉中卻指出：「宗教在舊文化中佔有很大的一部分，在新文化中也自然不能沒有他。」甚至說：「現在主張新文化運動的人，既不注意美術、音樂，又要反對宗教，不知道要把人類生活弄成一種什麼機械的狀況，這是完全不曾瞭解我們生活活動的本源，這是一樁大錯，我就首先認錯的一個人。」[9]1920 年他在〈基督教與中國人〉一文中甚至說：「我們今後對於基督教的問題，不但要有覺悟，使他不再發生紛擾問題，而且要有甚深的覺悟，要把那耶穌崇高的、偉大的人格和熱烈的、深厚的情感，培養在我們的血裏，將我們從墮落在冷酷、黑暗、污濁坑中救起。」[10]陳獨秀在「五四」時期有關基督教的言論，在當時具有十分重要的影響，不僅影響了新文化人物，而且也受到基督教界人士的推崇，他的有關言論一再被教會人士所引用。

5　轉引自李志剛〈近代儒生與基督教的衝突及其影響〉，見劉小楓主編《道與言——華夏文化與基督教文化相遇》，上海三聯書店 1995 年版，第 264 頁。

6　《孫中山全集》第 2 卷，（北京）中華書局 1981 年版，第 446-447 頁。

7　《金陵神學志》第 15 卷，1933 年 5 月。

8　陳獨秀〈偶像破壞論〉，《新青年》第 5 卷第 2 號，1918 年 8 月 15 日。

9　《新青年》第 7 卷第 5 號，1920 年 4 月 1 日。

10　陳獨秀〈基督教與中國人〉，《新青年》第 7 卷第 3 號，1920 年 2 月 1 日。

在「五四」反傳統的背景中，近代西方文化成為中國知識份子的精神資源，基督教文化也就成為西方精神資源的一部分。魯迅在〈摩羅詩力說〉中，曾盛讚希伯來文化的深刻影響：「……次為希伯來，雖多涉信仰教誡，而文章以幽邃莊嚴勝，教宗文術，此其源泉，灌溉人心，迄今茲未艾。」[11]《聖經》中耶穌受難給魯迅以極為深刻的印象，他甚至指出：「馬太福音是好書，很應該看，猶太人釘殺耶穌的事，更應該看。」[12]周作人認為近代歐洲文明起源於希臘和希伯來的思想，「現代文學上的人道主義思想，差不多也都從基督教精神出來」，指出「《馬太福音》的確是中國最早的歐化的文學的國語，我又預計他與中國新文學的前途有極大極深的關係」[13]。周作人甚至提出「覺得要一新中國的人心，基督教實在是很適宜的」[14]。許地山認為當時中國所需要的宗教是易行、能修習、道德情操強、有科學精神、富有感情、有世界性質、注重生活、合於情理的，認為「按耶教近年發展的趨勢似甚合於上述的理論」[15]。梁啟超提出：「要而言之，信仰是神聖的。信仰在一個人為一個人的元氣，在一個社會為一個社會的元氣。中國人現在最大的病根，就是沒有信仰。……所以和尚廟裏頭會供關帝供財神，呂祖濟公的乩壇，日日有釋迦牟尼、耶穌基督來降乩說法。像這樣的國民，說可以在世界上站得住，我實在不能不懷疑。」[16]胡適發表〈基督教與中國〉一文，認為：「中國知識階級對於基督教，我認為應該有兩種態度。第一是容忍（Toleration）；第二是瞭解（Understanding）。承認人人有信仰的自由，又承認基督徒在相當範圍的有傳教的自由：這是容忍。研究基督教的經典和歷史，知道他在歷史上造的福和作的

---

11 魯迅〈摩羅詩力說〉，《河南》月刊第 2、3 號，署名令飛，1908 年 2 月、3 月。
12 魯迅〈寸鐵〉，北京《國民公報》1919 年 8 月 12 日。
13 周作人〈聖書與中國文學〉，《小說月報》第 12 卷第 1 期，1921 年 1 月 10 日。
14 周作人〈我對基督教的感想〉，《生命月刊》第 2 卷第 7 冊，1922 年 3 月。
15 許地山〈我們要什麼樣的宗教〉，《晨報副刊》1923 年 4 月 14 日。
16 梁啟超〈評非宗教同盟〉，見張欽士編《國內近十年來之宗教思潮》，燕京華文學校 1927 版，第 371 頁。

孽，知道他的哪一部分是精彩，哪一部分是糟粕，這是瞭解。」[17]錢玄同說:「我認耶穌基督是一千九百年以前一個宣導博愛、平等、犧牲各主義的偉人，他並且能自己實行。」「我以為基督的可佩服，是由於他有打破舊慣、自創新說、目空一切、不崇拜任何的革命精神……」「總而言之，我承認基督是古代一個有偉大和高尚精神的『人』，他的根本教義——博愛、平等、犧牲——是不可磨滅的，而且人人——尤其是現在的中國人——應該實行的……」[18]「五四」時期，受了洗的冰心成了基督教團體「生命社」的成員，「生命社的成員都是虔誠的基督教徒，其共同目標是『證明基督教的真諦和價值，以及基督教對中國的現實意義』。」[19]黃廬隱談及其宗教觀時說:「在童年的時候，我皈依了耶穌。等到我離開那所教會學校後，我本來不徹底的信仰，便漸漸的趨於破產。當然以耶穌偉大的人格，博愛的精神，很夠得上人們的崇拜，我就以他為人生的模範，並不算壞。」[20]張東蓀說:「果真如此，則基督教似乎也分占西洋文化的一部分。所以基督教傳到中國來，並未起何等惡影響。……所以佛教只可以有高深知識的人來談，而不能通俗化；耶教似乎不然，很有許多地方可以矯正中國的習慣。所以專從實用上講，我以為基督教比較適宜些。」[21]新文化運動先驅者們從不同的視角闡釋與接納基督教文化，將基督教文化看作改造國民性的精神資源。

在「五四」新文化運動的背景中，基督教知識份子也深入思考基督教與新文化運動的關係，甚至形成了基督教新文化運動的說法。教會人士徐寶謙回憶說:「新文化運動與愛國運動，在此時期發軔，我身

17 胡適〈基督教與中國〉,《生命月刊》第 2 卷第 7 冊，1922 年 3 月。
18 〈新文化中幾位學者對於基督教的態度〉,《生命月刊》第 2 卷第 7 冊，1922 年 3 月。
19 轉引自傅光明〈冰心的佚詩佚文〉,《新聞出版報》1993 年 5 月 3 日。
20 廬隱〈其他・我的宗教〉,《廬隱散文》中國廣播電視出版社 1993 年版，第 521 頁。
21 張東蓀〈我對於基督教的感想〉,《生命月刊》第 2 卷第 7 冊，1922 年 3 月。

在首都，……與同事胡君學誠，發起一種基督教新思潮運動。邀集中外教內及教外的新文化運動領袖，在西山臥佛寺交換意見。」[22]徐寶謙認為，基督教可以對新思潮做出重要貢獻，主要體現在進步的精神、建設的同情、以道德為標準、行為的徹底[23]。1921 年 5 月，在中華續行委辦會第九次年會上，基督徒知識份子劉廷芳、畢來思、柴約翰、羅運炎等就「五四」新文化運動與基督教的關係分別發表了演說。劉廷芳闡述了新文化運動對基督教的影響，認為主要表現在六個方面：一、新文化運動以科學精神掃除舊中國的迷信習俗，為基督教的傳播做準備；二、它促進社會觀念的轉變，使人們認同基督教推行的各項社會事業，能夠「給基督教所做的工，一個認可的證書」；三、對人道主義的宣導有助於推廣基督教「愛人如己」的宗旨；四、社會改良激發基督教宣傳真正的社會福音；五、白話文運動有助於培養教徒的靈性修養；六、對宗教問題的關注促使人們去研究基督教。因此，他把「五四」新文化運動稱為「主賜教會的一個大機會」[24]。畢來思認為，新思潮的大眾傳播、白話、科學、自由思想，均來自基督教，認為基督教不僅應「導源」，還應該負責指導、約束、警戒、鼓勵和勸勉[25]。柴約翰認為新文化運動呈現出的打破舊式文明、批判現存制度、主張民主科學精神、博愛等特點與基督教的需要是共通的[26]。羅運炎認為基督教可以在新思潮中表現本身與科學理性無間，新思潮是「無上佈道機會」，「我們基督教會，須要利用新文化的運動，去襄助推廣上帝的國度」[27]。劉廷芳在〈新文化運動中基督教宣教師的責任〉一文中，

---

[22] 徐寶謙〈二十年通道經驗自述（續）〉，《真理與生命》第 8 卷第 2 期，第 80-81 頁，1934 年 4 月。

[23] 徐寶謙〈新思潮與基督教〉，《生命月刊》第 1 卷第 2 期，1920 年 9 月。

[24] 劉廷芳〈新文化運動中基督教宣教師的責任〉，《生命月刊》第 2 卷第 1 期，1921 年 6 月。

[25] 畢來思〈中國新思潮與基督教的關係〉，《生命月刊》第 2 卷第 1 期，1921 年 6 月。

[26] 柴約翰〈基督教與中國的新思潮〉，《生命月刊》第 2 卷第 1 期，1921 年 6 月。

[27] 羅運炎〈新思潮與基督教〉，《生命月刊》第 2 卷第 1 期，1921 年 6 月。

提出「新文化運動，在中國的前途。不但能生存，而且能發展、增長，有無窮的、雄偉的、遠大的前程」。甚至提出基督教與新思潮之間並不存在對立，相反「有些信徒，從新文化運動，得了一種猛進的精神，起了革新的志願」。[28]基督教新文化運動對「五四」運動是持歡迎態度的：一是肯定新文化運動所提出的要求「重新估定一切價值」的態度有其積極的方面；二是肯定新文化運動所提出的科學民主精神；三是肯定新文化運動對改良社會所起的作用；四是肯定新文化運動對愛國運動的影響[29]。其實基督教知識份子在強調基督教信仰、追隨「五四」新文化運動過程中，並未完全否定放棄中國文化傳統，因此有學者認為：「總之，近代儒學對於西學東漸基本上是一種形下層面的反應性的吸納，然而卻仍然保持著極其強烈的中國文化主體意識。」[30]

在「五四」新文化運動中，一些基督教知識份子提出「基督教救國論」回應新思潮：徐寶謙指出新文化運動「引起了國民愛國的思想，許多的青年立志為愛國，為他們的主義奮鬥到底。這種偉大的成就當然使中國基督徒發生一種反躬自問的感想」[31]。簡又文提出要以基督教的博愛、犧牲精神來彌補社會道德的缺失，主張「基督教將以基督的人格來救國」[32]。趙紫宸認為「新思潮進來，人都覺得中國民族，須有徹底的新道德，方能向前建造文化和社會。我們道德的力量，十分薄弱。所以對於宗教的祈向，極其懇切。基督教既是道德的宗教，自能當此時機，應此要求」[33]。在一定程度上，「五四」時期的基督教新文化運動與「五四」新文化運動呈現出某種互動的傾向。

---

28 劉廷芳〈新文化運動中基督教宣教師的責任〉，《生命月刊》第 2 卷第 1 期，1921 年 6 月。

29 段琦《奮進的歷程——中國基督教的本色化》，商務印書館 2004 年版，第 160-161 頁。

30 黃玉順〈反應・對應・回應：現代儒家對「西學東漸」之態度〉，《上海師範大學學報》2009 年第 5 期。

31 徐寶謙〈基督教與新思潮〉，《生命月刊》第 1 卷第 2 期，1920 年 9 月。

32 簡又文〈什麼是基督教？〉，《生命月刊》第 2 卷第 1 期，1921 年 6 月。

33 趙紫宸〈新境對於基督教的祈向〉，《生命月刊》第 1 卷第 4 期，1920 年

二

1920 年 7 月，《少年中國》第 2 卷第 1 期上的「會員通訊」欄目中，發表了少年中國學會巴黎會員曾琦的來信，提出凡有宗教上信仰之人絕對不得介紹加入的建議，引起了宗教問題的論爭。在 1920 年 10 月《少年中國》第 2 卷第 4 期上，田漢發表了〈少年中國與宗教問題——致曾慕韓的一封信〉，對於少年中國學會不吸收宗教信仰者入會提出了反對意見。惲代英發表了〈我的宗教觀〉，回應了田漢的觀點[34]，他公開承認了宗教信仰者不得入會決議的偏頗，提出應該暫時或永久取消這種決議。

在 1921 年 9 月出版的《少年中國》第 3 卷第 2 期上，張聞天、郃爽秋、王克仁等撰文，反對禁止宗教徒入會的決議，沈怡卻贊同宗教信仰者不能入會。2001 年 7 月 1 日至 4 日，中國少年會舉辦了南京大會，通過投票表決，大多數人反對限制教徒入會的決議，否定了少年中國學會評議部關於不許教徒入會的議案。

1921 年少年中國學會組織了宗教問題的講演，分別出版了《少年中國》上中下三期「宗教問題號」(2 月第 2 卷第 8 期、5 月第 2 卷第 11 期、8 月第 3 卷第 1 期)，對於宗教問題進行了深入的討論。王星拱、屠孝實、李煜瀛、太樸、周太玄、李璜、李潤章、李思純、蔡元培、曾琦、張夢九等，各自撰文批評反對宗教信仰者入會的觀點，有的則堅持或支持宗教信仰者不得入會的建議。在宗教問題的演講中，梁漱溟、劉伯明、周作人、陸志韋、白情、時珍等，從不同的角度肯定宗教價值提倡信仰自由，批評了宗教信仰者不得入會決議的偏頗。在「宗教問題號」中，還刊載了國外學者宗教觀點與意見：羅素對於

---

11 月。

[34] 惲代英〈我的宗教觀〉，《少年中國》第 2 卷第 8 期，1921 年 2 月。

宗教弊端的批評，詹姆士「宗教是各人對於生命的全反動」的說法[35]，海甫定「宗教特殊的公理便是價值不滅」的觀念[36]，赫爾曼・哥爾特提出宗教的消滅是必然的[37]，羅曼羅蘭對於教會有意作惡的批評[38]，都呈現出編譯者反對宗教的態度。

《少年中國》宗教問題號的編輯出版，使人們對於宗教、尤其是對於基督教、天主教加深了瞭解，在瞭解了宗教的起源、發展、現狀等的同時，對於不同宗教有了更廣更深的探究。在關於宗教的論爭中，加強了對於宗教信仰自由的見識，拓展深化了民主科學的意識。少年中國學會關於宗教問題的論爭，可以看作非基督教非宗教的先聲。趙天恩先生認為，經過這次討論中國知識份子對待宗教（基督教）的態度可分為四種：一是取代說；二是選取說；三是拒絕說；四是二元論[39]。

1922 年，中華基督教青年會全國協會副總幹事顧子仁出任世界基督教學生同盟幹事，決定第 11 次世界基督教學生同盟大會將於 1922 年 4 月 4 日在北京國立清華大學召開，中華基督教青年會全國協會的機關報《青年進步》預先刊載了了消息，引起了社會的關注。「世界基督教學生同盟」是穆德博士於 1895 年在美國創立的，是一個旨在增進世界各國在校基督教大學生交流的同盟，努力把世界各國的基督徒大學生統一在「同盟」的旗號下。

1922 年 3 月初，上海的一批學生得到消息，率先成立了「非基督教學生同盟」。3 月 9 日，該同盟發表〈上海非基督教學生同盟宣言〉，直截了當地提出「我們反對『世界基督教學生同盟』。我們為擁護人們

35 方東美〈詹姆士底宗教哲學〉，《少年中國》第 2 卷第 11 期，1921 年 5 月。

36 劉國鈞〈海甫定宗教經驗觀〉，《少年中國》第 2 卷第 11 期，1921 年 5 月。

37 Hermann Gorter〈唯物史的宗教觀〉，李達譯，《少年中國》第 2 卷第 11 期，1921 年 5 月。

38 雁冰〈羅曼羅蘭的宗教觀〉，《少年中國》第 2 卷第 11 期，1921 年 5 月。

39 趙天恩、莊婉芳《當代中國基督教發展史 1949-1997》，臺北中國福音會出版部 1997 年版，第 667-668 頁。

幸福而反對『世界基督教學生同盟』」[40]，拉開了非基督教運動的序幕。同時，非基督教學生同盟還向北京及其它各城市學生發出了一封通電，要求得到後者的回應。3 月 20 日，非基督教學生同盟散發特別編撰的《我們為什麼反對世界基督教學生同盟》的小冊子。3 月 15 日，第四號《先驅》半月刊為《非基督教學生同盟號》，刊登了陳獨秀、赤光、盧淑、琦園、哲華 5 篇批判基督教的文章。

3 月 17 日，《晨報》發表了北京的〈〈非宗教大同盟宣言〉與第一次通電〉，開篇即提出「我們自誓要為人類社會掃除宗教的毒害。我們深惡痛絕宗教之流毒於人類社會，十百千倍於洪水猛獸。有宗教可無人類，有人類應無宗教。宗教與人類，不能兩立。」[41]同日，北京非宗教大同盟還向全國各地發出第一次通電，尋求呼應。

由基督徒學者創辦的《生命月刊》在 3 月底出版了特號，對於世界基督教學生同盟第十一次大會即將在北京的舉辦熱烈歡呼。

3 月 24 日，《晨報》刊發了題為〈非宗教大同盟之應聲——此問題已引起社會上大注意〉的報導，將各地對「霰電」的回應情況做了描述。3 月 28 日，《晨報》在題為〈聲勢日大之非宗教大同盟〉一文裏，報導非宗教大同盟的消息，還刊載了北京平民大學非宗教學生大同盟、外交部俄文法政專門學校非宗教同盟、國立醫學專門學校非基督教學生同盟等學校的回應回電。

廣州方面非宗教運動的領袖是汪精衛，大本營是《廣州群報》、《廣州非基督教學生同盟週刊》和廣東高師的《非基督教同盟週刊》。3 月 29 日，廣州的各大日報刊載了廣東省教育會長汪精衛所著的〈耶教三大謬見〉，斥責了基督教的謬見，《廣東群報》等陸續刊登了十餘篇非基督教的文章。《少年中國》月刊、《民國日報》的副刊《覺悟》也刊

[40] 張欽士編《國內近十年來之宗教思潮》，北京燕京華文學校 1927 年版，第 187 頁。

[41] 張欽士編《國內近十年來之宗教思潮》，北京燕京華文學校 1927 年版，第 193 頁。

登了數篇聲討基督教的文章。3 月 30 日，《晨報》以〈非宗教同盟之聲浪日高〉為題，刊發了北京高等師範、保定直隸高等師範學校、長沙湘鄉中學非宗教同盟等團體的非宗教宣言。

由上海發起、北京呼應的非基督教、非宗教運動，已逐漸形成聲勢，引起全國上下的呼應和影響。

1922 年 3 月 31 日，《晨報》發表了周作人、錢玄同、沈兼士、沈士遠、馬裕藻〈一個主張信教自由之宣言〉，提出「信教自由，載在約法」，明確表示「對於現在非基督教非宗教同盟的運動表示反對」。北京非宗教大同盟在 4 月 2 日的《晨報》上發出了第二次通電，對周作人等五學者的宣言作出反擊。4 月 2 日，陳獨秀致信周作人、沈兼士等，質問他們的舉動，一改往常對基督教的平和態度，明確表示對非宗教運動的支持。4 月 5 日的《晨報》刊發了筆名為「蒼生」等人的四篇文章，批駁〈一個主張信教自由之宣言〉，也同時發表周作人的〈擁護宗教的嫌疑〉一文。

1922 年 4 月 4 日下午，世界基督教學生同盟第十一次大會已經順利地在北京近郊的國立清華大學召開，英、法、美、日、意、德、荷、澳、挪、俄、瑞士、印度、希臘、波蘭、緬甸、巴拿馬等三十餘國的 146 名學生代表，以及我國的四百餘人參加了大會，大會的格言是「天下一家」，主題是「基督教在世界重建中」，討論最多的是基督教與戰爭的問題，4 月 9 日大會閉幕。

1922 年 4 月 16 日，梁啟超在〈評非宗教同盟〉一文中，在肯定非宗教運動「是國民思想活躍的表徵」、「是國民氣力昂進的表徵」的同時，也對於非宗教運動中的過激言辭進行了批評，指出：「我以為許多『滅此朝食』、『剷除惡魔』一類話，無益於事實、徒暴露國民虛驕的弱點，失天下人的同情。至於對那些主張信教自由的人加以嚴酷的責備，越發可以不必了。」[42]

---

42 梁啟超〈評非宗教同盟〉，見張欽士編《國內近十年來之宗教思潮》，燕京

在風起雲湧的非基督教非宗教運動中，世界基督教學生同盟第十一次大會仍然按期在北京召開。這場運動雖然似乎並未影響大會的召開，但是運動對於中國社會、對於中國教會、甚至對於新文化運動的發展仍然產生了重要的影響。

三

在非基督教非宗教運動中，中國教會人士開展了「護教」行動，生命社的《生命月刊》、真理社的《真理週刊》和《真光》雜誌刊登了大量「護教」文章，成為反擊非基督教非宗教運動的言論陣地。

針對非基督教運動中以「科學主義」反對基督教的思潮，劉廷芳指出：「不但聖經，就是教會中所有的教義與信條，禮節與儀式，都應當快快樂樂地受科學的實驗。歡迎公開的討論，嚴格的評判。」[43]趙紫宸指出：「我們並不希望宗教不去保存或科學不去批判，但是必須保持中肯的態度。為著建立這種中肯的看法，一群基督徒知識份子便努力研究基督教與科學的關係。」[44]簡又文認為：「……而基督教底真理，即教理，信條，神學等，乃是隨時隨地容納最善之科學結果哲學結論而成，以為智識上的此宗教生命之表示。」[45]在回應「科學主義」過程中，他們期望以科學思想「調和」基督教精神，從而拯救中國、建設新中國。

針對非基督教、非宗教運動中的「激進民族主義」，徐寶謙說：「國內現今的運動雖稱為國家主義運動，事實上乃是由時尚之風所吹來而

華文學校 1927 版，第 369-370 頁。

[43] 林榮洪編《近代華人神學文獻》，中國神學研究院（香港）1986 年版，第 324 頁。

[44] 林榮洪編〈風潮中奮起的中國教會〉，香港天道書樓有限公司 1990 年版，第 46 頁。

[45] 林榮洪編《近代華人神學文獻》，中國神學研究院（香港）1986 年版，第 47 頁。

造成的，不外乎是抄襲歐美古舊的一套。」[46]劉廷芳說：「國家主義已經變為一種熱望，且差不多成為一個宗教，代替了悠久的倫理制度及宗教信仰。」[47]「因此中國的基督教會，一方面求成中華本色的教會，一方面必不蹈短狹的國家主義，失去世界大同，人類同胞，協力同工的精神。」[48]《生命月刊》、《真理週刊》成為基督宗教界人士反駁非基督教、非宗教的重要陣地。

《真光》雜誌於 1922 年 5 月、6 月出版特號《批評非基督教言論匯刊並記事》（一）（二），編撰者張亦鏡在〈序〉中說：「……況世界基督教學生同盟，既皆是富有新思想之知識階級，復多數是社會革命實行家……記者憫之，不忍以其無辯駁價值，置而不問。因與三數友人，撰文糾正，以成斯篇，顏曰批評非基督教言論彙刊。」[49]

第一輯的作者僅為亦鏡、均默、文錦三人，篇目有：均默的〈我們對於此次非基督教學生同盟的感想和態度〉，亦鏡的〈糾正非基督教學生同盟的言論之謬誤〉、〈批評非基督教學生同盟宣言〉、〈批評非基督教學生同盟通電〉、〈附評北京各學校非宗教同人霰電及宣言〉、〈非宗教大同盟第二次通電批〉、〈讀周作人君等吾人主張信教自由宣言書後〉、〈批評亦光的基督教與世界改造〉，均默的〈批評盧淑之基督教與資本主義〉、〈基督教與共產主義是這樣說的嗎〉、〈批評汪精衛的力斥耶教三大謬〉，文錦的〈論吳義如之非基督論〉。

第二輯的作者擴大了，有亦鏡〈駁蔡元培在非宗教大同盟的演說詞〉、徐謙〈忠告廣東教育會長汪精衛君〉、靜觀〈忠告非宗教諸君〉、張化如〈對於非基督教學生同盟的感言〉、譚希天〈請汪精衛先生要慎

---

[46] 林榮洪編〈風潮中奮起的中國教會〉，香港天道書樓有限公司 1990 年版，第 202 頁。

[47] 林榮洪編〈風潮中奮起的中國教會〉，香港天道書樓有限公司 1990 年版，第 218 頁。

[48] 林榮洪編《近代華人神學文獻》，中國神學研究院（香港）1986 年版，第 328 頁。

[49] 張亦鏡〈序〉，《真光》第 21 卷第 8、9 合冊，1922 年 5 月。

重些〉、亦鏡〈駁汪精衛國民教育之危機論〉、均默〈批評朱執信著耶穌是什麼東西之謬妄〉、亦鏡〈駁玄盧「敢問非宗教信徒底反對非基督教運動」〉、亦鏡〈批評哲華的基督教與婦女〉等。

《真光》雜誌批評非基督教非宗教中的意氣用事，「對於異己的言論，太不憑心去聽，太使用詭辯的手段了」[50]，「推理的態度太籠統太武斷了」[51]，「深文周內的酷吏斷獄手段」、「詭誕的儀式」、「誇張的宣傳」[52]，「侮蔑、妄證，絕沒有半句平心公道底說話」[53]。《真光》雜誌批評非基督教非宗教中對於信仰自由的干涉，認為「自由」應該是：如果熱愛宗教，就自己信仰；如果反對宗教，就自己不信罷了；而不應該在反對宗教的前提下，要求信仰宗教的人也如不信的人一樣脫出宗教[54]。《真光》雜誌反駁了非基督教非宗教中基督教反科學的觀點，認為宗教的觀念和科學的觀念是可以並存，「非基督教者」說宗教「與科學真理不相容，與人道主義相違背，這完全是不識宗教的話」[55]，是「武斷的妄話」[56]。《真光》雜誌批駁了基督教的資本主義的侵略工具說，強調「我們基督教學生，沒有一個不服膺基督平等自由主義，而反對資本主義，和反對擁護資本主義的人的」[57]。《真光》雜誌批駁了基督教危害國民教育的觀點，指出中國教育的發展實際上也得益於基督教不少，何來「危害國民教育」呢[58]？

---

50 同上，第44頁。

51 同上，第43頁。

52 亦鏡〈駁蔡元培在非宗教大同盟的演說詞〉，《真光》第21卷第10、11合冊，第4頁。

53 均默〈批評朱執信著耶穌是什麼東西志謬妄〉，《真光》第21卷第10、11合冊，第63頁。

54 均默〈我們對此次基督教學生同盟底感想和態度〉，《真光》第21卷第8、9合冊，第4頁。

55 同上，第35頁。

56 均默〈基督教與共產主義是這樣的麼？〉，《真光》第21卷第8、9合冊，第73頁。

57 〈批評非基督教學生同盟宣言〉，《真光》，第21卷第8、9合冊，第18頁。

58 徐謙〈忠告廣東教育會長汪精衛君〉，《真光》第21卷第10、11合冊，第在非基督教非宗教運動中，教會人士一方面反駁有關言論，另一方面也檢視教會的缺憾，進而提出了中國教會的本色化問題，甚至提出能「借這鏡來自照，力行痛改。這是反對宗教運動給我們的好賞賜了」[59]。1922 年在上海召開的全國基督教大會上 ，將中國教會的本色化問題提上了議事日程，提出「要創一個真正中華本色的宣言」[60]。中華基督教協進會於 1924 年成立了「本色教會常備委員會」，提出了關於本色化的若干研究課題。王治心、謝扶雅、誠靜怡、趙紫宸、劉廷芳、吳震春、賈玉銘、張亦鏡等一些中國基督教知識份子，紛紛開始研究中國教會的本色化問題。

四

查理斯・基恩提出:「文化穩定是可用來確定文明相對健康的最重要的尺度。當文化行使其功能時，人們可以思想、相互聯繫和帶著真正的信念行動，相信這些進程與事物本身相一致——即便這不是實際實踐中的情形。而當文化動搖時，人們的思想、關係和行為則失去信念之堅實基礎，即使他們可能表現為實際的滿足。」[61]從某種角度說，「五四」是一個文化動搖的時期，這是由民族危機導致的文化危機，在否定批判中國傳統文化中，人們的思想、關係和行為都處於一種混沌動搖的狀態，甚至呈現出一種激進的、偏激的姿態。

「五四」新文化運動是一場以反帝反封建為主要內容的文化批判與文化改革運動，其肇始於反帝而落腳於反封建。「新文化運動對中國

---

23 頁。

59 〈反對宗教的運動〉,《生命月刊》第 2 卷第 10 期，1922 年 5 月。

60 〈基督教全國大會「教會的宣言」〉，見邵玉銘編《二十世紀中國基督教問題》，臺北正中書局 1980 年版，第 518 頁。

61 查理斯・基恩〈作為基督教信仰之大敵的文化〉，愛德華・塞爾《宗教與當代西方文化》，衣俊卿譯、曾慶豹校，桂冠圖書股份有限公司 1995 年 2 月版，第 115 頁。

的傳統文化展開了激烈的批判，在中國傳統中不斷插入或置換西方文化異質因素，顛覆了中國文化長期以來的『卡里斯瑪』（charisma）威信。」[62]新文化運動的先驅者們在批判否定中國文化傳統中，向域外尋找精神資源與批判武器，基督教文化成為域外精神資源的一部分，被「拿來」作為改造國民性的良藥，以致陳獨秀提出「要把那耶穌崇高的、偉大的人格和熱烈的、深厚的情感，培養在我們的血裏，將我們從墮落在冷酷、黑暗、污濁坑中救起」[63]。在陳獨秀的宣導中，諸多新文化運動的先驅者們研究基督教推崇基督的人格與精神，文學創作中出現了諸多與基督教有關的作品，宣導基督教的博愛精神、寬恕精神、犧牲精神，成為「五四」時期突出的文化現象。基督教人士在新思潮的語境中，也提倡基督教新文化運動，在關注救國救民的前提下力圖以基督的人格救國。

在考察非基督教非宗教運動時，查時傑先生指出：「本來問題討論的重點在檢討中國的舊文化，檢討儒家思想，所討論的矛頭並非指向基督教的，但是等到一些因素的滲入，像新文化運動對全部文化的重新評估，五四運動中民族主義的抬頭，科學主義的興起與影響，使得討論的範圍擴大了，擴及到中國以外的思想與宗教，此時基督教才逐漸受到波及，終至成為眾矢之的，成為『宗教問題討論』之中最被矚目的問題……」[64]他梳理了「五四」時期導致非基督教非宗教的原委，也涉及到基督教文化思潮與「五四」新文化運動的關聯。

雖然，非基督教非宗教運動呈現出諸多的偏頗，呈現出「有宗教可無人類，有人類應無宗教。宗教與人類，不能兩立」[65]二元對立的思維，呈現出「十之七八，都是不根據理性，不取科學研究的態度，

---

62 胡貴明〈自由主義與「五四」反傳統的合法性論證〉，《上海師範大學學報》2010 年第 5 期。

63 陳獨秀〈基督教與中國人〉，《新青年》第 7 卷第 3 號，1920 年 2 月 1 日；《生命月刊》第 2 卷第 7 期，1922 年 3 月。

64 查時傑《民國基督教史論文集》，基督教宇宙光傳播中心出版社 1994 年 3 月版，第 64 頁。

65 〈〈非宗教大同盟宣言〉與第一次通電〉，《晨報》1922 年 3 月 17 日。

信口謾罵，意氣作用的口吻」[66]的非理性的方式，但是其中仍然有一些值得肯定之處。

倘若我們細緻考察基督教文化思潮與「五四」新文化運動的關聯，我們大概可以看到如下幾方面：

一、基督教新文化運動促進了「五四」新文化運動的發展。在「五四」新文化運動蓬勃開展的過程中，基督教知識份子對於其抱著充分肯定讚賞的姿態，劉廷芳曾從六個方面肯定新文化運動的功績，他認為「新文化運動使國人造成了一個新的人生觀」，「給國人一種新希望和新膽量」，「教國人明確的領會科學的重要」，「使人得一個新的舌頭」，「介紹一個新的方法，研究中國的國粹，並且教人用一種平允公正的知識，判定國粹的價值」，「教人民如何思想」，他提出「根據基督教教義，找出一種足以代替戰爭而能根本地解決國際糾紛的方案，是中國基督徒當前的唯一任務」[67]。簡又文宣導基督教救國主義，他說：「我信基督教救國主義是可實行，而必得成功的。若問基督教將如何救中國？則答曰：基督教將以基督教的人格來救國。基督教的人格是：忠的、誠的、仁的、義的、為公的、捨己的、虛心的、貞潔的、協力的、合群的、負責的、組織的、毅力的、永不絕望的、為國家為義理奮鬥至死的。」[68]在救國救民的視閾中，以基督教救國的角度宣導基督教救國主義。有人甚至說：「要知道我們基督徒就是新思潮上的指導人，就是新文化中的教育部。我們若不做他們的光與鹽，那麼新思潮與新文化是有何等的危險？」[69]雖然，這有諸多誇大處，但是基督教知識份子關心新思潮新文化運動，成為「五四」新文化運動中的重要的文化現象。從某種角度說，基督教新文化運動促進了「五四」新文化運動的發展。

---

66 〈反對宗教的運動〉，《生命月刊》第2卷8期，1922年4月。

67 劉廷芳〈新文化運動中基督教宣教師的責任〉，《生命月刊》第2卷第1期，1921年6月。

68 簡又文〈什麼是基督教？〉，《生命月刊》第2卷第2期，1921年。

69 陳金鏞〈新是怎樣解說〉，《生命月刊》第1卷第7期，1921年2月。

二、非基督教非宗教運動深化了基督教、宗教問題的研究。雖然，非基督教非宗教運動帶有濃郁的民族主義色彩，呈現出偏激甚至武斷的傾向，但是在該運動中促使人們開展有關基督教宗教問題的研究與討論，在整體上深化了對於基督教、宗教問題的研究。在非基督教非宗教運動中，《晨報》、《先驅》、《少年中國》、《廣州群報》、《民國日報》的副刊《覺悟》等報刊刊載了許多非基督教非宗教的文章，陳獨秀、汪精衛、王星拱、李石曾、沈玄廬等成為非基督教非宗教代表性人物。《生命月刊》、《真理週刊》和《真光》雜誌刊登了大量「護教」文章，劉廷芳、徐寶謙、簡又文、趙紫宸、張亦鏡等成為護教的代言人。基督教人士徐寶謙就說：「近三四年來，國內發生的反基督教運動，雖有時不免政治作用，或因青年人太富感情的緣故，有軼出軌道的舉動，引起人們若干不滿意。但就大體而論，我始終認此種運動，是有益於基督教的。一則因為反基督教運動，在很短的時間之中，把基督教三個字，在國內的知識階級方面，不論其態度為詛咒，為譏笑，為研究，為擁護，引起了普遍的注意。」[70]在非基督教非宗教運動過程中，基督教、宗教問題引起了廣泛的注意，在批評與反駁中，深化了對於基督教、宗教問題的研究。

三、基督教文化思潮促進了人道主義在「五四」時期發展。在啟蒙主義的思潮下，「五四」新文化運動具有鮮明的人道主義追求，在反封建舊禮教的呼聲中，將「立人」放到重要地位，強調人的尊嚴與人的欲求，在對於平民主義、人間本位主義、勞工神聖等的追求中，呈現出鮮明的人道色彩。與封建倫理道德嚴格的君臣父子倫理等第不同，基督教文化注重貧富智愚無差別的平等博愛，這也成為新文化運動先驅者們所推崇基督教文化的主要因素之一。1922 年 5 月〈基督教全國大會「教會的宣言」〉中說：「耶穌最看重的是人；無論何種事物，何種組織，都在其次。罪人稅吏有他的價值，勞工苦力，有他的價值，甚

[70] 徐寶謙〈反基督教運動與吾人今後應采之方針〉，《生命月刊》第 6 卷第 5 期，1926 年 3 月。

至街頭的乞丐、勾欄的娼妓，亦莫不有他的價值，應當得我們的助力。耶穌如此存心，服從耶穌的人，亦當如此存心。耶穌不以人在社會的地位不同，而生待遇的差別；在他看來，凡是人類，一概平等。」[71]這種勞工苦力、乞丐娼妓，凡是人類一概平等的思想，與「五四」時期追求的自由平等觀念相同，在對於基督教博愛、寬恕、犧牲等精神的推崇中，基督教思潮或多或少地促進了人道主義在「五四」時期發展。在「五四」時期的新文學創作中，冰心、許地山、廬隱、郁達夫、郭沫若、老舍等作家，在他們的創作中都呈現出弘揚基督精神的傾向，從文學角度推崇基督教的平等、博愛、寬恕等精神，呈現出濃郁的人道主義色彩。

1927 年，基督教人士誠靜怡指出：「中國民眾雖對於基督教施行種種反對、批評和攻擊，但是他們自身還正似某非基督教領袖所說的，希望從那黑暗而陰森的坑中救出來呢。總之，基督需要中國，中國亦需要基督。中國需要一個簡單自然的基督。中國需要一個本色的沒有洋氣的基督。中國需要一個整個的而不是分裂的基督。中國需要一個建設的而不是破壞的基督。中國需要一個能救人而富於熱情的基督。這樣的基督，從前既未見棄，將來亦必受人歡迎。」[72]他借用了「五四」時期陳獨秀〈基督教與中國人〉中的觀點，提出中國需要一個簡單自然的、本色的、整個的、建設的、能救人的基督，這可以看作經歷了「五四」時期基督教文化思潮與新文化運動後，誠靜怡對於基督教在中國問題更為深入切實的思考。

---

71 〈基督教全國大會「教會的宣言」〉，張欽士編《國內近十年來之宗教思潮》，北京燕京華文學校 1927 年版，第 541 頁。

72 誠靜怡〈中國基督教的性質和狀態〉，《文社月刊》第 2 卷第 7 冊，1927 年 5 月。

上编

非基督教運動與五四知識分子

第一章　少年中國學會關於宗教問題的論爭

20 世紀 20 年代初，少年中國學會曾因不准教徒入會引發爭論，並多次舉辦有關宗教問題的演講，1921 年 2 月、5 月、8 月，《少年中國》出版了上中下三期「宗教問題號」，對於宗教問題展開了廣泛深入的論爭。以往人們對於這場論爭雖有所涉獵，但是大多語焉不詳。梳理這場論爭的來龍去脈，分析當時人們對於宗教問題的見解，分析這場論爭的背景和意義，對於探討宗教與中國社會的關聯有著十分重要的意義。

一、關於教徒不得入會的爭論

1920 年 7 月，《少年中國》第 2 卷第 1 期上的「會員通訊」欄目中，發表了少年中國學會巴黎的會員曾琦的來信，信中談到會員的四條標準，除了認為應該細緻闡釋會員以「純潔」、「奮鬥」的標準；強調會員應該「瞭解本會精神，而從事於實際運動」；注重介紹「充分表同情於本會之女同志」加入。在第四條中，他提出：「凡有宗教上信仰之人，是否絕對不得介紹加入，抑或仍依信教自由之旨，但以合格為限，似應有所聲明，以免後來爭議。」在 1920 年 9 月的《少年中國》第 2 卷第 3 期上，曾琦又提出巴黎諸位會員商議後，其提出的入會七項條件，強調少年中國學會應為「純粹學術團體」，在第三條直截了當地提出「凡不學無術，及有宗教上迷信之人，皆不得紹介入會」。

1920 年 10 月，少年中國學會「評議部記事」中告示了評議部的決議，第五條為：「巴黎同人提議，凡有宗教信仰者，不得介紹為本會會員。主張贊成巴黎同人提議，主張已入本會而有宗教信仰者，自請出會。此條全體通過，以後同人不得介紹任何宗教信仰者為本會會員，並請已入會而有宗教信仰者，尊重此條議決案，自請出會。」[1]評議部的決議，使教徒不准入會成為少年中國學會的準則。

1921 年 2 月，田漢發表了〈少年中國與宗教問題——致曾慕韓的一封信〉的長信，對於少年中國學會不吸收宗教信仰者入會提出了反對意見。他認為：「信教自由，載在約法。宗教信仰的生活亦與人的物質生活、頭腦生活鼎立而相輔助相調和。」他由熱心入會的朋友突然不肯加入說起，認為「巴黎同人議了凡有宗教信仰的人，不許入入會。已入會者，要自請出會。而評議部諸君竟不諮詢也率爾通過了。如此草率如此武斷，思之不能不令人憤慨」。他認為：「我們所理想的天堂是少年中國。照我不可不都做少年中國的宗教家、少年中國主義的使徒。信耶穌教的人他能體基督的精神。實行少年中國主義而宣傳之的時候，宗教信仰到底於少年中國有何害處？」「總之，宗教、藝術、科學……等，其本身並不發生價值，其價值純視實用後之結果而定，此實用主義者之言也。我以為少年中國諸少年所差者，正是一點宗教的信仰。說起道理來大家卻是長篇闊論的，究竟誰肯拿出十年不懈的心力來做。少年中國學會務之日有落色，都是會員對於少年中國這四個字只感微溫，而未嘗白熱，就是只理智的、科學的，而不是宗教的、信仰的。」[2]

惲代英發表了〈我的宗教觀〉，回應了田漢的觀點[3]。文章開篇說：

---

1 見《少年中國》第 2 卷第 4 期。

2 田漢〈少年中國與宗教問題——致曾慕韓的一封信〉，《少年中國》第 2 卷第 8 期，2001 年 2 月。

3 惲代英〈我的宗教觀〉，《少年中國》第 2 卷第 8 期，2001 年 2 月。

> 舜生轉來壽昌致慕韓的信，大反對評議部通過「有宗教信仰的不得入會」的議決案。舜生說：倘若我肯發表意見，可以引起宗教問題的討論亦好。壽昌是我平素所敬畏的人，而且讀了他的信，莫名其妙的引起了許多敬愛的同感。我亦想得宗教問題，是一個很重大的問題，當時由我們幾個人簡單的直覺的見解，便草率通過了，亦難怪引起了壽昌的詰責。

惲代英認為宗教這個詞具有歧義，「壽昌說的宗教是一件東西，我們所說的宗教又是一件東西」，他分析了宗教起源於恐怖、希望、誤認、誤解、美感、想像等六種說法，他否定了宗教創造世界、創造人類的傳說。他指出：「以宗教為方便法門，自然亦有他的實際效用。但宗教的信仰，非多少有些理智的論據，便沒有很大的效用。可信，便說他有理由。沒有人信沒有理由的事。我們若說上帝的存在是不一定的事，誰肯跪下來求上帝賜福？誰肯求與上帝有個靈交？」「一切傳說的神跡，既然一天天證明是誤解是附會；宗教至少有一部分不可信，這是已經證明沒有疑義的事。那便剩餘的一小部分，縱然用物質科學解說得令人不能滿意，亦決不能以這便反證宗教的終不滅不絕。」惲代英在論述中始終認為「宗教究竟是有些迷信」，提出人民的心理「何必定要宗教去安慰」？

惲代英對宗教具有模棱兩可的態度，他既認為宗教具有迷信色彩，不值得作為人類精神的寄託，又不願徹底否定宗教，還肯定宗教存在的某些合理之處。因此，他指出：

> 自然有的人得了宗教精神的幫助，真個無愧大智大勇，為世界做了些徹底的創造事業。但這究竟是極少數。其餘形式的虛偽的教徒，自然很多；便就好些的說，亦只勇於做因循的改良事業，不肯做認真的革命事業。宗教家說這是未得著宗教的真諦，非宗教家說這是未得著人生的真義。究竟兩說誰近真理？

> 我們亦沒有加以軒輕。但這不至少告訴我們一件事：真正大智大勇的人，不必是宗教家；真正宗教家，不必是大智大勇的人麼？

作為少年中國學會評議部一員的惲代英，對於評議部的有關決議是有檢討姿態的。他說：

> 這以上所說的，我並不是與壽昌挑戰。我說了這些，我究竟仍信前次評議部通過「有宗教信仰者，不得入會」的一條議案，應該暫時撤銷，或者並永久撤銷。我何以說這個話呢？我究竟想我這些意見，與平常反對宗教的議論有點不同。我對於神的存在，是取所謂「懷疑論」的態度。宗教家肯定神的存在，是我所謂「信」；反對宗教者否定神的存在，是我所謂「不信」；我自己在這二者之間，所謂「懷疑」。(這須參看本刊一卷十號我做的《懷疑論》) 我仍想信與不信，都是不應當的武斷。倘若我們學會會員，乃至將來加入的人，都信這武斷的態度是不應當，自然有宗教信仰的不得入會，絕對反對宗教信仰的亦且不能入會。我亦信這種規定，是太遠了人情。但是從前把這議案便通過了，今天卻又來說這樣話，似有些不應當；對於這一層，我只能說這是我由壽昌的信所得的反省。我的真意思，原不至絕對反對神的存在，原不至不承認宗教有或然的真實價值。

無論惲代英對宗教態度如何騎牆，但田漢的信確實引起了他的反省，他公開承認了宗教信仰者不得入會決議的偏頗，提出應該暫時或永久取消這種決議，但是他僅僅將這決議的弊端歸罪於「太遠了人情」，而忽視了對於宗教的過於偏激的姿態。

少年中國學會關於宗教問題的討論，引起了不少人的加入。在《少年中國》第 2 卷第 8 期上，刊載了〈北京總會的報告〉，敘述了該問題的社會反響：

一、宗教問題講演大會　這個問題由本會揭起以後，公然引起北京社會上有力的討論，北大哲學研究社也接連開過兩次講演大會。海外新聲又接連做過幾篇文章反對，可見此問題之亟欲解決，為一般人心所同。本會原定開四次講演大會，其旨趣完全是學術研究，與基督教佈道大有分別。不過後來哲學研究社和我們有同樣研究之興趣，把我們所預定要請的羅素先生老早就請去了；並且還加請了兩位，一位是莊斯敦先生，一位是勃拉克女士。杜威先生也在我們被請之列，但他不喜談宗教，所以我們講演大會只舉行了三次。第二次是梁漱溟先生。第三次是屠孝實、李石曾兩先生，聽講的人皆不下五六百人。

在關於宗教問題中，報告指出：「這個問題分做兩種辦法，（甲）完全作學術之研究，如本期月刊所載，和各地會員間之討論會。（乙）本會對於宗教之態度，及會章應否規定，最好先由會員間討論，再由今年七月南京大會議決，末由全體會員通過。」

1921 年 7 月 1 日至 4 日，中國少年會舉辦了南京大會，由於到會人數不足全體三分之一，對於許多問題沒有很好的決議，1921 年 9 月出版的《少年中國》第 3 卷第 2 期為「少年中國學會問題號」，在該期刊物中對於許多問題展開了深入的討論，其中也涉及到宗教問題。張聞天在〈少年中國學會會員與宗教問題〉中，認為：

這問題其實是不成問題的。宗教問題我們固然應該把他當為一種很重大的問題來研究，但是不許宗教徒做少年中國學會會員是完全沒有理由的。說有宗教信仰的人不應該入會嗎？那麼這宗教心是精神上的東西，哪裏能去限止他、管束他呢？難道有了宗教信仰心，就不配和我們攜手嗎？其實世界上無論哪一個人，都有一種信仰心，沒有信仰心就不能生活。……

其次說守宗教的規律者，如基督教徒之受過洗禮者，不得入會，那麼我更不懂了。難道行了這種儀式，一個人就腐敗了嗎？既沒有理由反對宗教信仰心，那麼，反對宗教信仰心後而實行成交之戒規者，當然也沒有理由。[4]

張聞天顯然是反對阻止宗教徒入會的，且態度十分堅決。

邰爽秋認為「評議部通過的拒絕宗教信仰的人加入案，以及干涉加入政治活動，確定學會主義等等，皆含有消極道德的意味。要知現今青年的思想，大為變遷，舊道德的標準破壞，新道德的標準未立。道德這樣東西，既無實質之可言，又哪裏能做我們結合的標準呢？所以不如把道德的要素，完全取消，不管他是否宗教徒，不管他是否加入政治活動，只要他能在學術事業上有一部分的貢獻，而人品又不卑污，都是我們的同志。」[5]

王克仁反對禁止宗教徒入會的決議，他說：「再說宗教信仰抑或宗教徒不得入會的問題，我更覺得多事！歐美各國，其國不禁止人有宗教信仰，不禁止人為宗教徒，其國還是有大科學家，少年中國學會，又何必替少年中國這樣的空擔憂呢？況且有宗教信仰慼為宗教徒的人，就壞麼？少年中國學會，容量只之小，抑何至於此極？」[6]

沈怡談到了少年中國學會的宗教問題，他對於宗教徒入會是持反對態度的，他說：

這是宇宙間的大問題，以我的淺薄而無研究，實在無從說起。我至今始終立在懷疑的態度之上，因為宗教在許多難解的事實上面，每每拿些騙村嫗的迷信話來搪塞，大反科學的精神，阻遏一切的進化，好好的進化論，有著許多確鑿的證據，擺在眼前，一般信宗教的人，還是拼命說：人類是上帝造的；這種話

---

4 張聞天〈少年中國會會員與宗教問題〉,《少年中國》第 3 卷第 2 期，1921 年 9 月。

5 邰爽秋〈少年中國會會員與宗教問題〉,《少年中國》第 3 卷第 2 期，1921 年 9 月。

6 王克仁〈少年中國會會員與宗教問題〉,《少年中國》第 3 卷第 2 期，1921 年 9 月。

> 真是何從說起。宗教的好處果真有，但是其間具有違反時代的事實如這一端，就絕對不能容於現世界。我對於耶穌基督個人並不懷疑，並且覺得有許多可以佩服的地方，他的犧牲精神，博愛性情，以及種種美德，處處都表現他人格的偉大，為什麼一到教徒們的手裏，偏偏要編派了許多不倫的事實，如降生復活種種，附會在上面？我是不敢說，宗教對於現世界已經失掉相當的價值，但是我敢說一切宗教若不謀適應潮流，他的價值一定會有失掉的日子。我嘗問過許多科學的宗教家，究竟他們對於此種虛偽不經的事實，是否絕對不懷疑？如有懷疑，他的信仰便是假的，如懷疑，便又從何解釋起。他們給我的答覆，多是固執成見，毫無一些可以使人滿意的話。我因此至今懷疑，並且時時持有反對的態度，這次大會我也是反對形式宗教徒入會的一人。[7]

在〈南京大會紀略〉中，特別提到了會議有關宗教信仰問題的爭論：

> 對宗教問題仍分兩派，不過中間有一極可注意之點，即反對本會不許教徒入會者，其自身亦非贊成宗教，不過反對本會有此規定以限制個人之自由；主張本會限制教徒入會者，其自身亦非蔑視宗教或侵犯教徒人格，不過不贊成本會有教徒加入，以妨害固有精神。

最後以評議部前次不許教徒入會及已入會而為教徒者須出會的規定是否應取消付表決，結果贊成取消者十八人，反對取消者三人，放棄表決權者一人。

此題次日在掃葉樓仍繼續討論，方東美更有極長之演說，聲明個人向來反對宗教，但仍不許教徒入會為不合理。劉仁靜、高尚德有辯

7　沈怡〈少年中國會會員與宗教問題〉，《少年中國》第 3 卷第 2 期，1921 年 9 月。

論，最後主席以應否增加不許教徒入會的條文付表決，結果贊成增加此條者五人，不贊成者十一人，放棄表決權者四人。

從投票結果看來，大多數人反對限制教徒入會的決議，這成為這場爭論的一種結論。

在《少年中國學會規約修正案》中，在第二章會員的條款中，有特別的表述：

> 第四條　凡中華民國之有志青年，由本會會員「三人負責忠實介紹」，經議事會認可，得為本會會員。
>
> （說明）介紹會員原須五人，以實際難能，經本年大會通過改為「三人」。但須負責忠實介紹，而在最近一年內宗旨未改定以前，尤須慎重，不得隨便徇情，這也是大會通過的。前評議部所通過不許教徒入會一案，在本年大會雖以多數取消，然其實又多根本反對宗教，不過以或有某種教徒，不拘祈禱的儀式，而又有可為的青年，不妨用極慎重的方法，暫且容忍入會，或者使少年中國的改造，更容易成功。故暫不特別規定以便隨時斟酌。

至此，少年中國學會關於教徒不得入會的爭論，有了一個基本的結論，否定了少年中國學會評議部關於不許教徒入會的議案。

二、專號中反宗教的傾向

1921 年 1 月，《少年中國》第 2 卷第 7 期刊載〈北京方面的報告〉，其中第三條為〈十二月十九日之宗教問題演講大會（第一次）〉：「本會評議部通過一個議案是『凡有宗教信仰者，不得介紹為本會會員。』要許多會員覺得宗教問題，是世界上一個尚待解決的問題，應須細心的加以研究討論，方可決定。於是擬由各地會員開專會以討論之。但於未討論之先，不可不先搜集參考之資料，其方法分為二：(1) 介紹近代哲學家藝術家科學家的宗教觀。(2) 敦請名人學者講演。北京方面擬開四次講演大會：第一次請周作人、王星拱兩先生講演，第二次請屠孝實、梁漱溟、李石曾三先生講演，第三次請羅素先生講演，第四次請杜威先生講演。十二月十九日，已借北大第三院大禮堂舉行第一次，應者數百人。北京方面聞亦有同樣之講演大會，擔任講演者為陸志韋、劉伯明兩先生。所有介紹文字，私人著作，及各地講演錄；討論集；皆由本月刊第八期登載，作為『宗教問題特號』。」[8]

在少年中國學會關於教徒是否可入會的爭論中，引發了對於宗教問題的討論，少年中國學會組織了宗教問題的講演，分別出版了上中下三期「宗教問題號」，1921 年 2 月《少年中國》第 2 卷第 8 期、1921 年 5 月《少年中國》第 2 卷第 11 期、1921 年 8 月《少年中國》第 3 卷第 1 期，對於宗教問題進行了深入的討論。

在《少年中國》第 2 卷第 8 期的開篇的《宗教問題號》(上) 中，對於專號編輯的緣由做了說明：

> 民國九、十年之交，少年中國學會在北京連舉行了三天的宗教問題講演大會：第一次是請周作人、王星拱兩先生講演；第二次是請梁漱溟先生講演；第三次是請屠孝實、李石曾兩先生講演。還有預定要請的羅素先生，因為北大哲學研究社同時和我們有研究這個問題的興趣，已先約定了羅素先生講演，所以我們就不重請，可是還有注意他對於宗教的態度的。同時南京的分會也請了陸志韋先生講演這個問題。我們對於宗教這樣的看重，或者會有人把這種的講演會當是和教會佈道有同一樣宣傳的性質，那就是大大的誤會了，我們對於宗教完全當它是一個問題，取純粹研究的態度；我們不願遽為無研究的反對或

8 〈北京方面的報告〉，《少年中國》第 2 卷第 7 期，2001 年 1 月。

肯定，所以請了這許多的學者——有的是對於宗教持反對態度的，如王星拱、李石曾、羅素三先生；有的是對於宗教持肯定態度的，如梁漱溟、屠孝實、周作人三先生。我們既取研究的態度，對於反對與肯定兩方也不敢有所軒輊，所以編次是按照講演的次第的。

周作人先生因為有病，未曾把講演的記錄校閱，所以暫缺；梁漱溟先生的因時間來不及，只撰成一半；陸志韋先生的也未交到；此外還有會員的文兩三篇：所以本刊十期仍是宗教問題號。請讀者留意。

所請的講演幾位學者，既欣然蒞臨，又復親為本刊撰文，真是可感得很，編者謹為閱者諸君附筆誌謝。

宗教一詞，向來沒有確定的界說，大約可分為兩種，一是指成功為一個教派的形式宗教，一指個人心裏的信仰作用。要是對於宗教反對或肯定，就不可以不把宗教應該是什麼先弄個明白；對於他人的反對或肯定，也是要先看他們所指的是不是外延相合的同一東西，才不混淆，這個前提，研究宗教的人自然知道，這不過是我多餘的話。

蘇甲榮　十，一，二七

王星拱分析宗教與崇拜相關的兩種信從，以科學精神否定「超人的權力之存在」。他認為：「宗教是由於兩個元素組合而成的：（一）信從，（二）崇拜，二者缺一，就不成為其宗教了。」指出所謂風神、電神「其本身的有無，還須得經受我們的考驗，我們為何反來崇拜他」？對於「可以支配人民的生活」的權力，他認為「我們的命運，是由我們自己製造出來的，更用不著崇拜」，「我們不但用不著崇拜的儀式，並用不著崇拜的心理。崇拜的儀式，養成迷信，無知；崇拜的心理，也生出各種惡結果」，「萬一我們要崇拜，只有崇拜自己；但是自己也是由外面歷史環境所造成的，並不是一個常住不變的東西。這樣看來，世上沒有一樣東西是可以崇拜的」。

王星拱指出宗教信從神秘態度的壞處，反對將一切都歸於上帝的「籠統的總解決」；反對宗教「他以不知為知，而設一個界限與不知之間，而我們永不能自不知而進於知」；反對宗教「唯心的構造之危險」。他批評了「宗教的態度，有鼓勵人類前進的力量」之說，認為這「只能鼓勵無知者一往直前於獨一無二的途徑的力量，不是能夠使有知者擇其善者而從之的力量」；他批評了「宗教的態度，可以減除人類的苦惱」之說，認為「用不著什麼宗教的態度，把人自有知而退入於無知」。王星拱最後說：「總括一句話，宗教沒有崇拜，就不成其為宗教，崇拜無論是儀式的是心理的，都不是科學家所贊成的。至於宗教的態度，就是不經研究不經證明而信從的態度，卻是壞處多而好處少，而且他的好處，也是可以用教育美術去代替的。」[9]

屠孝實從科學、歷史與宗教的衝突展開分析：「和宗教最反對的，第一就是自然科學」，「總之，宗教的宇宙觀，是目的論的，而科學的宇宙觀，是機械論的，這就是他們絕端衝突的最重要的一點」。「其次和宗教最反對的，要算歷史。」「因為宗教所解決的，是人類的生活問題，而歷史所表示的，正是人類的生活經驗。」「總而言之，在現代自然科學家和歷史家的眼光裏看起來，宗教這東西，是人類思想幼稚時代的產物。」他分析批評了宗教本質的三種見解「自律說」、「玄理說」、「倫理說」。他指出宗教的兩個條件：「第一就是自然的束縛和求解脫的心。」「第二，直接的宗教經驗，可以說是宗教的最後根據。」他提出自己的意見，認為：「第一　、我主張吾人對於宇宙全體的態度，不能以一種為限。無論他取理智的態度，或是道德的態度，或是藝術的態度，或是宗教的態度，我們都不能說他是不對的。」「第二、宗教和科學，我以為不能絕端衝突的。」「第三、宗教和歷史，我以為不是絕對衝突的。」他對於宗教家提出了幾點意見：「第一、我希望宗教家應該曉得他的立腳地……應該尊重科學的知識，不得任意同他違背。」「第二、我希望宗教家不要拿歷史上的人格做唯一的標準。」「第三、

9　〈王星拱先生的講演〉，《少年中國》第2卷第8期，1921年2月。

宗教固然可以使人安樂，得著一種樂天知命的生趣，或是能使人『解除塵障』，『脫離俗緣』，然而這些態度，仍是一種生活形式，不過和尋常的感覺生活不同罷了。」[10]與王星拱相比較，其對於宗教的態度要顯得溫婉一些。

李煜瀛評說宗教存在的不合理處，他先說其發言的目的：「第一是中國人對於宗教往往不加分析，便輕輕承受，這種弊病很大，我極欲把他揭明；第二是傳佈宗教者以種種手段顛倒是非，國人往往為其所利用，以致宗教潮流流輪中國有『一日千里』之勢，這個不可不明告被宗教利用之人。」他從「物與超物」、「學術」、「道德」等角度分析宗教存在的不合理處，指出：「當今二十世紀，神權之說既衰，承襲於神權之君權亦倒，若仍欲假神權之威信維繫人心，亦未免太不知自量了！現以大勢所趨，宗教已陷於不可保存之境界。」[11]他認為宗教的頹敗是大勢所趨。

太樸以「社會制度只有時代的價值」為基點，論析宗教存在的弊端：「宗教是應社會進化至某時期之需要而生的，對於促進進化很有效用；不過這時期早已過去，所以不免成了廢物；而且因為其效用已失去的緣故，只有其為效用所掩的弊害了，因此在社會上只是有害而無利，反足為社會進化之障礙。」他細緻分析了宗教的時代價值：「宗教是應社會進化某時期之需要而生的」，「宗教對於促進社會進化有其不可缺乏的功用」（社會組織、人的精神、智識、技巧藝術）。他認為隨著時代的發展，宗教的弊害日益顯現，「宗教之弊害，如錮蔽思想，束縛個性，阻礙進取，等等」，「宗教在社會上之功用既已失去，而其弊害又不可勝言，所以過了社會進化之初期，宗教就不免為社會進化之大障礙了」。[12]

周太玄在否定宗教中是一位積極者，他接連發表了多篇文章，表達對於宗教的批評和反對。在引用了諸多宗教概念的闡釋後，他認可

[10] 〈屠孝實先生的講演〉，《少年中國》第2卷第8期，1921年2月。
[11] 〈李煜瀛先生的講演〉，《少年中國》第2卷第8期，1921年2月。
[12] 太樸〈時代觀之宗教〉，《少年中國》第2卷第11期，1921年5月。

社會學家涂爾幹對於宗教的定義:「宗教是一個有界別有禁列的神靈信仰與實行的連鎖形式，這種信仰與實行為道德形式的聯合便是教會徒眾皆依附之。」他分析宗教的內容為神話、靈魂不死、徵象物、儀式，分析宗教的起源為神話的本源、靈魂的輪迴、肉體飛升說。在分析了宗教的起源（感情的衝動、慾望的引誘、觀念的衝突、生活的困難、對於自然的索解）後，他將宗教分為萌芽、成立、極盛、衰微、滅亡五個時期，他最後得出結論說:「人不是宗教的動物，人類的將來是無宗教。」[13]

在〈宗教與中國之將來〉一文中，周太玄分析了中國的宗教問題，他指出:「現在中國人對於宗教的觀念，為我們所注意的，除了純粹的教徒外，以學者及一部分有智識之青年為最。他們所據的理由不同，所神往的宗教也不同，其中做可討論的為下列之四種：(1)創設新宗教；(2)推崇宗教上的信仰精神，而排斥其形式；(3)推崇宗教上的道德而排斥其信仰及形式；(4)以宗教為一種改良社會之方法，認為中國宜暫時採用。」他談到人們的宗教信仰產生的原因為:「(1)由苦悶的生涯中逃到神前去的；(2)在別的事物裏面，受了宗教方面的暗示，因而皈依信仰的；(3)受傳佈者小利小惠的誘引而奉教的。這三種是現在中國青年對於宗教同情的最普遍的現象。」他分析說:「可見宗教所需要的，並非真實、自由、合理，而專需要謬說迷信，——即所謂宗教上的信仰——與種種引人崇拜的形式。若宗教的內容改革為與真理良知相合，那他們所以維持宗教的各種原素，皆不能存在。」他將宗教界定為:「以神聖不可侵犯之個人所創立或剽竊而來的一種絕對不准懷疑的神話為宗，以傳佈其宗排斥異己為教的便是宗教。」他總結道:「根據上面說法我們已知:(1)宗教本身常是硬性的，故不變化；不能變化，故常與真理和良知相背；(2)宗教是民族情感上一時的結晶，並非理性的產物，所以宗教對於人生只有一剎那感情上的滿足，與理性與實際的生活無涉，故常墮於虛渺；(3)附屬於宗教的各

[13] 周太玄〈宗教與人類的將來〉,《少年中國》第 3 卷第 1 期，1921 年 8 月。

種作用及現象，如道德為善之警告等類，每每為一種機械式的盲動；（4）宗教上的事物和現象，在哲學中全系研究性質，正如醫院中的屍體解剖試驗，不能因此便說此人可醫此人未死。宗教的本身宗教的作用與宗教在學術上的地位，我們都已明瞭，於是我們便知道宗教確是不完全的人類歷史上一時的產物，正如君主政體一樣，他的生滅與人類知識道德上的進化恰恰成反比例，於是我們可以來看中國宗教的關係了。」他認為「中國的將來是沒有宗教」。[14]

李璜認為社會主義與宗教立於反對地位的，在回溯了社會主義的產生歷史後，他說：「社會主義的淵源既是這樣，他焉得不反對宗教。掉過來說，就是不反對宗教，又哪裏有社會主義的發生。所以社會主義自認與宗教不是並立的，社會主義與宗教家是莫有商量的餘地。」他比較兩者的不同：「社會主義的精神全放在此世界，宗教的精神全放在天堂，社會主義不在此世界以上去造一個，命令個人思想和行為的虛渺世界。」他最後說：「果然，現在平民不敢再相信耶穌的說法了！天堂到頭來沒有看見，弄得來一生沒有吃飽，他們寧肯捨卻天堂，他們要頓安靜的飽飯吃呀！」[15]

李璜在談到社會學與宗教時，認為，社會學家首先看見宗教特有的現象就是禮拜，還有「就是同教的人不但要贊成共同的信仰，並且該當那樣永遠的贊成」，他指出：「總之宗教的信仰是同時具有服從性質的，換句話說，就是愈是宗教的，便愈是強制的，這個強制 Obligation 的天性，很算是宗教定義上一個要素。」「所以我們可以說：所謂宗教的現象，就是強制的信仰，以及關係於這信仰內所有事物的實行。」他認為：「宗教的根源，不是在個人的情感中，是在群眾的精神狀態裏，他的變遷也隨著這種精神狀態。」他指出：「照前面定義，宗教不是個人的是社會的，所以他有強制的性質來高壓個人。」[16]

---

[14] 周太玄〈宗教與中國之將來〉，《少年中國》第 3 卷第 1 期，1921 年 8 月。
[15] 李璜〈社會主義與宗教〉，《少年中國》第 3 卷第 1 期，1921 年 8 月。
[16] 李璜〈社會學與宗教〉，《少年中國》第 3 卷第 1 期，1921 年 8 月。

李潤章在談到宗教與科學時認為，「由是而宗教與科學之衝突以起。但科學之勢力，雖異常雄大，然吾人所接觸之事物，尚有不可解者（inconnaissable），遂有謂科學未達萬能，宗教亦未破產，此宗教與科學並立說所由來也。」「總而言之，科學每進一步，宗教即退一步，古時為宗教軍隊所佔領之地域，今已多半為科學軍隊所征服。故宗教萬能早已不成問題，即科學與宗教並立之說，古時雖然雖有科學家而信仰宗教者，然今後恐未必多見矣。」[17]

周太玄在談到進化論思想與宗教的關係時說：「宗教與學術，本皆出於初民『思維』的一點動機。在思維不能自己滿足的時候，常常臨時產出一種信仰來填補他。」「『神』的觀念之所以產生，皆由於自然知識的不足。而神的觀念產生以後，自然知識之發展，便受桎梏。謬誤的自然觀念，如自然界之人格觀等，遂不容有駁正的餘地。但自進化原理發現以來，我們對於自然界已可尋得其系統繫。自然知識的基礎遂而確立。因之神的領域便漸漸縮小起來。」他指出：「有宗教習慣的學者，雖然還有很多向著宗教表好意，或竟為其辯護。這都因為科學的自身尚未達到美滿的地位。但是科學日進無已，宗教範圍亦日縮無已。後來的人宗教的習慣日少，思想的遺產日富，宗教終不久即可消滅。」[18]

李思純在談到宗教信仰時說：「現今擁護宗教的人，大概注意於信仰問題。因為宗教的可貴，便是在一切人類靈魂之中，樹立黃金一般的信仰。此種心眼，乃人類之精神生活。與物質生活對立，而互相調和。當現代人類沉浸於物質的迷夢之中，精神生活，早已墮地。若再力攻宗教，使精神界愈益不振，物質之禍，因而愈深，是萬萬不可的。」他認為宗教起於直覺。他指出：「在求知的方面，科學既已戰勝宗教，而代替他了。——科學便作為還不能完全代替，但科學實尋見了求知的正路。——宗教家在知識方面，早已讓步，而退守於信仰的城壘，也不甚堅固，恐怕終不是藏身的好處所啊。」[19]

17　李潤章〈宗教與科學〉，《少年中國》第3卷第1期，1921年8月。
18　周太玄〈宗教與進化原理〉，《少年中國》第3卷第1期。
19　李思純〈信仰與宗教〉，《少年中國》第3卷第1期。

李思純在雜評宗教問題時，說：「我信哲學的上帝，不信宗教的上帝。」「我雖以為信仰宗教，是不必要，但我卻贊成研究宗教哲學。」他指出：「可憐中國雖有宗教，而世界民族中，宗教思想最薄弱的，莫有比中國更甚的了。」「現今不贊成反對宗教的人，無非懼怕民族信仰的傾墜。這種用心，我是極為同情。但在這宗教思想本來薄弱的民族中間，盡力去強殖宗教，強培信仰，也決無成功的希望。如說利用宗教信仰以振作民族精神，這卻錯了。因為宗教是絕不能利用的。」[20]

蔡元培在談到宗教問題時，說：「將來的人類，當然沒有拘牽儀式，倚賴鬼神的宗教。替代他的，當為哲學上各種主義的信仰。這種哲學主義的信仰，乃完全自由，因人不同，隨時進化，必定是多數的對立，不像過去和現在的只為數大宗教所壟斷。所以宗教只是人類進程中間一時的產物，並沒有永存的本性。」他贊成少年中國學會反對宗教徒入會的意見，他說：「我個人對於宗教的意見，曾於十年前出版的《哲學要領》中詳細說過，至今我的見解，還是未嘗變更，始終認為宗教上的信仰，必為哲學主義所替代。」[21]

周太玄在「會員通訊」中對於《少年中國》宗教問題號中的文章提出了批評：他說：「我讀梁、屠兩先生的文，我覺得屠先生的肯定是相對的。梁先生的肯定是絕對的。屠先生承認宗教的必要，同時也承認科學、道德美術，等之必要。而歸宿是重在調和並存。梁先生是以印度哲學的精神，來說明宗教。並進而斷定科學前途之命運。……屠先生的論調，不能助長其皈依宗教之心，而梁先生的，則有力量甚大。因為佛教在中國的年歲較久，與中國人的思想經略頗為接近。」他著重批評了梁漱溟的觀點，他說：「我因為宗教與人生的關係太密切，影響太重大。——要就信仰，要就反對。——所以我雖非一個宗教家，雖非一個宗教的專門研究者，我也敢用直覺觀察來反對直覺的宗教。更敢來對梁先生的論文略附末議。」他批評說：「佛家雖言說得天花亂

[20] 李思純〈宗教問題雜評〉，《少年中國》第 3 卷第 1 期。
[21] 〈蔡孑民先生關於宗教問題之談話〉，《少年中國》第 3 卷第 1 期。

墜，馬鳴石動，其隱衷不過引誘人去自殺。那麼，我們不但反對宗教，尤其反對佛教！」「我們為實實在在的人生，為潔潔白白的人格，我們應該徹底的反對宗教！我們為現時的中國，為中國現實的青年，我們尤應該徹底的反對佛教！」[22]

曾琦在「會員通訊」中對於壽昌的來信作了回應，他認為「宗教對於人類，確是有所貢獻這是事實，不能掩的。但是同時宗教給人類所造的罪惡，卻也就不少了」。「我們試想這其中阻礙真理之發明，和人類之進步，真是不少！如何還敢提倡宗教呢？」他認為壽昌來信中有幾層誤會：

> 你的來信中，對於我們的提議，有幾層誤會，不得不略為解釋一下；第一你以為我們是因為看見法國宗教衰微，才不主張宗教，其實這是懸揣之誤。我和舜生、伯奇、幼椿、仲蘇諸人六年前住在上海法國教士所辦的學堂時，便已極端的反對宗教。現在法國的宗教勢力，也還不弱。我曾親到拿破倫行過結婚禮的 Notre-dame 大教堂裏去看見教主出來，有許多人行跪拜禮，你將來到法國，還可以睹此威儀呢。第二你以為提議「教徒不得入會」只是少數旅法同人的意見。這也是根據上述懸想而來，與事實並不相符。我們當時聚會，並不單為這一個問題，是因為王光祈、魏嗣鑾兩君子赴德，陳寶鍔君赴英他們經過法國，所以大家聚議，關於會中一切重要問題，王魏陳三君都是一直贊成的。第三你以為我們拒絕教徒入會，便是否認他的人格，其實也是誤會。無論耶蘇的人格，是我所最尊敬崇拜的。——耶蘇獻身十字架的精神，比起孔子危邦不入，亂邦不居，實在還高得多。——即在中國活動多年的教士如像丁義華之提倡禁煙，也可算是中國人的救主。其人格何等高尚，誰也不能輕視。我們拒絕教徒入會止是尊重他的人格，因為他若加入本

22 《少年中國》第 3 卷第 1 期。

會，一旦和我們討論及「神之有無問題」便不免違背他的教條，轉使他得罪上帝呀！第四你以為我們忘卻了約法上的信條自由，其實這也是誤會。學會是一種狹義的團體，不比國家的無所不包。譬如學會規定教徒不得入會及已入會者須自行出會。則凡教徒都可自由出會，或絕不請求入會。若國家規定國民須信某教，或不許信教，則凡信異教或信教者，便為違法。學會之規定，並無妨於分子，因為學會不過是許多團體之一。這個團體不容教徒，哪個團體，或許專收教徒。國家之法律，便不如是之易。不遵約法，便要被罰。否則惟有脫離國籍之一法。義有廣狹，事有難易，所以不能同日而語。而且我們最注重的，尤其是：「學會是研究的性質。——本科學的精神，對於一切皆加以研究——教會是固定的性質。——依教條之規定對於上帝絕對信從。——根本既不相同，所以凡入教會的人，勢難約入學會。」第五你以為我們只注重科學，便輕視其他一切，這話也不儘然。固然我們學會的宗旨，明明規定是本科學的精神，會員無有不注重科學的。不過我卻並不專重科學，因為我於科學，自愧還未入門。而且我覺得科學以外文學美術，也很重要。

1922 年 3 月出版的《少年中國》第 3 卷第 8 期，為「少年中國學會問題號（二）」，專號以研究少年中國學會與政治活動問題為主，張夢九在〈主義問題與活動問題〉一文中，還著重談到「何故不主張宗教」的問題：

本會不主張宗教。其理由本極明顯。蓋章程上之規定。劈頭第一語即曰。「本科學的精神。」夫宗教者科學之仇也二者不能並立。盡人而能知之矣。然吾人非不知宗教之曾有貢獻於人類。吾人之研究宗教。自信或尤勝於教徒。其所以斷然不主張宗教者。亦以創造少年中國不容有此障礙進化之物耳蓋宗教之利。概括言之。約有數端。能予人以無聊之慰藉一也。能使人聽天安命而少所憂疑二也。有獎善懲惡之作用三也。能統一思想而範圍群眾四也。反之而為害亦有數端。束縛自由思想而妨礙真理之發現一也。使人趨於迷信而不能開拓運命二也。供君主貴族愚民之用三也。因信仰之各別容易引起殺人流血之宗教戰爭四也。因思想之統一而學問難有進步五也。以天堂地獄之說誘人為善去惡而使人失其自動的為善去惡之良知六也。使人以現世為罪惡而喪其樂生之心七也。使其夢想天國而生其僥倖之念八也。養成僧侶坐食而為民之上之一種階級九也。使人強不知以為知而失其推理之作用十也。即此諸多端。兩相比較。宗教之害。遠逾於利。亦已昭然。彼視宗教為性命之歐人。近且漸弛其信仰。豈有本無宗教之我國轉從而主張宗教之理。故吾人發起本會首標科學精神即所以排斥宗教。今若容許教徒入會必先修改章程蓋「科學精神」與「宗教信仰」固明明不相容者也。[23]

學者們從科學、進化、社會主義、社會學等視角，對於宗教展開的否定性的批評，揭示宗教的種種弊端，指出宗教對於社會的危害，強調現代社會對於宗教的批判與否定。

三、專號中認可宗教的見解

在《少年中國》宗教問題號中，有不少學者對於宗教表達了認可的見解。梁漱溟從宗教觀念入手展開分析，他認為「所謂宗教的都是以超絕於知識的事物謀求情志方面之安慰勖勉的」，從而指出宗教的兩個條件：「一、宗教必以對於人的情志方面之安慰勖勉為他的事務」，「二、

23　張夢九〈主義問題與活動問題〉，《少年中國》第3卷第8期，1922年3月。

宗教必以對於人的知識作用之超外背反立他的根據」。他說：「質言之不外使一個人的生活得以維持而不致於潰裂橫決，這是一切宗教之通點。宗教蓋由此而起，由此而得在人類文化中占很重要一個位置，這個我們可以說是宗教在人類生活上之所以必要。」

梁漱溟在指出宗教的「超絕」與「神秘」後，回答了一個問題：「人類生活的情志方面果永有宗教的必要乎？」他說：「你莫以為人類所遇到的問題經人類一天一天去解決，便一天從容一天，所謂問題的解決，除掉引入一更難的問題外，沒有他義，最後便引到這類無解決的問題為止。除非你莫要去解決問題，還可以離得這頂困厄的問題遠些，但是人類一天一天都在那裏奮力解決問題，那是攔不住的。那麼這個問題便眼看到我們前面了，我們遇到這種不可抗的問題，沒有別的，只有出世，即是宗教，到這時節成了不可抗的必要了。」[24]雖然，梁漱溟的文章並未寫完，但是他對於宗教肯定的態度，可見一斑了。

劉伯明先談及歷史上宗教的理由：「（1）自進化論發明以來，研究一切學科，都必須根究其來源，其往古迄今變化之陳跡，此種思想，起自亞里斯多德。（2）平常人所信仰的宗教，乃原人的宗教。」科學思想的進步，汰除了神靈的思想。他闡釋柏拉圖的思想，認為柏拉圖的宗教有兩種要素：「一、理想；二、現實，這兩種要素，是互相衝突的；因為衝突的緣故，遂發生宗教。」他最後指出：「理想境界，是否有客觀的存在？我不能證明。然我以為卻有歷史上之客觀。讀柏拉圖，經中世紀，近世紀，莫不有此種思想。」[25]

周作人著重談了宗教與文學的關係，他認為「文學的發達，大都出於宗教」。他認為「可見宗教與文學都是由求生之念抽出來的」，「文學與宗教本來是合一的」。他認為：「照此看來，近代文學是社會的，是與宗教相同的；不過他不必假借神的力量而可得同樣的結果。這是顯著的事實。但是近代個人的文學也並不是絕對可以排斥的，因為確

---

24 〈梁漱溟先生的講演〉，《少年中國》第 2 卷第 8 期，1921 年 2 月。

25 劉伯明〈宗教哲學〉，《少年中國》第 2 卷第 11 期，1921 年 5 月。

有些個人的情感不是普通都能領會的。」他認為「宗教是希望將來的，而文學也講未來」。他說：「將以上的話，總起來看，覺得文學與宗教確是相合的。所以覺得宗教無論如何受科學的排斥，而在文藝方面仍然是有相當的位置的。這並不是讚揚宗教，或是替宗教辯護，實在因為他們的根本精神確是相同。即便所有的教會都倒了，文藝方面一定還是有這種宗教的本質的情感。至於那些儀式當然不在我們論斷之列。」他批評說：「最後我對於少年中國學會的本身問題，還要說幾句不應該的批評。我以為偏狹的迷信一個宗派，自然不大合式；至於不是屬於某一派的教徒而有普泛的宗教信仰的，似乎沒有什麼衝突，如泛神論者或者信仰一種主義之類。」[26]

陸志韋談到宗教時，談到了迷信的生活，說及宗教與科學的衝突，指出：「以前的衝突，宗教科學二者各不能辭其咎。在宗教一方面，每以價值與事實相混。信仰的附產品，如教會，教主之類，得了一種不可思議的威權；因之顛倒是非，捏造事實。在科學一方面，間有喜作空泛之論者，坐井觀天，抹殺全局。其始不過與哲學相衝突；終則否認希望信仰的感情為人生確有之事。於是引起常人驚怪；且觸怒宗教制度中人。」分析宗教家與科學家對於自由、奇跡的不同見解。他提出了宗教家可信何種宗教：「（一）不以宗教制度害自由思想者。（二）不涉於因果律者。（三）對於將來的或然，不使人過生疑忌，至科學的實驗精神者。」[27]

1921 年 3 月 17 日，康白情在美國給時珍寫信，他在通信中表達了他的觀點，他指出：「不過我想少年中國學會同志最大多數必是反對宗教的。我們底氣質和教育和歷來經過底環境，都很有以異乎人底地方。我們不信宗教，從我們底地位上著想，當然不錯的。如果以自己底地位推斷一切，便輕於說宗教無存在的餘地，凡信教的都是不開化的民族，那卻太類乎晉惠帝問饑民何以不食肉糜了！」他將宗教分為

[26] 周作人〈宗教問題〉，《少年中國》第 2 卷第 11 期，1921 年 5 月。
[27] 陸志韋〈科學與宗教〉，《少年中國》第 2 卷第 11 期，1921 年 5 月。

原始的拜物教、曖昧的二元論、多神教、准倫理的宗教、他力的宗教、自力的宗教六個時代，他總結說：

> 從這六個時代看來，可見宗教也是進化的。並且他為應人類進化底要求，隨時增高他底地位和價值。科學滿足人類底知識。他卻滿足他底感情，輔助他底意志。凡足以滿足我們底慾望，使人類生活向上的東西，我們當然承認他的善的，是道德的，當然要許可他存在。人類生活不止知識一面，並且我們知識底慾望無窮，每每求到究竟，又非科學所能答覆，那麼為安慰情感起見，隨各人知識底等差去奉一種宗教，是勿須我們反對的。並且宗教底形式不一意義也有種種。我們一定要破壞舊有的一切宗教勢必要教他們來跟從我們。豈不是我們又成了一種新宗教，但我們底感情不能安慰，生在世界上有什麼趣味？因此我決定宗教有存在底價值。

他認為宗教是進化的，是滿足人類的慾望的，應該允許宗教的存在。從進化的角度，他提出：「大抵一種宗教，其創始總有些好處，愈到末流，其弱點愈多。我們既認宗教有存在底價值，便不可不隨時創造新宗教。」因此，他認為「這種新宗教從哪裏發生呢？我以為絕不在斤斤於反對舊宗教而在他自身底積極建設」,「我的意思是要創造新宗教，不是要反對舊宗教；是許可舊宗教改良，不是要根本否認宗教底存在」。[28]

時珍在給白情的回信中，表達了不提倡宗教、又尊重信教自由的觀點。他說：「……中國似可不必提倡宗教，以我國素無成文之宗教，提之為多事也。有願奉教者，吾輩亦任之，以信教自由，吾輩原無干涉之權也。外國宗教之歷史，與吾國迥殊，外國人民，對於宗教之信仰，與吾國人民亦迥殊，今有人無端要仿效外國，此亦未免大偏矣。」[29]

---

[28] 白情〈會員通信〉,《少年中國》第 3 卷第 3 期，1921 年 10 月。
[29] 時珍〈會員通信〉,《少年中國》第 3 卷第 4 期，1921 年 11 月。

對於宗教持贊同態度的學者，強調宗教在人類生活中的重要作用，尤其使有些反對宗教的人們，逐漸認識到應該持不提倡宗教，又尊重信教自由的態度。

四、外國學者談宗教

在《少年中國》宗教問題號中，有一些外國學者對於宗教的見解，有些學者翻譯了外國學者關於宗教的文章，甚至向外國學者就宗教問題徵求他們的見解，構成了少年中國學會關於宗教問題討論的一部分。

羅素將宗教分為制度的宗教、個人的宗教兩種，並認為宗教的來源分為「(1) 自有史以來就沿傳下來的，不知所本的」，「(2) 可以探得本源，知為某人所創造出來的」，宗教可分為耶穌教、佛教、回教、馬克思教四種。他認為中國「離了歐洲很遠，沒有受歐洲宗教戰爭的影響，所以不至於受了累」，他歷數歐洲宗教的險毒。他指出：「因宗教的能力，可使社會上有秩序，可使之安寧，這固然是功績，但代價也未免太高了，仍是有些不合算，不合算的地方有二：(1) 因想堅固的組織，信教特甚，而犧牲太大，如野蠻民族之以子女供神，諂媚了土豪得福利。(2) 以宗教的手段，要保持社會的原狀；但因要保持原狀，所以反對新發明及新思想的輸入，因此社會的改良，也就不可能了。所以因為要靠著宗教維持社會原狀，便得反對進步，犧牲了一切新文化新制度，何從增進將來的幸福呢？」他闡釋說：「宗教者，是有幾個條件來管束人的行為的，並且規定人生行為的準則，硬要人去信仰，其輸入於人心的勢力和人對於他的信仰，是感情的和脅迫的，並不是有理性的信仰。」羅素提到宗教的弊端：「在實際來論宗教的壞處，就是守舊的態度，阻止了新進步，不能使有新發明，反對新事業的發展，都弄成一種很陳舊的現象，以為從前傳下來是如此。到現在還是應當如此；這是他的第一種的壞處。第二就是以人的願望為主，無論對於什麼事，也都以個人的願望來判定，純粹以感情用事……」[30]

方東美介紹詹姆士的宗教哲學，他認為詹姆士「視宗教為無偏無黨的研究對象」，「詹姆士底宗教哲學是由他的知識論產生的」，「詹姆士是一個實驗主義者」，「實驗主義承認生命底範疇（the categories of life）是基本的，是以生命為中心的哲學」。他指出：「詹姆士討論意志與信仰底範圍時，曾說信仰純是意志對於意象所存的一種態度。」詹姆士認為宗教與科學的不同在於：「科學底研究對象是近似因（Proximate Cause）；宗教底研究對象是究竟因（Nltimate Cause）。「科學底動機是理論；宗教底動機是實行的。」「詹姆士認定宗教有兩種：一，制度宗教（Institutional Religion），其要素為崇拜，犧牲，神學，教儀，教條，傳教的機關。二，個人宗教（Personal Religion），個人悟到其不足，無能，於是本其秉性而求其興趣之集中，以上通乎神明。詹姆士注重的是個人宗教。他的宗教定義是：『宗教是個人於岑寂時所有的情感，動作，及經驗，倘若悟到自身與所謂神發生關係。』這種關係可以是道德的，物質的，或儀式的。」「詹姆士又說：『宗教是各人對於生命的全反動。』」[31]

劉國鈞闡述丹麥哲學家海甫定的宗教經驗觀，認為「他是一位在心理學上建設哲學的學者」，「他所著《宗教哲學》一書雖然從知識論，心理學，和論理學三方面煙具宗教，但尤以心理方面為重要」。「海甫定以為宗教經驗實質上只是宗教感情」。他指出：海甫定認為「宗教感情的發生，就在人類能力已盡而實在與價值尚不能調和的時候。在這時候價值不滅的慾望，油然而生，我們便造成一個價值的世界的觀念不以人力有限而否認他的真實」。他說到海甫定談的宗教信心：「宗教信心既是對於價值與實在間關係所起的一種要求，所以他就（1）價值與估定價值的動機的不同，（2）關於實在的知識的不同，和（3）所用以將實在與價值合攏來比較他們的力量不同，也就生出種種不同的性

[30] 〈羅素先生的講演〉，《少年中國》第2卷第8期，1921年2月。
[31] 方東美〈詹姆士底宗教哲學〉，《少年中國》第2卷第11期，1921年5月。

質。三者之中海甫定以為後者最重要。因此他便本著這一條來研究宗教信心的形式。」「就心理學的分析，宗教經驗和宗教信心，是宗教的中堅要素。因為宗教經驗的特點是：他是價值與實在間關係的經驗。宗教信心的特點，則不單是如信心二字所含的心向安固接續的一定方向進行，並且是陳述價值經歷一切存在的變動而仍存在。」他認為：「海甫定論宗教的特性，可用一句簡單的話表出來，就是：宗教特殊的公理便是價值不滅。」[32]

李達翻譯的 Hermann Gorter 的〈唯物史的宗教觀〉一文，分別闡述了由自然力的崇拜到精神的崇拜、善惡之觀念與社會的本能、羅馬之同意與一神教、適應封建制度的耶穌教、宗教改革的真意義、抽象的不可解之神、宗教之靈化空化、勞動階級之無宗教、狄更之哲學、宗教是個人的私事十個問題，從唯物史的角度，將社會發展中生產力的變遷與宗教的發展聯繫起來，對於宗教的發生、發展等作了細緻全面的研究。他指出：「宗教雖然暫時在人的精神生活中起了重大的作用，可是隨著生產關係變了種種的性質。就是最初崇拜樹木，崇拜河川，崇拜太陽；其次崇拜神靈化的美人，勇士，大力者；再其次崇拜精神，崇拜父親，崇拜支配者；再其次崇拜神變不可思議的抽象物；到了最後就變為無宗教了。這些變化一概都是人類社會境遇的變化所生出的結果。即是人與自然界，人與人關係的變化所生出的結果。」他認為：「唯物史觀不必定要反對宗教。實在把宗教當作是歷史的當然現象，在將來新社會狀態之下方可以完全消滅的。所以現在信仰上的差異不是根本問題，只有經濟上的目的方可算根本的問題。所以在實際運動上成了『宗教是個人的私事』這種主張了。」[33]他從唯物史觀出發，將勞動階級經濟的解放看作最為重要的事情，將宗教的發展與生產力的發展聯繫起來，認為宗教的消滅是必然的事情。

---

32 劉國鈞〈海甫定宗教經驗觀〉，《少年中國》第 2 卷第 11 期，1921 年 5 月。

33 Hermann Gorter：〈唯物史的宗教觀〉，李達譯，《少年中國》第 2 卷第 11 期，1921 年 5 月。

雁冰闡述了羅曼羅蘭的宗教觀，他認為作為思想家的羅曼羅蘭，有一些關於宗教的精闢見解：「羅蘭對於信仰即真理的主張，非常的反對；所謂『我信有神，神即存在』這句話，羅蘭以為簡直是夢話。他以為真理可以是絕對的，但決不是聽了舊時的傳說，拘於舊時的思想，奉了一個宗教的教義，便可以認得這真理。真理是欲人們用自由精神自去尋覓，不能學的。」他提出「必須你自己去判斷真理，必須你自己理性的去判斷真理；宗教只叫你捨卻自己的理性去盲從——信仰——人」。「他說，世界上直到於今堆積的惡事，都不是因為惡的力量實在大，卻因為善的弱；善的弱便是因為人有不敢獨立判斷的惰性；宗教是助長這惰性的。他又說：自己求得的半個真理，勝似從別人處學得的全個；我們閉了眼，順從地，敬畏地，服務似的接受了來的真理不是真理，只是一個謊話罷了。」雁冰說：「至於對於現在的基督教，羅蘭有更激烈的攻擊，看他的『Liluli』便可知道。」「現在的教會更是有意作惡：這是羅蘭對於現教會的判斷了。」[34]

在關於宗教問題的爭論中，少年中國學會巴黎分會給法國學者去信，徵詢他們對於宗教問題的意見。他們提出了三個問題：「（一）人是否宗教的動物？（二）新舊宗教是否還有存在的價值？（三）新中國是否還要宗教？」[35]

在回信中，巴黎大學文科教授格那列先生回答道：「據我個人意見，人類由有宗教漸漸變到無宗教，要算是人類地根本進化。」「我盼望中國人的思想永遠對於各種宗教性質的障礙物——神話和教義——立於自由的地位，永遠保守這個無宗教的道德精神。」「為一種民族建設一種宗教，是一個矯揉造作的事情，並且從前的人已經失敗了，模仿外國的宗教，也是無益的事情，不但難於實行，並且很有危險。新中國也與各大國家一樣，在今日無宗教的需要了。」

---

34 雁冰〈羅曼羅蘭的宗教觀〉，《少年中國》第2卷第11期，1921年5月。

35 李璜譯〈法蘭西學者的通信〉，《少年中國》第3卷第1期，1921年8月。

罷爾比斯先生回信說：「我以為所有歐洲在中國的宗教傳佈，對於中國在各方面看來，都很不吉利。總之，他是一種武具，是一種利器，用來發展他們的商務和政治的勢力，夠不上說什麼思想的傳播已經許久，宗教在各方面都沒有資格去再作為道德的媒介。」

巴黎大學社會學教授補格列先生回答說：「道德和宗教是兩回事，或者可以說宗教從前曾經當過道德的介紹物，保護人。但現在是實驗科學的世界，不是神的世界。神的精神既然不能兩容，道德早已向宗教宣告獨立了。」

這些法國學者都否認宗教還有存在的價值，反對新中國需要宗教的見解。

五、宗教論爭與歷史語境

少年中國學會關於宗教問題的論爭，與當時中國社會的歷史語境有關。

自辛亥革命後，袁世凱與張勳的先後復辟，都將恢復帝制作為復辟的目的，袁世凱在策劃復辟登基時，將祭孔作為復辟的重要一環，雖然袁世凱的復辟最終並未得逞，但是卻引起了關於立孔教為國教的爭論。「圍繞孔教問題的爭論並未因袁世凱帝制運動的崩潰而停止。1916 年 8 月在北京召開國會時，『天壇憲草』第 19 條成了關鍵之爭。一些議員重又努力把孔教確立為國教。」[36]中國知識份子將眼光注視在西方近代思想，在否定孔教為宗教的基礎上，否定立孔教為國教的企圖，陳獨秀、蔡元培、馬相伯等都撰文提出反對的觀點[37]。在反對孔

36 周策縱《五四運動：現代中國的思想革命》，江蘇人民出版社 1996 年 12 月出版，第 403 頁。

37 陳獨秀〈憲法與孔教〉，《新青年》第卷 3 號，1916 年 11 月；蔡元培：〈蔡子民先生在信教自由會之演說〉，《新青年》第 2 卷 5 號，1917 年 1 月；馬相伯：〈書《請定儒教為國教》後〉，見《馬相伯集》，復旦大學出版社 1996

教為國教過程中，將宗教問題提到了一個重要境地，成為「五四」時期宗教運動的序幕，也成為少年中國學會後來討論宗教問題的前提。

「五四」運動的興起，在反帝反封建的大旗下，對於中國社會產生了重要影響，在濃重的民族危機感中，中國知識份子思考中國的出路，在民族與科學的旗幟下，將啟蒙民眾置於重要的地位，將引進西方近代文化思想置於重要地位，少年中國學會便將「本科學的精神、為社會的活動、以創造少年中國」作為學會的宗旨。「五四」以後的中國，新舊的對立、中西的對立成為人們的一種思維慣性。「中國青年思想，以五四運動前後變動得最厲害。那時的青年，大家嚷著反對家庭，反對宗教，反對舊道德，舊習慣，打破一切的舊制度。」[38]在一些人的觀念中，宗教成為舊傳統的一部分，少年中國學會中人們的反宗教情緒大多是出於這種思路。

「五四」後的中國，是一個充滿著朝氣又十分蕪雜的時代，否定中國傳統接受西方近代文明成為人們的共識，人們各取所需囫圇吞棗般地汲取西方文化的傳統，「事實上事件後的一年成了中國新知識份子思想中懷疑主義、浪漫主義、自由主義、實在主義、無政府主義思潮大雜燴的時代。傳統的思想和制度受到來自各方的攻擊，而現代知識的許多分支的新學說、新主義和新思想則受到充滿生機和熱情的討論，雖然有時顯得很有些膚淺」[39]。在少年中國學會關於宗教問題的論爭中，也可見出這種蕪雜與複雜，無論是贊同宗教的，還是反對宗教的，都往往從不同的視角與理論出發，使這場論爭具有複雜性。

在這場論爭中，人們大多從社會進化的觀點反對宗教，大多從信教自由的觀點贊同宗教，論爭的內蘊中，反對者往往將宗教視為舊傳統予以否定，贊同者卻有時從西方文化的視角予以肯定，尤其肯定

年出版，第 248 頁。

38 章依萍《枕上隨筆》，1929 年 6 月北新書局初版，第 66 頁。

39 周策縱《五四運動：現代中國的思想革命》，江蘇人民出版社 1996 年 12 月出版，第 251 頁。

基督教、天主教在西方社會發展中的重要作用，構成了這場論爭的複雜性。

少年中國學會關於宗教問題的論爭，產生了十分重要的影響。在關於宗教的論爭中，進一步瞭解了宗教。陳獨秀在談到基督教時，曾經說道：「除了耶穌的人格和受難，我們對基督教義一無所知。」[40]由於中國現代知識份子大多對於佛教、道教比較瞭解，對於基督教、天主教瞭解甚少，通過對於宗教問題的論爭，通過少年中國學會舉辦的宗教問題的講演，通過《少年中國》宗教問題號的編輯出版，使人們對於宗教、尤其是對於基督教、天主教加深了瞭解，在瞭解了宗教的起源、發展、現狀等的同時，對於不同宗教有了更廣更深的瞭解。

在關於宗教的論爭中，加強了對於宗教信仰自由的見識。在少年中國學會關於是否允許教徒入會的爭論中，經過討論形成了共識，取消了關於教徒不准入會的禁忌，無論是提出教徒不准入會者，還是贊成教徒可以入會者，都認識到「信教自由，載在約法」的重要性，在瞭解宗教發展過程中的種種罪惡的同時，也看到了宗教對於社會發展、調劑心靈等方面的重要作用，使當時一些過激的思想得到了糾正。

在關於宗教的論爭中，拓展深化了民主科學的意識。「五四」時期提倡「德先生」、「賽先生」，反對封建禮教傳統，大多從人們自身的經歷與遭遇開展對於封建禮教的批判，但對於民主與科學大多僅僅只從概念上進行闡釋。在宗教問題的論爭中，大多反對宗教者從科學與宗教的對立角度，歷數宗教的弊端，闡釋宗教與科學的衝突；大多贊成宗教者從信仰自由的角度，闡釋宗教存在的必要性、合理性，從某種角度說是對於民族思想的推崇，在論爭中拓展深化的民主科學的意識。

少年中國學會對於宗教問題的論爭，在後來的發展中延伸至1922年開始的「非宗教運動」，在民族主義的情緒中表現出對於宗教截然否定的過激姿態。可以說少年中國學會對於宗教問題的討論，比後者

[40] 轉引自周策縱《五四運動：現代中國的思想革命》，江蘇人民出版社 1996 年 12 月版，第 442 頁。

更具有理性的姿態和學理的成分，而後者在「非宗教運動中」更多是一些反抗西方的壓迫民族自強的憤激情緒。在中國近現代社會的發展與嬗變中，少年中國學會關於宗教問題的爭論，具有勿容置疑的歷史意義。

第二章　非基督教、非宗教運動的興起與發展

中國近現代基督教發展史上，民國建立前後到 1917 年一般被學界稱為「教勢發展時期」，基督教在華勢力擴張較為明顯。1917 年至 1922 年是「討論宗教時期」，其名稱來自張欽君搜集當年有關「討論宗教問題」的文章而編輯的《國內近十年來的宗教思潮》[1]一書，該書首次將這一時期冠以此名，後逐漸約定俗成。1922 年到 1927 年被稱為「非宗教非基督教時期」，基督教在華勢力遭受沉重打擊，先強後弱、先盛後衰。其實，這種分期，僅以顯性的歷史事件作為劃分的標準，比如，1917 年新文化運動風頭日盛，宗教問題的討論和批判浮出水面；1922 年 3 月，上海和北京的非基督教學生同盟、非宗教大同盟先後呼應造勢等。深入分析這一歷史進程，會發現這絕非如此簡單清晰，企圖談論各個時期有簡單化之嫌，而要對非宗教非基督教運動進行全方位的仔細梳理，就不得不上溯。

為了深入研究非宗教、非基督教運動，首先必須對歷史上出現的「非基」、「非宗教」、「反基」、「反宗教」等有關概念進行梳理。「非基運動」是「非基督教運動」的簡稱，該名稱源於 1922 年 3 月上海成立的「非基督教學生同盟」，該組織於 3 月 9 日發表了「上海非基督教學生同盟宣言及通電」，隨後各地的非基督教組織群起發表宣言，此後，「非基督教」、「非基」成為專有名詞，並進而引申出「非宗教」這個名稱的出現。

---

[1] 張欽士編《國內近十年來之宗教思潮・目錄》北京燕京華文學校出版，1927 年版。

「非基督教運動」(Non-Christian Movement)並非「反基督教運動」(Anti-Christian Movement),從「非基督教學生同盟」以及後來成立的「非宗教大同盟」的通電來看,當時的「非基督教」與「非宗教」是以信教與不信教為界限的,反對諸如義和團那樣的排外暴力舉動,強調「科學勝宗教」:「(一)外國人有些疑想我們的非宗教運動,或不免含有『排外』的性質如同以前的義和團一樣。這是大大的錯了,……我們的非宗教,只是為著『非宗教』三個字。……可見我們同盟的組織,是以『信教』與『非教』做界限的,不是以國家做界限的,有何從想到『排外』呢?(二)有意挑撥的話,又說我們非宗教運動的人,好像是些過激黨。這也是動人片時的疑想,這又錯了,……我們非宗教,就只為以科學勝宗教,毫無別的作用,……」[2]但是,儘管「非基」、「非宗教」與「反基」、「反宗教」有語義的區別,但是前者的內涵終究帶有「反」的意思,所以後來當這次運動真正發展到帶有攻擊性的「反基」、「反宗教」舉動時,人們依然沿用「非基」、「非宗教」的名稱,以至於造成後來的混淆。不過,必須承認的是,當年的組織和團體提出「非基」、「非宗教」口號,而不使用激烈決絕的「反基」、「反宗教」名稱,是出於當時社會環境考慮的,貿然提出「反基」、「反宗教」無法得到更多群眾的回應,而且會造成團體本身的分裂。鑒於此,廣義的「非基」、「非宗教」運動實際上是一個包含了「反基」「反宗教」階段,構成了綿延長達 7 年的中國現代歷史文化事件。

「非宗教」的稱謂源自 1922 年 3 月 11 日北京「非宗教大同盟」的成立。3 月 17 日的《晨報》發表了北京非宗教大同盟的〈〈非宗教大同盟宣言〉與第一次通電〉,該文迅速被上海、廣州等地的報紙轉載,得到各地回應。將上海的非基督教學生同盟與稍晚成立的北京的非宗教大同盟相比,可以發現其宣言主張和組織方式有異同之處。〈上海非基督教學生同盟宣言及通電〉攻擊矛頭對準基督教,而北京的非

[2] 張欽士編《國內近十年來之宗教思潮》,《〈非宗教大同盟宣言〉及通電》丙:第二次通電,北京燕京華文學校 1927 年版,第 197 頁。

宗教宣言矛頭向著一切宗教；前者批判基督教是資本主義經濟侵略的先鋒，後者則批判基督教違背科學、真理和人道主義；前者帶有鮮明的馬列主義色彩，後者帶有濃厚的新文化運動姿態。其次從成員組成上看，上海非基督教學生同盟的成員大多來自中國社會主義青年團，北京的非宗教同盟的成員團體背景複雜[3]。但是，無論是上海的非基同盟還是北京的非宗教同盟，其宣言措辭都十分激烈，情感宣洩勝於理智分析，都是直接反對在北京清華大學召開的基督教學生同盟第十一次大會。

一、非宗教非基督教運動的序幕

導致上海的非基督教學生同盟和北京的非宗教大同盟公開通電反對基督教的，緣於宗教界在此前的一些動作，其中就包括世界基督教學生同盟第十一次大會以及中國基督教全國大會的召開。

美國的穆德博士於 1895 年創立了一個旨在增進世界各國在校基督教大學生交流的「世界基督教學生同盟」（World's Student Christian Federation），該同盟的目標是：

（1）聯合全世界的學生運動；

（2）搜集世界各國關於學生宗教情況的情報；

（3）推行下列活動：領導學生承認耶穌基督為唯一救主，成為他的信徒；加深學生的精神生活；徵募學生往全世界推廣天國的工作。[4]

世界基督教學生同盟的口號是「合而為一」，即把世界各國的基督徒大學生統一在「同盟」的旗號之下。該同盟的原則是：

---

[3] 查時傑編《民國基督教史論文集》，臺北宇宙光出版社，1993 年版，第 157、158 頁。

[4] Basil Mathews: John R. Mott, World Citizen, P.95, Harper, (New York, Londer, 1934)

（1）承認耶穌基督的至高性與普遍性，並承認他的工作足以表明為唯一的救主；

（2）同盟的性質是不分宗派的，也不問教條的；

（3）各地的全國運動都有獨立性、個別性與自主性；

（4）凡入盟的一切學運都當互相依賴並互盡義務；

（5）同盟抱著不統治會員不干涉其政策的原則，它純粹站在顧問與激勵的地位；

（6）維持非政治的性質，但仍深切地關心國民生活的強化，並使一切社會的、國際的、種族的關係都受基督的統治；

（7）使同盟的一切會員在管理上與代表上真正得以民主化，並注重學生的自動精神；

（8）用世界的眼光商議並實行同盟的計畫與事工。[5]

截止 1922 年，經過 27 年的發展，該同盟的 20 餘萬會員遍佈 40 餘個國家的 2500 個學生團體，其中有 58000 人研究神學或赴海外佈道[6]。依照同盟的章程，每四年一次的同盟大會在世界各國擇地舉行，第九、十屆大會分別於 1911 年、1917 年在君士坦丁堡和日本召開，適逢第一次世界大戰爆發，第十一次大會被迫推遲。

中國的基督教會對基督教青年學生十分關注，1911 年，「基督教青年會」（Young Men's Christian Association ）更名為「中華基督教青年會全國組合」（The National Committee of the Y.M.C.A. in China），並正式向政府申報立案。1885 年，基督教青年會就以「忠事耶穌，敦品力行，更本己立人之旨，服務同胞，改良社會」為宗旨，在教會學校福建英華書院成立了「學校青年會」，並向全國教會學校推廣。1897 年在天津成立了第一個「市會青年會」，吸引非學生青年參加基督教青年運動的活動，由此，基督教學生運動從學校和城市兩個層面展開。

---

5 Basil Mathews: John R. Mott, World Citizen, P.106, Harper, (New York, Londer, 1934)

6 〈全國基督教學生運動的商榷〉，《生命月刊》，第 2 卷第 7 期，1922 年 3 月。

1915 年，統轄管理全國學校青年會和城市青年會的「中華基督教青年會全國組合」再次更名為「中華基督教青年會全國協會」（Young Men's Christian Association of China），對外代表中國基督教青年會，對內協調管理各地各校青年會事宜。截止 1922 年，中華基督教青年會全國協會的會員超過 7 萬人，擁有 40 個城市青年會、197 個學校青年會、53821 名市會會員、24135 名校會會員[7]，這也就意味著，中國學校每 10 個就有 1 個學校青年會，而每百位學生中就有 12 位青年會的會員[8]。

值得注意的是，世界基督教學生同盟與中華基督教青年會全國協會之間的聯繫是十分緊密的，世界基督教學生同盟的會長穆德曾長期致力於基督教青年會北美協會的工作，他曾以北美協會幹事的身份多次訪華，關心中華基督教青年會全國協會的工作。當世界基督教學生同盟成立後，中華基督教青年會全國協會很自然地就加入了該同盟，並且每年都向世界基督教學生同盟捐款支援其工作。1922 年，中華基督教青年會全國協會副總幹事顧子仁出任世界基督教學生同盟遊行幹事之職[9]。第一次世界大戰結束後，1921 年世界基督教學生同盟的各國代表在歐洲召開年會，商討次年舉行因戰亂被迫推遲的第十一次大會，中國代表顧子仁用十五分鐘的演講說服全體委員，選擇在北京召開此次會議。事實上，「執行委員同人皆深感於中國當時學生救國運動的蓬勃，與新思潮的雲興霞蔚，認為在世界文明的改進與收穫上有很大的機會」[10]。中國對於世界基督教學生同盟來說，是一塊一直想開墾的處女地，穆德本人也願意來中國迎接挑戰，他早已「認清那時的中國是反基督教運動鬥爭的重要地點」[11]。

7　謝扶雅〈中華基督教青年會全國協會之組織及現狀〉，《中華基督教會年鑒》第七期，中華全國基督教協進會，1924 年，第 49 頁。

8　〈全國基督教學生運動的商榷〉，《生命月刊》，第 2 卷第 7 期，1922 年 3 月。

9　謝扶雅〈中華基督教青年會全國協會之組織及現狀〉，《中華基督教會年鑒》第七期，中華全國基督教協進會，1924 年版，第 50、51 頁。

10　謝扶雅編著《顧子仁與學運》，香港基督教文藝出版社，1973 年版，第 14 頁。

11　Basil Mathews: John R. Mott, World Citizen, P.378, Harper, (New York, Londer, 1934)

顧子仁回國後，便積極開展會議籌備工作，北京青年會的張欽士、徐寶謙、胡學誠、吳耀宗等人成為籌備骨幹。北京各教會團體熱烈支持，國立清華大學被定為會議舉辦地點，中華基督教青年會全國協會的機關報《青年進步》也在會議正式召開的前兩個月出版特號宣傳。大會將於 1922 年 4 月 4 日召開的消息廣泛傳播，引起社會的關注。

1922 年 3 月初，上海的一批學生得到消息，率先成立了「非基督教學生同盟」，該同盟的章程全文如下：

非基督教學生同盟章程

(一) 定名　非基督教學生同盟。

(二) 宗旨　以反對基督教為宗旨。

(三) 會員　凡贊成本同盟之宗旨，熱心本同盟事務者，皆為本同盟之會員。

(四) 職員　由書記一人，幹事四人，組織執行委員會，主持本同盟一切事務。

(五) 會費　入會費小洋一角，願多捐者聽。

(六) 開會　由執行委員會議訣召集。

(七) 附則　本章程得由會員三分之一提出，過半數通過而修改之。

(八)（注意）來信暫由蒲柏路四三九號張悟廣君轉。[12]

3 月 9 日該同盟發表措辭激烈的〈上海非基督教學生同盟宣言〉，開啟了非基督教運動的序幕。全文如下：

我們反對「世界基督教學生同盟」。我們為擁護人們幸福而反對「世界基督教學生同盟」。我們現在把我們的真態度宣佈給人們看。

12 《先驅》第四號，1922 年 3 月 15 日。

我們知道：基督教及基督教會在歷史上曾經製造了許多罪惡，這且不要管彼。但是彼現在正在那兒製造或將製造的罪惡，凡我有真性，有良心，不甘墮落的人，決不能容忍彼寬恕彼。

我們知道：現代的社會組織，是資本主義的社會組織。這資本主義的社會組織，一方面有不勞而食的有產階級，他方面有勞而不得食的無產階級。換句話說，就是：一方面有掠奪階級，壓迫階級，他方面有被掠奪階級，被壓迫階級。而現代的基督教及基督教會，就是「幫助前者掠奪後者，扶植前者壓迫後者」的惡魔。

我們認定：這種殘酷的，壓迫的，悲慘的資本主義社會，是不合理的，非人道的、非另圖建造不可。所以我們認定這個「助桀為虐」的惡魔——現代的基督教及基督教會，是我們底仇敵，非與彼決一死戰不可。

世界的資本主義，已由發生，成熟而將崩壞了。各國資本家——不論是英，是美，是日，是法——，因而大起恐慌，用盡手段，冀延殘喘於萬一。於是，就先後湧入中國，實行經濟的侵略主義了。而現代的基督教及基督教會，就是這經濟侵略底先鋒隊。

各國資本家在中國設立教會，無非要誘惑中國人民歡迎資本主義；在中國設立基督教青年會，無非要養成資本家底良善走狗。簡單說一句，目的即在於吮吸中國人民底膏血。因此，我們反對資本主義，同時必須反對這擁護資本主義欺騙一般平民的現代基督教及基督教會。

「世界基督教學生同盟」，為現代基督教及基督教會的產物。他們預備於本年四月四日，集合全世界基督教徒，在北京清華學校開會。所討論者，無非是鞋怎樣維持世界資本主義及怎樣在中國發展資本主義的把戲。我們認彼為污辱我國青年，欺騙我國人民，掠奪我國經濟的強盜會議，故憤然組織這個同盟，決然與彼宣戰。

學生諸君！青年諸君！勞動者諸君！我們誰不知道資本主義底罪惡？我們誰不知道資本家底殘酷無情？現在眼見這些資本家走狗在那裏開會討論支配我們，我們怎能不起而反對！起！起！！起！！！大家一同起！！！

非基督教學生同盟（一九二二，三，九）[13]

次日，非基督教學生同盟還向北京及其他各城市學生發表了一封通電，要求得到後者的回應，通電全文如下：

北京清華學校學生諸君暨全國各學校學生諸君公鑒：自文藝復興以來，人智日開，宗教日促，是以政教分離及教育與宗教分離之說，日漸彌漫於歐洲。彼昏不悟，仍欲移其餘孽於域外，以延長其寄生生活；政府鉅賈，以利其為殖民之先導，於是四福音書遂挾金鐵之威，以臨東土。金鐵奴我以物質，福音奴我以精神。東南文物興盛之區，悉變而為耶教教化資本化，無復清寧之氣；豈不可悲！華府會議，辱我至矣！上帝慈悲，世界基督教學生同盟，無端集合於我弱國之首都。吾愛國青年之血淚未幹，焉能強顏以頌上帝。且北京不乏耶教會場，清華為國校，非教會所立，又焉能供一教之用。此而不拒，中國無人矣！伏乞諸君發為儻論，共斥橫逆，以期永潔我青年教育界。非基督教學生同盟叩灰（一九二二年三月九日）[14]

除此以外，非基督教學生同盟還特別編撰了一本《我們為什麼反對世界基督教學生同盟》的小冊子。在 3 月 20 日後派發。

---

13 張欽士編《國內近十年來之宗教思潮・目錄》，北京燕京華文學校出版，1927 年版，第 187、188 頁。

14 張欽士編《國內近十年來之宗教思潮・目錄》，北京燕京華文學校出版，1927 年版，第 188、189 頁。

3月15日，鄧中夏將第四號《先驅》（上海社會主義青年團團刊）半月刊編成《非基督教學生同盟號》，除了刊登非基督教學生同盟的宣言、通電、章程以外，還刊登了署名陳獨秀的〈基督教與基督教會〉、赤光的〈基督教與世界改造〉、盧淑的〈基督教與資本主義〉、琦園的〈基督教與共產主義〉、哲華的〈基督教與婦女〉等批判基督教的文章。「赤光」在文章開篇說：

> 因為中國基督教青年會底機關雜誌青年進步，「對於世界基督教學生同盟大會」那樣地「詳細說明」並且「具體的講述」，所以我「對於」他們「這次的宣佈」，不得不「立刻表示一種熱烈的感應」而做猛烈的反對。
>
> 世界上殺人流血的事，人人對他都有談虎色變的情形；只是我們決不可忘記基督教殺人流血的歷史：我們試翻閱歐州中世紀的歷史，便可以看見十字軍殺人流血的手段，他們出征一次……二次……以至於三次綿亙一世紀的時間，已經將中世紀的歷史，染成血色；後來又有新舊教徒互相殘殺的事；而其間血腥的基督徒對於中世紀剛萌芽的科學又極力摧殘以至於將許多著名的科學家活活的燒殺：這都是口唱上帝慈悲的基督教徒們底盛德！如果我們一看血肉模糊的戰史更可以看見基督徒底滑稽惡劇：他們平日無時不唱「人心所急救的不是威武，乃是和平」。一到戰爭時；卻就德國底牧師替德國底兵士祈禱得殺敵致果的榮譽，英國底牧師替英國底兵士祈禱得殺敵致果的榮譽，如是兩方底士兵各為榮譽而拼命，以至殺人不可勝數！牧師唆使教徒在沙場上殺人，他們自己卻躲在禮拜堂宣講上帝慈悲；他們鼓勵教徒們為榮譽拼命，自己卻躲在禮拜堂裏祈禱和平！「所以無論他們怎樣把平和相號召，怎樣以公道正誼為揭櫫，但是所得的結果到底是相背而馳，適得其反」因此現在世界上，基督教國家中的明白人都以為「想要改造……社會，那末，就不能不和……基督教的舊社會奮鬥！」非基督教

國家中的明白人更是苦口婆心地宣傳非宗教的共產主義以求「世界最大多數的最大幸福」,「卻把基督置諸腦後」了。

該文結尾是一段呼號：

……我們要做根本改造的事業第一不可受無意識的欺騙，需待「把基督置諸腦後」，而牢牢地記著紅色的口標：萬國無產者團結起來呵！[15]

琦園的〈基督教與共產主義〉第一句話是:「我們反對一切的宗教，我們尤其反對基督教！」文章接著說：

我們為什麼反對基督教呢？因為基督教是性靈的桎梏，思想的障礙，資本家的護身符。什麼上帝神道都是酖人的魔王，什麼教規信條都是酖人的科例。他不特用形式上的監獄去剝奪人的自由，他又用精神上的鐐軛去毀滅人的個性。馬克斯說:「宗教是人類非的鴉片」。吾人之義務，吾人之事業，在謀人群幸福，在對於靈異信仰與之攻擊，加以棄絕。宗教中的基督教在過去的歷史中，尤其幹了無量數的罪惡。歐洲十六世紀以前的黑暗，可以說完全是拜基督教之賜。而且他一向在壓迫階級手上，用來維持不平等，掠奪和實施奴隸的服從底一種很有力的武器，直到現在還沒有改變。[16]

值得注意的是，在本期《先驅》刊發的文章中，陳獨秀的〈基督教與基督教會〉一文是唯一署真名的文章，此文雖然對基督教和基督教會的抨擊是顯而易見的，但是理性色彩要比同期刊登的其他文章明顯得多，文章的第一句話就是十分中肯的:「我們批評基督教，應該分基督教（即基督教教義）與基督教教會兩面觀察。」他接著說：

---

[15] 赤光〈基督教與世界改造〉,《先驅》第四號，1922 年 3 月 15 日。
[16] 綺園〈基督教與共產主義〉,《先驅》第四號，1922 年 3 月 15 日。

基督教教義自然不是短篇文章所可說得詳盡，但是他教義中最簡單最容易說明的缺點就是上帝全能與上帝全善說矛盾不能兩立。依我們的日常所見的惡事和聖書中所稱的惡魔和耶穌代人類所贖的罪惡，這萬惡的世界是誰創造出來的？人類無罪，罪在創造者；由此可以看出上帝不是「非全善」便是「非全能」。我們終不能相信全善而又全能的上帝無端造出這樣萬惡的世界來。此外耶穌一生的歷史象降生，奇跡，復活等事，都沒有歷史和科學的證據使我們真實相信，這也是教義上小小的缺點。博愛，犧牲，自然是基督教教義中至可寶貴的成分；但是在現在帝國主義資本主義的侵略之下，我們應該為什麼人犧牲，應該愛什麼人，都要有點限制才對，盲目的博愛犧牲反而要造罪孽。

在現在人智發達的社會裏，一切古代人智蒙昧社會所遺傳的宗教教義底缺點自然都暴露出來了，所以我們不必對於基督教教義的缺點特別攻擊；至於基督教教會自古至今所作的罪惡，真是堆積如山，說起來令人不得不悲憤而且戰慄！

異教審叛所之暴烈的壓迫人們思想自由，我們是忘不了的；在「信禮」美名之下所燒殺的男女，我們是忘不了的；（託爾克馬達做異教審判所所長時，僅西班牙被燒殺的異教徒有八千人，財產被收沒的九萬人，荷蘭加耳五世時，被殺者五萬人，前後道教會之嫉惡而犧牲的人在一千萬以上。）修道院利用「隱匿權」為種種罪惡之巢窟，我們是忘不了的；西班牙官吏阿拉委大因信奉哥白尼學說收沒財產禁錮修道院八年的事，我們是忘不了的；教皇仇視人身解剖學及教會指韋薩留斯（著有《人身構造論》集人身解剖學之大成。）為惡魔宣告死刑的事，我們是忘不了的；象此等壓迫思想自由壓迫科學的事，細舉起來，一大本書也載不了，這都是基督教教會過去的罪惡。

> 現在怎麼樣呢？大戰殺人無數，各國的基督教教會都祈禱上帝保佑他們本國的勝利；各基督教的民族都同樣的壓迫遠東弱小民族，教會不但不幫助弱小民族來抗議，而且作政府殖民政策底導引。(德國宣教師在膠州事件就是一個明顯的例)。「我給你聖經，你給我利權」這句話，真形容得他們惟妙惟肖；無數的宣教師都是不生產的遊民，反要勸說生產勞動者服從資本家；無一國的教會不是日日向資本家搖尾乞憐，沒有財產的新教教會更甚；我們眼見青年會在中國恭維權貴交歡財主獵人斂錢種種卑劣舉動，如果真是基督教的信徒便當對他們痛哭；無論新舊教會都以勢力金錢號召，所以中國的教徒最大多數是「吃教」的人；教會在中國所設學校無不重他們本國語言文字而輕科學，廣東某教會學校還有以介紹女生來勸誘學生信教的，更有以婚姻的關係（而且是重婚）誘惑某教育家入教的，勢力金錢之外，還要用美人計來弘教，是何等下流！
>
> 綜觀基督教教會底歷史過去的横暴和現在的墮落，都足以令人悲憤而且戰慄，實在沒有什麼莊嚴神聖之可言。
>
> 我始終總覺得基督教與基督教會當分別觀察，但是我的朋友戴季陶先生他堅說基督教教會之外沒有基督教，不知道教會中人對此兩說作何感想？[17]

這篇文章「從反帝的角度列舉基督教教會的種種罪惡，指出基督教會是帝國主義殖民政策的導引，是資本主義壓迫遠東弱小民族的幫兇」，「相比較而言，陳獨秀在非基督教運動中的姿態還是相對比較緩和的，與對封建主義決絕的抨擊比較，他對基督教的批評顯得要溫婉得多」[18]。

---

17 陳獨秀〈基督教與基督教會〉，《先驅》第四號，1922 年 3 月 15 日。

18 楊劍龍《基督教文化與中國現代知識份子：對『五四』時期一個角度的回溯與思考》，香港中文大學崇基學院宗教與中國社會研究中心 2004 年出版，第 26、27 頁。

3 月 17 日，《晨報》發表了北京的〈〈非宗教大同盟宣言〉與第一次通電〉：

北京非宗教大同盟宣言及通電

甲　宣言

我們自誓要為人類社會掃除宗教的毒害。我們深惡痛絕宗教之流毒於人類社會，十百千倍於洪水猛獸。有宗教可無人類，有人類應無宗教。宗教與人類，不能兩立。

人類本是進化的，宗教偏說人與萬物，天造地設。人類本是自由平等的，宗教偏要說：束縛思想，摧殘個性，崇拜偶像，主乎一尊。人類本是酷好和平的，宗教偏要伐異黨同，引起戰爭，反以博愛為假面具騙人。人類本是好生樂善的，宗教偏要誘之以天堂，懼之以地獄，利用非人的威權道德。宗教本是沒有的，他們偏要無中生有，人造迷信。宗教本是假設的，他們偏要裝假成真，害人到底。總而言之，上帝本身，既不由理化物力構成，到底是什麼東西？教主生活，更不是吾人意識所能想像，究竟是什麼現象？既有造物主，何不將電燈飛艇，早日造出？既有賞罰權，何不使世間人，盡成善士？好笑的宗教，科學真理既不相容。可恶的宗教，與人道主義，完全違背。

中國在世界比較起來，是一片乾淨土，算無宗教之國。無奈近數十年來，基督教等一天一天的向中國注射傳染。最近數月，氣焰更張，又有什麼基督教學生同盟，於光天化日之下，公然要到中國的首都北京來舉行。回想我們人類所受過基督教的毒害，比其他諸教都重大些。他們傳教方法，比起他教，尤算無孔不入。他們最可痛恨的毒計，就是傾全力煽惑青年學生。青年學生原是很純潔的，不易煽惑。他們便使用他們不知怎麼得來的金錢，建築高大華麗房屋，叫做什麼「基督教青年會」。他們始而對於青年學生說「入會的不必信教」。其實既入彀中，一步一步的引人入勝，卒至基督教青年會，就是基督教預備學校，就是基督徒養成所。彈子房呀，電影呀，名人講演呀，茶會呀，英文呀，年會呀，津貼呀，招待員呀，幹事呀，隊長呀，……就是他們施毒的麻醉藥，催眠術。傷心呀，可憐的無限青年，真是上當不小。傷心呀！可惡的基督教徒，將置我們青年學生的人格於何地！宗教的罪惡，千言萬語，哪能說盡。平日大多數人，或未注意，或不覺其毒害，至於如此之甚。過細一想，能不傷心。凡有血氣者，能不急起直追，擁護真理。

我們組織非宗教大同盟，實屬忍無可忍。同盟宗旨，僅非宗教，不牽涉一切黨派，亦絲毫無他作用，尤無種族國家，男女老少之別。信教與非教中無兩可之地。凡不迷信宗教，或欲掃除宗教之毒害者，即為非宗教大同盟之同志。特此宣言，普告天下。（一九二二年三月二十一日）[19]

同日，北京非宗教大同盟還向全國各地發出第一次通電，尋求呼應。電文如下：

全國各報館，各學校，各團體，各界同胞，各國同志鈞鑒：教毒日熾，真理易泯，邪說橫行，人道弗彰。我國向為無宗教之國，乃近代受害，日趨日深。近聞世界耶教學生，第十一次開會，今年四月，又舉行於我北京首都之地；亦將於我中國宣傳迷信，繼長增高。同人等特發起組織非宗教大同盟，依良心之知覺，掃人群之障霧，本科學之精神，吐進化之光華。同盟宗旨，僅非宗教，既無種族國家老幼之別，尤於一切黨派作用無關。同志加入，一體歡迎。分途組織，亦為會友。惟信教非教，中無兩可之地。愛人救人必有一致之心。凡我同志，尚希明決，奮起直追，幸勿猶豫。亟盼覆示請寄北京大學第一院金家鳳君收交。臨電屏營，無任禱切。北京各學校非宗教同人同叩霰。

[19] 張欽士編《國內近十年來之宗教思潮》，北京燕京華文學校出版，1927 年版，第 193-195 頁。

李石曾，蕭子昇，李大釗，繆伯英女士等七十九人署名（一九二二年三月二十一日）[20]

此外，由基督徒學者創辦的《生命月刊》也在三月底出版了特號，對於世界基督教學生同盟第十一次大會在北京的舉辦歡呼。這一期的社論以〈歡迎〉為題：

世界基督教學生同盟：

生命月刊和他的母親證道團快樂恭敬的歡迎你！

你的生涯是一個飽嚐經驗的生涯。二十餘年來，你曾親眼看見人類歷史上最大的變更，最惹人注意的進步，最傷心的慘劇。

你的生活，是一個奮發有為的生活。在很短的時期中，你曾辦了好些的事業。你辦事的成績，又很好，給許多人一個向前進行的激動。你辦事的方法，又精確，給許多人一個可師法的模範。

人類的私心自利，仇恨忿爭，把一個大好世界撕破了。槍炮的聲浪，把冤極無辜的悲號完全沉沒。戰爭的鋒刃把人道的關係完全割斷。講理性的聲喉完全塞堵，驚擾！破壞！死亡！周圍都是。你在這種環境中，依舊挺然獨立，不被損傷。能在黑暗遍地時，把一點人道生命相愛相信的火光，依舊保存燒燃，不至熄滅。

你在眾死中，依舊保存生命，這是世界人類可以有國際友愛的鐵證，也是基督教真理實力的憑據。你所發揮的基督教義，是真的，是情感和動作並重的。是從人類皆兄弟主義表彰上帝為父的主義。

[20] 張欽士編《國內近十年來之宗教思潮》，北京燕京華文學校出版，1927 年版，第 196 頁。

我們歡迎你，到中國來！我們歡迎你到我們的首都來！舉行你第十一次世界的大會！我們奉獻你，我們敬愛的杯，慶祝你！並述我們對於你的希望：

世界大戰，殺人流血，一切國際的問題和組織，都破壞了，你獨生存。這是你的榮光。但是不要忘記：你生存世界正能有為的時候，世界未曾為有了你，停止戰爭。可見得，你的實力，還是有限。

我們對你的希望，就是：

祝你日添實力，使世界此後，因有你在，不能有國際流血的慘劇，殘賊的戰爭！[21]

《生命月刊》對海外各國代表的歡迎詞是：

諸位海外各國赴會的代表：

生命月刊和他的母親證道團歡迎你們：

你們是世界各國的代表，你們對於世界基督教學生同盟，曾做種種直接和間接的貢獻。同盟的發展，得力於你們的幫助不少。

我們歡迎你們到中國來！我們祝你們對於同盟大會的一切計畫，都得到完滿的結果。不是為你們自己的好處，不是為你們所屬的教會的好處，不是為你們所代表的國家的好處，只是為同盟所信仰的基督的真理，只是為我們所信仰的基督所顯示出來的父上帝的榮耀，只是為同盟所要服務的人類的需要。

你們為要使耶穌基督在中國表彰出來，曾經費了許多心力，我們對於這件事很感謝你們的盛意。你們所代表的國中各教會，也有在中國作佈道事業的。慘澹經營，百餘年了。這堅忍的，負責任的援助，我們是很佩服的。我們也要借這機會表示謝意。

21 〈社論‧歡迎〉，《生命月刊》第 2 卷第 7 期，1922 年 3 月。

我們希望你們這一次來北京的經驗，不但使我們有益，並使你們自己國內的基督教事業得益！

我們相信世界基督教學生同盟，要創造的精神大建築，必有三個基礎，就是：

對於各種不同的意見，有同情的瞭解。

對於社會的實情，有精確的知識。

對於各種人生的意義和價值，有相當的解釋。

你們這番到中國來，有親密和個人交際的機會。對於這三條，都可做很好的貢獻。願你們和我們大家一齊都配享這機會的鴻福！

對於穆德會長的歡迎詞是：

世界基督教學生同盟的會長穆德博士：

生命月刊和他的母親證道團歡迎你！

你是主的使者，你是世界人類的公使。我們看你的成績，我們承認你作我們的領袖。我們感激你的努力。

你前數次到中國來，每次都被上帝所用，真能成他的旨意。我們這次最高的希望，是你這次也能如從前的被上帝所用，作成他的旨意。

你這次來，能親眼看見你前數次來華所作功夫的結實。有好些人從前因聽你誠懇的演講，因而立志研究基督教的，現在不但自己立志為基督徒，並且引領多數人同來皈依基督了。

有好些社會的運動，因你的提倡和指導，不但已經成立，並且已經造成可觀的成績了。

你以往的成績，在我們心中，造成種種前途的希望。願你對於這大會的貢獻，願你為這大會所作的計畫，願你藉著這大會所成的事業，都有永久的價值！

社論最後對於國內參加大會的同胞說：

國內同胞赴大會的代表：

生命月刊和他的母親證道團歡迎你！

基督教在中國，從有歷史以來，沒有像這一次這樣大的基督教學生大會，也沒有一次基督教學生大會，像這一次一樣的能代表全國。

以往的世代對於你們現在的機會，當起何等的羨慕，何等「眼熱」！

但是未來的時代，將要因你們所享的機會，考察你們這次大會的成績，看你們是否配受這種機會。

全世界為了你們聚在一塊。

這是你研究的好機會；

這是你討論的好機會；

這是你發表意見的好機會；

這是你用遠大的眼光看得見中國偉大前途的機會；

這是你重將你的身心獻給主，重新立志建造新中國新世界的機會。

生命月刊和證道團對於你們一位一位的歡迎！敬祝你們能在這大會中，入覲賜給永生的主，得他的真生命。大會畢後，各返你所代表的區域或學校，作上帝的使者，作同胞的領袖！[22]

反對者與贊同者對「世界基督教學生同盟第十一次大會」的召開態度截然不同。離 4 月 4 日世界基督教學生同盟第十一次大會召開的時間越來越近，反對者極力發出強大的反對呼聲，幾乎動用了一切宣傳的手段和陣地。3 月 24 日，《晨報》刊發了題為〈非宗教大同盟之應聲——此問題已引起社會上大注意〉的報導，將各地對「霰電」的回應情況做了如下描述：

22 〈社論‧歡迎〉，《生命月刊》第 2 卷第 7 期，1922 年 3 月。

自上海非基督教學生同盟，及北京非宗教大盟兩團體發生後，宗教問題，已引起社會更大之注意。昨日本社復接北京大學、北京女子高等師範非基督教學生同盟，海外新聲書報社，少年中國學會，及顏昌頤等三十餘人反對基督教及宗教文電，茲將其原文，分錄如下。

（一）北京大學非基督教學生同盟　晨報館請轉非宗教大同盟並轉全國各報館各學校各團體各界同胞各國同志鈞鑒，霰電敬悉。宗教罪惡，罄紙難宣。以言道德，教人服從，是奴隸的道德。以言智識，宣傳信迷，是真理的障礙。以言生活，輕視肉體，蓼想天國，是毀滅人生，考其教義，價值全無。論其結果，毒害尤眾。然猶肆無忌憚，日趨猖獗者，則彼輩為惡，已有組織，吾人反對尚無團結故也。抑同人所感觸深者，宗教之中，耶教最為可惡。耶教罪惡，尤足令人髮指者，即與軍閥財閥互相利用，狼狽為奸。故武力之侵略日盛，基督教之勢力亦日增。資本主義掠奪之手段日辣，基督教傳佈之範圍亦日廣，可見基督教與資本主義，帝國主義，同為人類之公敵，專以侵略弱國為能事者也。況我國人久為資本主義帝國主義所集注，於是基督教乃乘此時機希圖發展。為資本家之偵探，為帝國主義之走狗，凡能助彼發展之勢力，基督教無不利用。若不及時廓清後患何堪設想！同人等憤恨已久，一致反對。用特組織非基督教學生同盟，與諸君合力共謀，剷除惡魔，務期淨盡。謹此電復，仍盼續教。

（二）北京女子師範非基督教學生同盟會　晨報館請轉非基督教學生同盟非宗教大同盟並轉全國各報館各學校各團體公鑒。來電宣言均敬悉，宗教殄滅真理，阻礙進化，侮辱人類歷史，更於女性摧殘，不遺餘力，其中尤以基督教為尤甚。查基督教入華以來，其初或僅在傳教，不含政治臭味，惟自資本主義發達之後，歐美資本家乃乘間利用，為侵略中國之先鋒隊，一面蠱惑人民，一面暗探內情。教會青年會等至今猶惡焰萬丈，陷害青年，為虎作倀，助紂為虐，至斯已極。我儕為擁護真理，主持人道剷除資本主義，保障民族生存，實與彼立於決戰之地位。當彼第十一次同盟，在我首都之地，更伸其魔之時，凡我同志，再伏不起，是可忍孰不可忍，特此通告海內外，共起聲討，一致反對。臨電不勝憤慨之至。北京國立女女子師範非基督教學生同盟叩個。

（三）少年中國學會　北京晨報請轉非宗教大同盟並轉全國各報館各學校各學校各團體各界同胞各國同志鈞鑒。二十世紀，科學昌明，宗教勢力，何能存在？本會宗旨嚴本「科學的精神」，與此非科學的而滿帶迷信臭味之宗教，自在反對之列，非宗教大同盟，登高一呼，誓破迷毒。本會聞之，不勝欣喜。自當力盡綿薄，誓為後盾。以期障霧掃盡，文化昌明，尚祈國內外各同志一致奮起，共圖進行，無任盼禱。少年中國學會叩個。

（四）海外新聲出版社　北京晨報請轉非宗教大同盟並轉全國各報館各學校各界同胞各國同志鈞鑒。霰電並宣言敬悉，教毒漫衍，賊學殃民，凡有氣血，無不髮指，曾憶去年羅素氏有雲「中國運氣真好，所以好的地方有二，（一）距歐洲甚遠，沒有受歐戰的影響，所以不至於受了累，（二）迄有史以來，還沒有發生過和歐洲一樣險毒的宗教」。嗚呼國民，今聞此言當作何感？其他諸教，姑置勿論，即言耶教，流入中華，不過一百十五年，而傳教團體多至一百六十八種，教會出版書籍，多至四千四百餘種，僅計最近兩年，既有五百五十種，全國教徒人數，近四十萬，正式教堂達六千餘所，差會總堂尚以千計。其尤可傷懷者，設立教會學校，桎梏學生性靈，活潑可愛之青年，無端加以束縛，投諸網羅。計其實數，中等學校學生多至一萬五千餘人，高等小學生多至三萬兩千餘人，即甫離襁褓之國民小學生，尤多至一十五萬有奇。試思此齡幼兒，有何智識，辨別信仰，今乃一概誘之，禱拜上帝，卒至錮蔽既久，迷妄性成，永無重覩天日之時。吾民何辜，逢此凶咎，教徒忍心競至於此，同人等心所謂危，非之已久，不惟不受迷信，抑已昌言反對，發起同盟，極為贊成，自當急起，一致進行，謹先電復，並候籌祺，海外新聲書報社同叩養。……[23]

3 月 28 日，《晨報》以大量的篇幅報導非宗教大同盟的消息，在題為〈聲勢日大之非宗教大同盟〉的報導裏，連續加了四條小標題:「京津滬漢各地應聲四起；該會發表暫行簡章七條；開會後決設立永久團體；非教者編印非宗教叢刊。」[24]該文刊登的非宗教大同盟簡章原文如下：

非宗教大同盟簡章

（一）定名。定名非宗教大同盟。

（二）宗旨。專以解脫宗教羈絆，發揮科學真理為宗旨。如為研究學術，而發揮崇尚一派一人之學說，無宗教作用者，（如研究佛學孔子哲學老子哲學……）不視為宗教。

（三）入會。本同盟會員，無種族國家男女長幼黨派階級等別，凡贊成本同盟宗旨者，將志願姓名籍貫年齡職業住址詳細告知本同盟，即為本同盟會員。凡與本同盟宗旨一致之團體，本同盟亦認為同志會，願盡協進之義務。

（四）組織。由會員中推舉幹事若干人，又由幹事中推舉八人為常務幹事，組織幹事會，互選主任幹事一人，書記二人，交際四人，會計一人。幹事會未成立前，暫由大同盟在會同人組織臨時書記處施行之。

23　〈非宗教大同盟之應聲〉，《晨報》1922 年 3 月 24 日。
24　〈聲勢日大之非宗教大同盟〉，《晨報》1922 年 3 月 28 日。

（五）經費。會員不徵會費，平時用費，由同志樂捐，遇必要時，再由幹事會酌定，特別募捐。

（六）開會。遇必要時，由幹事會隨時通告，召集大會。

（七）附則。本章程有不適用時，得有會員三分之一以上提議，過半數之通過修改之。通訊處。北京北河沿北京大學第三院（霰電臨時通訊處暫時仍可代收）

由此簡章可見，北京非宗教大同盟比上海非基督教學生同盟的組織更加完備。此篇報導還記錄了當時該同盟印刷的一系列宣傳品，報導說：

> 又聞京津各校非宗教之熱心者，曾將該同盟霰電宣言等翻印多份，就地分發，廣為聯絡。海外新聲書報社則已編印非宗教叢刊，三數日後即可陸續出版。其種類有（一）朱執信著耶穌是什麼東西。（二）蔡孑民之非宗教論。（三）王星拱之非宗教論。（四）李石曾之非宗教論。（五）蕭子升羅章龍等之非宗教論。（六）陳仲甫周太玄等非宗教論。（七）宗教與自由教育。（八）羅素奧勃拉克之非宗教論。各種之外，又決定出一巨製，名為宗教破產論。茲將各處托轉之電，分志於後。

接著，文章刊發了北京平民大學非宗教學生大同盟、外交部俄文法政專門學校非宗教同盟、國立醫學專門學校非基督教學生同盟等學校的回應回電，他們表示「一德一心，再接再礪，頭顱可斬，此志不移」，「自始至終，全力奮鬥，邪魔一日不除，奮鬥一日不止」[25]。

3 月 29 日，國立北京美術學校非宗教學生同盟、葉湖五中非宗教學生同盟、太原非基督教學生同盟等幾個非宗教同盟組織繼續在《晨報》上回應發表群情激奮的宣言，他們誓言：「共起協謀，鋤茲魔障」，「急掣利劍，以掃此魔」，「願為後盾，共斥橫逆」。

[25] 〈聲勢日大之非宗教大同盟〉，《晨報》1922 年 3 月 28 日。

廣州方面非宗教運動的大本營是《廣州群報》，領袖是汪精衛。此外，還有《廣州非基督教學生同盟週刊》和廣東高師《非基督教同盟週刊》的發行。3 月 29 日，廣州地區的各大日報刊載了教育會長汪精衛所著的〈耶教三大謬見〉一文。早在該文刊發之前，《廣東群報》首先轉載了 3 月 15 日《先驅》的「非基督教學生同盟號」裏的非基督教文章。汪精衛是這樣斥責基督教的三大謬見的：

> 只是我昨日在公園園牆上，看見一張佈道的揭帖，卻有令人難堪的所在，請說明如左：
>
> （第一）他說信耶穌的享天堂極樂世界，不信耶穌的永死落地獄受苦，這種狹隘酷烈的態度，比起佛教說：「我不入地獄，誰入地獄」實在愧死……，信仰自由，國國都載在憲法，卻還有一班夜叉，跑來中國，要將我等拿住發落地獄受苦呢。
>
> （第二）他說「耶穌是真命天子，坐天下萬國太平皇帝」。這些話，虧他說得出，竟是保皇黨復辟黨一流人物，民主國內容他們不得。
>
> （第三）他說「天公真神，係造天造地造日月風雲雷雨，造山川河海五穀白果化生萬物」。這些話，很可證明耶教是進化學的仇敵，是一切科學的仇敵。
>
> 以上三種，仔細想來，實在於社會教育，大有妨礙，……近來各處佈道的聲浪，攪的廣州市民也混濁了。[26]

在汪精衛的文章之後，《廣東群報》等陸續刊登了數篇非基督教文章：補碎的〈宗教與貞潔運動〉（3 月 31 日《廣東群報》）、魯易的〈我對於今天貞潔運動癈娼運動的懷疑〉（4 月 1 日《廣東群報》）、不具名的〈癈娼聲中又有癈教運動〉（4 月 1 日《現象報》、《共和報》）、槎僊的〈非基督教的我見〉（4 月 1 日《廣東群報》）、吳曦如的〈讀汪精衛

[26] 張亦鏡《批評非基督教言論彙編全編》，上海美華浸會 1927 年出版，第 87、88 頁。

痛論耶教三大繆感言〉(4 月 1 日、2 日《共和報》、《人權報》)、汪精衛的〈要慎重些〉(4 月 3 日《廣東群報》)、顛寰的〈我對於基督教的感想〉(4 月 3 日、4 日《廣東群報》)、王錫中的〈我們還信仰基督嗎?〉(4 月 4 日、5 日《廣東群報》)、汪精衛的〈非宗教論〉(4 月 4 日、5 日《現象報》)、何覺甫的〈基督教與貞潔運動〉(4 月 4 日、5 日《廣東群報》)、汪精衛的〈國民教育之危機論〉(4 月 20 日、22 日廣州各報)等。[27]廣東對於非基督教、非宗教運動積極回應,形成了較大的聲勢。

作為非基督教學生運動的策源地,上海地區除了非基督教學生同盟發表宣言和通電,以及 3 月 15 日社會主義青年團的機關刊物《先驅》出版「非基督教學生同盟號」以外,少年中國學會所辦的《少年中國》月刊上也刊載了多篇非教運動的文章。諸如:《少年中國》第三卷第九期(1922 年 4 月 1 日)陳啟天的〈我們不該反對耶教與其運動嗎?〉,田漢翻譯的〈日本學者對非宗教運動的批評(上)〉,刊登在第三卷第十期(1922 年 5 月 1 日)田漢譯的〈日本學者對非宗教運動的批評(下)〉,以及刊登在第三卷第十一期(1922 年 9 月 1 日)余家菊的〈基督教與情感生活〉等若干篇文章。此外,上海創刊的《民國日報》,在其副刊《覺悟》的 4 月 7 日、11 日、16 日、17 日也刊登了數篇聲討基督教的文章,其中玄盧(即沈玄盧)的〈敢問非宗教信徒底反對「非基督教運動」〉一文影響最大。該文站在鮮明的階級立場攻擊基督教:

> 宗教是人類幼稚時代虛妄的創作,弱者依據宗教作自欺的慰安,強者憑陵宗教實施殺人的手段。(一)成為人間的障壁,(二)不許疑問的信仰。宗教的本身,本來是一件不可思議的沒有的東西,……

27 張亦鏡《批評非基督教言論彙編全編》,上海美華浸會 1927 年出版,第 10、105 頁。

……宗教的信仰，只是虛構的一種幻境，在有產階級，未嘗不可以作為清心火的寒泉；可是別一方面，便是誘惑無產階級窮做到死的魔術，收不到寒泉點滴的功，卻深受魔術底欺弄，……誘惑無告的無產階級，盡驅入迷陣中信仰他們無可奈何的信仰，這種信仰，叫做「迷信」，迷信便是無產階級底陷阱，是有產階級掘來坑陷無產階級的，……[28]

不像北京地區連日來接連出現的電文和宣言那樣近乎謾罵的口吻，常乃德在上海的《時事新報》上撰文評論北京地區的非宗教運動時說：

乃觀於連日報紙所載的文電，侈口謾罵之辭，連篇累牘，如「欺騙之毒計」、「窮邪極崇之說」、「怙惡不悛」、「以為殺盡世人之預備」（北京平民大學喻森等電文）。如「惡魔」、「鬼悵」（俄文法政專門學校曾紀綬等電文）。如「邪僻自恣、「肆愚蠱群眾之毒」、「誓不容彼惡魔再叫囂於華嚴世界」（北京美術學生啟）。……如「餘孽」、「丑類」「間諜」、「走狗」（北京高師電文）。……若詳細舉起來，真是舉不勝舉。[29]

二、非基督教、非宗教運動的發展

3 月 30 日、31 日，《晨報》「時論」連載了吳天放的〈宗教與科學的戰爭——為非基督大同盟諸君進一言〉的文章，作者從基督教的起源談起，揭露基督教教義和基督徒行為之間諸多自相矛盾之處，轉而

---

[28] 張亦鏡《批評非基督教言論彙編全編》，上海美華浸會 1927 年出版，第 172-190 頁。

[29] 常乃德〈對於非宗教大同盟之諍言〉，張亦鏡《批評非基督教言論彙編全編》，上海美華浸會 1927 年出版，第 260-262 頁。

肯定基督教的仁愛、忍耐、奉獻等基本教義的現實意義，最後提出較為辨證的觀點。即「把基督耶穌的博愛、平等、寬恕、互助、熱情、犧牲種種偉大的美質，充分吸收放在咱們自己的血裏；一方面運用科學的精神去反抗那傳教侵略的政策，一方面努力加工去改造社會，改造政治和政治的人」[30]。與同期發表的眾多宣言和通電相比，這種理性的言論顯得難能可貴。30日的《晨報》又以〈非宗教同盟之聲浪日高〉為題，刊發了北京高等師範、保定直隸高等師範學校、長沙湘鄉中學非宗教同盟等團體的非宗教宣言[31]。

值得注意的是，現代知識份子群體內部對宗教問題的分歧，伴隨著非宗教運動的逐漸高漲漸漸顯現出來，這種分歧在1922年3月31日的《晨報》上表現得尤為明顯。同版同一個位置分別發表了截然不同的兩個聲明：〈京內外非宗教同盟之應聲〉和〈一個主張信教自由之宣言〉。在〈京內外非宗教同盟之應聲〉一文中，羅列了北京師範非宗教同盟、北京新華大學學生非宗教同盟、太原非基督教學生同盟、共進社等團體反對基督教的電文和宣言。他們譴責基督教「犧牲真理，不法橫行」，「若不及時廓清，後患何堪設想」，號召「諸同志與彼惡魔決一死戰」、「以期魔障肅清」，「本良心之主張，作一致之奮鬥，破彼迷信，還我光明」。而在〈一個主張信教自由之宣言〉裏，刊發了周作人等五位學者的聲明，聲明前，有一段編者按：

> 自非宗教同盟發出霰電後，京內外之應聲，同時並起，本報認為此問題在社會上關係重大，連日均為披露。昨曉又接到周作人等一篇宣言，係反對「非宗教同盟運動」者，亦很有可以注意之價值，特為揭載於後。至本報對此問題，則以為無論何教，其在我國若皆是有害，遲日將另開一欄，與大家共同討論之。

30 吳天放〈宗教與科學的戰爭〉，《晨報》1922年3月31日。

31 〈非宗教同盟之聲浪日高〉，《晨報》1922年3月30日。

這段短短的編者按，表述了在強大的反宗教輿論中報館的姿態。學者的聲明如下：

主張信教自由者的宣言

我們不是任何宗教的信徒，我們不擁護任何宗教，也不贊成挑戰的反對任何宗教。我們認為人們的信仰，應當有絕對的自由，不受任何人的干涉，除去法律的制裁以外，信教自由，載在約法，知識階級的人應首先遵守，至少也不應首先破壞。我們因此對於現在非基督教非宗教同盟的運動表示反對，特此宣言。周作人　錢玄同　沈兼士　沈士遠　馬裕藻。[32]

有的研究者談及這一段風雲際會的歷史，認為非基督教非宗教運動的非理性姿態過於濃厚，但是如果翻閱此時的報紙，便會發現該運動實際上淹沒在一系列歷史事件之中，軍閥連年混戰，直奉對壘已久、隨時擦槍走火，吳佩孚在中原調兵遣將、河南一時間風聲鶴唳，馮玉祥在陝西頻頻調軍；孫中山在廣州韶關集結粵軍。爆炸刺殺事件層出不窮，東三省、山東等地被強權霸佔，日本在南滿鐵路以及膠濟線沿線屢屢施暴，又對內地覬覦已久，英國借交還威海衛提出苛刻條件，呼籲收回山東的鹽田的聲浪口高，各地紛紛成立贖路會，保路運動此起彼伏，四川煤礦工人掙扎求生、江西大鬧糧荒，婦女選舉權問題、教育問題喧囂塵上等等，在此時局危亡的歷史語境中，用平和的心態去反思宗教問題的確是一個很大的挑戰。

針對連日來各地回應的復電以及周作人等五學者的宗教自由宣言，人們發出了諸多不同的聲音，質疑聲和誤解聲不斷，於是北京非宗教大同盟在4月2日的《晨報》上發出了第二次通電：

本同盟自「霰電」發出後，各處函電，愈來愈多，一致主張不信宗教。這可見真理的力量，總是迷信埋沒不住的。但是

[32] 〈一個主張信教自由之宣言〉，《晨報》1922年3月31日。

有些外國人，未嘗明白此中真相，在外國報紙上，間有誤會的批評。一般教徒，自不免從中挑撥，混淆是非。因此再發電明白解釋。

外國人有些疑想我們的非宗教運動，或不免含有「排外」的性質，如同以前的義和團一樣。這是大大的錯了。我們要很誠懇的對他們說道：我們的非宗教，只是為著「非宗教」三字。我們都是學界受了知識的人，我們對於友邦，無不是很親善的，何至再有「排外」的愚見。況且我們這個同盟，也歡迎外國人加入，現在已有友邦同志，也向我們表示同情的。將來我們的同盟中，一定會有很多的外國同志。可見我們同盟的組織，是以「信教」與「非教」做界限的，不是以國家做界限的，又何從而想到「排外」呢。

有意挑撥的話，又說我們非宗教運動的人，好像是些過激黨，這也是動人片時的疑想。這又大錯了。我們又要很誠懇的對他們說道，我們的非宗教，就只為以科學勝宗教，毫無別的作用，講社會問題的，是另一回事，與這同盟無干。所以加入我們同盟的，無論他是貴族平民……只要他是非宗教，都沒有什麼分別的。

總之，我們前次的通電簡章，均已屢屢歷聲明，本同盟宗旨，「專為解脫宗教羈絆，發揮科學真理」。又說了「無種族國家之別」，自然不是排外；「無階級黨派之分」，自然沒有什麼過激的意思。

這篇電稿子寫完了，又在三月三十一日的晨報上，看見周作人君等五個人的主張信教自由宣言。他們這篇宣言，不發表於耶教學生同盟在北京開會的消息傳出以後，而發表於非宗教大同盟等已有組織以後。他們說「對於現在的非基督教非宗教同盟的運動，表示反對」，而對於耶教學生同盟，又獨不表示反對。有這兩層，雖說他們「不擁護任何宗教」，其實已經有傾向於擁護宗教的嫌疑，而失了完全的中立態度。

> 這是就他們的態度說，至於論到真正的信仰自由，我們又何嘗侵犯。我們只是要保護我們的自由，不受人家的侵犯，耶教學生同盟，分明是有宣傳引誘的作用，對於真正的信仰自由，實在是「寡自彼開」，正是耶教學生同盟侵犯人家的信仰自由，其過不在我們。我們為糾正顛倒黑白，所以也就附此，作一聲明。非宗教大同盟叩東。[33]

可以看出，這篇宣言的主要目的在於對周作人等五學者的宣言作出反擊。接下來的兩天，《晨報》又陸續刊登了中華心理學會北京非基督教徒的會員反對「世界基督教學生同盟」的宣言，反對基督教學生同盟武漢支部、及天津南開學校非宗教同盟的電文。4 月 5 日《晨報》繼續以〈連續不斷之反對宗教聲〉為題刊發了北京農業專門學校非宗教同盟的宣言[34]。

同時，4 月 2 日的《晨報》刊登了署名「MT」的論壇文章〈我們應怎樣非宗教？〉，文章對非宗教同盟的立場持支持態度，又進一步指出需要採取合適的鬥爭方法，包括公平的精神、精密的調查、適合的手段、長期的忍耐、和緩的態度、積極的救濟、相當的設備等。文章對基督教佔領我國如此龐大的學生群體，表示特別的憂慮，「若是一般幼童，連『教』他都不知道是什麼東西，怎樣能夠說『信教自由』呢？所以我們對於宗教，縱然主張『信教自由』但是對於這第一步的要求，也應該一致努力才好！……在基督教所辦學校的學生，共計有二十來萬，中國的基督教徒才四十來萬，所以我們只要先把這第一步辦到，他們的勢力一定會很快的消滅下去」[35]。這篇文章中所顯示出來的憂慮，正是若干年後非宗教、非基督教運動與收回教育權運動合流的思想萌芽。

33　〈非宗教同盟之東電及應聲〉，《晨報》1922 年 3 月 31 日。

34　〈連續不斷之反對宗教聲〉，《晨報》1922 年 4 月 5 日。

35　〈我們應怎樣非宗教？〉，《晨報》1922 年 4 月 2 日。

4月2日，上海非基督教學生同盟在英租界開會，被巡捕房干涉，在4日的《晨報》上發佈「冬電」：

> 《上海二日電》北京晨報轉非宗教大同盟各校非基督教學生同盟鑒。本同盟本定於今午在英租界開會，因捕房干涉，臨時改浦東中學開會，到者尚有四五百人，對於基督教學生同盟，皆非常痛疾，一致主張反對到底，特聞，上海非基督教學生同盟叩冬（二號）

4月2日，陳獨秀私下致信周作人、沈兼士等，質問他們的舉動：

> 啟明、玄同、兼士、士遠、幼漁諸先生：
>
> 頃在報上得見公等主張信教自由者的宣言，殊難索解。無論何種主義學說，皆應許人有贊成反對之自由；公等宣言頗尊重信教者自由，但對於反對宗教者自由何以不加以容許？宗教果神聖不可侵犯麼?青年人發點狂思想、狂議論，似乎算不得什麼。像這種指斥宗教的舉動，在歐洲是時常有的，在中國還是萌芽，或者是青年界去迷信而趨理性的好現象，似乎不勞公等作反對運動。私人的言論反對，與政府的法律制裁不同，似乎也說不上什麼「干涉」、「破壞」他們的自由，公等何以如此驚慌？此間非基督教學生開會已被捕房禁止，我們的言論集會的自由在哪裏？基督教有許多強有力的後盾，又何勞公等為之要求自由?公等真尊重自由麼，請尊重弱者的自由，勿拿自由、人道主義許多禮物向強者獻媚！
>
> 弟陳獨秀白
>
> 四月二日[36]

從周作人等學者的出發點來說，宗教自由是前提，人為地反對別人的宗教信仰的確有干涉人權之嫌。但是這種姿態，在當時的語境下

---

[36] 陳獨秀〈陳獨秀致周啟明沈兼士等〉，見水如編《陳獨秀書信集》，新華出版社 1987 年 11 月版，第 369 頁。

無疑將自己置於非宗教同盟的對立面。陳獨秀一改往常對基督教的平和態度，明確表示對非宗教運動的支持。

4 月 4 日，王星拱、張鐵民等以個人名義通電反對基督教，工人週刊社、中國大學學生劉稀等、河北大學非宗教同盟、直隸公立工業專門學校學生會、直隸第一師範旅京畢業同學會、保定非宗教同盟、太原第一師範非宗教大同盟、山西第一中學校非基督教學生同盟、湖南嶽雲學校非宗教同盟等十餘各團體和個人通電響應[37]。廣東地區的男女學生，也已經舉行反教運動[38]。

1922 年 4 月 4 日下午，世界基督教學生同盟第十一次大會已經順利地在北京近郊的國立清華大學召開。英、法、美、日、意、德、荷、澳、挪、俄、瑞士、印度、希臘、波蘭、緬甸、巴拿馬等三十餘國的 146 名學生代表，以及我國的四百餘人參加了大會。會長穆德主持歡迎大會，中國基督教青年會全國協會總幹事余日章擔任翻譯，中國政府派出外交總長顏惠慶的代表曹雲祥前來致祝詞[39]。對這樣一個重要的消息，連日來對非宗教問題的關注從未間斷的《晨報》，卻隻字未提，看起來宗教陣營在有意地忽略群情高漲的反對聲浪，將會議舉行得有條不紊，而非宗教同盟也一直是對宗教陣營採取故意忽略態度，無視大會的召開，倒是宗教陣營以外的知識份子們相互之間論爭不斷。

與此同時，宗教陣營以外知識份子的論戰繼續升溫。周作人等人發表的主張信教自由宣言，引發了持續的關注和爭論。4 月 5 日的《晨報》的「是非之林」刊發了筆名為「蒼生」〈信教與自由〉等四篇批駁文章，又同時發表周作人的辯解文章〈擁護宗教的嫌疑〉。但從編輯的選搞來看，周作人的聲音微弱得多。

蒼生在〈信教與自由〉裏諷刺說：「我們為求真理而反對宗教，不是為教徒而反對宗教。因反對宗教的本身，以至傷及於信教的人，這

37　〈反對宗教之文電又一束〉，《晨報》1922 年 4 月 4 日。
38　〈連續不斷之反對宗教聲〉，《晨報》1922 年 4 月 5 日。
39　查時傑編《民國基督教史論文集》，宇宙光出版社 1993 年版，第 144、145 頁。

是必然的結果。人類的信仰，應當自由，不過那強姦人類信仰的神教，絕不應自由……『信教自由』是法律規定的。但法律是什麼東西，是不是基督教的上帝呢？……現在似乎有人告訴我們說，現代的法律就是所謂『智識者』的上帝呢？」署名巽平的〈信教自由應該怎麼講？〉認為，非宗教大同盟只是「想把全國之輿論去制服」基督教會，「想指明白一般青年的迷途罷了，不是想借著政治的力量去排斥他」，「因為一則我們中國沒有什麼國教，二則這班同志們全沒有任何宗教的色彩想崇此抑彼的」，所以根本不存在什麼與信教自由與不自由的問題。趙鳴歧、劉誼壽在〈批評「主張信教自由者之宣言」〉裏直接懷疑周作人等「是否有一點袒護宗教的意味」？「我們列在智識階級的人，既不能首先奮起為人們謀幸福，至少也不應該袒護那阻礙幸福的東西」。署名雲深的〈「主張信教自由者的宣言」正謬〉一文說，周作人幾位學者的宣言「使我們異常失望」，非宗教大同盟不是具有「挑戰」性的，再說法律也不是一層不變的，只能遵守不能修改，「五先生為學校教員，必為知識階級，以知識階級之人，而有此種宣言，豈非笑話」？「五先生為知識階級中人，不反對基督教同盟而反對非基督教非宗教同盟，是何用心，我們不敢以不肖之心，妄加揣測。或者五先生恐『城門失火殃及池魚』，他們怕為『魚』故不得已而有此宣言嗎？果是這樣，寄語五先生，不用『杞人憂天』，我們都是受過科學洗禮的，絕不是『拳匪』啊」！[40]這幾篇文章的重點不在於理性分析，也不在於對周作人等人的觀點進行辯駁，而在於針對周作人的做法發洩心中的不滿，難怪周作人在給陳獨秀的信裏說這是一種「攻擊」，「是對於個人思想自由的壓迫的起頭」[41]。

這一版《晨報》的最後是周作人的〈擁護宗教的嫌疑〉，他說：

---

40 《晨報》1922年4月5日。

41 周作人〈信教自由的討論〉，《晨報》1922年4月11日。又見於1922年4月20日《民國日報》副刊《覺悟》。

非宗教同盟東電，對於我們的宣言，有幾句批駁，我現在想極簡單的回答一下。

不反對耶教，即有傾向於擁護宗教之嫌疑，這種論理真是妙極了。那麼，不宣言反對過激派者，就可以承認他有擁護過激派的嫌疑麼？對於外報的這種周納的論調，該同盟已經鄭重的辯明，所以我對於我們的嫌疑，可以不必置辯。因為人己總是一樣，周納的話在自己不願意受，未必加在別人身上便是合理的。

我們既不擁護任何宗教，那麼反對非基督教非宗教同盟的運動的，到底為什麼呢？冠冕的說，是為維持約法上的信教自由，老實的說一句，是要維持個人的思想自由。耶教同盟的「勸誘」與非宗教同盟的「聲討」，在我此刻的思想自由上一點都不受到影響，但我相信這即使只在紙上聲討的干涉信仰的事情，即為日後取締思想——干涉信仰以外的思想的第一步，所以我要反對。我們的主張信教自由，並不是擁護宗教的安全，乃是在抵抗對於個人思想自由的威脅，這是我們要聲明的。民國約法上的些少的自由，已經被大人先生們破壞了不少，這個信教自由雖然在袁世凱時代曾經有點動搖，總算保全到了今天，我不願意被（皇帝）督軍們所饒恕的這點自由再由智識階級的人動手去破壞他。至於東電裏說非宗教同盟並不破壞信教自由，那是最可喜的事，不過許多函電中檄文式的口氣，實在不免令人有點寒心罷了。

凡事都在實做，空話毫無用處的。信仰科學的人努力求學，又往民間去宣傳科學思想，增進人民知識，那時迷信自然就消滅了。信仰社會主義的人，分途進行，去改革社會，到得資本主義的本身顛覆，自然沒有什麼「倀鬼」了。所怕的大家只有幾篇快意的文章，就此了事，卻留下了許多惡種子。這一件事，要請大家在發議論之前平心靜氣的想一想。[42]

[42] 周作人〈擁護宗教的嫌疑〉，《晨報》1922 年 4 月 5 日。

參加世界基督教學生同盟第十一次大會的代表們，4 月 5 日上午聆聽了穆德博士的演講〈基督教與國際〉，下午遊覽了頤和園，6 日上午聽取法國代表的演講〈基督教與科學〉，下午遊覽了萬里長城，7 日上午聽取德國代表的演講〈基督教與哲學〉，下午覲見了徐世昌總統並遊覽了南海，8 日下午還舉行了清華大學代表與各國代表的球賽。會議召開期間的小組討論涵蓋了基督教與國際種族、社會實業、學生生活、學校教會等問題，以及「如何使世界基督教學生同盟在世界上成一更強有力之團體」等議題，討論最多的是基督教與戰爭的問題。大會的格言是「天下一家」，主題是「基督教在世界重建中」。從這些議題可以看出，此次大會召開所涉及的問題已經遠遠超出宗教的範疇，實際上是一次政治色彩十分濃厚的會議。

學者顧長生在描述此次會議召開的情景說：「會上有一些反動分子大放厥詞，恣意散佈帝國主義『侵略有理』的強盜邏輯，有的要求無原則的反對一切戰爭，提出侵略者和被侵略者互讓互諒。甚至還表演了一幕政治滑稽劇，在會上強行把中國代表拉到日本代表處一起跪在地上向上帝禱告，要中國人民不要反抗日本佔領膠州灣，不要使用武力，要饒恕日本的軍事行動。」[43]如果說作為一個國際性的宗教團體，謀求「在世界上成一更強有力之團體」，體現了一種積極的主體參與姿態，本無可厚非的話，那麼，如此理想化、簡單化的政治表演，對當時處於水深火熱的中國無疑是一種羞辱和嘲弄。即便該同盟的原則之一，「維持非政治的性質，但仍深切地關心國民生活的強化，並使一切社會的、國際的、種族的關係都受基督的統治」，是一種美好的宗教願望和訴求，但是如此的政治行為對中國而言無疑具有美化侵略行徑的傾向。

4 月 9 日，大會閉幕，接下來的兩天，各界代表又赴京畿一帶名勝遊玩，4 月 12 日才各自踏上歸途[44]。當非宗教大同盟陣營極力批判

---

43 顧長生《傳教士與近代中國》，上海人民出版社，1981 年版，第 352 頁。
44 轉引自查時傑編《民國基督教史論文集》，臺北宇宙光出版社，1993 年版，

基督教與戰爭之間的關聯時，此次大會結束通過的結論中，最引人注目的恰恰是 We consider it our absolute duty to do all in our power to fight the case leading to war，and war itself as a moment of setting international disputes.[45]（我們認為我們的絕對的責任就是盡我們一切的力量為取消戰爭的根源而戰，為取消利用戰爭作為解決國際戰端的手段而戰。）[46]顯然，這樣的共識呈現出理論上的憧憬，給教徒們一個美好的願景。

開會期間，與會的中國代表利用此次召開同盟大會的契機，召開了一次中國全體代表大會，制定未來的努力方向，大會提出今後學生運動的要點為：

（一）應當使學生有充分自動及責任的地位。

（二）應當組織及發達每一個學校的運動。

（三）同在一個城市內的各學校的運動，應當有一個聯合的組織。

（四）應當有更多學生終身作學生的事業。

（五）應當研究現在的中國對學生最大的需求是什麼，並且去應付他。[47]

三、非基督教、非宗教運動的延伸

4 月 6 日，廣東非宗教學生同盟、廣東省教育會長汪精衛、天津直隸公立法政專門學校教員非宗教同盟、上海少年同志會等團體和個人繼續通電聲援非宗教運動[48]。4 月 8 日，新中學會、杭州非宗教同盟

第 145 頁。

45 Wen-Han Kiang: The Chinese Student Movement, p.64 King's Crown Press, (New York, 1948)

46 顧長生《傳教士與近代中國》，上海人民出版社 1981 年版，第 352 頁。

47 張亦鏡《批評非基督教言論彙編全編》，上海美華浸會 1927 年出版，第 330、331 頁。

48 〈反對宗教運動之再接再厲〉，《晨報》1922 年 4 月 5 日。

大會等繼起發表反對宗教的長篇宣言[49]。4 月 9 日下午，也就是世界基督教學生同盟大會即將閉幕的時刻，北大哲學社準備在北大第三院邀請屠孝實、傅佩青、徐旭等「精於斯道之學者作公開的講演」[50]。當天下午一點之後，千餘人聚集在北大第三院，先由主席蕭子升報告開會，蕭子升說：「我們反對宗教無國家種族等界限，所以還要請外國同志來演說。我們是酷愛真理與自由的人，所以我們反對宗教，既有了最大的決心，還有不斷的努力。」接著他介紹參加演說的張耀翔、李石曾、李守常等諸位學者。蔡元培首先發表演講，但因足疾不能站立，故請主持人蕭子升代為宣讀講稿[51]，演講稿裏說：

> 我曾經把複雜的宗教分析過，求的他最後的元素，不過一種信仰心，就是各人對於一種哲學主義的信仰心。……因為現今各種宗教都是拘泥著陳腐主義，用詭誕的儀式，誇張的宣傳，引起無知識人盲從的信仰，來維持傳教人的生活。這完全是用外力侵入個人的精神界，可算是侵犯人權的，我所尤反對的，是那些教會的學校同青年會，用種種暗示，來誘惑未成年的學生，去信仰他們的基督教。
>
> ……凡事都是相對待的，有了引人喝酒的鋪子與廣告，就可以引出戒酒會；有了引人吸煙的公司與廣告，就可以引出不吸紙煙會；有宗教同盟的運動，一定要引出非宗教同盟的運動，這是自然而然的。……

接著，李石曾教授演講，他繼續抨擊基督教：

> ……吾又有兩種感想：一則覺得今日之演說，頗乏興趣；二則雖無興趣，然而又有不能已於言者。

49 〈京外非宗教同盟之應聲〉，《晨報》，1922 年 4 月 8 日、4 月 9 日。
50 〈哲學社亦開非宗教問題討論會〉，《晨報》1922 年 4 月 9 日。
51 〈昨日非宗教同盟第一次大會〉，《晨報》1922 年 4 月 10 日。

何為而無興趣？因宗教本為極腐舊已經過去之事；其於學術中，即等於器具中荒古原人所用之石器。吾人生當二十世紀之時代，今日又係與同志諸君研究學問者之談話，又何須仍以原人時代之夢囈，重為討論？故吾於未發言之先，已自覺無謂矣。但又有不能已於言者，則彼基督教學生竟欲於此二十世紀，宣傳原人之故事，而欲其普及，故吾人雖欲無言而不能也。

……西哲恒云，「科學與宗教之進退，適成反比例」，誠篤論也。請舉例以證之：

以宇宙現象與觀察言之。當人類幼稚之時，如歲時如何遷易？日月如何明晦？風雨如何起落？……，均不能以學識與工具為之徵驗而得底蘊，遂皆委之於神靈。殊不知算學天文地質諸學大明，則昔之不可解釋視若神異者，無不可以學術徵驗確切。實則宗教神話之謬，已不待攻而自破矣……

總之，人類愈進，學術愈明，宗教愈退，已如上述。反言之。則學術愈幼稚，必愈含有宗教的意味；……

大會一直開到下午五點，此次非宗教大同盟第一次大會舉行的演講活動，是北京地區非宗教運動的高潮。同日，在江蘇蕪湖，非宗教大同盟蕪湖支部舉行了遊行示威，後來被當地員警以高壓手段強行驅散[52]。

4 月 10 日，湖南非宗教同盟、上海復旦大學非宗教同盟宣言通電聲討基督教[53]。次日，《晨報》載程朋的〈「平心靜氣」來論「擁護宗教」的嫌疑〉一文，對周作人 5 日發表的〈擁護宗教的嫌疑〉一文進行批判。文章帶著譏諷的口吻說：「『智識階級』的人說話，總是要『平心靜氣』的，以我之智識雖不敢自慚而斷然在社會中自命為『智識階級』，但對宣言信教自由的諸君說話，他們大概是些金字招牌上等的『智識階級』了，所以我總怕那個該平心靜氣，所以我就『平心靜氣

52 Ka-Chen Yip: Religion,Nationalism and Chinese Students, p.27-28, Western Washington Uinv, (Washington, 1980)

53 〈各地非宗教同盟之應聲〉，《晨報》1922 年 4 月 10 日。

想一想』，想幾想。我『平心靜氣』想了幾想的結果，對不住，老實還是覺得非宗教者說主張說信教自由的那篇宣言有『傾向於擁護宗教的嫌疑』，實在是『平心』之論，『靜氣』之言。請主張信教自由者再『平心靜氣』的聽一聽……傷心哉！糟糕的中國『智識階級』！教徒與非教徒，一見便能分曉，既有灰色的主張信教自由者，容易混人視聽。信教自由四字，就是宗教苟延殘喘唯一之護符，是教徒所樂道的，並不是有良心的真正的『智識階級』所忍說的。周君等宣傳信教自由，用意何在？不得而知。不是過慮的迂闊，至少也是『無謂』。我想『平心靜氣』的『智識階級』看到這裏，應該真正『平心靜氣』自怨自艾了。」[54]另一篇署名念祖的文章〈評「擁護宗教的嫌疑」〉，以質問的語氣，火藥味十足：「智識階級的周先生，大概是熱心自由主義的人，因此先生主張絕端的意思想自由；然則我敢問：先生希望思想上受到錮封麼？先生不予我們非宗教者以思想自由麼？先生我信你在紙上聲討的干涉信仰的事情，即為日後取締思想——干涉信仰以外的思想的第一步。先生乎，信仰自由啊！我更希望你勿成了有力的政客軍閥。先生！做一件事，要請大家在發議論之前，平心靜氣的想一想。」[55]

同期刊載了周作人的〈信教自由的討論〉，在陳獨秀的來信後，刊載了周作人的回信：

> 仲甫先生：
>
> 我們宣言的正當，得先生來書而益證實，因為「無論何種主義學說皆應許人有贊成反對之自由」，而且我們宣言也原是「私人的言論」，當然沒有特別不准發表之理，我們宣言的動因，已在北京報上申明，是在宗教問題以外，我們承認這回對於宗教的聲討，即為日後取締信仰以外的思想的第一步，所以要反對。

[54] 程朋〈「平心靜氣」來論「擁護宗教」的嫌疑〉，《晨報》1922 年 4 月 11 日。
[55] 念祖〈評「擁護宗教的嫌疑」〉，《晨報》1922 年 4 月 11 日。

這個似乎杞憂的恐慌，不幸因了近日攻擊我們的文章以及先生來書而竟證實了：先生們對於我們正當的私人言論反對，不特不蒙「加以容許」，反以惡聲見報，即明達如先生者，尚不免痛罵我們為「獻媚」，其餘更不必說；我相信這不能不說是對於個人思想自由的壓迫的起頭了。我深望我們的恐慌是「杞憂」，但我預感著這個不幸的事情是已經來了；思想自由的壓迫不必一定要用政府的力，人民用了多數的力來干涉少數的異己者，也即是壓迫。我們以少數之少數而想反抗大多數，一定要被壓迫而失敗，原是預先知道的；因為世上是強者的世界，而多數實是強者，我們少數的當然是弱者，所以應當失敗。先生的「請尊重弱者的自由」這一句話，例還應該是我們對先生及其他謾罵我們的諸位說的。（下略）

周作人

四月六日[56]

緊隨其後，周作人又署名發表〈思想壓迫的黎明〉一文：

我們發表宣言，因為預感著取締思想的危險，所以略示反抗，一面也希望非宗教的朋友的反省，改取更為正確的行動，近來見到幾篇反應的文章，似乎我們的憂懼與希望都有點實現了，極願意約略申說，表明我們那時的宣言，並不是「杞憂」。

我們對於由王星拱先生等署名的《非宗教者宣言》，表示很是滿足；老實說，倘若最初發表的——以及各處回應的——是這樣的一篇宣言，我們可以沒有反對的必要。因為我們所不贊成的只在於「挑戰的」非宗教，即是「想靠一種強有力者的勢力壓迫或摧殘信仰一種宗教的人們」，若是「立在自由的真理上，闡明宗教束縛心靈的弊害，欲人們都能依自由的判斷，

56　周作人〈信教自由的討論〉，《晨報》1922 年 4 月 11 日。又見 1922 年 4 月 20 日《民國日報》副刊《覺悟》。

脫出他的束縛與蒙閉」那種唯理的運動我們是極贊同的。可惜各處同盟似乎都不能「切實瞭解」這個真意思，不免有挑戰的口聲，如：「剷除惡魔」「滅此朝食而甘心焉」等語，我不能不說這是很有壞影響，他們固然未必真是想用武力去剷除他，但是如巽平先生所說：「想把全國之輿論去制裁他」，這也就夠危險了。對於人們的信仰，我們只能啟發他的知識，使他自主的轉移，不能用外面的勢力去加以壓迫。現在非宗教的傾向不免在偏重社會勢力的制裁，這實在就是王先生等宣言裏的「一種強有力的勢力」的壓迫，我們不得不認為不當。至於有人說信教自由不應該有，約法算什麼東西，對這些人我們不能回答什麼話，對於主張法律應該修改的人卻想奉答一句，便是：請他先行「立予修改」了，大家才好遵守。學校教員，知識階級，便可以不必遵守約法，這種「學理」在我實在是不能領會的。

我前回聲明，我們主張信教自由，並不足擁護宗教的安全，乃是在抵抗對於個人思想自由的威脅（報上誤刊作「威風」），因這我相信這干涉信仰的事情為日後取締思想的第一步；到了現在，不幸這惡兆的預言竟證實了。我們因了這主張信教自由的宣言，無端的受了的許多周納的「誅心」的話，在我們固所不計，但這不能不說是一種壓迫。我見了王先生等的宣言，很欣喜他們的團體能夠採取正確的行動，努力於保障人們思想的自由，但我同時又鄭重的宣言。中國思想界的壓迫要起頭了，中國的政府連自己存在的力量還未充足，一時沒有餘力來做這些事情，將來還是人民自己憑藉了社會勢力來取締思想，倘若幸而這是「杞人之憂」，固然是最好的事，但我卻很深切的感到這危機是不可免的了，所以我希望以保護思想自由為目的的非宗教者由此也得到一點更深切的反省。

五日的〈是非之林〉裏，還有兩位合署的一篇文章，聲明提出討論，但如有人去辨，便不再答，對於這種的言論，我只能置之不理了，雖然．其中也頗有很妙的話。[57]

在論爭中陳獨秀於 4 月 21 日又致信周作人：

啟明先生：

接來示，使我們更不明白你們反對非基督教的行動是何種心事。反對非基督教的動因乃在宗教問題以外，真令人覺得奇異了。倘先生們主張一切思想皆有不許別人反對之自由，若反對他便是侵犯了他的自由，便是「日後取締信仰以外的思想的第一步」；那末先生們早已犯過這種毛病，因為好像先生們也曾經反對過舊思想、神鬼、孔教、軍閥主義、復辟主義、古典文學及婦人守節等等，為什麼現在我們反對基督教，先生們卻翻轉面孔來說，這是「日後取締信仰以外的思想的第一步」呢？先生們現在果主張基督教、神鬼、孔教、軍閥主義、復辟主義、古典文學及婦人守節等等思想都有不許人反對之自由嗎？若是反對他，都是取締信仰以外的思想的第一步」嗎？都是「對於個人思想自由的壓迫的起頭」嗎？先生們反對我們非基督教的思想自由，算不算是「取締信仰以外的思想的第一步」呢？算不算是「對於個人思想自由的壓迫的起頭」呢？先生又說我們是多數強者壓迫少數弱者，原來合乎真理與否，很難拿強弱多少數為標準，即以此為標推，先生們五人固然是少數弱者，但先生們所擁護的基督救及他的後盾，是不是多數強者，這篇帳恐怕先生們還未清算。因此我現在仍然要勸告先生們——我平生最敬愛的朋友：快來幫助我們少數弱者，勿向他們多數強者獻媚！

弟陳獨秀白四月二十一日[58]

---

[57] 陳子善、張鐵榮編《周作人集外文（上集）（1904-1925）》，海南國際新聞出版中心 1995 年版，第 408、409 頁。

[58] 陳獨秀〈陳獨秀致作人〉，見水如編《陳獨秀書信集》，新華出版社 1987 年

周作人沒有向基督教「獻媚」，但是他的確給北京基督教「證道團」所辦的機關刊物《生命月刊》寫了一份「舊稿」——〈我對於基督教的感想〉，將自己之前發表過的有關言論予以表態。他說：

> 我對於基督教，不曾有過精密的研究，所以不能下什麼批評。但是平常翻閱「聖書」，覺得基督教的精神是很好的，曾經在幾篇文章上說起過，現在摘錄於下，以備參考。
>
> 一九二〇年在燕京大學國文學會講演，題為〈聖書與中國文學〉，有一節說：
>
> 「在《新約》裏這（人道的）思想更加顯著，《馬太福音》中登山訓眾的話·便是切實的例，耶蘇說明是來成全律法和先知的道，所以他對於古訓加以多少修正，使神的對於選民的約變成對於個人的約了。「你們聽見有話說，「以眼還眼，以牙還牙。」只是我告訴你們，不要與惡人作對。」（見馬第五章二八至三九）『你們聽見有話說，「當愛你們的鄰舍，恨你的仇敵。」只是我告訴你們，要愛你的仇敵，為那逼迫你們的禱告』（同上四三至四四）這是何等博大的精神！近代文藝上人道主人思想的源泉，一半便在這裏，我們要想理解托爾斯泰陀思妥耶夫斯基等的愛的福音之文學，不得不從這源泉上來注意考察。『你們中間誰是沒有罪的，誰就可以先拿石頭打他。』（約第八章七）『父啊，赦免他們，因為他們所做的事，他們不曉得。』（路第二三章三四）耶蘇的這種言行上的表現，便是愛的福音的基調。『愛是永不止息；先知講道之能，終必歸於無有；說方言之能，終必停止，知識也終必歸了無有。』（林前第十三章八）『上帝就是愛；住在愛裏面的，就是住在上帝裏面，上帝也住在他裏面』（約一第四章—六）這是說明愛之所以最大的理由，基督教思想的精神大抵完成了……」

版，第 371 頁。

一九二一年九月，在北京《晨報》上發表的〈山中雜信〉第六中間，有一節說：

「我覺得要一新中國的人心，基督教實在是很適宜的。極少數的人能夠從科學藝術或社會運動去替代他的宗教的要求，但在大多數是不可能的。我想最好便以能容受科學的一神教把中國現在的野蠻殘忍的多神——尤其是拜物——教打倒，民智的發達才有點希望。不過有兩大條件，要緊緊的守住：其一是這新宗教的神切不可與舊的神的觀念去同化，以致變成一個西裝的玉皇大帝；其二是切不可造成教閥，去妨礙自由思想的發達。這第一第二的覆轍，在西洋歷史上實例已經很多，所以非竭力免避不可。」

以上兩節，雖然是以前所寫，但現在的意見還是一樣，所以錄呈，作為我的對於基督教的一種表示。[59]

這篇文章和胡適的〈基督教與中國〉、張東蓀的〈我對基督教的感想〉、高一涵的〈我對宗教的態度〉，以及陳獨秀兩年前發表的〈基督教與中國人〉、〈女界中非基督徒對於基督教的態度〉等文一起刊登在《生命月刊》上。不過同陳獨秀一樣，他們的文章只是被拿來作為基督教團體的宣傳，這些文章都是圍繞著這一期《生命月刊》刊發的長篇社論而言的。當這一期《生命月刊》編輯時，各地的反教浪潮日漸湧起，3 月 18 日，《生命月刊》主編劉廷芳等人從友人處獲得〈非基督教學生同盟宣言〉，劉廷芳等人感覺事情非同小可，不可掉以輕心。「證道團」編輯委員會決定由劉廷芳執筆為《生命月刊》撰寫社論，以表明基督教人士對非基督教運動的態度與立場。劉廷芳很快寫出 2500 餘言的社論。社論對〈非基督教學生同盟宣言〉作了如下評論：

---

[59] 陳子善、張鐵榮編《周作人集外文（上集）(1904-1925)》，海南國際新聞出版中心 1995 年版，第 397、398 頁。

這是一篇很好的白話文，這篇文章有三樣特色：一、這是一篇很好的白話文，措辭很清順；二、這是一篇很嫩的文章，全憑意氣，不講理性；三、這是一篇鼓吹作用的文字，從頭至尾偏僻激烈。這篇文章是要反對基督教，因此反對基督教的產物，「世界基督教學生同盟」，但反對的論調，是像初學布爾什維克的口吻，不是科學家、哲學家、歷史學家平心靜氣、切實具體的研究和由研究後細心精確的批評。[60]

需要注意的是，基督教陣營這樣的回應好像並沒有進入非宗教大同盟的視野，此時他們正集中精力和周作人這樣的中間派論戰。此時的辯論主要集中於基督教陣營以外的現代知識份子中間，而教會知識份子反而顯得更加超脫，他們不時可以從雙方的論戰中擷取一些可以證明基督教存在意義的證據。教會知識份子利用自己的言說陣地和宣傳空間，巧妙地將運動期間有利於基督教的言論拿過去作為中國發展基督教的理由，周作人等發表的主張信教自由宣言就是一個很好的證據，陳獨秀發表的一些讚賞基督教核心教義的文字也成為他們的佐證，《生命月刊》曾經以超大字體刊登了周作人等五學學者的主張信教自由宣言。

中國順利召開世界基督教學生同盟第十一次大會的事實說明，第一次世界大戰以後，世界趨於和平和穩定，基督教會也力圖重振教勢，在致力於學生運動和青年運動中，希望爭取達到世界基督教化的目的。自民國以來，中國一直缺乏強有力的政府，「新的力量還沒有產生，過渡時期，只能由私人軍事勢力掌持。這私人軍事勢力，限於交通通信等條件的束縛，也只能在一兩個省區裏有效。省區外的競爭，更釀成混戰局面」[61]。碎片化的社會有力於基督教勢力的擴張，因為軍閥

[60] 〈非基督教學生同盟〉，《生命月刊》第 2 卷第 7 期，1922 年 3 月。
[61] 黃仁宇《萬曆十五年》，中華書局 2006 年版，第 249 頁。

與帝國主義國家之間形成了媾和關係，各地當權者對於與列強勢力糾結在一起的基督教會採取忍讓甚至縱容的態度。新文化運動和「五四」運動的矛頭一直未曾真正對準基督教勢力，當世界基督教學生同盟第十一次大會在北京召開的消息傳出，恰似一根導火線，引發了許多啟蒙知識份子的思考。教會勢力與帝國主義列強的聯繫，教會勢力本身的發展滲透引起了人們警覺。

4 月 12 日，唐山工學界和廣東農業專門學校非宗教學生同盟發表通電，繼續聲討基督教。通電說：基督教勢力「今年四月，又將開會於我北京，哀我國民」，基督教近來「猖獗日甚，竟有開世界耶學生第十一次會議於北京之舉」[62]。從電文來看，由於通訊的阻隔，各地沒有得到世界基督教學生同盟第十一次大會已於 4 月 9 日閉幕的消息，依然是一副義憤填膺的聲討姿態。北大哲學所計畫 4 月 15 日下午兩點，在北京西城手帕胡同教育部會場約請屠孝實先生作〈科學與宗教果然不並立麼？〉的演講，16 日下午一點半，約請梁啟超作〈非宗教的宗教〉、傅佩青作〈科學的非宗教運動〉的講演，講演「完全公開」，「聽講人於講演後有願提出問題」的，歡迎「與演講者討論」[63]。

4 月 15 日，漢口領事館接到南昌教會的報告，說受上海方面的指使，非宗教人士在南昌中國報上刊發激烈攻擊美國教會的言論，漢口領事館聞訊後致電當地軍政當局設法阻止，保護教會以及傳教士的生命財產安全。該領事館同時又接到長沙方面的報告，當日長沙方面的非宗教運動之激烈，不亞於南昌。前一天美國演說家來長沙演講宗教，此地學生界正開大會聲討基督教，見聽眾甚少，遂停止演講。長沙高師學校作為此次非宗教運動的大本營，「該校學生四出鼓吹，他校已起而附和，故漢口領事亦要求鄂當局請設法保護教會，而華教徒對於當地學生舉動，亦共憤慨云」[64]。

---

[62] 〈各地反對宗教之再接再厲〉，《晨報》1922 年 4 月 12 日。
[63] 〈哲學社宗教問題講演會〉，《晨報》1922 年 4 月 15 日。
[64] 〈非宗教同盟之進行〉，《晨報》1922 年 4 月 16 日。

繼4月9日非宗教大同盟舉行第一次演講大會後，該同盟4月16日上午九時在北大第三院舉行成立大會，北京各校非宗教同盟各派出兩名代表參加，蔡元培、王撫五、韋玉、吳又陵等多位學者和該同盟的多位發起者參加了大會[65]。根據4月15日《北華捷報》的報導，當時已經發表非宗教宣言的學校有北京大學、朝陽大學、交通大學、南開大學、北京高等師範、北京師範、東南大學等。「但是在北京整個『非基運動』的方式，也僅止於集會演講聲討，或發表批判攻擊的文章，並沒有由集會演講，經煽動後，進而聚眾遊行市區，展開示威的舉動。」[66]

4月16日，在上海地區，大約50名非宗教大同盟的會員，強行解散了一次上海基督教青年會的集會，他們還在與會人士中間散發非基督教的宣傳品[67]。

作為基督教勢力在中國首先滲透的地區之一，福建的教會勢力相對強大。當非宗教運動的消息見諸報端，「大惹閩省各界之注意」，「一旦聞及此種消息，自是稱快。廈門大學學生日前接到北京各學校非宗教同盟會函電，痛言教之為害」。學生倪文亞等發起非宗教運動，加入者80餘人，3月28日召開成立大會，擬定章程和組織辦法。4月17日，廈門大學非宗教同志團 82 人發表通電和宣言，聲援非宗教大同盟，「我們決定和北京各校非宗教同盟會聯合，採取一致運動，以『非宗教』為唯一信條」，決心奮鬥到底[68]。福州各校接到該會電文之後，紛紛籌備進行活動。但是由於福建基督教勢力的相對雄厚，當地官紳教徒的影響很大，他們為教會募集資金奔走呼號，極力反對非宗教運動。福州女子師範學校校長汪某，就認為「中國應辦之事甚多，何必

65 〈非宗教同盟之進行〉，《晨報》1922年4月16日。

66 查時傑編《民國基督教史論文集》，臺北宇宙光出版社1993年版，第165頁。

67 Ka-Chen Yip: Religion,Nationalism and Chinese Students, p.23, Western Washington Uinv, (Washington, 1980)

68 〈廈門大學之反對宗教運動〉，《晨報》1922年4月17日。

斤斤於此，可謂當為不為，不當為而為者也」。這些人準備將來動用當政者的力量阻止此運動的開展[69]。

作為此次非宗教運動的導火線，世界基督教學生同盟第十一次大會的召開激起此階段非宗教運動的高潮，4 月 9 日會議閉幕以後，非宗教大同盟的活動由於缺乏明確的攻擊對象和核心目標，逐漸冷卻下來。「整個運動呈現的是消極性的抗議方式，儘管反基督教運動在某些方面，還頗得人心，但無法長期維持於高亢與激情的狀態之中，而組織的散漫，也阻礙全面『非基運動』的發展，加上來自基督教界以及社會界反擊攻勢越來越強，而『非基運動』推動的成效與回應，也遠比預期為少。」[70]4 月 20 日，廣東高等師範非宗教大同盟和武昌高師附中非宗教大同盟兩團體通電反對基督教[71]。在此之後，經常報導非宗教運動的《晨報》也逐漸沉寂下來。暑期臨近，學生陸續返鄉，非宗教運動的主力軍無法形成合力，雖有批評宗教的文章刊發出來，但已經沒有什麼影響力。待秋季學生返校，此次活動依然欲振乏力，「群眾以對這次的運動失缺了興趣」[72]。到了 1922 年底和 1923 年初，非基督教、非宗教運動終於暫時告一段落。

在非基督教、非宗教運動中，基督教勢力並未受到實質性的打擊，他們在一片反對聲中順利完成了原定的集會，在挑戰中努力思考基督教本色化的問題，開拓基督教事業的新天地。通過此次非基督教、非宗教運動期間的演講、集會、討論和爭辯，現代知識份子、廣大學生和部分普通民眾對基督教有了比較深刻的體認，教會勢力對國內教育事業的滲透以及越來越強大的控制力量，引起了民眾的警惕和不滿。這一階段的非基督教非宗教運動的矛頭指向基督教會勢力，其深層原因並不完全是基督教義對人們信仰的操控，而是基督教勢力對於國家

---

69 〈閩學生之反對宗教運動〉，《晨報》1922 年 4 月 20 日。

70 查時傑編《民國基督教史論文集》，臺北宇宙光出版社 1993 年版，第 167 頁。

71 〈各地反對宗教之運動〉，《晨報》1922 年 4 月 20 日。

72 Ka-Chen Yip: Religion, Nationalism and Chinese Students, p.29,Western Washington Uinv, (Washington, 1980)

主權和民族認同的破壞性後果。基督教在列強攫取在華利益中扮演的一定角色，以及對教育事業擴張的野心，深深刺痛國人的民族主義情緒，這也就是後來非宗教運動再次爆發的原因。

第三章 「五四」語境中的基督教新文化運動

基督教新文化運動以 1919 年「北京證道團」（1924 年改名為生命社）的成立[1]為開端，一直延續至 1937 年生命社解散，主要參與者是徐寶謙、劉廷芳、吳雷川、趙紫宸等自由神學派（社會派）基督徒。面對「五四」新思潮，他們提出了建立本色化神學和本色教會的主張，強調基督宗教應當並且可以在民族救亡和社會變革的現實語境中發揮積極的作用。梳理「五四」新文化運動與基督教新文化運動的內在聯繫，對於全面審視「五四」時期的社會文化轉型以及基督教與中國社會的融合進程具有重要的意義。

一

賴德烈（Kenneth Latourette）在《基督教在華傳教史》中將「五四」新文化運動列為影響基督教在華傳教事務的主要因素之一，他以傳教士和基督教史學家的雙重視角對這場運動作出了評價：「基本上，這個運動的企圖是批判地考慮和分析一切的歷史遺產，無論來自西方或華夏。那些人不會因為某一個社會制度、風俗習慣、思想信念的神聖或久遠，而停止質疑。新的想法受到歡迎，但——至少在理論上

[1] 證道團的成立時間尚有爭議，林榮信的《先驅與過客——再說基督教新文化運動》等著作均主張證道團成立於 1919 年，但查時傑等學者認為該團體成立於 1920 年春，本文採用 1919 年之說。

——它們要受科學方法的檢驗。他們反對任何對思想自由或表達自由的限制，對這種束縛都懷反感，又強烈反對中國的主權受到外國的任何限制，或外國人對華夏文化的輕視。」[2]從賴德烈的描述裏呈現出來的「五四」新思潮是理性的、自由主義的和民族主義的，它力圖通過批判的態度和民主科學的精神清除阻礙社會進步的歷史陳垢，以人的啟蒙和觀念文化的轉型推動中國的現代化進程。

在這個過程中，基督教成為現代知識份子關注的焦點之一。已有學者對此解釋道：「五四」時期的知識份子「對於基督教的看法雖然不同於傳統士紳那樣狹隘，不少人還是基督徒，但西方民主、自由和科學思想及近代國家主義、民族主義觀念對他們的影響很深。新文化運動中，不少知識份子深深意識到思想啟蒙與革命的重要，這使關於宗教問題的討論成為熱門的議題之一」[3]。從這一意義上看，「五四」新思潮構成了 20 世紀上半葉基督教必須認真面對和謹慎回應的歷史處境，促使宗教界人士重新思考基督教的歷史定位及其對現代中國社會的價值和意義。

人道主義是「五四」知識份子用以啟迪民智、改造社會的思想武器，它在很大程度上體現出新文化運動的根本訴求。〈敬告青年〉一文就明確地強調人是「自主的而非奴隸的」，呼籲「脫離夫奴隸之羈絆，以完其自主自由之人格」[4]。陳獨秀的觀點代表了「五四」知識份子的基本價值取向，儘管對於人道主義有著各自的理解和表達，但面對「口裏雖然不反對共和，腦子裏實在裝滿了帝制時代的舊思想」[5]的文化積弊，「五四」先驅們意識到社會的進化應當建立在人的「進化」的基礎上，從思想啟蒙的高度提出「其首在立人，人立而凡事舉」[6]。因此，

2 賴德烈《基督教在華傳教史》，雷立柏、靜也、瞿旭彤、成靜譯，香港道風書社 2009 年版，第 584 頁。

3 史靜寰、王立新《基督教教育與中國知識份子》，福建教育出版社 1998 年版，第 229 頁。

4 陳獨秀〈敬告青年〉，《新青年》第 1 卷第 1 號，1915 年 12 月。

5 陳獨秀〈舊思想與國體問題〉，《新青年》第 3 卷第 3 號，1917 年 5 月。

6 魯迅〈墳・文化偏至論〉，《魯迅全集》（第 1 卷），人民文學出版社 1981

他們宣導「德先生」和「賽先生」，冀望用民主和科學的力量將民眾從專制、蒙昧的黑暗世界中解救出來，在人的覺醒和觀念文化的更新中重新建構社會發展的人文環境，由此推動國家的自立自強。

從這一立場出發，「五四」知識份子要求以獨立自由的精神和科學理性的態度引導人們打破強加於自身的一切束縛，為實現「法律上之平等人格，倫理上之獨立人格，學術上之破除迷信，思想自由」[7]清除思想壁障。於是，他們既強調「人格是神聖的，人權是神聖的」[8]，反對舊制度、舊文化、舊宗教拘囿人的個性，追求個人的獨立和個性的自由；又高揚理性主義的旗幟，認為啟蒙理性的根本態度就是懷疑，「他要人疑而後信。他的武器是『拿證據來』」[9]，相信這種科學實證精神能夠使迷信、愚昧無處遁形。

在此基礎上，對宗教問題的討論成為新文化運動的重要組成部分。徐寶謙曾指出知識份子對於基督教「大半是反對的多，贊成的少」[10]，他的看法反映出基督教在「五四」時期的現實處境。站在人道主義和民主科學的立場上，「五四」知識份子對基督教呈現出了較為複雜的觀感和認知。正如徐寶謙所說，對基督教的質疑和批判是新文化運動的主流傾向，同時也成為催生基督教新文化運動的重要因素：一方面，知識份子批評宗教神學與教會是對人性的壓抑，如胡適就提出「宗教的本意，是為人而作的」，「不料後世的宗教處處與人類的天性相反，處處反乎人情」[11]，在他看來，束縛著人性的宗教無疑是與啟蒙精神背道而馳的。另一方面，陳獨秀、吳稚暉等人又從科學理性的角度質

年版。

7 陳獨秀〈袁世凱復活〉，《新青年》第2卷第4號，1916年12月。

8 胡適《胡適文集》（第4冊）歐陽哲生編，北京大學出版社1998年版，第9頁。

9 胡適《胡適文集》（第4冊）歐陽哲生編，北京大學出版社1998年版，第636頁。

10 徐寶謙〈基督教與新思潮〉，《生命》第1卷第2期，1920年9月。

11 胡適《胡適文集》（第二冊），歐陽哲生編，北京大學出版社1998年版，第479頁。

疑宗教存在的價值，他們或是以實證的態度否定基督教的教義，認為「上帝有無，既不能證實；那耶教的人生觀，便完全不足相信了」[12]，或是堅持唯科學主義的立場視宗教為崇尚鬼神的謬妄信念。

然而，基督教的價值觀也是新文化運動的思想資源之一，並且「只有在『五四』時期，基督教才廣泛地為國人考慮作為救國救民的出路之一」[13]，這使得「五四」知識份子並沒有一味地否定和排斥基督教。胡適將基督教分為倫理教訓、神學和迷信三個部分，認為後兩者都應當拋棄，但基督教道德仍有存在的價值，因此他主張尊重宗教自由，對基督教要抱有寬容的態度[14]。陳獨秀同樣認同基督精神，讚頌「耶穌崇高的、偉大的人格，和熱烈的、深厚的情感」[15]，承認「博愛、犧牲，自然是基督教教義中至可寶貴的部分」[16]，明確提出對基督教的批評應當將教義和教會區別開來。由此可見，以胡適、陳獨秀為代表的知識份子從社會倫理的角度褒揚基督教教義中具有人道主義內涵的道德訓誡，讓平等、博愛的基督精神成為重建社會秩序的倫理基石，周作人的新村主義就是以基督教教義為社會價值尺度的典型例證。換言之，他們肯定了基督教在社會改造中的積極意義，在很大程度上為「五四」時期基督宗教的轉變提供了新的思路。

推動基督教變革的另一個重要因素是民族主義。林毓生認為，民族主義對近代中國產生了巨大的影響，「中國接受西方的思想和價值觀念，主要是以中國的民族主義為基礎的」[17]。對於「五四」知識份子而言，民族主義意識始終貫穿在他們的思想訴求中，人們發現「從根本上來說，陳獨秀發動文化革命運動的動力，來源於進化的開

12 陳獨秀〈人生真義〉，《新青年》第 4 卷第 2 號，1918 年 2 月。
13 楊劍龍〈論「五四」知識份子與基督教文化〉，《江西師範大學學報》2005 年第 3 期。
14 胡適〈基督教與中國〉，《生命》第 2 卷第 7 期，1922 年 3 月。
15 陳獨秀〈基督教與中國人〉，《新青年》第 7 卷第 3 號，1921 年 7 月。
16 陳獨秀〈基督教與基督教會〉，《先驅》第 4 號，1922 年 3 月 15 日。
17 林毓生《中國意識的危機：「五四」時期激烈的反傳統主義》，貴州人民出版社 1986 年版，第 14 頁。

放的民族主義理念」[18]，救亡圖存的民族主義意識成為「五四」一代人標舉民主、科學的現實動力。這種強烈的民族主義意識使得知識份子復興民族、國家的意願變得更加急迫，他們因此必須正視西方列強對中國社會的侵略和欺侮，「反帝」也就成為「五四」運動的題中應有之義。

民族主義的高漲使基督教處在反帝國主義侵略的風口浪尖，自鴉片戰爭以來國人對於基督教就懷有「耶穌基督卻是騎在炮彈上飛過來的」[19]之印象，「五四」運動則再次激化了對基督教的敵對情緒，激進的知識份子猛烈抨擊基督教的傳教活動，理所當然地認為反基督教就是反帝國主義，如 1919 年《廣州時報》出版的《耶穌專號》和 1920 年《民華週報》出版的《耶穌專刊》都把基督教定位為列強在華的代理人和中華民族的敵人。1922 年的「非基督教運動」更是以理性主義、人道主義和民族主義的不同維度全盤否定基督教，視之為「帝國主義者侵略我中國的先鋒隊」[20]。對此，賴德烈評述說：從 20 世紀初開始，「基督宗教被控訴為外國『帝國主義』和『資本主義』的幫手」，於是在民族主義意識的左右下，「一些華人基督徒想控制諸教會團體」，「他們談論很多關於如何使基督宗教成為『本土的』」，「部分上是因為他們要擺脫『依附於外國人』的臭名」[21]。這表明民族主義是 20 世紀上半葉基督教中國化（本土化）的主要驅動力之一，而基督教新文化運動正是這一趨勢的具體表現。

---

[18] 李良玉〈從辛亥到五四：民族主義的歷史考察〉，李世濤主編《知識份子立場：民族主義與轉型期中國的命運》，時代文藝出版社 2000 年版，第 211 頁。

[19] 蔣夢麟《西潮與新潮——蔣夢麟回憶錄》，東方出版社 2005 年版，第 15 頁。

[20] 非基督教同盟編《反對基督教運動》，上海書店 1924 年版，第 1 頁。

[21] 賴德烈《基督教在華傳教史》，雷立柏、靜也、瞿旭彤、成靜譯，香港道風書社 2009 年版，第 582 頁。

二

「五四」運動在思想啟蒙和民族救亡的雙重維度上對基督教形成了巨大的衝擊，促使接受現代思想洗禮的基督徒知識份子反思中國基督教的處境與出路，由此提出宗教革新的要求。在某種意義上，他們宣導的基督教新文化運動就是「五四」運動在宗教領域的迴響。

基督教新文化運動建立在認同和接受「五四」新思潮的基礎上，參與者肯定了「五四」運動對於中國基督教的影響，認為新思潮與基督教教義其實是並行不悖的，進而探討基督教如何在這一歷史處境中求得自身的發展。在陳述北京證道團的宗旨時，徐寶謙就指出證道團的成立「一方面要證明基督教如何與時代精神相適應，並如何足以當時代進化的先驅；一方面要坦白的討論教會內部的各種問題，作革新教會的準備」[22]。因此，他們一方面理性地看待「五四」知識份子對基督教的批評，努力尋找新思潮與基督教教義的共同點，強調新思潮是中國基督教發展的歷史契機；另一方面又提出「基督教救國論」，主動參與「五四」新文化運動的政治實踐，希望通過自證和改良的形式融入新文化運動的主流。

面對新文化運動的反宗教色彩，教會中的開明人士以較為冷靜、寬容的態度進行了辯解，徐寶謙就曾說道新文化運動將基督教與民主、科學對立起來，「這種論調多半是誤會的結果」，但他也承認「現在中國一般信徒以及中國教會的內容組織制度、儀式種種實在有許多不能適應時代潮流，應當重新討論改革的地方」[23]。於是，他們力圖

[22] 徐寶謙〈北京證道團的宗旨及計畫〉，《中華基督教會年鑒》（第 6 期），中華續行委辦會編 1921 年版，第 133 頁。

[23] 徐寶謙〈北京證道團的宗旨及計畫〉，《中華基督教會年鑒》（第 6 期），中華續行委辦會編 1921 年版，第 133 頁。

尋求與新思潮的溝通，期望以此消除「五四」知識份子對基督教的誤會。1920 年 3 月 14 日，徐寶謙邀請蔡元培、胡適、李大釗、蔣夢麟等非基督徒和司徒雷登等基督徒在北京臥佛寺舉行討論會，交流彼此對於基督教的看法。此後，證道團又向國內數十位知識份子發函徵求對基督教的意見，並在《生命》月刊上以「新文化中幾位學者對於基督教的態度」為題，發表胡適、張東蓀、高一涵等人的基督教觀，試圖以此推動基督教與新文化的對話。

不僅如此，基督教新文化運動還深入發掘新思潮與基督教的內在聯繫。在 1921 年 5 月召開中華續行委辦會第九次年會上，劉廷芳、畢來思、柴約翰、羅運炎等基督徒知識份子分別就「五四」新文化運動與基督教的關係發表了演說。其中，劉廷芳的演講較為詳細地闡述了新文化運動的成果及前景，認為它對基督教的影響主要表現在六個方面：一、新文化運動以科學精神掃除舊中國的迷信習俗，為基督教的傳播作出準備；二、它促進社會觀念的轉變，使人們認同基督教推行的各項社會事業，能夠「給基督教所做的工，一個認可的證書」；三、對人道主義的宣導有助於推廣基督教「愛人如己」的宗旨；四、社會改良激發基督教宣傳真正的社會福音；五、白話文運動有助於培養教徒的靈性修養；六、對宗教問題的關注促使人們去研究基督教。因此，他把「五四」新文化運動稱為「主賜教會的一個大機會」[24]。

劉廷芳的發言代表了基督教新文化運動的基本趨向。儘管證道團成員對於「五四」時期的反宗教潮流持有不同的態度，但他們普遍地肯定「五四」新文化運動對社會的現代化改造，並且主張基督教與新思潮在張揚人道精神、反對封建迷信、發展平民教育、提倡婦女解放等方面具有一致性，如柴約翰就認為新文化運動呈現出的打破舊式文明、批判現存制度、主張民主科學精神、博愛等特點與基督教的需要

---

[24] 劉廷芳〈新文化運動中基督教宣教師的責任〉，《生命》第 2 卷第 1 期，1921 年 6 月。

是共通的[25]，甚至有人提出「今日中國的新思潮所標揭的各種主義，統統都是從最舊的教會裏頭偷出來的」[26]。在他們看來，基督教與新思潮之間並不存在對立，相反「有些信徒，從新文化運動，得了一種猛進的精神，起了革新的志願」[27]，所以基督教應當主動地適應時代潮流，從而在社會轉型中發揮更為重要的作用。

「五四」新文化運動的根本目的在於構建新的國家模型，實現中國社會的現代化轉型，於是如何改良社會、復興民族成為這一時期知識份子普遍關注和思考的焦點，儘管他們的立場、背景、觀點有所不同，但療救國家的理想卻殊途同歸。因此，部分基督徒知識份子懷著同樣的愛國熱情，提出了「基督教救國論」以回應新思潮。徐寶謙在談到新文化運動對基督教的影響時，指出新文化運動「引起了國民愛國的思想，許多的青年立志為愛國，為他們的主義奮鬥到底。這種偉大的成就就當然使中國基督徒發生一種反躬自問的感想。這種感想就是叫我們要問我們所認為有充分真理及能力的基督教在中國已經有一百多年，並且有四十萬的信徒，為什麼不能夠成就群眾運動所成就的事呢？」[28]他隨之強調基督教具有進步的精神、建設性的同情、倫理標準和徹底的行動，能夠為新文化運動提供救國之道[29]。

總體而言，「基督教救國論」從社會倫理的角度凸現了基督教對於社會改造和民族復興的現實意義。人們意識到，在「破而後立」的歷史處境中，社會秩序的重建需要以健全的社會倫理作為精神支柱，社會的現代化離不開人的現代化，而人的現代化則應以思想、道德的完備為基礎。思想家們發現，「新思潮使我們得了生活解放的要求，

[25] 柴約翰〈基督教與中國的新思潮〉，《生命》第2卷第1期，1921年6月。

[26] 張文開〈教會與新思潮〉，《中華基督教會年鑒》（第6期），中華續行委辦會編1921年版，第134頁。

[27] 劉廷芳〈新文化運動中基督教宣教師的責任〉，《生命》第2卷第1期，1921年6月。

[28] 徐寶謙〈基督教與新思潮〉，《生命》第1卷第2期，1920年9月。

[29] 徐寶謙〈基督教與新思潮〉，《生命》第1卷第2期，1920年9月。

卻沒有給我們一種統一建設的維持勢力」[30]，「五四」運動雖然將人們從封建蒙昧中解放出來，但也造成了社會價值觀念的懸置，於是他們提出要以基督教的博愛、犧牲精神來彌補社會道德的缺失，主張「基督教將以基督的人格來救國」[31]。對此，趙紫宸論述道：「有識的人想要救中國不僅當有政治的革命，乃是應有人心和制度各方面徹底的改造」，他認為社會建設必須依靠道德的力量，「新思潮進來，人都覺得中國民族，須有徹底的新道德，方能直前建造文化和社會。我們道德的力量，十分薄弱。所以對於宗教的祈向，極其懇切。基督教既是道德的宗教，自能當此時機，應此要求」[32]。「基督教救國論」體現出基督徒知識份子對構建現代社會的思考，他們相信基督福音的傳佈將會成為社會進步的道德基石，並意欲以此證明基督教對於民族、國家的裨益。

在論及徐寶謙、趙紫宸等基督徒的救國之路時，吳梓明指出：「這些中國基督徒知識份子既愛上帝，也更愛中國，並且他們在致力為中國尋索富強之路的同時，也試圖在基督教信仰與中國文化之間創造出一個能為中國人所理解和接受的方案來。」[33] 在救亡圖存的民族意識成為時代主流的態勢下，這批知識份子以「基督徒」和「中國人」的雙重身份承擔起拯救國家、復興民族的責任，他們對社會的現實關懷彰顯了中國基督教的本土色彩。從某種意義上說，他們的救國嘗試就是要讓基督宗教從神聖的天國回到人間，以入世救世的現世情懷在這片土地上紮下根來。

---

30 趙紫宸〈新酒〉，《真理與生命》第 4 卷第 8 期，1929 年 12 月。
31 簡又文〈什麼是基督教？〉，《生命》第 2 卷第 1 期，1921 年 6 月。
32 趙紫宸〈新境對於基督教的祈向〉，《生命》第 1 卷第 4 期，1920 年 11 月。
33 吳梓明《基督宗教與中國大學教育》中國社會科學出版社 2003 年版，第 196 頁。

三

基督教的中國化是基督福音傳入中國後生發出的歷史訴求，從基督教的在華傳教史來看，景教與耶穌會分別在不同的歷史語境中對此作出了嘗試，可以說基督宗教與中國社會的融合是中國基督教力圖解決的關鍵性問題之一。20 世紀初，部分傳教士與中國基督徒在現實環境的觸動下極為明確地表示出本土化的需要，1907 年在上海召開的新教傳教大會就建議建立華人教會，並提出要考慮成立由華人教會組成的全國傳教協會；在 1910 年的愛丁堡大會上，董景安、誠靜怡等中國基督徒代表發表了他們對於中國教會本土化的意見，其內容包括主張中國教會的自立，反對傳教士干涉中國內政，鼓勵基督徒學習本土文化等，在很大程度上成為基督教新文化運動的先聲。

在這一趨勢下，「五四」新文化運動為基督教的中國化提供了新的歷史契機。「五四」時期基督教面臨的最大困境之一就是民族主義對「洋教」的敵視，1922 年的「非基督教運動」將這種反教情緒推向了頂峰。這一運動的導火索是第十一屆世界基督教學生同盟大會定於 1922 年 4 月在清華大學召開，於是激進的青年學生組織「非基督教學生同盟」予以抵制，在〈非基督教學生同盟宣言〉中他們直陳：「各國資本家在中國設立教會，無非是要誘惑中國人民歡迎資本主義」，「現代的基督教及基督教會，就是這經濟侵略底先鋒隊」[34]。綜觀「非基督教運動」前後基督教所受的批評，本土文化的排異反應和教會的西方背景是它成為眾矢之的的重要原因。因此，面對「非基督教運動」的洶湧來勢，教會中的有識之士意識到變革的必要和緊迫，期望通過基督教的中國化來扭轉被動的局勢。在 1922 年 5 月的全國基督教大會上，他們提出建設「中國本色的基督教會」的建議，從而開始了中國

[34] 〈非基督教學生同盟宣言〉，《先驅》1922 年（4）。

基督教的「本色化運動」。從根源上看，這場運動是基督教新文化運動在新形勢下應對民族主義思潮、求取自身發展的歷史選擇，它從教會體制和思想文化兩個方面上發出了本色化的籲求。

第一，「本色化運動」是中國基督教會擺脫「洋教的醜號」[35]的獨立運動，它以建立本色教會為目標，希望脫離西方差會的轄制，宣導「教會受華人的領導和支持，而教會在教義、朝拜形式和組織上盡可能接近華夏諸傳統，而不是接近諸西方傳統」[36]，換言之，就是要使中國基督教真正成為中國人的宗教。

在此過程中，部分教會人士認識到傳教和護教的關鍵問題是要轉變國人對基督教的認知，這意味著中國教會首先應當從組織制度上與西方差會劃清界限即實現教會的自立自主。賈玉銘在談到教會自立的原因時說：「察視華人心理，每以我基督教乃西人之教會，非我中國之教會，甚有以歸主為恥者，叩其內心，或多有以基督教理為是，而究其外行，卻終不願顯然進入教會，蓋恐人目之為吃教也，斥之為洋奴也」，其結果是「一日不自立，則一日不能完全奮發，一日不將洋教之意味，從人心理中泯除，則一日不克完全推廣而發達」[37]，所以他主張要建立一個自養、自治、自傳的自立教會。趙紫宸也指出，基督教的兩重障礙是「基督教組織與思想的不合適」以及「基督教的帝國主義色彩」，而清除障礙的主要途徑之一就是收回教權，實現中國教會的獨立，他認為「從組織制度方面說，中國的教會必須有獨立的建設，自治的主權」，「非有中國獨立教會，我們無以傳基督教，而奠天國的根基」[38]。從他們對教會自立自主的訴求來看，建立本色教會就是要

35 誠靜怡〈協進會對於教會之貢獻〉，《真光》二十五周年紀念特刊。

36 賴德烈《基督教在華傳教史》，雷立柏、靜也、瞿旭彤、成靜譯，香港道風書社 2009 年版，第 678 頁。

37 賈玉銘〈中國教會之自立問題〉，見張西平、卓新平編《本色之探——20 世紀中國基督教文化學術論集》，中國廣播電視出版社 1999 版，第 349 頁。

38 趙紫宸〈我對於創造中國基督教會的幾個意見〉，《真光雜誌》第 26 卷第 6 號，1927 年 6 月。

使教會的領導權轉移到華人手中，教會事務也要由中國人自決自理，從而逐漸淡化基督宗教的西方背景，回應民族主義對中國教會的質疑，為基督教的傳播打開新的局面。

其次，時人對基督教的攻擊火力大多集中在教會與西方殖民侵略的聯繫上，因此審慎地澄清基督教的帝國主義色彩成為基督教新文化運動的重中之重。由於傳教活動一直受到西方列強以及不平等條約的保護，甚至成為列強侵略中國的藉口和手段，教會被激進人士視為「外國人軟化中國的工具」[39]，不可避免地處在民族獨立運動的對立面。於是，「本色化運動」相應地提出廢除不平等條約的要求，目的是使教會從治外法權的保護中脫離出來，以愛國反帝的態度宣示中國基督教與帝國主義的截然對立，從而化解反教思潮的批駁，為基督教的生存和發展爭取人心。張亦鏡的看法或可代表中國基督徒對於不平等條約中護教條款的態度，他認為「從歷史的事實看來，這傳教條約之成立，對教會也未嘗不發生多少效力；但功不補患，傳教條約所造的罪孽，實比所成就的功勳多百千萬倍」[40]。劉廷芳也指出：「按中國人民的判斷，過去十年中，一切促進政治統一，改善民眾經濟生活的運動，皆在不平等條約的礁石上撞翻了」，「規定宣教士宣傳友誼與善意的權利的條約，即是列強攫取特殊權利的不平等條約」[41]。所以，誠靜怡等基督徒紛紛表達了對廢約運動的支持，強調基督教與不平等條約並不相容。在這一趨勢下，「沒有一個華人公開地替這些條約辯護，而許多新教徒要求刪除條約中的一切『不平等』的因素」[42]。

第二，在對基督教的本色化改造中，基督教新文化運動再次提出了基督教文化與本土文化融合的歷史課題。這場運動中介紹利瑪竇等

---

39 惲代英〈我們為什麼反對基督教〉，《中國青年》第 8 期，1923 年 12 月。

40 張亦鏡〈今日教會思潮之趨勢〉，見張西平、卓新平編《本色之探——20 世紀中國基督教文化學術論集》，中國廣播電視出版社 1999 年版，第 367 頁。

41 劉廷芳〈中國的基督教與中國的國際問題〉，《真理與生命》1927 年（11）.

42 賴德烈《基督教在華傳教史》，雷立柏、靜也、瞿旭彤、成靜譯，香港道風書社 2009 年版，第 686 頁。

人的「儒化」革新，在「五四」新思潮特別是「非基督教運動」的衝擊下，對基督教文化的中國化作出了新的闡釋。在趙紫宸等基督徒知識份子看來，基督教與中國文化融會貫通的意義在於「基督教的宗教生活力可以侵入中國文化之內而為其新血液新生命，中國文化的精神遺傳可以將表顯宗教的方式貢獻於基督教。基督教誠能脫下西方的重重繭縛，穿上中國的闡發，必能受國人的瞭解與接納」[43]，唯有如此，基督教才能在思想觀念的層面上得到國人的認可，並且通過文化的互補增強其生命力。

趙紫宸在〈基督教與中國文化〉中指出基督教與中國文化的融合可以表現在四個方面：其一，「天人合一」是中國文化的根本思想，中國哲學從本質上說是關於人生的哲學，在思維方式上與基督教有共通之處，因此他認為「我國的思想偏於人生方面，故所用的方法，直驗直覺，常近於宗教的方法。基督教要與中國文化發生關係，在此知識方法一端大有相似之點」。其二，中國文化具有崇尚倫理的傾向，「中國的倫理是孝的倫理；倫理之極致，便成了宗教」，而耶穌身為上帝之子為人犧牲的精神與中國的孝理在很大程度上具有一致性，這就要求基督徒在傳教中也應「推廣孝義」。其三，中國文化講求藝術之美，而藝術又是宗教經驗的表現形式之一，「中國的詩書建築特別注重傳神，特別富有與宗教相類的意義」，因而主張基督教「必要在美藝上有貢獻」。其四，中國文化的神秘經驗實則構成了宗教存在的基礎，所以「基督教在中國人心中實在已有精神上的根基」[44]。趙紫宸的論述闡明了中國文化與宗教的內在關聯，他認為中國文化的特徵是基督教中國化的基礎和前提，它使異質文化具備了對話的可能，由此產生出「中國的基督教」來。

謝扶雅把基督教與儒家文化的結合視為必然的趨勢，稱「孔子與耶穌的人生觀，都是從生活上出發（不似西歐一般大哲的人生觀，都

---

[43] 趙紫宸〈基督教與中國文化〉，《真理與生命》第 2 卷第 9-10 期，1927 年。
[44] 趙紫宸〈基督教與中國文化〉，《真理與生命》第 2 卷第 9-10 期，1927 年。

從思想上出發），而以位天地育萬物為成德之果」，因此只有生長在中國這塊「倫理沃厚德土地上」，基督教才能成為「真真的基督教」[45]。他進而認為基督教對中國文化大有裨益，耶穌的中心思想即「上帝是我們的父，我們彼此皆是弟兄」的直覺契合了中國文化的天人觀，同時為中國文化提供了更為平等周密的倫理思想，耶穌的積極精神和完備人範則可以匡正傳統文化的缺失。

在基督教與中國文化關係的討論中，教會思想家們以中西文化比較的眼光分析了基督教文化和中國傳統文化尤其是儒家文化的相通和互補，並將視野現實地延伸為對宗教禮儀與文化傳統的思考。儘管對於中國化的議題有不同的理解和著眼點，但他們都認識到「根本的問題，不是在形式方面，乃是在精神方面，把基督教下種在中國文化裏面，吸收中國文化為血液，庶幾無所謂基督教中國，和中國基督教，這才是建立在磐石上了」[46]。因此，基督徒知識份子力圖在文化的溝通和融合中建立真正屬於中國人的教會與神學，以教會的本色化和基督教文化的本色化應對民族主義的排斥，他們對教會和神學的改造為中國基督教的發展夯實了基礎，將其引向立足本土的自立之路。

歷史地看，基督教的變革並非「五四」運動的新生兒，但是「五四」新思潮推動了基督徒發起基督教新文化運動來順應時代潮流、關注社會現實、融入中國文化，在社會變遷的歷史處境中以本土化的熱切願景謀求自身的革新。回眸「五四」語境中的基督教新文化運動，這一運動給基督教帶來了深遠的影響，使之「由神學而趨於倫理，由武斷而入於實證，由來世而注重今生，由個人私利而注重社會服務」[47]，並開啟了基督教本色化的歷史向度，它映射出「五四」新文化運動的巨大張力，展示了新思潮對於思想文化領域的革命性衝擊，中國基督教也由此呈現出新的發展態勢和思想訴求。

---

[45] 謝扶雅〈基督教新思潮與中國民族根本思想〉，《青年進步》1925 年第 4 期。
[46] 王治心〈中國本色教會的討論〉，《青年進步》第 79 期，1925 年 1 月。
[47] 謝扶雅〈基督教新思潮與中國民族根本思想〉，《青年進步》1925 年第 4 期。

第四章　陳獨秀的宗教觀與對基督教的複雜態度

作為新文化運動的先驅者，陳獨秀「五四」前後對於基督教的態度顯得十分複雜，有時他截然而然地反對否定基督教，有時他又提倡以基督的精神拯救國人，他既成為非基督教運動中的領袖人物之一，發表了批評教會的意見；他的崇尚基督精神的言論又被基督教人士所屢屢引用，成為捍衛基督教的佐證。如何看待陳獨秀對於基督教的態度？為何在不同時期不同場合陳獨秀對於基督教的看法大相徑庭？在「五四」新文化運動發展過程裏出現的基督教文化思潮中，究竟如何評價陳獨秀在此中的作用與長短？

「五四」前陳獨秀對於基督教的態度大致呈現出如下傾向：首先，他在反對孔教的視野中肯定基督教存在的合理性，否定獨尊孔教的言論。其次，他對於宗教悉懷尊敬之心，將宗教與迷信作了區別。再次，他從社會進化的角度，提出以科學代宗教的觀點。「五四」以後，陳獨秀一方面贊同非基督教運動，一方面提倡將耶穌的人格感情來拯救民族。在非基督教過程中，陳獨秀是將基督教教義和基督教教會截然分開的，呈現出強烈了民族主義色彩；在贊同基督人格與精神中，陳獨秀是將基督教文化當作拯救民族的西方文化資源看待的。在陳獨秀對於基督教文化的複雜態度中，可以明顯看出陳獨秀強烈的社會關懷與民族意識。

一

1915 年 9 月 15 日《青年雜誌》在上海的創刊，是中國文化思想史上的重要事件，從第二卷起改名為《新青年》，它引領了中國新文化運動新文學運動的發生與發展。作為主編的陳獨秀在創刊號上〈敬告青年〉、〈法蘭西人與近世文明〉，後者在強調法蘭西革命造福於人類時，陳獨秀評說了宗教的長與短。他指出：「宗教之功，勝殘勸善，未嘗無益於人群；然其迷信神權，蔽塞人智，是所短也。歐人篤信創造世界萬物之耶和華，不容有所短長，一若中國之隆重綱常名教也。自英之達爾文，持生物進化之說，謂人類非由神造，其後遞相推演，生存競爭優勝劣敗之格言，昭垂於人類，人類爭籲智靈，以人勝天，以學理構成原則，自造其禍福，自導其知行，神聖不易之宗風，任命聽天之惰性，吐棄無遺。而歐羅巴之物力人功，於焉大進。」[1]他既認為宗教具有有益於人群之處，但是其迷信神權會蔽塞人智。他將耶和華與儒家的綱常名教相比較，強調其「不容有所短長」的威權性，自達爾文的生物進化論打破了神創造人類的說法後，生存競爭優勝劣敗之格言推進了人類社會的發展。

1915 年 10 月，陳獨秀在〈今日之教育方針〉一文中，在談到教育對象、教育方針、教育方法時，強調了教育方針的重要性，指出：「第所謂教育方針者，中外古今，舉無一致。歐洲中世紀，教育之權，操之僧侶，其所持教育方針，乃以養成近似神子（即耶穌）之人物；近世政教分離，國民普通教育，恒屬於國家之經營，施教方針，於焉大異。」他否定中世紀神學教育，肯定政教分離後的國民教育。他在談到基督教時，將其與佛教作比較：「耶穌之教，以為人造於神，複歸於

1 陳獨秀〈法蘭西與近世文明〉，《青年雜誌》第 1 卷第 1 號，1915 年 9 月 15 日。

神，善者予以死後之生命，惡者奪之，以人生為神之事業。其說雖誕，然謂天國永生，而不指斥人世生存為妄幻，故信奉其教之民，受禍尚不若印度之烈。加之近世科學大興，人治與教宗並立，群知古說迷信，不足解決人生問題矣。總之人生真相如何，求之古說恒覺其難通，征之科學差謂其近是。近世科學家之解釋人生也，個人之於世界，猶細胞之於人身，新陳代謝，死生相續，理無可逃。」[2]他認為基督教雖然相信人造於神，相信天國永生，但是比佛教指斥人世生存為妄幻禍害較小，至科學大興才基本解決了人生的問題。

在〈當代二大科學家之思想〉一文中，陳獨秀介紹科學家梅特尼廓甫（Metchnikoff）、阿斯特瓦爾特（Ostwart），在推崇科學對於人類的巨大貢獻後，陳獨秀指出：「更試就宗教言之，世非仰望基督為持人類和平之使命而來耶？然歷史上所生結果，不幸全與之相反。近代之人，對於和平論之倫理的價值，有所懷疑，視古人加甚。今日頗有從事世界之和平運動者（按諾貝爾獎金，亦獎勵此種事業。印度達噶爾之獲獎，即以其有功於世界之和平運勸，非以其文學也），與其謂為影響於基督之和平教訓，寧謂為戒於戰爭及戰爭準備浪費巨量精力之故。若工藝，若倫理道德，阿斯特瓦爾特氏，皆以『精力的命令』，為貫徹吾人生涯全體之統治權。惟是精力之變更及其效率之增加也，將何道之由耶？曰，是在積極以求機械之改良，消極則以『勿為浪費精力之事』為格言。」[3]陳獨秀批評了歷史上宗教導致的戰亂，對於因戰爭而浪費的精力表示了不滿。

1916 年 9 月 20 日，康有為在《時報》發表致總統總理書，主張「以孔子為大教，編入憲法，複祀孔子之跪拜明令，保守府縣學官及祭田，皆置奉祀官。」這引起了陳獨秀的注意，他發表了〈駁康有為致總統總理書〉一文，反對康有為的立孔教為國教之說，他在梳理了

2　陳獨秀〈今日之教育方針〉，《青年雜誌》第 1 卷第 2 號，1915 年 10 月 15 日。
3　陳獨秀〈當代二大科學家之思想〉，《新青年》第 2 卷第 1 號、第 3 號，1916 年 9 月 1 日、11 月 1 日。

西方宗教的發展軌跡，否定孔教為宗教。「德之倭根，法之柏格森，皆當今大哲，且信仰宗教者也；倭根對於一切宗教皆信仰，非只基督教已也。其主張悉類『唯一神教派』，而主教之膜拜，教會之形式，尤所蔑視。審是，西洋宗教，且已由隆而之殺。吾華宗教，本不隆重；況孔教絕無宗教之實質。宗教之實質，重在靈魂之救濟，出世之宗也。孔子不事鬼，不知死，文行忠信，皆入世之教，所謂性與天道，乃哲學，非宗教。與儀式，是教化之教，非宗教之教。」陳獨秀從信教自由的角度批評康有為的獨尊孔教之說。「君權與教權，以連帶之關係，同時削奪，為西洋近代文明史上大書特書之事。信教自由，已為近代政治之定則。強迫信教，不獨不能行之本國，且不能施諸被征服之屬地人民。其反抗最烈，影響最大者，莫如英國之『清教徒』，以不服國教專制之故，不惜移住美洲，叛母國而獨立。康先生蔑視佛、道、耶、回之信仰，(此前 215 頁)欲以孔教專利於國中，吾故知其所得於近世文明史政治史之知識必甚少也。然此種理論，必為康先生所不樂聞；即聞之而不平心研究，則終亦不甚了了。」[4]在批評康有為的獨尊孔教的言論中，表現出陳獨秀信教自由的見解。

陳獨秀發表了一些文章繼續批評康有為獨尊孔教的言論，提倡信教自由。在〈憲法與宗教〉一文中，他說：「今蔑視他宗，獨尊一孔，豈非侵害宗教信仰之自由乎？所謂宗教信仰自由者，任人信仰何教，自由選擇，皆得享受國家同等之待遇，而無所歧視。今有議員王謝家建議，以為倘廢祀孔，乃侵害人民信教自由，其言實不可解。國家未嘗祀佛，未嘗祀耶，今亦不祀孔，平等待遇，正所謂尊重信教自由，何雲侵害？蓋王君目無佛耶，只知有孔，未嘗夢見信教自由之為何物也。」[5]陳獨秀批評蔑視他宗獨尊一孔的觀點，表現出其對於宗教的寬容態度。在〈孔子之道與現代生活〉中，陳獨秀從宗教隨時變遷的視

4 陳獨秀〈駁康有為致總統總理書〉，《新青年》第 2 卷第 2 號，1916 年 10 月 1 日。

5 陳獨秀〈憲法與宗教〉，《新青年》第 2 卷第 3 號，1916 年 11 月 1 日。

角，否定獨尊孔教之說：「自古聖哲之立說，宗教屬出世法，其根本教義，不易隨世間差別而變遷，故其支配人心也較久。其他世法諸宗，則不得不以社會組織生活狀態之變遷為興廢。一種學說，可產生一種社會；一種社會，亦產生一種學說。影響複雜，隨時變遷。其變遷愈複雜而期間愈速者，其進化程度乃愈高。其獨尊一說，以為空間上人人必由之道，時間上萬代不易之宗，此於理論上決為必不可能之妄想，而事實上惟於較長期間不進化之社會見之耳。」[6]陳獨秀從社會進化的角度分析宗教的隨時變遷，從而反對人人必由之道、萬代不易之宗的獨尊孔教之說。1917 年 3 月 1 日，在〈答佩劍青年（孔教）〉一信中，陳獨秀表達了反對罷黜諸家宗教而獨尊孔教的觀點，他指出：「國於天地，必有與立，則教育尚焉，非必去宗教即不可以立國。（法社會學者孔特，分人類進化為宗教，哲學，科學，三大時期。）即以宗教國粹論，九流百家，無一非國粹。陰陽家與墨家，實為中國固有之宗教。佛與耶、回，雖屬後起，信徒乃居國民之大部分。烏可一筆抹殺而獨尊儒家孔子耶？」[7]在〈再論孔教問題〉一文中，陳獨秀提出了以科學代宗教的觀點：「或謂宇宙人生之秘密，非科學所可解，決疑釋憂，厥惟宗教。余則以為科學之進步，前途尚遠。吾人未可以今日之科學自畫，謂終難決疑。反之，宗教之能使人解脫者，余則以為必先自欺，始克自解，非真解也。真能決疑，厥惟科學。故餘主張以科學代宗教，開拓吾人真實之信仰，雖緩終達。若迷信宗教以求解脫，直『欲速不達而已！』」[8]陳獨秀認為宗教是通過自欺自解達到解脫，真正能夠解開宇宙人生之秘密的只有科學，他提倡以科學代宗教，以科學開拓真實之信仰。

---

[6] 陳獨秀〈孔子之道與現代生活〉，《新青年》第 2 卷第 4 號，1916 年 12 月 1 日。

[7] 陳獨秀〈答佩劍青年（孔教）〉，《獨秀文存》，安徽人民出版社 1987 年版，第 660 頁。

[8] 陳獨秀〈再論孔教問題〉，《新青年》第 2 卷第 5 號，1917 年 1 月 1 日。

陳獨秀在〈再答俞頌華（孔教）〉一文中，從孔教拓展開去，對於宗教的利與弊進行評說：「第一，今之人類（不但）中國人是否可以完全拋棄宗教，本非片言可以武斷。然愚嘗訴諸直觀，比量各教，無不弊多而益少。是以篤信宗教之民族，若猶太，若印度，其衰弱之大原，無不以宗教迷信，為其文明改進之障礙。法蘭西人受舊教之迫害，亦彼邦學者所切齒；其公教會與哲人柏格森，儼如仇敵。此乃宗教之弊，事實彰著，無可諱言。」他從印度、法蘭西信仰宗教的弊多而益少展開評說。陳獨秀也提到了宗教某些有益部分：「至於宗教之有益部分，竊謂美術哲學可以代之。即無宗教，吾人亦未必精神上無所信仰，謂吾人不可無宗教信仰，恐未必然。倘謂凡信仰皆屬宗教範圍，亦不合邏輯。此僕所以不信『倫理的宗教』之說也。吾國人去做官發財外，無信仰心，宗教觀念極薄弱。今欲培養信仰心，以增進國民之人格，未必無較良之方法。同一用力提倡，使其自無而之有，又何必畫蛇添足，期期以為非弊多益少之宗教不可耶？此愚所以非難一切宗教之理由也。」[9]陳獨秀提出以美術哲學代宗教，他提倡培養信仰心增進國民之人格，認為信仰並非皆屬宗教範圍。在〈答劉競夫（孔教）〉一文中在將基督教與孔教比照中，提出了「推行耶教勝於崇奉孔子多矣」的觀點：「尊論比計孔，耶諸教為益社會之量，鄙意極以為然。教宗之價值，自當以其利益社會之量為正比例。吾之社會，倘必需宗教，餘雖非耶教徒，由良心判斷之，敢曰推行耶教勝於崇奉孔子多矣。以其利益社會之量，視孔教為廣也。事實如此，望迂儒勿驚疑吾言。」[10]他從有益社會的角度，在孔耶比照中表達對於孔子的批評。

在〈人生真義〉一文中，陳獨秀在叩問人生真義時，批評了宗教的人生觀。「人生在世，究竟為的甚麼？究竟該怎樣？這兩句話實在難得回答的很。我們若不能回答這兩句話，糊糊塗塗過了一生，豈不是太無意識嗎？自古以來，說明這個道理的人也不算少，大約有數種：

---

[9] 陳獨秀〈再答俞頌華（孔教）〉，《新青年》第3卷第3號，1917年5月1日。
[10] 陳獨秀〈答劉競夫（孔教）〉，《新青年》第3卷第3號，1917年5月1日。

第一是宗教家。像佛教家說：世界本來是個幻象，人生本來無生；『真如』本性為『無明』所迷，才現出一切生滅幻象；一旦『無明』滅，一切生滅幻象都沒有了，還有什麼世界，還有什麼人生呢？又像那耶穌教說：人類本是上帝用土造成的，死後仍變為泥土；那生在世上信從上帝的，靈魂升天；不信從上帝的，便魂歸地獄，永無超生的希望。」「耶教所說，更是憑空揑造，不能證實的了。上帝能造人類，上帝是何物造呢？上帝有無，即不能證實；那耶教的人生觀，便完全不足相信了。」他既否定了佛教的人生如幻觀念，也批評耶穌教的上帝造人靈魂升天教義。陳獨秀指出：「人生幸福，是人生自身出力造成的，非是上帝所賜，也不是聽其自然所能成就的。若是上帝所賜，何以厚於今人而薄於古人？若是聽其自然所能成就，何以世界各民族的幸福不能夠一樣呢？」[11]他批評上帝賜福於人類的觀點，強調幸福由人生自身出力造成。

在〈答南豐美以美會基督徒悔〉一文中，陳獨秀不滿於將尋求上帝為知識開端之說，他指出：「足下指斥惲君之說，愚未能代答；惟鄙意以為尊謂信望為兩事，固無不可；然宗教之信望，均以神為目標？必以歸納法證明神之真實存在，然後依以求智，方不失為剛愎，方不墜於迷信，故惲君以基督教之釋智為未足也。尊謂尋求上帝，為知識之開端；愚為依他求知，依他途之起點；固不獨於基督教然也。」[12]陳獨秀以神是否存在為論辨根本，批評僅僅將知識之開端歸於基督教的偏頗。

1918 年 8 月的《新青年》第 5 卷第 2 號上，陳獨秀發表了幾篇文章，都與宗教問題有關。在〈隨感錄・信神與保存國粹〉中，陳獨秀通過講述印度人信仰宗教的事例，說明宗教信仰使一個民族保守愚弱的觀點。他說：「印度某婦人。孿生二子，其一則生而瞽目者也。婦病

11　陳獨秀〈人生真義〉，《新青年》第 4 卷第 2 號，1918 年 2 月 15 日。

12　陳獨秀〈答南豐美以美會基督徒悔〉，《新青年》第 4 卷第 6 號，1918 年 6 月 15 日。

瀕危，乃許願於神，獻以一子；其後病癒果以一子置河中，飽鱷魚之腹。由是婦人出入，輒抱其瞽目之子。他人見而異之曰：『何不以此瞽子獻神乎？』錄興華雜誌第三十一冊，第十六葉。印度人信神之愚如此。德國普魯克陀爾福女士，初欲皈依佛教以安心立命，見印度之一喇嘛僧，問改宗佛教之可否。喇嘛僧正襟言曰：『女士莫如學基督教。宗教如言語，棄國語者妄，棄己國之宗教者亦妄。』見第十五卷第六號東方雜誌譯載之〈中西文明之評判〉文中。嗚呼！此喇嘛僧可為保存國粹大家也矣。誠如其言，則一民族之思想，永應恪守生民之典型，絕無革新之理，此印度人篤舊之念至深，而其國所以日益削弱也。」[13]在病婦痊癒還願時獻健康之子留瞽目之子事例，喇嘛僧勸說欲皈依佛教德國女士莫棄己國之宗教事例，說明宗教信仰使民愚昧保守致國日益削弱的觀點。在〈隨感錄・基督教與迷信鬼神〉一文中，「吾友某君與餘言：吾輩雖不贊成基督教，然吾國人若信基督教，豈不愈於迷信鬼神，崇拜動物乎？一日，余以此語李石曾先生。李先生則云：『寧任其迷信鬼神，崇拜動物，勿希望其信基督教；因鬼神動物之迷信，較基督教之迷信，淺薄而易解悟也。中國人種種邪說迷信，固極可笑，然當以科學真理掃蕩之，不當以基督教之迷信代替之。』斯言也，吾無以難之。」[14]陳獨秀所轉引李石曾之語，以戲謔之語表達了對於中國人的邪說迷信的批判，同時也表示了對於基督教信仰的不滿，提出以科學真理掃蕩邪說迷信。在〈隨感錄・偽善的基督教國民〉一文中，陳獨秀針砭基督教國民的偽善之處。「《興華雜誌》第三十一冊錄就〈美以美會韋會督關於時局之偉論〉一文，並附以感言，余讀之不得不憤恨基督教國民之偽言欺世也。……韋會督有言曰：『為世界自由而戰。』……侮力爭自由正義者伏地呻吟可憐之聲，爾偽善之基督教國

[13] 陳獨秀〈隨感錄・信神與保存國粹〉，《新青年》第 5 卷第 2 號，1918 年 8 月 15 日。

[14] 陳獨秀〈隨感錄・基督教與迷信鬼神〉，《陳獨秀著作選》第 1 卷，上海人民出版社 2009 年版，第 397-398 頁。

民，其亦聞之否耶？」[15]在〈偶像破壞論〉中，陳獨秀對於一切偶像表示了執著的批評，他說：「天地間鬼神的存在，倘不能確實證明，一切宗教，都是一種騙人的偶像：阿彌陀佛是騙人的；耶和華上帝也是騙人的；玉皇大帝也是騙人的；一切宗教家所尊重的崇拜的神佛仙鬼，都是無用的騙人的偶像，都應該破壞！」[16]陳獨秀以決絕的姿態反對一切偶像，批判一切宗教，認為一切宗教的偶像都應該破壞。

「五四」前陳獨秀對於基督教的態度大致呈現出如下傾向：首先，他在反對孔教的視野中肯定基督教存在的合理性，否定獨尊孔教的言論。陳獨秀尊敬在〈答傅桂馨（孔教）〉一文中表達了對於儒家文化的深刻批判。他指出：「惟鄙意若以孔子教義挽救世風澆漓，振作社會道德，未免南轅北轍也。儒者作偽干祿，實為吾華民德墮落之源泉。宗法社會之奴隸道德，病在分別尊卑，課卑者以片面之義務，於是君虐臣，父虐子，姑虐媳，夫虐妻，主虐奴，長虐幼。社會上種種之不道德，種種罪惡，施之者以為當然之權利，受之者皆服從於奴隸道德下而莫之能違，弱者多銜怨以歿世，強者則激而倒行逆施矣。以此種道德，支配今日之社會，維繫今日之人心，欲其不澆漓墮落也，是揚湯止沸耳，豈但南轅北轍而已哉！」[17]陳獨秀將儒家文化視作「實為吾華民德墮落之源泉」。其次，他對於宗教悉懷尊敬之心，將宗教與迷信作了區別。此時期陳獨秀對於宗教的態度，可在其〈答李大槐〉一信中得到見證，雖然此信是回答關於佛教問題的，但是他當時對於宗教的態度可見一斑。「佛法為廣大精深之哲學，愚所素信不疑者也。第以為人類進化，猶在中途，未敢馳想未來以薄現在，亦猶之不敢厚古以非今，故於世界一切宗教，悉懷尊敬之心。若夫迷信一端，謂為圓滿，不容置議，窒思想之自由，阻人類之進化，則期期以為未可。」[18]他

15 陳獨秀〈隨感錄・偽善的基督教國民〉，《新青年》第5卷第2號，1918年8月15日。
16 陳獨秀〈偶像破壞論〉，《新青年》第5卷第2號，1918年8月15日。
17 陳獨秀〈答傅桂馨（孔教）〉，《新青年》第3卷第1號，1917年3月1日。
18 陳獨秀〈答李大槐〉，《青年雜誌》第1卷第3號，1915年11月15日。

自認為對於宗教「悉懷尊敬之心」，但是他反對迷信，可見陳獨秀對於宗教與迷信是有所區別的。再次，他從社會進化的角度，提出以科學代宗教的觀點。陳獨秀曾經在《新青年》第 3 卷第 6 號、第 4 卷第 1 號刊載了其翻譯的赫克爾的〈科學與基督教〉一文，闡釋了科學與基督教之間的關聯與衝突。在「五四」前的一系列文章中，陳獨秀歷數了宗教使國民愚昧國家衰弱的短處，提倡破壞一切偶像，提出以科學代替宗教。

二

作為「五四」新文化運動的領軍人物，陳獨秀在新文化運動開始後對於基督教的態度呈現出十分複雜的狀態：一方面他認可基督教某些合理的部分，甚至將基督精神視為拯救民族的良藥；另一方面他又竭力反對基督教的禮儀、傳說等，他參與了非基督教運動，反對教會的某些不合理方面。

「五四」前夕，1919 年 4 月 13 日，陳獨秀對於學校強迫讀經表示了不滿，他在〈怪哉插徑班！〉中說：「我現在不反對基督教，也不反對學生信仰基督教。但是像清華、南開等，並不是教會經費所設立的學校，那教職員卻用全力要叫基督教做他們的『校教』，要叫他們的學校做教會的附屬品，我卻不以為然。聽說清華學校還有什麼『插徑班』，這班的用意，乃是拿考試分數做信教的變換條件，這豈不是一樁怪事！」[19]陳獨秀表示他並不反對基督教，並不反對學生信仰基督教，而是反對學校做教會的附屬品，反對強迫學生讀經。

1920 年 4 月，陳獨秀在〈新文化運動是什麼？〉一文中在談到新文化運動對於舊文化的批評反對態度時，涉及了對於宗教的認識。他說：「文化是對軍事、政治（是指實際政治而言，至於政治哲學仍應該

[19] 陳獨秀〈怪哉插徑班！〉，1919 年 4 月 13 日。

歸到文化）、產業而言，新文化運動是對舊文化而言。文化底內容，是包含著科學、宗教、道德、美術、文學、音樂這幾樣；新文化運動，是覺得舊的文化還有不足的地方，更加上心得科學、宗教、道德、文學、美術、音樂等運動。」他特別談到對於宗教的看法：「宗教在舊文化中佔有很大的一部分，在新文化中也自然不能沒有他。人類底行為動作，完全是因為外部底刺激，內部發生反應。有時外部雖有刺激，內部究竟反應不反應，反應取什麼方法，知識固然可以居間指導，真正反應進行底司令，最大的部分還是本能上的感情衝動。利導本能上的感情衝動，叫他濃厚、摯真、高尚，知識上的理性，德義都不及美術、音樂、宗教底力量大。知識和本能倘不相並發達，不能算人間性完全發達。所以詹姆士不反對宗教，凡是在社會上有實際需要的實際主義者都不應反對。」他從人類有用的角度認為不應該反對宗教。他甚至指出：「因為社會上若還需要宗教，我們反對是無益的，只有提倡較好的宗教來供給這需要，來代替那較不好的宗教，才真是一件有益的事。羅素也不反對宗教，他預言將來須有一新宗教。我以為新宗教沒有堅固的起信基礎，除去舊宗教底傳說的附會的非科學的迷信，就算是新宗教。有人嫌宗教是他力，請問擴充我們知識底學說，利導我們底情感底美術、音樂，那一樣免了他力？又有人以為宗教只有相對價值，沒有絕對的價值，請問世界上什麼東西有絕對價值？」他以反思的姿態檢討了其原先對於宗教反對姿態：「現在主張新文化運動的人，既不注意美術、音樂，又要反對宗教，不知道要把人類生活弄成一種什麼機械的狀況，這是完全不曾瞭解我們生活活動的本源，這是一樁大錯，我就首先認錯的一個人。」[20]陳獨秀認為宗教與美術、音樂對於人類一樣重要，指出新文化運動不應該反對宗教。

1922 年 3 月 11 日，北京學生成立「非宗教大同盟」，在北京大學召開成立大會，到會五百餘人，選舉李大釗、蔡元培、陳獨秀、汪精衛、鄧中夏等三十餘人為幹事，會後發表〈非宗教者宣言〉。雖然在非

[20] 《新青年》第 7 卷第 5 號，1920 年 4 月 1 日。

基督教運動中，陳獨秀基本站在非基督教的立場上批評基督教的某些缺憾，但是他始終以比較理性的姿態分析基督教與教會的某些缺憾。他在〈對於非宗教同盟的懷疑及非基督教學生運動的警告〉中細心地分析基督教引起人們非難的原由。他指出：「一、因基督教義的缺點，如原始的罪惡說與上帝全善全能說不相應。二、因為使徒之虛偽，當危急時彼德尚三次不認基督，可見復興前無一真信徒。三、因為誕生奇跡及復活均過於非科學。四、因為教會尤其是天主教會仍然因襲中世紀的惡風，以殘忍態度仇視壓迫異己。五、因為教師說教以利害勝人者多，以理性教育人者少，絕對迫人信，絕對不許人懷疑。六、因為新舊教在中國都有強大的組織，都挾有國際資本帝國侵略主義的後援，為中國之大隱患。七、因為教會尤其天主教會，仍然在農村袒護吃教的惡徒欺壓良儒。八、因為青年會有結托權貴富豪獵人斂錢種種卑劣行為。九、因為教會設種種計畫想壟斷中國教育權。十、因為教會學校對於非教會學生強迫讀經、祈禱及種種不平等待遇。」[21]他指出了基督教原罪說、復活說、袒護吃教惡徒、壟斷中國教育、強迫讀經等缺憾。

1922 年 3 月 31 日，周作人、錢玄同、沈兼士、沈士遠、馬裕藻五教授發表了〈主張信教自由宣言〉。文章說：「我們不是任何宗教的信徒，我們不擁護任何宗教，也不贊成挑戰的反對任何宗教。我們認為人們的信仰，應當有絕對的自由，不受任何人的干涉，除去法律的制裁以外。信教自由載在約法，知識階級的人，應首先遵守，至少亦不應首先破壞。我們因此對於現在的非基督教，非宗教同盟的運動，表示反對，特此宣言。」[22]

陳獨秀在 1922 年 4 月 7 日上海的《民國日報》副刊《覺悟》上發表〈致周作人、錢玄同諸君書〉。該書中說：「無論何種主義學說皆應

---

21 陳獨秀〈對於非宗教同盟的懷疑及非基督教學生運動的警告〉，《廣州群報》1922 年 5 月 22 日。

22 轉引自張欽士編：《國內近十年來之宗教思潮》，燕京華文學校 1927 年版，第 199 頁。

許人有贊成反對之自由；公等宣言頗尊重信教自由，但對於反對宗教者自由何以不加以容許？宗教果神聖不可侵犯麼？青年人發的狂思想狂議論，似乎算不得什麼；像這種指斥宗教的舉動，在歐洲是常見的，在中國還在萌芽，或者是青年界去迷信而趨理性的好現象，似乎不勞公等作反對運動。」又說：「此間非基督教學生開會已被禁止，我們的言論集會的自由在哪裏？基督教有許多強有力的後盾，又何勞公等為之要求自由？公等真尊重自由麼？請尊重弱者的自由，勿拿自由、人道主義許多禮物向強者獻媚！」[23]

周作人在 1922 年 4 月 11 日的《晨報》上發表〈信教自由的討論——致陳獨秀〉、〈思想壓迫的黎明〉（「仲密」筆名）。認為：「對於宗教的聲討，即為日後取締信仰以外的思想的第一步」；是「思想取締的黎明」；而「思想自由的壓迫不必一定要用政府的力，人民用了多數的力來干涉少數的異己者也即是壓迫」，而他們這幾個教授是「少數之少數」，是真正的弱者，所以「請尊重弱者的自由」。周作人強調了信教自由中的對於思想自由的壓迫。陳獨秀又發表〈再致周作人先生信〉，認為：「先生們五人固然是少數弱者，但先生們所擁護的基督教及他的後盾，是不是多數強者」呢？陳獨秀呼籲：「快來幫助我們少數弱者，勿向他們多數強者獻媚！」[24]在陳獨秀與周作人的論爭中，顯然陳獨秀是站在非基督教的立場上的。

陳獨秀開始對於宗教進行比較深入的研究，在〈社會歷史的進化——在廣東高師的講演〉中，他談論了宗教的起源：「這個時代，已經有宗教發生，即是拜日、火或猛獸的自然宗教，當時宗教的觀念，大約是由恐怖和美感所構成。野蠻人看見太陽光線那般輝煌，腦中就發生一種美感，同時又起恐怖之情，故生崇拜的心趣；更因火，古代的火，野蠻人用作軍火，防禦猛獸，為火焰美觀，就生審美的興趣，為

---

23 陳獨秀〈致周作人、錢玄同諸君書〉，見任建樹等編《陳獨秀著作選》第 2 卷，上海人民出版社 1993 年版，第 334 頁。

24 陳獨秀〈再致周作人先生信〉，見任建樹等編《陳獨秀著作選》，第 2 卷，第 340～341 頁。

火性猛烈，便起恐怖的情緒，所以他們崇拜他；猛獸如金錢豹等，既有美麗的毛色，又具可怕的形狀，野人見而崇拜他，同屬此理。總之，這種自然的宗教，內容非常簡單，他的對象，除上舉三種自然界的對象外，並無其他如鬼神的對象。」他從人類對於自然的美感與恐怖分析人民因對自然的崇拜而產生了自然的宗教。[25]

1922 年 3 月 15 日，陳獨秀撰寫了〈基督教與基督教會〉，他開宗明義地說：「我們批評基督教，應該分基督教（即基督教教義）與基督教教會兩面觀察。」他指出「上帝全能與上帝全善說矛盾不能兩立」，「我們終不能相信全善而又全能的上帝無端造出這樣萬惡的世界來」。他尤其強調說：「此外耶穌一生的歷史像降生、奇跡、復活等事，都沒有歷史和科學的證據使我們真實相信，這也是教義上小小的缺點。」「在現在人智發達的社會裏，一切古代人智蒙昧社會所遺傳的宗教教義底缺點自然都暴露出來了，所以我們不必對於基督教教義的缺點特別攻擊；至於基督教教會自古至今所作的罪惡，真是堆積如山，說起來令人不得不悲憤而且戰慄！」「無論新舊教會都以勢力金錢號召，所以中國的教徒最大多數是『吃教』的人……」[26]陳獨秀將基督教與基督教會分開看待，將基督教義和基督教會作兩面觀察，否定基督教教義中的奇跡、復活等內容，批評教會對於教徒的壓迫，而讚賞基督教中的博愛、救贖、犧牲等精神。

1921 年 7 月，陳獨秀在應基督教教會人士約寫的〈基督教與中國人〉一文中說：「基督教在中國已經行了四五百年」，「既然許多人信仰他，便占了我們精神生活上一部分，而且影響到實際的生活，不是什麼聖教所能包辦的了，更不是豎起什麼聖教底招牌所能消滅了。所以我以為基督教底問題，是中國社會上應該研究的重大問題，我盼望我們青年不要隨著不懂事的老輩閉起眼睛瞎說！」在非基督教的思潮

---

[25] 陳獨秀〈社會歷史的進化——在廣東高師的講演〉，《陳獨秀著作選》第 2 卷，第 455 頁。

[26] 陳獨秀〈基督教與基督教會〉，《先驅》第四號，1922 年 3 月 15 日。

中，陳獨秀對於基督教的態度呈現出一種理性的客觀的姿態，體現出一種歷史的、客觀的實事求是態度。「但是歐洲底文化從那裏來的？一種源泉是希臘各種學術，一種源泉就是基督教，這也是我們不能否認的。」「我以為基督教是愛的宗教，我們一天不學尼采反對人類相愛，便一天不能說基督教已經從根本崩壞了。基督教底根本教義只是信與愛，別的都是枝葉……」陳獨秀分析「基督教在中國行了幾百年，我們沒得著多大利益，只生了許多紛擾。這是什麼緣故呢？是有種種原因：(1）吃教的多，信教的少，所以招社會輕視。(2）各國政府拿傳教做侵略的一種武器，所以招中國人底怨恨。(3）因為中國人底尊聖、攘夷兩種觀念，古時排斥楊、墨，後來排斥佛、老，後來又排斥耶穌。(4）因為中國人底官迷根性，看見《四書》上和孔孟往來的人都是些諸侯、大夫，看見《新約》上和耶穌往來的，是一班漁夫、病人，沒有一個闊老，所以覺得他無聊。(5）偏於媚外的官激怒人民，偏於尊聖的官激怒教徒。(6）正直的教士擁護教徒底人權，遭官場憤恨、人民忌妒；邪僻的教士袒庇惡徒，擴張教勢，遭人民怨恨。(7）基督教義與中國人底祖宗牌位和偶像顯然衝突。(8）白話文的《舊約》、《新約》，沒有《五經》、《四書》那樣古雅。(9）因為中國人沒有教育，反以科學為神奇鬼怪，所以造出許多無根的謠言。(10）天主教神秘的態度，也是惹起謠言的引線。上例十種原因當中，平心而論，實在是中國人底錯處多，外國人底錯處不過一兩樣。」

陳獨秀還提出：「我們今後對於基督教的問題，不但要有覺悟，使他不再發生紛擾問題，而且要有甚深的覺悟，要把那耶穌崇高的、偉大的人格和熱烈的、深厚的情感，培養在我們的血裏，將我們從墮落在冷酷、黑暗、污濁坑中救起。」陳獨秀認為基督教已經占了我們精神生活一部分，他反對對於基督教的問題發生紛擾，甚至提倡將耶穌的人格感情來拯救民族。陳獨秀是將基督教教義和基督教教會截然分開，他否定基督教的創世、復活、神跡等聖事，而肯定基督教中的博愛、犧牲等思想。他說：「基督教底『創世說』、『三位一體說』和各種靈異，大半是古代的傳說、附會，已經被歷史學和科學破壞了，我們應該拋棄舊信仰，另尋新信仰。新信仰是什麼？就是耶穌崇高的、偉大的人格和熱烈的、深厚的情感。」他充滿了熱情地說：「我們不用請教什麼神學，也不用依賴什麼教儀，也不用藉重什麼宗派；我們直接去敲耶穌自己的門，要求他崇高的、偉大的人格和熱烈的、深厚的情感與我合而為一。」陳獨秀還指出：「最可怕的，政客先生現在又來利用基督教。他提倡什麼『基督教救國論』來反對鄰國，他忘記了耶穌不曾為救國而來，是為救全人類底永遠生命而來；他忘記了耶穌教我們愛鄰人如愛我們自己；他忘記了耶穌教我們愛我們的敵人，為迫害我們的人祈禱。他大罵無產社會是『將來之隱患』、『大亂之道』，他忘記了耶穌教是窮人的福音，耶穌是窮人的朋友。」[27]「五四」時期，陳獨秀對於宗教的肯定、對於耶穌精神情感的推崇，成為啟蒙知識份子的代表性見解，影響了諸多啟蒙知識份子對於基督教文化的關注與興趣，該文中的有些話語甚至為基督教教會人士一再引用。

1923 年 9 月，陳獨秀分析了一神教變為多神教的原因：「君主即出，那末宗教的思想，跟著也就變了。由前代的自然宗教，一變而為多神教了；除美感的恐怖之外，復生有神——不可思議者——的觀念；即由具體的事物，進而為抽象的思想，這也算是人類思想史上的一大進步。時至今日，很多人厭惡宗教，但是，古代人類能發明宗教，已經算是一種大進化了。」[28]他認為君主的出現對於宗教思想的變化存在著重要作用，宗教思想由具體而變為抽象是人民思想史上的進步。

1923 年 12 月，陳獨秀從唯物論的角度梳理分析了宗教發展的歷史：「第九，宗教思想之變遷，更是要受時代及社會勢力的支配：的各民族原始的宗教，依據所傳神話，大都是崇拜太陽、火、高山、巨石、

27 陳獨秀〈基督教與中國人〉，《新青年》第 7 卷第 3 號，1921 年 7 月；《生命月刊》2 卷 7 冊，1922 年 3 月。

28 陳獨秀〈陳獨秀先生講演錄〉1923 年 9 月 1 日，《陳獨秀著作選》第 2 卷，第 457 頁。

毒蛇、猛獸等的自然教；後來到了農業經濟宗法社會，族神祖先農神等多神教遂至流行；後來商業發達，隨著國家的統一運動，一神教遂至得勢；後來工業發達，科學勃興，無神非宗教之說隨之而起；即在同一時代，各民族各社會產業進化之遲速不同，宗教思想亦隨之而異，非洲、美洲、南洋蠻族，仍在自然宗教時代，中國、印度、乃信多神，商工業發達峙歐美，多奉基督；使中國聖人之徒生於倫敦，他也要奉洋教，歌頌耶和華；使基督信徒生在中國窮鄉僻壤，他也要崇拜祖宗與狐狸。以上九項種種不同的人生觀都為種種不同客觀的因果所支配，而社會科學可一一加以分析的論理的說明，找不出那一種是沒有客觀的原因，而由於個人主觀的直覺的自由意志憑空發生的。」[29]陳獨秀梳理了從原始宗教到宗法社會多神教、到一神教、到非宗教，在對於不同社會宗教不同的發展階段不同民族宗教的梳理，顯示出陳獨秀對於宗教的深入研究與分析。

三

胡適對於陳獨秀與基督教的關係有一種說法，他認為陳獨秀 1919 年在北京被拘禁期間，除了《聖經》之外沒有其他書可讀，感情很豐富陳獨秀讀了《聖經》大受感動，思想因此發生了變化，「大概獨秀在那八十多天的拘禁期中，曾經過一度精神上的轉變。他獨自想過一些問題，使他想到他向來不曾想過的一條路上去，使他感到一種宗教的需要，他出獄之後，就宣傳這個新得來的見解，主張要有一個新宗教。……抱著這種新宗教熱忱的陳獨秀，後來逐漸的走進那二十世紀的共產主義新宗教，當然是不難的轉變」[30]。雖然這種說法引起人們的質疑，但是陳獨秀在拘禁期間閱讀《聖經》，使他進一步認識了基督

[29] 陳獨秀《科學與人生觀・序》，《陳獨秀著作選》第 2 卷，第 551 頁。
[30] 轉引自唐寶林、陳鐵健《陳獨秀與瞿秋白》，團結出版社 2008 年版，第 25 頁。

教應該是確切的。在 1920 年 2 月 1 日寫的〈基督教與中國人〉一文中，陳獨秀在談到基督教的犧牲精神、寬恕精神、博愛精神時嫻熟地引用《聖經》，可見陳獨秀閱讀《聖經》時的深思熟慮，及其他對於基督教與中國人關係的深入思考。1920 年 4 月，陳獨秀在〈新文化運動是什麼？〉中反省了對於宗教的反對態度，提出新文化運動也不能沒有宗教，只不過應該提倡較好的宗教代替那較不好的宗教。顯然陳獨秀在「五四」以後對於宗教對於基督教似乎有著更為深入的探究，並且常常表達對於基督教的讚賞態度，這並非陳獨秀「五四」前後對於宗教的態度截然不同，而是有著密切關聯的。

作為「五四」新文化運動先驅者的陳獨秀，他帶著反封建的姿態努力啟蒙民眾，他以鮮明的民族意識反抗帝國主義對中國的欺凌，他以科學精神反對任何愚昧落後的思想觀念，他以民主的精神期盼中華民眾有著倫理的覺悟，陳獨秀是以其強烈的社會關懷去關注基督教批評基督教會，以其強烈的對於中國社會的改造精神去呼喚基督精神對於中國社會的拯救的。在陳獨秀對於基督教的複雜態度中，我們可以觀察到陳獨秀對於基督教觀照的獨特性。

（一）以民主的姿態反對偶像崇拜中否定宗教偶像。「五四」期間，陳獨秀提倡「惟民主義」，他指出：「民主國家，真國家也，國民之公產也。以人民為主人，以執政為公僕者也。民奴國家，偽國家也，執政之私產也，以執政為主人，以國民為奴隸者也。真國家者，犧牲個人一部分之權利，以保全體國民之權利也。偽國家者，犧牲全體國民之權利，以奉一人也。民主而非國家，吾不欲青年耽此過高之理想；國家而非民主，則將與民為邦本之說，背道而馳。」[31]在推崇民主精神基礎上，陳獨秀反對偶像崇拜，他反對一切偶像，認為偶像是導致人們奴性化的根本，因此他將阿彌陀佛、耶和華上帝、玉皇大帝都看作騙人的偶像，認為都應該予以破壞，從而表現出陳獨秀對於宗教偶像的否定。

---

[31] 陳獨秀〈今日之教育方針〉，《青年雜誌》第 1 卷第 2 號，1915 年 10 月 15 日。

（二）以科學的精神反對自欺自解中否定宗教迷信。陳獨秀在「五四」時期竭力宣導科學。他在〈敬告青年〉一文中就說：「國人而欲脫蒙昧時代，羞為淺化之民也，則急起直追，當以科學與人權並重。……凡此無常識之思，惟無理由之信仰，欲根治之，厥維科學。夫以科學說明真理，事事求諸證實，較之想像武斷之所為，其步度誠緩；然其步步皆踏實地，不若幻想突飛者之終無寸進也。宇宙間之事理無窮，科學領土內之膏腴待辟者，正自廣闊。青年勉乎哉！」[32]陳獨秀強調科學與人權並重，強調以科學來根治無理由之信仰。在這個視角，陳獨秀將宗教看作為一種迷信，甚至提出以科學代宗教：「人類將來之進化，應隨今日方始萌芽之科學，日漸發達，改正一切人為法則，使與自然法則有同等之效力，然後宇宙人生，真正契合。……反之，宗教之能使人解脫者，餘則以為必先自欺，始克自解，非真解也。真能決疑，厥惟科學。故餘主張以科學代宗教，開拓吾人真實之信仰，雖緩終達。若迷信宗教以求解脫，直『欲速不達』而已！」[33]他認為對於宗教的迷信而求得解脫，是一種欲速不達的道路。

（三）以民族的意識反對強權欺凌中批評基督宗教。「五四」運動具有反帝的色彩，充滿著民族自強的色彩，在這樣的氛圍中，作為「五四」新文化運動的先驅者的陳獨秀，必然有著強烈的民族意識。他曾在〈我之愛國主義〉一文中說：「今日之中國，外迫於強敵，內逼於獨夫……然自我觀，中國之危，固以迫於獨夫與強敵，而所以迫於獨夫強敵者，乃民族之公德私德之墮落有以召之耳。即今不為拔本塞源之計，雖有少數難能可貴之愛國烈士，非徒無救於國之亡，行見吾種之滅也。」他在國家危機中思考民族之墮落的問題。陳獨秀往往以強烈的民族意識反對強權、批評基督教。陳獨秀深刻地觀察到在宗教問題上的民族欺凌：「大戰殺人無數，各國的基督教教會都祈禱上帝保佑他們本國的勝利；各基督教的民族都同樣的壓迫遠東弱小民族，教會不

32　陳獨秀〈敬告青年〉，《青年雜誌》第1卷第1號，1915年9月15日。
33　陳獨秀〈再論孔教問題〉，《新青年》第2卷第5號，1917年1月1日。

但不幫助弱小民族來抗議，而且作政府殖民政策底導引。……無一國的教會不是日日向資本家搖尾乞憐，沒有財產的新教教會更甚；我們眼見青年會在中國恭維權貴交歡財主獵人斂錢種種卑劣舉動，……綜觀基督教教會底歷史過去的橫暴和現在的墮落，都足以令人悲憤而且戰慄，實在沒有什麼莊嚴神聖之可言。」[34]因此，當非宗教運動興起時，陳獨秀是以其民族意識投入到運動中去的。

（四）以啟蒙的意識呼喚民眾覺醒中讚賞基督精神。「五四」新文化運動的先驅者們都有著執著的啟蒙意識，將啟蒙民眾改變精神狀態作為出發點。「五四」時期，陳獨秀在對於國民性問題上作了諸多探究，他指出：「由是而知吾國社會惡潮流勢力之偉大，與夫個人抵抗此惡潮流勢力之薄弱，相習成風，廉恥道喪，正義消亡，乃以鑄成今日卑劣無恥退葸苟安詭易圓滑之國民性！嗚呼，悲哉！亡國滅種之病根，端在斯矣！」[35]陳獨秀對於國民性的卑劣深惡痛絕，認為其將導致民族的亡國滅種。他將歐洲文化的輸入看作改變國民性的佳途，他指出：「歐洲輸入之文化，與吾華固有之文化，其根本性質極端相反。數百年來，吾國擾攘不安之象，其由此兩種文化相觸接相衝突者，蓋十居八九。凡經一次衝突，國民即受一次覺悟。惟吾人惰性過強，旋覺旋迷，甚至愈覺愈迷，昏瞶糊塗……」[36]雖然，異域文化的引進與本民族文化產生衝突，但是他認為「經一次衝突，國民即受一次覺悟」。陳獨秀是站在這樣的角度看待推崇基督教文化的，他將基督教文化也看作啟蒙民眾改變國民性良藥，他因此說：「我們今後對於基督教問題，不但要有覺悟，使他不再發生紛擾問題；而且要有甚深的覺悟，要把耶穌崇高的，偉大的人格，和熱烈的，深厚的情感，培養在我們的血裏，將我們從墮落在冷酷，黑暗，污濁坑中救起。」[37]

---

[34] 陳獨秀〈基督教與基督教會〉，《先驅》第四號，1922 年 3 月 15 日。
[35] 陳獨秀〈抵抗力〉，《青年雜誌》第 1 卷第 3 號，1915 年 11 月 15 日。
[36] 陳獨秀〈吾人最後之覺悟〉，《新青年》第 1 卷第 6 號，1916 年 12 月。
[37] 陳獨秀〈基督教與中國人〉，《新青年》第 7 卷第 3 號，1921 年 7 月 1 日；

作為「五四」新文化運動先驅者的陳獨秀，在宣導新文化運動中的開拓者、導引者，在非宗教運動中的主要人物，其關於基督教問題的諸多言論引起了深刻的反響，無論在非宗教領域，還是宗教領域，都有著一石激起千層浪式的反響。陳獨秀以其對於民族現實與未來的憂患與思索，思考宗教問題，無論其對於基督教的批評，還是對於基督教的贊成，其立足點都在於有益於國家、民族、社會，當他站在這些外在角度時，他更多地以批判的姿態批評基督教義、基督教會等方面的缺憾，當他站在國民性改造、個人靈魂拯救等這些內在角度時，他更多地以讚賞的姿態推崇基督精神。陳獨秀往往是站在社會關懷的角度批評基督宗教的，往往是站在個人關懷的角度讚賞基督宗教的，他更多地關注基督宗教的公共價值，而比較少地關心基督宗教的拯救，在起對於基督宗教複雜而不乏矛盾的言論中，我們看到的是一位鐵肩擔道義的文化巨人的身影。

《生命月刊》2卷7冊，1922年3月。

第五章　真理社、生命社對「非基督教運動」的回應

1922 年，是中國基督教史上的一個特殊年份。這一年，中華基督教全國大會在上海舉行，這標誌著中國的基督教有了明確的方向與新的發展。這一年，一場轟轟烈烈的非基督教運動爆發了，它迅速擴展，很快席捲了包括上海、北京在內的各大城市。新文化運動的某些先驅者、思想界的許多重要人物以及諸多青年學生，成為了這場運動的主體，對中國基督教的思想教義、教會機構、傳教活動發動了全方位的尖銳批判。非基督教運動很快引起中國基督教團體的反擊，形成了彼此針鋒相對的態勢。直到 1927 年，隨著全國政治形勢的劇變，非基督教運動方才歸於沉寂，這場歷時五年多的運動成為中國思想文化史上一個不容回避的事件。

聚焦 1922 年至 1927 年發生在中國的這場非基督教運動，不難發覺它與歷史上眾多規模宏大的思想文化運動一樣，具有多元混雜的特點。就整個運動的言論方式而言，它既有基於學理層面的諸如對中國基督教教義的論辯，亦不乏義憤填膺式的的武斷斥責。

就參加運動的主體構成而言，它既有彼時共產黨的重要人物李大釗、鄧中夏、張國燾、羅章龍、朱務善，也有國民黨的重要人物汪精衛、蔡元培、李石曾，此外還有兩黨以外學術界、思想界的新派人物如陶孟和、吳虞、劉復、李思純、王星拱等。他們彼此在黨派歸屬、思想信仰、階級屬性方面都大相徑庭，在「非基督教」的大旗下組成看似一體的同盟，其實卻各自有著策略與目的。就整個非基督教運動

的矛頭指向而言，它一度站在「科學主義」立場上，反對基督教教義以及中國的一切基督教團體，也不時以「民族主義」的立場，反對帝國主義以及國外基督教勢力的在華滲透、發展。

在中國的基督教團體對這場非基督教運動做出回應中，生命社與真理社是其中兩個重要的團體，兩社的成員大都有著留學歐美的背景，是當時基督教團體中的中堅。生命社的《生命月刊》與真理社的《真理週刊》刊登了大量社團成員及其他社外人士的「護教」文章，這兩個刊物成為反擊非基督教運動的言論陣地。

生命社的成立可以上溯至 1919 年，北京青年會的兩位幹事徐寶謙與胡學誠，有感於新文化運動與「五四」運動的影響，創辦了《生命季刊》。1920 年，他們聚集了一群基督徒共同舉辦討論會，進一步對時代新思潮作出回應，會後即成立了「證道團」，社員大多是在燕京大學執教的教員與青年會的幹事，「證道團」每月非正式集會一次，討論一些他們共同感興趣的問題。「證道團」社員在構成上不分宗派，有不少知名的教會領袖，如趙紫宸、劉廷芳、誠靜怡、羅運炎、胡金生、洪煨蓮、劉經庶等。《生命季刊》後改為《生命月刊》。1924 年春，「證道團」（Apologetic Group）改名為「生命社」（Life Fellowship）。

真理社成立於 1922 年冬，《生命月刊》的主要編輯劉廷芳與胡學誠談及想要「集合幾位元同道，組織一個小團體，做靈修及討論教會問題之輔助」。1922 年 12 月，胡學誠邀集了吳震春、寶廣林，張欽士、彭錦章、吳耀宗，陳國梁等七人組成了一個小團體。1923 年 4 月 1 日出版了《真理週刊》，這個原本沒有名稱的小集團，也被正式定名為真理社。隨後李榮芳、劉廷芳、徐寶謙、簡又文四人又相繼加入，組成了十一人的團體，規模比社員近 30 人的生命社要小。1926 年春，《生命月刊》與《真理週刊》合併，改為半月刊，定名為《真理與生命》。

生命社與真理社在成立之初，都刊登了各自的宗旨，生命社的宗旨如下：「我們的宗旨，就是一方面要證明基督教如何與時代的精神相適應，並如何足以當時代進化的先驅，一方面要坦白的討論教會內部的各種問題，作革新教會的準備。」[1]真理社的宗旨最早刊於《真理週刊》的發刊詞，後被濃縮為一句話：「聯合信徒同志，以耶穌無畏的精神，為真理作證，謀教會革新，促中國改造。」[2]從兩個社團的宗旨亦可讀出其內在意蘊的契合與融通，而兩社宗旨中的一些重點，諸如證明基督教的先進性、促成基督教的「中國化」、藉基督教精神改造中國等觀念，都是一脈相承的。面對轟轟烈烈的非基督教運動，真理社與生命社以期刊發表文章應答。

發生於 1922 年至 1927 年的非基督教運動，表面看來頗為紛繁錯雜，然而透過歷史表像，可見當時非基督教運動所依傍的重要思想理論源流可大抵為「科學主義」、「民族主義」與馬克思主義。

一、對「科學主義」的回應

1922 年 3 月，由北京大學學生組成的「非宗教大同盟」，發表了如下宣言及批判：「宗教與人類，不能兩立。人類本是進化的，宗教偏說『人與萬物，天造地設』。人類本是自由平等的，宗教偏要說：束縛思想，摧殘個性，崇拜偶像，主乎一尊。人類本是酷好和平的，宗教偏要伐異黨同，引起戰爭，反以博愛為假面具騙人。人類本是好生樂善的，宗教偏要誘之以天堂，懼之以地獄，利用非人的威權道德。……好笑的宗教，科學真理既不相容；可惡的宗教，與人道主義，完全違背。」[3]上述言論刻意將宗教思想與人類的一切優秀品質相對立，其中可見其對宗教思想的某些隔膜，也含有故作偏激的言說策略。「非基督教大同盟」的成立宗旨更是強調了尊奉科學的特點：「依良心之知覺，掃人群

1 吳國安《中國基督徒對時代的回應（1919-1926）——以〈生命月刊〉和〈真理週刊〉為中心探討》，香港建道神學院 2000 年版，第 42 頁。

2 吳國安《中國基督徒對時代的回應（1919-1926）——以〈生命月刊〉和〈真理週刊〉為中心探討》，香港建道神學院 2000 年版，第 60 頁。

3 楊天宏《基督教與民國知識份子》，人民出版社 2005 年版，第 109 頁。

之障霧，本科學之精神，吐進化之光華……」[4]學生們對「科學」投之以極大的熱誠，竭力以「科學」取代宗教神學。

與「非基督教大同盟」激進的反教宣言類似，新文化運動領袖人物陳獨秀的言論同樣決絕：「一切宗教，都是一種騙人的偶像：阿彌陀佛是騙人的，耶和華上帝也是騙人的，玉皇大帝也是騙人的，一切宗教家所尊重的神佛鬼仙，都是無用的騙人的偶像，都應該破壞！」[5]當時陳獨秀接受了馬克思主義哲學、社會主義理念，馬克思思想中不乏將宗教視為迷信、認為宗教將隨著社會的不斷進步而最終消亡的言論。新文化運動的另外兩位主將胡適與蔡元培，在當時發表的有關基督教的言論中貶多褒少，大多站在非基督教的立場。胡適曾留學美國哥倫比亞大學，深受杜威實用主義哲學的影響，強調「實踐」與經驗，把客觀現實與經驗等同。實用主義哲學在本質上是與強調超驗、預設彼岸世界的宗教神學不相容的。胡適在實用主義哲學的基礎上，摻入了當時流行的「科學」理念，在學術上演化出「大膽假設，小心求證」的方法，在社會實踐上則強調汲取西方先進科學的政治理念與社會制度以改造中國。對胡適而言，全知全能的絕非上帝，而是科學。蔡元培深受實證主義哲學家孔德的影響，實證主義哲學認為，超乎感覺經驗之外的事物的本質，是不可能也沒有必要去認識的。此處有著與實用主義相通的思路，它們共同抽去了宗教神學賴以構建的經驗以外的超驗與彼岸世界。「現代人應當以科學和理智去研究自然界的事物和人際間的關係，避免以玄妙而不實際的宗教信仰去取代人為的努力。」[6]這準確地表達了蔡元培對基督教的態度。

以上對「五四」時期三位新文化運動主將「非基督教」思想言論的梳理不難見出，儘管他們賴以反教的理論背景不盡相同，卻都擁戴

[4] 林榮洪〈風潮中奮起的中國教會〉，香港天道書樓有限公司 1990 年版，第 28 頁。

[5] 陳獨秀〈偶像破壞論〉，《新青年》第 5 卷第 2 號，1918 年 8 月。

[6] 蔡元培〈理智與迷信〉，轉引自林榮洪：〈風潮中奮起的中國教會〉，香港天道書樓有限公司 1990 年版，第 21 頁。

「科學主義」的實證理念。反觀基督教的演變歷程，基督教神學與「科學」之間其實並非水火不容。基督教以《聖經》為教義，自誕生以來，歷經眾多神學家、哲學家的闡釋與演繹，具有繁複的神學體系與深邃的哲學理念。基督教對西方哲學、文學、藝術等眾多人文領域都有著極大的影響與作用，與「科學」也有著互生互榮的關係。在此需要區分「科學」與「科學主義」的不同意蘊。「科學主義」又稱「唯科學主義」，是「一種認為自然科學方法可解決一切問題的科學觀」，認為自然科學是「人類知識的典範」，是「必然正確的」，「自然科學的方法應該用於一切研究領域」，「可以推廣用以解決人類所面臨的所有問題」[7]。換言之，「科學主義」是將科學奉為至尊、拜為偶像、將科學的力量絕對化，自然免不了局限性。新文化運動主將與「非宗教大同盟」學生們的思想言論，他們的「非基督教」理念儘管打著「科學」的旗號，骨子裏卻都或多或少地流露著「科學主義」的傾向——將「科學」以及科學思維視為至高無上的，無疑是用「科學」置換了基督教中的上帝，從某種角度說，他們的「非基督教」思想，實質是一種尊奉 「科學」的宗教，因此在一定程度削弱了批判力量。

針對非基督教運動中以「科學主義」反對基督教的思潮，真理社與生命社做出了回應。劉廷芳在 1922 年上海舉行的中華基督教全國大會上發表講話，針對科學與基督教神學提出了自己的觀點：「現在科學的時代，用科學的方法研究真理，是知識界所共認的。倘若教會深切滿足地信仰聖經，必以聖經為無上的真理。既是無上的真理，便不怕人用科學的方法來研究了。但是教會往往有人，因愛惜聖經的緣故，替聖經擔憂，用種種消極的方法，無謂的手續，禁阻人用科學的方法去研究聖經。如此辦法，自以為是保護聖經，卻忘記了，聖經既是上帝的真理，必不靠人去保護他。聖經二千年來，遭幾許的攻擊，但是他的力量，沒有改變，若靠人護，早已消滅了。」「不但聖經，就是教會中所有的教義與信條，禮節與儀式，都應當快快樂樂地受科學的實

7　見百度百科詞條「科學主義」。

驗。歡迎公開的討論，嚴格的評判。」[8]趙紫宸在《基督教哲學》一書中則說，「宗教是為保存價值，而科學是為批判現有的價值。我們並不希望宗教不去保存或科學不去批判，但是必須保持中肯的態度。為著建立這種中肯的看法，一群基督徒知識份子便努力研究基督教與科學的關係。」[9]

歸納劉廷芳與趙紫宸的言論，兩人對「科學」的立場、態度基本一致，都正視並認同「科學」於時代、於基督教的重要意義。他們的側重點卻不盡相同：劉廷芳強調了基督教中蘊含著豐富而深刻的「真理」，藉此可與科學的求真「相通」，不怕科學方法的研究與檢驗；趙紫宸則強調了基督教與科學之間彼此「共存」的必要性，儘管「宗教是為了保存價值」、「科學是為了批判現有的價值」的論斷失之簡單，卻在另一個向度上揭示了基督教與科學在人類社會中有著各自不可或缺的職能，需要彼此不斷深入的「對話」與「溝通」。

何謂宗教重在「保存價值」？它與科學比較究竟有何優勢？生命社的簡又文在〈什麼是基督教〉中做出了精當的解答：「基督教的生命，就其固有的特性言之，確為今時代所極需要之精神的文化一方面，這種精神的生命，可以調劑現在日漸流行之機械的，無人格的，及貶人格物質文化；更可拯救吾們因信用天然科學而覺得宇宙是無心無望悲觀的苦境。」[10]簡又文觸及了基督教的優勢，在人類的「苦境」面前，科學的認識只能增強這種「無心無望的悲觀」，讓人類的物質文化更加「機械」、「無人格」；而唯有基督教「予人以新理想，新志向，新能力，新運動力和新生命」的偉力，才能助人類遠離「苦難與害惡，而建設新的善的美的世界」。藉此言論，簡又文揭示了科學與宗教彼此相對立

---

8 林榮洪編《近代華人神學文獻》中國神學研究院（香港）1986 年版，第 324 頁。

9 林榮洪〈風潮中奮起的中國教會〉，香港天道書樓有限公司 1990 年版，第 46 頁。

10 林榮洪編《近代華人神學文獻》中國神學研究院（香港）1986 年版，第 50 頁。

的一面，科學無疑更貼近客觀的、可感知的、時空所限的事物；宗教則偏重於主觀的、不被感知的、超時空的事物。強調了科學的優勢在於推動物質性的實體，宗教的優勢則在於提升精神性的自足。

簡又文又指出：「我們如今敢斷定基督教底真理，就是分享基督教生命和閱歷底教徒共同結成之群眾的，具大機體的，有歷史的，生長的，救人救世的運動。而基督教底真理，即教理，信條，神學等，乃是隨時隨地容納最善之科學結果哲學結論而成，以為智識上的此宗教生命之表示。」[11]此一言論，一方面凸顯了基督教與科學一樣，是「與時俱進」的，另一方面又強調了基督教與科學彼此融合無間的一面，即基督教的真理中包含著科學性，兩者的共生關係可稱為科學的基督教或基督教的科學。恰是這種既相互對峙、各具優勢又融合無間、彼此滲透的關係，構成了簡又文對基督教與科學之關係的獨到論斷。

吳國安認為：「兩刊學者對於基督教的本質幾乎是採取理性的『人格至上論』。基督的奇生，在世生活、死亡或復活，均被施以理性的批判，再從人格的角度加以理解闡釋。聖經的權威也不再來自神奇理論，而需服膺科學和歷史批判，再從信徒個人的經驗和人格改變中得以證實。這樣理解基督教的本質，充分顯示了部分中國基督教向時代思潮調適的過程。」[12]指出了在非基督教、非宗教運動中，基督教知識者向時代思潮的某種調適。林榮洪指出：「我們看見結果是贊助科學的一邊得勝，科學在新中國的地位是無可置疑的。但是一般知識份子，亦因為這次討論，增加了他們對宗教和玄學的認識，不敢再隨隨便便輕視或論斷宗教；同時，教會的領袖亦先後被喚醒來，去正視這個科學與宗教衝突的問題。」[13]道出了在科學至上中，對於科學與宗教衝突問題的重視。

---

[11] 林榮洪編《近代華人神學文獻》中國神學研究院（香港）1986 年版，第 47 頁。

[12] 吳國安《中國基督徒對時代的回應（1919-1926）——以〈生命月刊〉和〈真理週刊〉為中心探討》，香港建道神學院 2000 年版，第 121 頁。

[13] 林榮洪〈風潮中奮起的中國教會〉，香港天道書樓有限公司 1990 年版，第

生命社與真理社的成員在對於非基督教、非宗教言論的回應中，大多並非從基督教神學信仰的角度，而更多是以實用的入世姿態。「他們關注的是今生，不是來世；是社會參與而不是純粹福音；是在地上實現天國，而不是仰望未來的天堂。」[14]應該說，此論斷從一個深刻的片面揭示出兩社社員回應「科學主義」的良苦用心：即藉此時代宣導的科學思想「調和」基督教精神，從而拯救中國、建設新中國。

二、對「民族主義」的回應

非基督教運動中「科學主義」的漫延，緣於時代主題與新文化運動的幹將們自上而下的大力宣導、廣為宣傳；非基督教運動中的「民族主義」卻不盡相同，當時民族主義理念的主要思路是：立足民族本位的立場，將基督教與西方帝國主義、殖民主義捆綁一處，認為基督教是精神鴉片、掠奪工具、侵略幫兇。民族主義在民族矛盾上升時常常會演變為一種激進的民族主義情緒，以遊行聚眾、集會宣講的群眾運動方式，形成廣泛與複雜的社會局面。

在非基督教運動發生、發展五年左右的時間裏，曾有過三次重要的社會運動：1922 年非基督教學生同盟在上海成立，發表了具有激進民族主義情緒的反基督教宣言，引發了各地此起彼伏的民族主義浪潮；1924 年，大量的反教人士集合在一起，將矛頭對準了基督教教會學校，力主收回「教育權」；1925 年，因著「五卅運動」掀起了聲勢浩大的反帝浪潮，非基督教運動中的民族主義情緒也隨之高漲。

回溯非基督教學生同盟成立之初的那段宣言：「我們認定：這種殘酷的、壓迫的、悲慘的資本主義社會，是不合理的、非人道的、非另圖建造不可。所以我們認定這個『助桀為虐』的惡魔——現代的基督

31 頁。

14 林慈信《先驅與過客：再說基督教新文化運動》，恩福出版社 1996 年版。

教及基督教會，是我們的仇敵，非與彼決一死戰不可。」「各國資本家在中國設立教會，無非要誘惑中國人民歡迎資本主義；在中國設立基督教青年會，無非要養成資本家底良善走狗。簡單一句，目的即在於吮吸中國人民的膏血。」[15]僅憑「認定」、「無非」一類簡單化思維邏輯，便把基督教及其教會視為仇敵，誓將一切與基督教有涉的思想教義、教會機構及教會學校驅逐出國土，不免莽撞輕率。「惡魔」、「走狗」一類的謾罵式話語，亦絲毫無助於強化反宗教的力度。在某種程度上，非基督教運動中的「民族主義」思想流脈，是始終浮顯於激越憤懣的口號標語；而非沉潛於耽於探究的學理思辨。

真理社與生命社回應「民族主義」的方式較為深入，他們對「民族主義」與基督教神學關係的思考，比非基督教人士要深廣得多。列寧在論及民族主義時說:「必須把壓迫民族的民族主義和被壓迫民族的民族主義，大民族的民族主義和小民族的民族主義區別開來。」[16]列寧以「階級論」的立場細緻區別不同的民族主義，可見「民族主義」的複雜性。非基督教運動中的民族主義思潮無疑有著強烈的激進民族主義傾向，它在觀念上表現為絕對「排斥」；在情感表達上表現為絕對「否定」。激進民族主義的理論、宣言往往帶有極大的鼓動性，推動群眾運動的蓬勃發展。

值得關注的是，真理社與生命社成員對民族主義思潮的回應，常常使用「國家主義」，而非「民族主義」。林榮洪認為「當時，中國人的國家主義在形式上是相當含糊的」[17]。說得更準確一些，那個時代對「國家」這一概念的所指是含糊的。恩格斯特意區分了國家與民族的不同特徵:「(1)不是按血緣關係，而是按地區劃分和組織它的國民；(2)設立了公共權力，並由於階級對立的尖銳化等因素而日益加強。

[15] 〈非基督教學生同盟宣言〉，《先驅》第 4 號，1922 年 3 月 15 日。
[16] 列寧〈關於民族或「自治化」問題〉，《列寧全集》第 36 卷第 631 頁。
[17] 林榮洪〈風潮中奮起的中國教會〉，香港天道書樓有限公司 1990 年版，第 179 頁。

今後，在社會生產力高度發展的基礎上，隨著世界上私有制和階級的徹底消滅，國家將因其喪失作用而逐步地自行消亡。」[18]恩格斯從國民的劃分與組織、公共權力的設立等，區分了國家與民族的不同，並道出國家最終消亡的規律。事實上在非基督教運動中無論是「國家主義」還是「民族主義」，兩者的所指對象基本是同一個事物，而就用詞的準確性而言，則需置身當時的社會歷史語境才能分辨：非基督教運動的所處時代，正值軍閥割據混戰、民眾窮困潦倒之際，民眾對當時的「國家」怨聲載道。當時反帝、反基督教的力量並非緣於「國家」與政府，而是緣於在受到列強欺凌中反對基督教偏狹的民族情緒，用「民族主義」比「國家主義」似乎更為準確，兩社成員言論中所指的對象大多是「激進民族主義」。

面對非基督教、非宗教運動中的「激進民族主義」，真理社、生命社持決然否定、批判的立場。徐寶謙說：「國內現今的運動雖稱為國家主義運動，事實上乃是由時尚之風所吹來而造成的，不外乎是抄襲歐美古舊的一套」，「此運動最多只能推動一個強大的中國，但並不研究將用什麼標準來衡量所希夷得到的富強力量」[19]。言下之意，激進民族主義雖具有顛覆社會的力量，卻缺乏精神的標準與理性的規範，即便真能夠推動一個「強大」的中國，也會因著精神與理性的匱乏而不會真正富強。劉廷芳說：「國家主義經已變為一種熱望，且差不多成為一個宗教，代替了悠久的倫理制度及宗教信仰。它支配著整體的行動，並且變為吸引年青一代的注意力的中心。」[20]他暗示了「激進民族主義」有著一種類宗教情緒的熱烈激烈，卻缺乏宗教倫理、信仰的理性約束，從本質上看它如同一種劣等的宗教。

---

[18] 恩格斯〈家庭、私有制和國家的起源〉，《馬克思恩格斯選集》第 4 卷，人民出版社 1974 年版，第 168 頁。

[19] 林榮洪〈風潮中奮起的中國教會〉，香港天道書樓有限公司 1990 年版，第 202 頁。

[20] 林榮洪〈風潮中奮起的中國教會〉，香港天道書樓有限公司 1990 年版，第 218 頁。

真理社與生命社反對的是民族主義中的激進成分，而非民族主義本身。在某種程度上，真理社與生命社的成員亦有著民族主義的傾向，只不過它是溫和的、非激進的，非激進民族主義在立場上既強調「民族性」，亦兼顧「世界性」。面對非激進的民族主義，真理社、生命社將其視為時代新思潮中的正面力量，試圖藉此「本色化」（民族化）的元素調適基督教，從而促進基督教的發展。

劉廷芳說：「上帝曾經從各國各民族中，選擇工人，差遣他們到中華來建設教會。上帝對於這一件事上，實在有特別的深意。他要在中國的教會上，表示萬族一體，同為主的子民。因此中國的基督教會，一方面求成中華本色的教會，一方面必不蹈短狹的國家主義，失去世界大同，人類同胞，協力同工的精神。」[21]劉廷芳指出激進民族主義的偏狹必將「失去世界大同，人類同胞，協力同工的精神」，肯定了在「萬族一體，同為主的子民」的同時，「求成中華本色的教會」，最終達成「理想的中國基督教會」，「能夠為一切可以指定的，可以預料的難題，尋求相當的解決」，劉廷芳站在基督教「民族化」的立場，道出了兩社成員的共同心聲。

趙紫宸說：「我們持平去看，必要感悟到基督教的使者雖然做了不少不幸的謬舉，基督教對於中國的貢獻，確是甚偉。別的事情且不提，只看我們自己因信耶穌而得的宗教經驗，就必要覺得這是無上的價值，無上的生命。」，「心中覺到這神的愛力的，實在不能不有見於生命的意義自己的歸宿，他與一切有的統一」，「基督教是一種宗教奧秘與倫理生活合併的宗教」，「沒有宗教經驗的人自然絕不會瞭解這個意思」[22]。立足基督教神學的立場，不難窺見趙紫宸言論中的深義，事實上基督教的意義的確集中在精神靈魂上的價值，而鮮有物質實踐上的「實用」。在某種程度上，它確實只能被「有宗教經驗」的小群體所

21 林榮洪編《近代華人神學文獻》中國神學研究院（香港）1986 年版，第 328 頁。

22 林榮洪編《近代華人神學文獻》中國神學研究院（香港）1986 年版，第 649 頁。

感知、體悟，而很難從小群體的信仰上升為引領大眾性、民族性的宏大精神資源。

真理社、生命社的成員一度將目光移至傳統的儒家思想資源，寫了大量基督教與儒家思想參照比較的文章。諸如趙紫宸的〈基督教與中國文化〉[23]強調了儒家思想等傳統文化有其深厚價值，「基督教本真與中國文化的精神遺傳有融會貫通打成一片的必要」；張亦鏡的〈耶儒辨〉通過孔子與耶穌的比較，強調了基督教信仰與儒家精神的內在契合；王治心的〈中國文化與基督教融化可能中的一點〉強調了各民族文化本來就彼此調和滲透，並將基督教文化擬想為「世界文化的統一」，必能最終容納中華民族的傳統文化。吳國安指出：「當民族主義漸漸占了上風，甚至全面高漲時，有人嘗試從傳統儒家思想中找到基督教的定位，積極從事二者間的會通。但這種文化上的民族主義進路實有別於當時中國社會所要求的政治，乃至反帝式的民族主義，儒家思想早在新文化時期已失去影響力，對於社會政治問題的主張才是當時中國的主要召喚。」[24]為此，他認為：兩刊學者「並未全盤接受新派神學的觀點，而僅利用其懷疑的批判研究方法，欲自行摸索出中國基督教應有的面貌和方向」，「然而當時正是中國近代史上其中一個最變亂紛呈的時代，『時代精神』變幻莫測，基督教的調適對象從新思潮轉為儒家思想，最後無疾而終，淹沒在民族主義的浪潮中」[25]。

「文化上的民族主義進路」這一提法耐人尋味，事實上儒家思想在當時是否具備影響力並不重要，重要的是真理社與生命社的這條「民族主義進路」，從一開始就與非基督教運動中的「民族主義」思潮不同，因基督教本身的特質，註定了真理社、生命社的「民族主義進路」缺乏變革社會的實踐價值。

---

23 見《真理與生命》，第 2 卷第 9-10 期，1927 年。

24 吳國安《中國基督徒對時代的回應（1919-1926）——以〈生命月刊〉和〈真理週刊〉為中心探討》，香港建道神學院 2000 年版，第 142 頁。

25 吳國安《中國基督徒對時代的回應（1919-1926）——以〈生命月刊〉和〈真理週刊〉為中心探討》，香港建道神學院 2000 年版，第 141 頁。

三、對「馬克思主義」的回應

在非基督教運動中，馬克思主義所占成分相對較弱。因馬克思主義在中國現代思想史上舉足輕重的地位，加上真理社、生命社成員對它也有回應，有必要將其放在與科學主義、民族主義對等的位置上加以思考。

毛澤東在〈論人民民主專政〉裏說：「十月革命一聲炮響，給我們送來了馬克思列寧主義。」這點明瞭馬克思主義從一開始就並非囿於純粹的哲學體系，而是「與十月革命和列寧主義一起，被中國當時一部分知識份子所歡迎所接受所傳播、所信仰」[26]。關於馬克思主義隨後在中國的演化，李澤厚頗為精闢地指出「民粹主義因素、道德主義因素和實用主義因素的滲入，似乎是馬克思主義早期在中國的傳播發展中最值得重視的幾個特徵」，它「在馬克思主義中國化的進程中起了重要的作用」[27]。「中國化」的馬克思主義這一提法有助於我們廓清真理社與生命社隨意使用的各種名詞，諸如「共產主義」、「布爾什維克」、「馬克思社會主義」等，其實都指代著同一個概念——「中國化」的馬克思主義。

非基督教運動時期，「中國化」的馬克思主義的具體內涵是什麼？這裏借助李澤厚的觀點，將 1918 年至 1927 年視為馬克思主義「中國化」的第一個階段，此階段恰可涵括非基督教運動的整個進程。其核心即著眼於馬克思哲學中的「唯物史觀」，「共產主義」是「唯物史觀的未來圖景」，提供「革命的信念和理想」，「階級鬥爭」是「唯物史觀的現實描述」，它「既是革命的依據，又是革命的手段」[28]。在此基礎

26 李澤厚《中國現代思想史論》，東方出版社 1987 年版，第 144 頁。
27 李澤厚《中國現代思想史論》，東方出版社 1987 年版，第 160 頁。
28 李澤厚《中國現代思想史論》，東方出版社 1987 年版，第 152 頁。

上，如前所述，特定的「民粹主義」、「道德主義」、「實用主義」等「中國化」元素也摻合進了「唯物史觀」的具體表述中。

反觀真理社與生命社成員對馬克思主義的回應，一切就有了相對明晰的歷史參照語境。劉廷芳曾經就〈非基督教學生同盟宣言〉有一段頗有趣味的評論文字：「這篇文章是要反對基督教，因此反對基督教的產物『世界基督教學生同盟』。但反對的論調，是像初學布爾什維克的口吻，不是科學家、哲學家、歷史學家平心靜氣、切實具體的研究和由研究後細心精確的批評。」[29]劉廷芳把宣言中的種種偏激、幼稚、簡單化等姿態歸結於「初學布爾什維克」，言下之意似乎成熟的布爾什維克則是可取的，缺乏如「科學家、哲學家、歷史學家平心靜氣、切實具體的研究和由研究後細心精確的批評」。

教會領袖徐寶謙就兩者精神層面上的相通處論斷如下：「基督教與共產主義，在觀念上及方法上，衝突之點甚多。唯共產主義中，確有數點，與基督教的精神不謀而合。一謀求全世界被壓迫民族之釋放，二聯合全世界之被壓迫者，對壓迫者做一致的反抗。換言之，即共產主義及基督教同具國際性。」[30]徐寶謙從謀求被壓迫民族的解放角度，認為基督教與共產主義是相同的。事實上馬克思主義更看重「階級性」，「全世界之被壓迫者」在馬克思主義的字典裏，是指無產階級，而非基督教泛指的全世界受苦受難的人。吳國安認為：「《生命月刊》與《真理週刊》接受並提倡進步的基督教觀，主張基督教應與時代精神調適」[31]，「二十年代初的兩社學者很自然地扮演了新思潮與基督教調和的角色」[32]。馬克思主義無疑是新思潮中一個重要的部分，真理

---

29 〈非基督教學生同盟〉，《生命月刊》第2卷第7期，1922年3月。

30 林榮洪〈風潮中奮起的中國教會〉，香港天道書樓有限公司1990年版，第194頁。

31 吳國安《中國基督徒對時代的回應（1919-1926）——以〈生命月刊〉和〈真理週刊〉為中心探討》，香港建道神學院2000年版，第132頁。

32 吳國安《中國基督徒對時代的回應（1919-1926）——以〈生命月刊〉和〈真理週刊〉為中心探討》，香港建道神學院2000年版，第133頁。

社與生命社成員希望從中汲取養分，促進中國基督教的發展。事實上真理社與生命社的成員對馬克思主義瞭解得並不深透，不過是擇取馬克思主義中的時代流行語，或借題發揮，或曲解誤讀，這一局限無疑削弱了他們回應的力度。

真理社與生命社中真正對馬克思主義有較深刻瞭解並將其與基督教關係闡釋得比較透徹的甚少，吳耀宗是其中之一。吳耀宗的一生極具爭議性：吳耀宗「具有濃厚的救國情懷」，與大多數的教會人士不同，「他選擇的實踐方法是積極與共產黨合作」。1949 年新中國成立以後，吳耀宗成為「三自愛國運動」的發起人與領袖，積極推行「三自運動」，因此，「支援他的人士，尊崇他是中國基督教的先知、傑出的中國基督徒、愛國愛教的典範、中國基督徒的楷模，而責備否定他的教會人士，則斥責他是『披上宗教外衣，為共黨做特務的』，社會福音派、向共產黨靠近的、不是基督徒」[33]。

吳耀宗曾撰寫過〈基督教與共產主義〉一文，深入具體地探討兩者的關係，這在當時的基督教人士中實為少見。吳耀宗細緻地辨析了兩者的異同，指出基督教與共產主義並非是對立的，兩者皆有特長。「基督教的目的是『天國』的降臨；共產主義的目的是一個沒有階級的，自由平等合作的社會。」從本質上來說，基督教與共產主義的目標是一致的，都是「要打破現狀，要建設一個理想的社會」。基督教與共產主義都否定「現代的資本主義和它所自來的個人主義的」，只不過兩者立場不同，共產主義「以經濟的條件和科學為立場，而基督教則以宗教和人道主義為立場」。「共產主義的革命性我們是不能否定的，但我們以為基督教同樣是革命的。耶穌固然也注重循序漸進的生長，但他不是一個演進主義者。他說：『我來是把火丟在地上。』他處處都向著傳統的道德和宗教挑戰，所以他說『人子是安息日的主』。」[34]「耶

[33] 吳國安《中國基督徒對時代的回應（1919-1926）——以〈生命月刊〉和〈真理週刊〉為中心探討》，香港建道神學院 2000 年版，第 78 頁。

[34] 林榮洪編《近代華人神學文獻》中國神學研究院（香港）1986 年版，第

穌的教訓實在是太高超，太廣闊，太深沉。馬克思所要實現的是一個具體的階段——革命的階段，大體可以計日而致的階段；但耶穌所立的目標卻是『仰之彌高，鑽之彌堅，瞻之在前，忽然在後』。」[35]在吳耀宗的論述中，可以見出吳耀宗並非披著基督教或馬克思主義的外衣，而是對基督教與馬克思主義都有會心的感悟，他的思想取向代表了真理社與生命社成員中的一種傾向，即真誠地希望基督教與馬克思主義能夠彼此揚棄偏見，並在互相取長補短中彼此促進、彼此豐富。

真理社與生命社的「本色化運動」實質上是針對非基督教運動的一次「整合」的應答。「本色化」即「中國化」，通俗而言，就是基督教知識份子試圖構建有中國特色的基督教思想教義，並播之於眾。具體表現為立足新派神學的立場，以理性、科學的方式對基督教教義加以闡說，盡可能地剔除基督教中的超自然因素、神秘主義傾向，將其化約為博愛、平等、服務、公義等普世精神。積極融通西方基督教與中國傳統文化中的儒家思想，提取兩種文化中的優質元素加以整合。「本色化運動」其實就是汲取科學主義、民族主義、馬克思主義等思想元素，調適、建構中國基督教教義的過程。

趙紫宸說：「剛在中國出世的教會，是西教會的後裔。我說中國教會剛在出世，因為現在我們的教會還不是中國教會。教會是有精神的主權與組織的獨立的團體。可是基督教會在精神生活與宗教事業方面是沒有種族國家界限的。換一句說，教會是有限量的，必須有西國的教會，中國的教會之別；宗教是不分界限的，西國人可以輸捐，遣人來輔助中國的信徒。」[36]劉廷芳說：「中華信徒接受了這些舶來禮物，必須自己去從混雜的結合品中，把基本要素提出來，與自己的民族與國家的歷史與經驗，憑著神的指導，重新配合，成為中華本色的基督

---

603 頁。

[35] 林榮洪編《近代華人神學文獻》中國神學研究院（香港）1986 年版，第 604 頁。

[36] 林榮洪編《近代華人神學文獻》中國神學研究院（香港）1986 年版，第 650 頁。

教教義才能算自己的教義。教會的典章、儀節、禮式、組織，都是一樣」。[37]簡又文說：「今日吾國教會裏人士有好些人很主張要拿中國的精神文化與基督教溶合，這確是時勢之必要。但同時我們也要顧及現代的文化，萬不能只顧『復古』而忘了『趨時』。鄙見，在我們的宗教生活中，我們應兼顧三個成分：（一）基督教的，（二）中國的，（三）現代的。」[38]教會人士都從教會的本色化角度提出了各自的看法。

「五四」是一個開放的時代，出現了各種不同的思潮與學說，科學主義、民族主義與馬克思主義成為時代新思潮。教會人士陳金鏞認為：「要知道我們基督徒就是新思潮上的指導人，就是新文化中的教育部。我們若不做他們的光與鹽，那新思潮與新文化是有何等的危險？」[39]然而在現實面前，基督徒非但不能成為新思潮的指導人，反而跟不上時代的步伐，往往被置於不斷邊緣化的尷尬處境。

「科學的基督教」、「中國的基督教」、「民族的基督教」、「新時代的基督教」、「具有共產主義精神的基督教」……無論走馬燈式的定語修飾如何轉換，其中心詞「基督教」卻是始終不變。事實上生命社與真理社的成員儘管以時代精神之新元素充實調適基督教，融會了「救國救民」的實用理念，卻不至於「實用」到將基督教降為隨意操控的小舟，使其湮沒在科學主義、民族主義、馬克思主義等時代思潮的巨流中。

---

37 林榮洪編《近代華人神學文獻》中國神學研究院（香港）1986 年版，第 625 頁。

38 吳國安《中國基督徒對時代的回應（1919-1926）——以〈生命月刊〉和〈真理週刊〉為中心探討》，香港建道神學院 2000 年版，第 132 頁。

39 吳國安《中國基督徒對時代的回應（1919-1926）——以〈生命月刊〉和〈真理週刊〉為中心探討》，香港建道神學院 2000 年版，第 135 頁。

第六章　《真光》雜誌
對於非基督教言論的反駁

基督教在中國的傳播，從景教入唐、天主教傳元，到明末清初耶穌會士的活動，一直受到封建統治者的打擊，而沒能取得大的進展，甚至幾次都幾近滅跡。19 世紀中葉，伴隨著西方列強侵略的鐵蹄，基督教各教派再次掀起了大規模的入華傳教活動，但此次傳教活動在取得了突破性進展和成果的同時，也再次遭到了中國各界的強烈反對與抵抗。其中，1922 至 1927 年發生的「非基督教運動」規模浩大、影響深廣，涉及到社會各階層、各領域，在中國近現代思想發展史上是一次不容忽視的思潮。

1922 年 3 月，「世界基督教學生同盟」第十一屆大會即將在北京清華學校召開，激起了人們對帝國主義利用基督宗教進行精神侵略的強烈不滿，「非基督教學生同盟」、「非宗教大同盟」等組織相繼成立，並迅速發表了反對基督教的宣言、通電等，正式拉開了「非基督教運動」的序幕。這些宣言和通電一經發表，立即引起了全國各界的熱烈響應，由知識階級的青年為主導，人們紛紛組織起來開展了各種形式的反基督教活動。中國知識界的諸多人士都積極加入，他們或公開發表演說或撰寫文章，以理論批判的方式揭露基督教的反動性質，宣傳反對基督教的意義。在這些「非基督教」的言論中，雖然不乏科學理性的分析和深刻透闢的見解，但也存在著一些不可避免的過火和不理智的內容。在這樣如火如荼的「非基督教運動」攻勢之下，中國基督教的傳教活動受到了沉重打擊，但仍有一些堅定的中國基督教信徒沒有退縮，他們竭力闡述自己對基督教的認識，捍衛宗教信仰自由的權利，努力廓清「本土化」基督教與帝國主義的關係，宣揚作為「純」信仰的基督教的真諦，據理力爭地對「非基督教」言論予以回擊。這就形成了一種雙方積極辯論的局面，這種辯論從實際效果來講，更有利於中國近現代思想界深入思考和正確認識宗教問題，因此具有重要的歷史意義和價值。

當前學界對於「非基督教運動」及其言論已有梳理，但對於「反非基督教」的活動尚缺乏研究。其實，當時為反駁「非基督教」言論發表了不少文章，特別是被稱為中國基督教雜誌鼻祖的《真光》雜誌，發表了大量「反非基督教」的文章。《真光》最初為《真光月報》，於1902 年 2 月由美國基督教美華浸會創刊，1915 年改為《真光雜誌》半月刊，後又更名為《真光》，主要欄目有佈道要論、聖約說林等。《真光》第 21 卷第 8、9 號和第 10、11 號以兩個合冊的形式集中刊載了最有代表性的反駁「非基督教」言論的文章，較為集中、全面地反映了當時對「非基督教」言論進行駁斥的情況，也基本囊括了反駁「非基督教」言論的主要觀點。這些反駁「非基督教」言論的文章一經發表就引起了強烈的社會反響，《真光》這兩冊「反非基督教」專號也因此幾次再版。這些「反非基督教」的言論都帶有鮮明的時代特點，其中有理性的辯駁，也有意氣或強辯之辭，但從總體上說，都直接針對「非基督教」的言論展開，從另一個角度啟示人們全面認識宗教問題，具有一定的思想價值。

一、對「非基督教言論」論辯態度的反駁

宗教的傳播往往會經歷一些波折，如佛教在中國的傳播就不是一帆風順的，也曾與當時的中國社會發生過不少衝突。「非基督教運動」是基督教在傳播過程中與中國社會、文化相衝突的結果，然而在民族

主義情緒的激憤中，「非基督教者」的「非教」言論更加激烈決絕，甚至完全將基督教說成是毒、是邪說、是反人道的等等，當時的基督教信仰者自然不肯認同，因此在反駁「非基督教」言論時，「反非基督教者」首先就對「非基督教言論」中的某些非理智態度提出了反駁與批評，反唇相譏〈北京各學校非宗教同人霰電及宣言〉「純是像廣東人所說的『蛋家婆嗌交』，湖南人所說的『王婆罵雞』的口吻」[1]，「簡直就是檄文，絲毫沒有學者的態度」[2]。

在信仰基督教的「反非基督教者」看來，「非基督教」的言論「悉屬不知傳教真相者之謗言矣」，有一些主觀的強說之誤，「反非基督教者」對「非基督教者」論辯態度的反駁正是由此而來。例如，「非基督教者」認為基督教之所以遠來中國傳教，是因為歐洲已為「政教分離及教育與宗教分離之說」所「彌漫」，致使基督教在歐洲無法生存下去，所以不得不「移其餘孽於域外，以延長其寄生生活」[3]，而基督教徒現在也只有中國才有，歐洲早已沒有了。「反非基督教者」首先在文章中反駁了這種看法，指出如果真的像「非基督教者」想像的那樣，就根本不會有所謂世界基督教學生大同盟大會在北京召開了，它既稱為「世界基督教學生大同盟」，自然是包括了世界各國信仰基督教的學生，而且其中多數正是來自歐西各國的，那麼「事實與言論之前後矛盾如此，益足徵其出言之絕無考慮矣」[4]。而對於「非基督教言論」詆毀耶穌的身世和聖跡，辱罵耶穌是私生子、好吃懶做、偏狹利己、善怒好復仇等，「反非基督教者」也用《聖經》的記載予以反駁，指出耶穌乃是感聖靈而孕生下的，是木工之子，三十一歲前一直在家中勤懇勞動，後來才出去傳道，他所招的門徒，也都是無產階級的稅吏漁人

---

1 〈附評北京各學校非宗教同人霰電及宣言〉，《真光》第 21 卷第 8、9 合冊，第 28 頁。

2 均默〈基督教與共產主義是這樣說的麼？〉，《真光》第 21 卷第 8、9 合冊，第 68 頁。

3 〈批評非基督教學生同盟通電〉，《真光》第 21 卷第 8、9 合冊，第 21 頁。

4 〈批評非基督教學生同盟通電〉，《真光》第 21 卷第 8、9 合冊，第 22 頁。

一類，他們東奔西馳，每天有數千人去聽他傳道，並求他醫病行異跡，他忙得連麵包都不得空吃。至於詛無花果一事，也並非因為他善怒好復仇，他的意思是想通過這件事讓人知道：樹不結果則占地欺人，就當枯槁；人不能結善果，而空生世上，也當受造物主的懲罰。總之，「反非基督教者」站在基督信仰的立場上，認為「非基督教」者對基督教「毫無理解，毫無意識，肆口誣衊，實與村婦相罵無異」[5]，也「真所謂『黔驢之技』」[6]，論辯沒有說服力。

「反非基督教者」還認為，不僅是對於基督教，其實中國對宗教的認識一直都是囫圇吞棗的，沒有特別清晰的研究和理解，甚至根本拒絕去研究和理解，所以「非基督教」人士說「中國乃本無宗教之國」，只是一種誤解。他們指出：「吾中國在周秦時，已有道教；如東漢，又已有佛教；至唐，又已有回回教；而耶穌教亦經於唐初有人傳入；彼孔教會，且力爭孔教亦是一宗教；此皆有之於二千年前或千年前者也。」[7]這都是中國歷史有宗教的明證。因此，「非基督教者」以中國歷史上本無宗教來否定基督教，是不能夠成立的。「反非基督教者」說，如果「非基督教者」是將這一「教」字專指「耶教」，那麼世界上就只有「耶教」所出自的猶太可稱作「本為有教之國」，歐美各國也無一不是「本為無耶教之國」，但歐美各國都容得基督教的存在，並且世代傳遞，唯獨中國不容它、抵拒它，這是沒有充足理由的。他們覺得其實作為現代科學的進化學與基督教的情況是相同的，也是從歐美傳到中國來的，我國也可以說是「本為無學之國」，但「非基督教者」歡迎科學，對於科學的害處從來不曾指責，卻只對「最講人道，最饒真理」[8]的基督教盡

[5] 張化如〈對於非基督教學生同盟的感言〉，《真光》第 21 卷第 10、11 合冊，第 29 頁。

[6] 均默〈基督教與共產主義是這樣說的麼？〉，《真光》第 21 卷第 8、9 合冊，第 75 頁。

[7] 〈附評北京各學校非宗教同人霰電及宣言〉，《真光》第 21 卷第 8、9 合冊，第 25-26 頁。

[8] 同上，第 26 頁。

情詆毀、反對，這樣的作法失去了認識世界的統一標準，也就失去了其合理性。

「反非基督教者」也明白「非基督教者」的態度之所以如此激烈，有很大一部分原因是出於對近代中國受基督教毒害的事實無法釋懷，但他們認為並不能把那時的基督教與現在的基督教相混淆，那些已經是過去的事情，有些可能只是某一教會所發生的個別事件，甚至還有些可能是由忌恨基督教的人捏造出來，並將它加諸在現在的基督教和基督教會之上的，他們認為「非基督教運動」必須對這種種情況進行細緻地研究區分，而不是一味指責。同時，「非基督教」人士將基督教與資本主義緊緊聯繫在一起，但在「反非基督教者」看來，「無論哪一國的教會，除有階級的舊會，牧師好像是一堂官的以外；平民教會的牧師，實是一個勞工；不過他所勞的是宣傳教義的工，沒有自己去耕田去做生意來弄錢糊口罷了」，「而牧師得工人農人或資本家捐助，得以盡力會事，無內顧憂；這是工人農人或資本家，熱心信教，知道出錢養牧，是一件重要的事，才有這樣。並不是『誆騙』，更說不上什麼『勾結』」[9]。特別是現在中國的基督教教會，已經是由中國人自辦的了，「教友也大部分是工人；間中雖有少數是稍為有點錢的，也大半是做過牧師傳道，見得教會自立，得款不易，才出來謀點生業；有利可獲，就盡力提來養會」，「而且是籌足經費，才聘請牧師；經費不足，此缺還是虛懸；與你所說『誆騙』『勾結』，完全是立在相反的地位」[10]。至於那些遠道而來的傳教士，「他們個個都是一番熱誠來傳天國的福音，叫人要避免地獄之苦，而尋求上天堂的路；你反說他跑來中國，是要將我等拿住發落地獄受苦；就是他的說不足信，也不應該這樣顛倒是非來罵人罷」[11]。「反非基督教者」解釋宗教的意義，認為宗教簡單地說就是「關於生死天人之道底一種信仰」，或「對於宇宙間絕對勢

9　〈批評赤光的基督教與世界改造〉，《真光》第 21 卷第 8、9 合冊，第 53 頁。
10　同上。
11　〈批評汪精衛的力斥耶教三大謬〉，《真光》第 21 卷第 8、9 合冊，第 82 頁。

力之一種信仰、崇拜」[12]，「乃人世高尚優美之不可缺者也」[13]，與迷信是相區別的，因此不能一概加以斥責。「世之科學家，獨以理性為無上之標準，未真知感情為何物，徒對於以感情為根據之宗教，概詆之為妄誕不稽，豈公論哉」[14]。「反非基督教者」指出，宗教有悠久的歷史，世界各國都存在著宗教，因此細緻地研究批評是很有意義和價值的。僅就基督教而言，不信的人「若能將耶教的教義、著論批評，那是很好的事，那是理性的事」，即使是反對，也「總要有點知識，知道教與教會不可並為一談；教會與個人，也不可並為一談」[15]，還要明確所「非」的究竟是什麼。

「反非基督教者」進而反問，基督教在中國傳教已有一百多年的歷史，若是自天主教的傳教算起就有幾百年了，如果「非基督教」的人們「真是恨惡他招人信教」，那為何不早日發作，要到今日才發起「非基督教運動」？如果說這次運動的導火索是「世界基督教學生同盟」在北京開會，那麼「非基督教運動」所「非」的是基督教本身，還是「世界基督教學生同盟」？如果只是反對「世界基督教學生同盟」在中國清華學校開會，那麼，就不應該將基督教一併牽連進來，只要在四月四日之前大會未開會之前，督率「非宗教大同盟」的隊伍把住清華學校的門口，阻止了大會的召開，也算切實的戰績。現在「世界基督教學生同盟」大會已經閉幕，各國的會議代表也都歸去，「非基督教者」才來說要反對，這不是太遲了嗎？而且這種橫蠻的態度和激烈的言論，讓各國代表回去傳講，於中國不信教人的人格和道德，也沒有絲毫的價值，這不是得不償失嗎？在「反非基督教者」看來，「世界

---

12 均默〈基督教與共產主義是這樣說的麼？〉，《真光》第21卷第8、9合冊，第69頁。

13 亦鏡〈駁蔡元培在非基督教大同盟的演說詞〉，《真光》第21卷第10、11合冊，第13頁。

14 同上，第13-14頁。

15 徐謙〈忠告廣東教育會長汪精衛君〉，《真光》第21卷第10、11合冊，第21頁。

基督教學生同盟」大會「不過是一種宗教的會集，與尋常一個省或一個國的教會代表會議沒有二樣」[16]，「非基督教者」實在不應該如此大驚小怪、借題發揮。對於有傳聞說，此次「非基督教運動」如此反感「世界基督教學生同盟」是因為聽說某國所退還的庚子賠款，某國的政府拿來交給中國的教會辦學，而此次世界基督教學生同盟來中國開會，正是與此事有關，「反非基督教者」覺得如果果真是這樣，那「非基督教者」就應該去電與某國政府交涉，才能從實際上解決問題，而不是這樣空指著基督教來反對。「反非基督教者」說：「莫說那世界基督教學生同盟來中國開會，絕對的沒有罪過；就以有而論：你又怎能以他們偶然來遊中國的學生同盟的不是，遷怒及在中國成立已一百幾十年，毫沒有得罪過你們的教會全體？」[17]

「非基督教者」對於汪精衛在公園牆上發現揭帖作為基督教的一大重要罪狀而感到強烈憤慨，發表了不少文章予以批判。「反非基督教」指出：基督信仰者也不認同那張揭帖，那張揭帖是絕不能與基督教相等同的，那些迷信的話沒有一句出於耶穌，就是現在的教會，也沒有這樣的教條，這絕不能代表基督教和基督教會，而且恐怕都未必是教會中人所寫，所以僅僅因為這無名氏的妄言就斷定基督教是進化學的仇敵、是一切科學的仇敵，是不能成立的。作為一個謹慎的思想者、研究者，實在不應該「一見了這些好笑的揭帖，就像得了一個什麼似的好機會，可一快胸中平日嫉教之私」[18]。另外「反非基督教者」還認為，雖然揭帖上的話荒謬不通，但「信耶教的上天堂，不信耶教的下地獄」這兩句話，也不必理解為出於完全的詛咒，其中也可以理解出一層善意，就是希望人人信仰基督教而升入天堂，所以大可不必

16 〈附評北京各學校非宗教同人霰電及宣言〉，《真光》第 21 卷第 8、9 合冊，第 36 頁。

17 同上。

18 亦鏡〈批評汪精衛的力斥耶教三大謬〉，《真光》第 21 卷第 8、9 合冊，第 79 頁。

加一個大罪名，用上「狹隘酷烈」、「殘忍狠毒」這些詞語？「反非基督教者」表示，如果「非基督教者」能夠「詳細研究，得上帝的確實沒有的了；耶穌也萬萬沒有上帝立他做救世主的了；然後平心靜氣，將自己所持的理由，所得的見解，詳詳細細，根據舊新約，和別的學理，用文字發表出來。我們基督徒也是講理性的；見了你所做的文章，道理比我們所信的還更加對，自然會一個一個的退出教會，宣告與上帝耶穌脫離關係」[19]，這樣也才更能達到「非基督教」的目的。

「反非基督教者」還強調，本來人對於世界的認識都可以各有主張，「我們如果相信基督教乃至一切宗教是萬惡的淵藪，而願意挺身出來反對，這原是個人主張的自由，無所謂不可。不過我們言論之際，總要對於對手的方面，而尊重他的人格」[20]。但在他們看來，現在的「非基督教」言論卻很少從事實和學理上進行辯論，行文與表述多是偏於感情的話，如「欺騙之毒計」、「窮邪極祟之說」、「怙惡不悛」、「以為殺盡世人之預備」、「惡魔」、「鬼悵」、「邪僻自恣」、「肆愚蠱群眾之毒」、「怪物」、「包藏禍心」、「餘孽」、「丑類」、「間諜」、「走狗」、「毒焰」、「邪說」、「妖鋒」、「卑污手段」、「冥頑不靈」等等，甚至還有「掃除」、「殲滅」的話。這些都「對於異己的言論，太不憑心去聽，太使用詭辯的手段了」[21]，「推理的態度太籠統太武斷了」[22]，「深文周內的酷吏斷獄手段」、「詭誕的儀式」、「誇張的宣傳」[23]、「侮蔑、妄證，絕沒有半句平心公道底說話」[24]。所以「反非基督教者」說，「非基督教」的「一些話不但在道理上不對，於文理已前後矛盾，絕對的不可

[19] 同上，第 81 頁。

[20] 常乃德，〈對於非宗教大同盟之評言〉，《真光》第 21 卷第 10、11 合冊，第 41-42 頁。

[21] 同上，第 44 頁。

[22] 同上，第 43 頁。

[23] 亦鏡〈駁蔡元培在非宗教大同盟的演說詞〉，《真光》第 21 卷第 10、11 合冊，第 4 頁。

[24] 均默〈批評朱執信著耶穌是什麼東西志謬妄〉，《真光》第 21 卷第 10、11 合冊，第 63 頁。

通了」[25]，「想用隻手掩蓋天下人底眼睛，恐怕是做不來的」[26]，也「誠恐愚民誤會，再演庚子排教的禍，固非我國的福；就算不至如此，而國內知識份子，屬宗教中人亦不少，苟且相仇視分裂，也非我國的福。況且信教自由，載在約法，諸君不信宗教，系屬自由，也應留別人一點自由餘地」。因此，「反非基督教者」提出，當確立正確的論辯態度，「對於宗教和科學細心研究，從事實上和學理上辯論，各有見到的地方，各有獨立的精神，發為言論，乃有價值。萬不可隨聲附和，為人利用，萬不可強人相同，專制言論」[27]。

儘管「反非基督教」的實際言論中其實也不乏感性、武斷之詞，但他們對論辯態度的意見從理論上說還是具有一定意義的，也是論辯雙方都應遵循的原則。「反非基督教者」站在自己的理論立場上，對「非基督教」者的言論的論辯態度提出反駁，否定主觀武斷的粗暴方式，提倡客觀冷靜學理的姿態，這構成了《真光》雜誌「反非基督教言論」的內容之一。

二、對「非基督教運動」干涉信仰自由權利的批駁

「非基督教運動」發生的時候，中國已有《中華民國約法》確定了人民宗教信仰自由的權利，所以，「反非基督教者」始終把《約法》當作自己論辯武器，要求保障基督教在中國傳教和中國人信仰基督教的自由。他們也引用周作人、錢玄同、沈兼士、沈士遠、馬裕藻五人所發表的〈主張信教自由宣言〉一文作為自己的有力支持，將批駁的

25 亦鏡〈駁玄廬《敢問非宗教信徒底反對非基督教運動》〉，《真光》第 21 卷第 10、11 合冊，第 79 頁。

26 均默〈基督教與共產主義是這樣說的麼？〉，《真光》第 21 卷第 8、9 合冊，第 75 頁。

27 靜觀〈忠告非基督教諸君〉，《真光》第 21 卷第 10、11 合冊，第 25 頁。

矛頭直接指向了「非基督教運動」的合法性，批評「非基督教運動」是干涉信仰自由和違反《約法》的。

對於「反非基督教者」的指責，「非基督教」一方堅決否認，並在〈非宗教同盟第二次通電〉中提出了「真正的信仰自由」的概念，辯解說「非基督教運動」並沒有侵犯「真正的信仰自由」。而「反非基督教者」並不接受這種說法，他們認為「非基督教者」所謂的「真正」與「非真正」不過是推諉的托詞，是不能成立的，因為究竟什麼是「真正」的信仰自由，什麼是「非真正」的信仰自由，根本就沒有一個確定的概念和標準，那實際上也就不存在「真正」和「非真正」的區別了。「反非基督教者」指出，「非基督教者」對於「信仰自由」的理解從來就有所偏差，只把沒有人傳教當作是「信仰自由」，所以才會說「反對宗教不但不是破壞自由，而是擁護自由」，但沒人傳教並不是「信仰自由」的全部含義，更不能用來作為「真正的信仰自由」的解釋。「反非基督教者」引用「非基督教者」文章中曾出現過的「信仰一種宗教，固然是他們的思想自由」一句，批駁「非基督教者」其實早已承認過信仰宗教的自由，現在卻又要反對信仰宗教，不許有思想自由，這是自相矛盾的。他們於是反問：既說「信仰是他們的思想自由」，怎麼又說「宗教束縛心靈」？「信仰一種宗教」既是「他們的思想自由」，怎麼又說「脫出宗教的範圍……思想自由，才能存在」[28]呢？

在「反非基督教者」看來，世界基督教學生同盟在北京召開第十一屆大會，只是自己開會討論自己的議題，並沒有向中國人民做宣傳引誘的工作，也不曾下帖子邀請「非基督教者」同去聚會，更沒有說某日要排隊到非宗教的學校去示威，「非基督教者」是沒有「非」它的理由的。即便是基督教學生同盟曾有過宣傳引誘的行為，不信仰基督教的人也盡可以拒他，大可不必起而公開地來「非」它，就像各省各教堂差不多沒一天不是做宣傳引誘功夫，但之前也沒有出現如此激烈

28 〈非宗教大同盟第二次通電批〉，《真光》第21卷第8、9合冊。

的「非基督教行動」。於是，「反非基督基者」進而質疑，這次的「非基督教運動」真的只是對於基督教本身的，還是另有別的意義呢？

「反非基督教者」認為，本來「不信教」並不妨害信仰自由，也沒有人會侵犯「不信教的自由」，所以「非基督教者」不必刻意標榜「不信教也是自由」。「反非基督教者」所極力反對的是「挑戰的反對宗教」的「非宗教同盟」的運動，因為它妨害了信仰自由。如果「非基督教」者不同意妨害信仰自由的說法，就應該力證：「信教是自由」，「非教也是自由」，而不應該轉而說「不信教也是自由」，「非教也是自由」和「不信教也是自由」的意義並不相同，「不信教也是自由」不過是「非教也是自由」的遁詞而已。如亦鏡在〈駁蔡元培在非宗教大同盟的演說詞〉中說：「就退一步說，你這裏是過脈語，或是下文的前提，應該先著一句『不信教也是自由』；那麼，你豈不應該於『若是非宗教同盟的運動是妨害信仰自由』句下，接以『他們宗教同盟的運動，倒不妨害不信教的自由麼』，才合論理。怎麼不直直截截這樣說，而倒說人家宗教同盟的運動，也妨害你們的『信仰自由』？你既以『不信教也是自由』為前提；怎麼得下這『妨害你們的信仰自由』的怪話為斷案？你既『不信教』，還有什麼『信仰』之可言」[29]？所以在「反非基督教者」看來，「不信教也是一種信仰」，不過是「非基督教」者們用來抵制「妨害信仰自由」指責的一種詭辯，這樣說就可以接著說：「宗教同盟的運動是妨害不信教者的信仰自由」，從而達到論辯雙方錯誤相互抵消的目的，這「也是講錯話做錯事的人，走投無路，無可奈何的辦法」[30]。因此，「反非基督教者」認為「倡『宗教毒民』論之說為根本的破壞約法」，「其義至明，中華民國之約法，故以信仰自由為揭櫫者也」[31]。

「反非基督教者」還指責「非基督教者」臆造出了「哲學的信仰」與「科學的信仰」的區別，說那也不過是「立心要干涉宗教的信仰自

---

[29] 亦鏡〈駁蔡元培在非宗教大同盟的演說詞〉，《真光》第 21 卷第 10、11 合冊，第 9-10 頁。

[30] 同上，第 10 頁。

[31] 天河〈非宗教與正式政府〉，《真光》第 21 卷第 10、11 合冊，第 18 頁。

由，知道信基督教的人，不肯承認他的信仰是哲學的信仰，不是宗教的信仰」，於是「就可以再宣言：哲學的信仰，才是個人精神的自由，不容受外界的干涉；宗教的信仰，實實在在不是個人精神的自由，當然要受我們外界的干涉」[32]，以達到既「非」基督教，又避免被指為侵犯信仰自由，而故意為之的。但他們相信無論「非基督教者」如何解釋，都不能改變「非基督教運動」干涉信仰自由的事實。而且「反非基督教者」也反對「非基督教者」將宗教的概念狹義為基督教，他們認為宗教其實並非只有基督教一種，中國已經承認了佛教、道教、回教等宗教的存在，甚至還有人極力主張將孔教也視為宗教，但「非宗教同盟」沒有反對佛、道、回等宗教，卻只「非」基督教，確是干涉了基督教的宗教信仰自由。

另外，「反非基督教者」在論辯中還指出，所謂「宗教」，固然是一種信仰，但也是文化的一個不可或缺的組成部分，「宗教在舊文化中，占很大的一部分。在新文化中，也自然不能沒有他……知識上的理性，德義，都不及美術音樂宗教底力量大」[33]。他們引用新文化先驅者陳獨秀的話說：「現在主張新文化運動的人，既不注意美術音樂，又要反對宗教；不知道要把人類生活，弄成一種什麼機械的狀況！這是完全不瞭解我們生活活動的本源；這是一樁大錯。」[34]「反非基督教者」認為「自由」應該是：如果熱愛宗教，就自己信仰；如果反對宗教，就自己不信罷了；而不應該在反對宗教的前提下，要求信仰宗教的人也如不信的人一樣脫出宗教。在「反非基督教者」看來，「非基督教者」所說的「欲人們都能依自由的判斷，脫出他的束縛與蒙蔽」，並不能解釋為信仰自由，因為在「非教」的前提下，「自由的判斷」是沒辦法成立的。「反非基督教者」還認為，「壓迫對於福音，只能成全

[32] 亦鏡〈駁蔡元培在非宗教大同盟的演說詞〉，《真光》第21卷第10、11合冊，第3頁。

[33] 《新青年》第7卷第5號。轉引自〈批評非基督教學生同盟通電〉，《真光》第21卷第8、9合冊，第22頁。

[34] 同上。

而不能摧敗」。所以，他們相信「挑戰的反對宗教」的「非基督教運動」，不但不能消滅基督教的信仰，反而對於基督教會自身有著很大的裨益，經過了這樣劇烈的風潮，有名無實的偽基督教徒自然就被淘汰了，真是的基督教徒就愈加興奮，更向真理加以幽深的探討了[35]。

三、對基督教「反科學」論的反駁

20世紀20年代，「科學」與「民主」是中國「新文化運動」的兩大基本主題，特別是「科學」更受到普遍推崇，因此「非基督教運動」反對基督教的一大重要理由就是「基督教與科學不並立；與進化論又不並立」。但「反非基督教者」認為基督教與科學根本不存在矛盾，他們對基督教「反科學」的觀點進行了反駁。

「反非基督教者」指出，如果說歷史上宗教曾與科學真理相反對，那是只限於原始的教義而言的，現代的宗教與教徒都已不再適合這樣的說法了。他們說，曾堅決抵抗過科學的「只前數世紀羅馬教教皇，及一班頑固不學知識者」[36]，但「中世紀極力摧殘剛萌芽的科學和活活地燒殺著名的科學家」的宗教，並不是現在人們所信仰所宣傳的宗教，因此不能「不分皂白，把古代舊教徒的罪惡，一律說是口唱上帝慈悲的基督教徒」[37]的所為。如今的基督教絕不是反科學的，「非基督教」人士蔡元培也曾說過現在的宗教「決不至與科學衝突」。所以，「非基督教運動」出於攻擊基督教的目的，刻意要將基督教與科學變成不共戴天的仇敵，說「基督教與科學真理不相容」、「基督教是科學進化學的仇敵」，「反非基督教者」必須予以澄清。

35 均默〈我們對此次基督教學生同盟底感想和態度〉，《真光》第21卷第8、9合冊，第4頁。

36 〈序〉，《真光》第21卷第8、9合冊，第1頁。

37 〈批評赤光德基督教與世界改造〉，《真光》第21卷第8、9合冊，第52頁。

「反非基督教者」認為，基督教非但不反科學，而且「科學有大部分是宗教徒所發明」。他們還以英美作為例證，指出英美是典型的基督教國家，也是現代科學進步的先鋒，雖然不能說英美的科學進步都是由於有基督教，但至少也證明現代基督教沒有阻礙科學進步；雖然也不能說現在的基督教徒都相信科學的真理，但也證明現在的基督教會確實沒有從事過束縛思想的事業，更沒有用力去對付科學。所以，「反非基督教者」說，「那歐美底科學鉅子，大多數都是信仰宗教底人」，「如哲學者盧騷思想之浪漫，教育家福祿培爾學說之宏博，進化學者瓦勒斯研究之深邃，……也都承認上帝之存在」[38]。而進化論的許多「潛心的學者」也都承認「天地萬物是出於神造」，「達爾文是科學界泰斗，也是進化學的發明家，他曾說：『苟無以智性的原因，(即神)則宇宙不能存在』」[39]。而他的朋友進化論鉅子瓦勒斯則有更多「證明有上帝之存在，和證明萬物是出於神造」的名言：

> 凡自然界諸般現象，莫不有其直接原因及法則；而此原因及法則之上，必更有一精神為之指導。(生物之世界三百七十五頁)
>
> 余自思考此問題以來，至今已四十年矣，撰著本書之時，乃更進一解曰：不但人類已也；即生物全體，不論其表觀之千差萬殊，皆可導吾人於同一支結論也。苟欲對於生物界之諸現象，加以合理之說明，則當斷定有一聰明睿哲制主宰者，永久行動指揮一切，而使全世界之經綸，隨一目的而進行者也。(同上四百三十八)
>
> 動物界之發育現象，如鳥類羽毛，以及高等昆蟲變態之現象，苟謂別無睿智之主宰者指示其間，則全為不可理解者也。(同上)

[38] 均默〈基督教與共產主義是這樣說的麼？〉，《真光》第21卷第8、9合冊，第69頁。

[39] 同上。

凡生物進化之結果，皆系睿智之主宰者所預定。（同上四百三十九）

今欲解明有機界整然進步之真相，自必承認最高精靈之存在，指導下等之物質的勢力，而組織一切生物也。（同上四百六十八）

上帝命最高天使，以其意識之力，創造乙太，Ether 以為宇宙之始基。且賦之以特殊性質。其次級之天使，則以乙太之宇宙為基礎，而造出各種元素，此各種元素，復藉引力，熱力，電力，及其他法則，作成星雲系，太陽系。並選擇所謂地球之一遊星，使與太陽相距不遠，並令其在一定年限——幾億兆年——之內，保持其構造，平均其溫度，作成一生物世界。（同上五百七十一）[40]

「反非基督教者」引用了諸多進化論學者的話，用進化論學者也相信世間有一個造物的主宰，來證明基督教與科學在事實上的共存，進而證明「言神造天地萬物的耶教，是進化學的仇敵，是一切科學的仇敵」[41]的話是沒有根據的。

「反非基督教者」還解釋說，宗教宣揚「人類萬物是神造，並沒有說是天造地設；因為天地也是神造的東西」[42]，比如電燈飛船，是科學的產物，是人造的，但也即是造物主造的，「不是說人就是造物主；乃是說他是造物主造出來的人所造。造物主造出來的人能造出電燈飛艇；造這能造電燈飛艇的人的造物主，愈見得他是無所不能。他不用早日造出電燈飛艇，他造人之始，有這種聰明才幹賦給人，叫他可以愈用而愈出，又預備有各種質料在這個世界，叫他可以隨便拿來考察配用，就無異是已經早日造出電燈飛艇」[43]。「反非基督教者」說這是

40　〈批評汪精衛的力斥耶教三大謬〉，《真光》第 21 卷第 8、9 合冊，第 87 頁。
41　同上。
42　〈批評北京各學校非宗教同人霰電及宣言〉，《真光》第 21 卷第 8、9 合冊，第 30 頁。
43　〈批評北京各學校非宗教同人霰電及宣言〉，《真光》第 21 卷第 8、9 合冊，

宗教的觀念，但宗教的觀念和科學的觀念是可以並存，並不一定是矛盾的。所以，他們認為「非基督教者」說宗教「與科學真理不相容，與人道主義相違背，這完全是不識宗教的話」[44]，是「武斷的妄話」[45]。

在「非基督教者」的理論中，哲學雖與實學的科學不同，但從廣義上來講，哲學也是科學的，因此受到「科學」的肯定，並將哲學與宗教嚴格區分甚至對立。但「反非基督教者」認為，其實哲學和宗教信仰同樣不存在衝突，他們說「固然是有一些人，通道不篤，因為哲學思想進步，就改變他的信仰的，或且不但改變，而並拋棄不要的；然不能以有這一類的人，就把他來代表教會的全體」，在基督教中也不少「信教的哲學博士，還會把哲理證明他這樣的信仰是對，叫旁的人也信仰」[46]，從而使得基督教更加堅固。所以，「反非基督教者」承認哲學的科學性，也從哲學不與宗教衝突的角度來證明宗教不反科學的性質。

「反非基督教者」還進一步強調：科學、哲學、宗教各有自己的領域，既有區別又有聯繫，宗教固然不能代替科學和哲學，同樣科學和哲學也不能代替宗教，它們在現代社會已不再有衝突和抵觸。在他們看來，如果「非基督教者」偏要說宗教是反科學的，是無中生有、裝假成真，是人造迷信，是害人的東西，那就必須從根本上證明其確實是「無了假了，又能夠叫我曉然於你所查出的無，真是無了；假真是假了；我可以立刻加入你的大同盟，幫同你破他的迷，除他的害」[47]。但如果無法證明其無和假，那麼宗教「反科學」的判斷就是毫無道理的詆毀。

第 33 頁。

44 同上，第 35 頁。

45 均默〈基督教與共產主義是這樣的麼？〉，《真光》第 21 卷第 8、9 合冊，第 73 頁。

46 亦鏡〈駁蔡元培在非宗教大同盟的演說詞〉，《真光》第 21 卷第 10、11 合冊，第 3 頁。

47 〈批評北京各學校非宗教同人霰電及宣言〉，《真光》第 21 卷第 8、9 合冊，第 32 頁。

四、對基督教「侵略工具」論的反駁

「非基督教運動」如此激烈的爆發，民族主義情緒是一個很重要的原因，「非基督教者」普遍認為基督教與資本主義有著極為密切的聯繫，甚至就是資本主義的侵略工具。正是由於這樣的認識，「非基督教運動」才採用了異常激烈的反基督教的態度，迫切希望徹底消除基督教在中國的影響，為中國反抗資本主義的侵略充當思想先鋒。但在「反非基督教者」看來，這樣的指控是毫無根據的，是不瞭解基督教及其教會。他們認為除「法國大革命前的法國天主教，和其他有『國教』的國的國教會」曾被統治階級控制，或與資本主義聯繫在一起之外，基督教從來就是平民的宗教，是反對資本主義的，更不會充當資本主義侵略的工具。

「反非基督教者」從分析基督教的歷史入手指出，西方許多教會都曾被「國教」和「教國」兩種教制掠奪和壓迫，那時的牧師們也曾因反抗這些教制被政府拉去坐牢，但基督教徒一直堅持積極反抗資本主義的掠奪和壓迫。所以，他們認為現在「非基督教者」罵教會是幫助資本主義的惡魔，「正是替我們母會的先進出氣；罵不到我們這個基督教及基督教會」[48]。「我們反抗教皇和國教制的平民教會的教徒，自古即是宣傳基督的平等自由真理，鼓勵勞工與惡政府和資本家，並當時的專制教會作對」[49]。「反非基督教者」舉例說，維克烈夫 John Wyckiffe 即是這樣的代表，他甚至可以稱為「社會主義家的鼻祖」。而士德勒（Charles Stelgle）《社會學》之〈社會之變遷情狀及其組織〉篇，也記載了十六世紀德國基督教徒與資本主義和助紂為虐的惡魔決

---

[40] 亦鏡〈駁蔡元培在非宗教大同盟的演說詞〉，《真光》第 21 卷第 10、11 合冊，第 14 頁。

[49] 同上。

戰的勇猛情況。所以從這些史實來看，「非基督教運動」用盡全力反對的基督教和基督教會，「不是你的仇敵，倒是你的同心好友」，「因為他的祖宗，已與你的仇敵決過死戰。至今還是堅抱這個主義。不是你的仇敵，即是他的仇敵。你而今反待你仇敵的仇敵作仇敵，那就未免太沒分曉了」[50]。至於說到「黨同伐異」、「引起戰爭」，「反非基督教者」認為那是「歐洲中世紀回教，羅馬舊教，和一些以國王掌教政的教會的罪惡；與宗教的自身無關」，他們說，「我們也不肯認中世紀那些教徒所做的事是對；且常常有人著論非議他違反教理；何反以我們所非的罪惡，加上我們絕對的沒有這些罪惡的宗教自身」[51]？諸如十一、二世紀時所發生的「十字軍」殺人流血的事，乃「回教徒所激成」，「行『教國』之羅馬教皇之所為」，這也不能拿來非毀今日的基督教徒，今天的基督教徒也是反對「教國」制的。而新舊教徒互相殘殺，這確是當時兩方教會的不對，「當日的舊教徒，動則目信教徒為叛逆，為異端，常常以武力壓迫戮辱他；新教徒有憤他專橫，惡他迷惘；兩方面又各有信教的君主為之後盾，助他吐氣；因此兩方戰爭的禍機，遂一觸即發，而不可收拾」，這與基督教教義是極相違背的，現在任何人也不肯替他們辯護。但這些事也是宗教改革過程中所必經的一個階段，現在再不會有因教起戰而互相殘殺的事了，那麼現在的「非基督教者」「又何得搬起這些歷史，來非毀今日已能實現和平真理的基督教」呢？

「反非基督教者」還指出，基督教本是主張「愛敵」與「和平」的，教人「以善勝惡勿以惡報惡」[52]，所以，他們認為有這樣主張的基督教絕不甘當侵略的工具，來實施侵略的危害。至於「非基督教者」指責教會牧師對戰爭的態度，「對兵士祈禱戰勝，自己在禮拜堂就祈禱和平」，「反非基督教者」解釋說，這是牧師的職責，他是應該這樣做

[50] 同上。

[51] 〈附評北京各學校非宗教同人電電及宣言〉，《真光》第 21 卷第 8、9 合冊，第 31 頁。

[52] 〈非基督教學生同盟章程並附錄〉，《真光》第 21 卷第 8、9 合冊，第 47 頁。

的，就像戰士要參加戰鬥，但戰爭卻並非戰士的過錯。戰爭的發動總本著政治和軍事的原則進行，絕非宗教或者牧師所能鼓動或阻止，一個國家是否進入戰爭，是其政治和軍事首腦的職責和許可權，牧師作為國民的普通一份子，是沒有能力去改變的，即使明知道戰爭要不得，也沒辦法阻止它。既然這樣，那牧師就只能祈求自己的國家戰勝，略盡一點愛國之心，同時也祈禱戰爭早日結束，人類能夠獲得真正的和平。即使是說牧師既然知道戰爭違反宗教教義，就無論如何不該祈它戰勝，「反非基督教者」也覺得，錯是在牧師個人，而不在基督教，不應該因此來非毀基督教全體。

而對於此次世界基督教學生同盟大會來中國開會，「反非基督教者」明確說明，這「系經上年委員會，即一九二一年六月荷蘭之執行部會議，吾國之代表之兩次請求」而決定的，並非基督教懷著侵略的惡意。而且，會議也主要是討論「基督教學生茲後之進行方針」[53]，其具體的討論問題共五十五條，「沒一條是夾有資本主義的臭味在內」，而「維持和發展」更是非基督教學生們十分關心和常常討論的，這與「非基督教者」所說的大會為討論「怎樣維持世界資本主義，及怎樣在中國發展資本主義」完全沒有關係。「反非基督教者」反覆強調，「我們基督教學生，沒有一個不服膺基督平等自由主義，而反對資本主義，和反對擁護資本主義的人的」，「基督教學生同盟，絕對的與資本家無關；也絕對的不是討論支配你們」[54]。「人類的自由平等，實是造物所賦；也是耶穌之教的精義。」

「反非基督教者」從教義上論證了基督教是一種主張自由平等的宗教，絕不是為資本主義服務的。他們說，基督教的教主耶穌就不是統治階級的人，「他是無產階級一個做木匠人家無枕首所的苦孩兒；他是稅吏罪人的朋友；他是專制政府執政貴族資本制度掠奪階級的仇敵；他是君主革命社會革命經濟革命士夫革命世界革命的革命黨魁；

53　〈批評非基督教學生同盟通電〉，《真光》第21卷第8、9合冊，第22頁。
54　〈批評非基督教學生同盟宣言〉，《真光》第21卷第8、9合冊，第18頁。

他是無所不能無所不在無所不知昔在今在後永在的上帝子；他是過去現在未來全人類的唯一求主」[55]。耶穌也一再告誡人們：「你們當常常在我道中，你將得真理，真理必叫你們自由。」「你們不可受師尊的稱呼，你們都是兄弟。」「你們知道外邦人有君王為主，治理他們；有大人操權，管束他們；你們不可這樣。你們中間誰願意為大，就必作你們的用人；誰願意為首，就必作你們的僕人。」[56]因此，「反非基督教者」說，信仰基督教，崇拜上帝，不但無害於人類的平等，而且人信仰基督之後，才能真正同為上帝的兒女，再沒有尊卑上下的階級，才能實現真正的平等和自由，基督教正是以持平等主義見稱於世的。而《聖經》中也明確載有耶穌教誨眾人的話：「不要為自己積攢財寶在地上，地上有蟲子咬，能鏽壞，也有賊挖窟窿來偷。只要積攢財寶在天上，天上沒有蟲子咬，不能鏽壞，也沒有賊挖窟窿來偷。因為你的財寶在那裏，你的心也在那裏。」「你們不能奉事上帝又奉事瑪門。」「財主進天國是難的。駱駝穿過針的眼，比財主進上帝的國還容易呢！」「你們要謹慎自守，免去一切的貪心，因為人的生命不在乎家道豐富。」「凡為自己積財，在上帝面前卻不富足的。」「反非基督教者」引用這些證明，基督的言論絲毫沒有資本主義的臭味，相反對於資本和資本主義表示了極不滿意的態度。「因為他所主張的是神國主義。他所要建設的，是屬神（of God）由神（by God）為神（for God）底國。所以他對於財產，是主張積之於天，為神所有。既然是一切財產都屬神，那就人人都應該是無產者。」[57]而且，耶穌也親身實踐了他的主張，「為殉其主義而死，在世無枕首之所」[58]。也正因為基督是反對資本主義的，所以古今中外的基督教徒十之八九也是無產階級。「即就今日底傳

55 〈附評北京各學校非宗教同人霰電及宣言〉，《真光》第21卷第8、9合冊，第33頁。

56 同上，第30頁。

57 均默〈駁盧淑之基督教與資本主義〉，《真光》第21卷第8、9合冊，第57頁。

58 同上。

教士而論，其所得薪金，也比較常人加倍微薄。」[59]「反非基督教者」說，如果世界上沒有資本主義制度，那基督教會則應比今日更加發達，這也「益見資本主義就是基督教底之大仇敵。基督教為自身保存起見，也只有排斥而絕無鼓吹資本主義底道理」[60]。

「反非基督教者」還進一步說明，基督教實際上是社會主義的來源，是替社會主義張目幫手，而決非社會主義的仇敵。均默的文章就引用使徒行傳中的記載：「信者會同，有無相通。有所需變賣物產分之。（第二章四四四五）」「信者之眾一心一志，不私己財又無相通……其間無窮乏者，蓋有田宅者售而挈其金置使徒前，有所需責分與之。……有田售之，挈其金置使徒錢。（第四章三二至三七）」以這些話證明，耶路撒冷的教會確是具有共產的精神的。「反非基督教教者」認為，基督宗教主張人類生來一切平等，所謂宗教信仰便是從精神上解放奴隸的一種方式，強調在真理面前，沒有主奴之別，也不該有私有權。但是「基督教徒的共產的理想，只從良心上自發的，並不是用團體的力量強制的」，因此「他固然和現代從經濟的基礎上立論的共產主義——所謂科學的社會主義——並非同物」，但仍應該「承認基督教共產主義，是共產主義中底一派」。而且「宗教只是規範人底內部的生活，是屬於倫理的，道德的。他對於每一件事，止教人當做與不當做，而不教人怎樣做的。解明『為什麼』Why 是創立宗教者底責任，『怎樣』How 做去，是人們底責任。所以一個人一方做共產黨人，一方做基督教徒，實在沒有什麼不相容的。」[61]李季譯的《社會主義史》也說：「許多社會黨人以為社會主義的制度就是耶穌教一種重要的結果，社會主義和耶穌教就是一而二，二而一的；所以社會主義的倫理學和耶穌教的倫理學，即或不完全相同，也是很相接近的。」[62]

59　同上，第 58 頁。

60　同上。

61　均默〈基督教與共產主義是這樣說的麼？〉，《真光》第 21 卷第 8、9 合冊，第 74 頁。

62　均默〈駁盧淑之基督教與資本主義〉，《真光》第 21 卷第 8、9 合冊，第

「反非基督教者」強調，在基督教的教義中並不含有侵略思想，基督教的教會是同一信仰的基督徒所組成的組織，它從本質上也沒有侵略的作用。若論「其作用只是兩件：第一件是做信徒事奉上帝底地方，圖增進信徒靈界的安樂，和信德底鞏固。第二是做傳播福音底機關，把真理貢獻於未信者。」[63]這樣的教會與政治是完全脫離的，自然也就與其他一切資本機關毫無關係。基督教的積極傳教，特別是對國外的傳教，則完全是出於「己立立人」、「已達達人」的願望。外國教士來中國傳教，是希望中國人也能接受基督的真理，並自己負起傳教的責任。所以，「反非基督教者」認為，外國純正的傳教士來到中國，除了傳道——扶植中國人自立自傳——之外，絕不含有其他的企圖，也絕不曾替外國資本家鼓吹或施行侵略的行為。因此說現代的基督教及基督教會是經濟侵略的先鋒隊，「這實是深文羅織妄入人罪的話」，因為基督教義早已宣誓了其反對資本主義的觀點，雖有教會得到了資本家的捐助，但那也不是一個資本家的事，教會的款項是從各方面捐集起來的，有錢的人就多捐些的情況是有的，但教會利用這些捐款為社會服役，不能說是作資本家的走狗。「反非基督教者」還將基督教的活動與革命事業相比較，認為正如可以有大資本家拿出錢來幫助革命的黨徒成就革命的大事業，而革命事業的性質並不能因為得了資本家的資助而發生改變一樣，基督教的性質也不會因資本家的資助而改變。教會利用資本家的錢來改良社會、利益群眾，也是無產階級掠奪有產階級的一種特殊方式，有利於消滅資本主義，實行共產主義。至於洋貨的大量湧入，「反非基督教者」指出，這本與傳教不傳教毫無關係。中國因為現代生產不發達、物資缺乏，洋貨在中國有它的市場，就算沒有基督教傳入，海通之後，洋貨也自然會源源而來，這是一種正常的貿易活動，除非繼續閉關鎖國，否則這種局面就是不可避免的，

---

64 頁。

[63] 亦鏡〈駁汪精衛國民教育之危機論〉，《真光》第 21 卷第 10、11 合冊，第 62 頁。

當然就不能把這件事歸罪於基督教。如果說在基督教的傳教過程中，某些基督教教會在實際上作過列強的侵略幫手，某些傳教士借傳教充當過侵略者的先鋒，但同時也有很多教會沒有侵略的行為，並真誠地替弱小的民族喊出過不平的聲音，成為了傳播獨立思想的天使。「反非基督教者」說，「我們固然不能因為基督教會祈禱和平便加以讚美；我們卻也不能因為他曾祈禱本國戰勝便說他是贊助侵略主義」[64]。而教會只是一個空洞的團體，被侵略主義者利用，便是侵略主義；被和平主義者利用，便是和平主義。即便現在的教會被侵略主義利用，作了侵略主義的傀儡，那也應該專對侵略主義的教會展開攻擊，並另建一個自由自立的中國基督教會，而不應該將基督教全拿來反對。所謂「侵略主義」，「若說是指基督教的信徒中，曾經出過許多野心家，或者說現在的基督徒攻擊教會有許多是甘心為侵略主義利用作走狗的；則這種個人的行為，我們已經屢屢說過，不能拿來當作攻擊教會本身的資料，除了這些野心家走狗之外，基督教中也還出了許多熱心的志士為社會犧牲的健者」；「若說指利用基督教作侵略的國家政府而言，則我們只有反對這種國家政府便已夠了」；「若說宗教是侵略主義的工具，非先推翻這種工具，不能打倒侵略主義的本身；則我們的意思，覺著為侵略主義利用的工具，恐怕不止宗教一種；即如根據科學真理所發行的輪船火車子彈炮藥，無一不比宗教的工用大，諸公何故不先反對這些」[65]？

總之，「反非基督教者」在論辯中力證基督教本身是與資本主義、侵略主義毫無關係的，所以也反對「非基督教者」因痛恨侵略主義、痛恨資本主義，而遷怒於基督教，進而「非」基督教。

---

64 常乃德〈對於非宗教大同盟之評言〉，《真光》第 21 卷第 10、11 合冊，第 39 頁。

65 同上，第 40 頁。

五、對基督教「危害國民教育」論的反駁

「非基督教者」指責基督教危害中國的罪責中，「危害國民教育」這一點引起了很多愛國人士的擔心，這也成為了「非基督教運動」反對基督教在中國傳教的一個重要原因。針對這一點，「反非基督教者」依基督教教義為據，認為傳福音是基督教一項非常重要的任務，耶穌最後的遺命囑咐信徒：「爾曹往普天下傳福音於一切人」，因此他的信徒就謹守這一訓誡，「故全世界有人處，幾無一不有傳教士足跡」。而辦教育正是傳福音非常重要的一種形式，歐美各國基督教都創辦了很多中學和大學，有很多信教的學生，也有很多基督教徒獲得了各科大學的博士學位，並擔任各公立和私立學校的教席，展開了更廣泛的教育工作，這是基督教對於其國家教育的貢獻，沒有絲毫妨害國民教育之處。同樣，基督教傳入中國百餘年來，也在中國設立了一些中小學以及大學，還發行了不少灌輸新文化知識的書籍，「中國近年辦教育的人，哪一個是到鄉村辦教育的；但是基督教的人，在廣東各鄉村設立的學校也頗不少」[66]。因此在「反非基督教者」看來，中國的教育的發展實際上也得益於基督教不少，所謂「危害國民教育」的說法，他們不能認同。

「反非基督教者」認為，雖然教會辦學確有「製造信徒」的目的，但除這一目的之外，教會學校並不排斥國民教育，它們也承擔著傳授國民教育所必備的知識的任務。他們說，在教會學校讀書而不信教的學生，不會被強制信教，也能順利接受國民教育。但既入了教會的學校，學校自然有向他們傳達教義的必要，青年學生如能領悟所講，並更進一步信仰宗教也是情理之中的事情，只要學校和教會沒有採取強

---

[66] 徐謙〈忠告廣東教育會長汪精衛君〉，《真光》第 21 卷第 10、11 合冊，第 23 頁。

制的手段，就不應該受到指責。「況教是本，一切的會務都是末；又教是樹，一切的會務都是果，果善樹自必善」[67]，既然入教會學校又懼怕學生信教，這樣「愛果而惡其樹」，就太不講道理了。而且，「反非基督教者」堅信信仰上帝和愛國並不衝突，相反基督教是宣揚愛的一種宗教，信仰基督教，接受愛的教育，能使人「回復人之主人資格」[68]，更加懂得愛己、愛人與愛國，這對中國國民教育是具有補益作用的。「反非基督教者」覺得就算「非基督教者」不相信這樣的事實，也應該看到宗教所具有的勸人向善、感化人的作用，從而助宗教推行開去，為中國社會教育盡些幫助的作用，實在不必以非毀它、消滅它為最終目標。至於「宗教與教育分離」之說，也不能一概而論，要看這學校是國家所立，還是教會所立，「是國家所立，則該學校所在地，如有數叫人民雜處，即有數教人民盡納稅之義務，而該地國家所立之學校，即為教會所公有，校內自不能課一教之教書，教育便宜與宗教分離。是教會所立，則教授宗教，權在教會，無分離之可言矣」[69]。

「反非基督教者」總結說，「基督教之受人攻擊，已不自今日始。即自耶穌本身至於今日。所經口舌、筆墨、刀劍、以至流血之種種壓迫，實罄竹難書，然而基督教不特毫無退步，且因之而益昌熾」[70]。所以，他們深信：「這世界是先有無始的神，而後有有始的人，也就是先有宗教而後有人類。人類與宗教有絕密切的關係，有一日人類，既不能一日無宗教，也沒有法子無宗教。」「即能滅絕信宗教的人類；上帝仍有法子叫不信宗教和鼓吹滅宗教的人信宗教。」[71]特別是基督教，它所宣揚的是真理，「如果不是真理，那經過幾次非基督教者的攻擊，

---

[67] 〈附評北京各學校非宗教同人霰電及宣言〉，《真光》第21卷第8、9合冊，第35頁。

[68] 〈批評非基督學生同盟通電〉，《真光》第21卷第8、9合冊，第21頁。

[69] 同上，第20頁。

[70] 靜觀〈忠告非宗教諸君〉，《真光》第21卷第10、11合冊，第28頁。

[71] 〈附評北京各學校非宗教同人霰電及宣言〉，《真光》第21卷第8、9合冊，第29頁。

就早已不復存在了」。「基督教有絕大能力，能抑十百千倍大於禹之洪水的洪水，驅十百千倍多於周之猛獸的猛獸。人惟自己是洪水猛獸，乃肯深惡痛絕基督教；想抑驅今日的洪水猛獸，必要同情於基督教。因為基督的的確確是全世界第一個能減除人類痛苦增進人類幸福的萬能帝子，他的道，向為歐西『教國』『國教』兩制所蔽，隱而不彰；至路德脫離『教國』制，而闡明『由信稱義』之理，以反對羅馬之教皇；至勒哲威廉脫離『國教』制，而創立『信仰自由』之例，以孕育美洲之民主；乃獲將基督平等自由博愛之真理儘量發揮」[72]。也正因為基督教是真理，人們越加攻擊就愈加光明的，並一定會取得最後的勝利。而這樣盲目的「挑戰的」「非宗教運動」是絕不會成功的，相反會「催促很多向曾問到而未經信教的人」，進一步認識到「惟教會乃是淨土，為信教乃是好人，就決然排眾議而皈依基督了」[73]。

總之，在《真光》「反非基督教」專號中，「反非基督教者」對「非基督教言論」進行了有針對性的反駁，雖然他們的言論忽視了「非基督教言論」的某些理智的判斷，僅從信仰的立場出發，也有許多意氣和非理性的表達，但也從另一個角度談到了基督教的作用和對於基督教的理解，在一定程度上引起人們對於宗教問題更加深入的思考，這也正是這場論辯的意義之所在。

---

[72] 同上。

[73] 亦鏡〈駁玄廬《敢問非宗教信徒底反對非基督教運動》〉，《真光》第 21 卷第 10、11 合冊，第 81 頁。

第七章　非基督教思潮與中國教會本色化運動

1922 年 4 月，世界基督教學生同盟第 11 屆大會將在北京舉行，引起了一場聲勢浩大的非基督教運動：上海組織了「非基督教學生同盟」，1922 年 3 月 9 日發表了〈上海非基督教同盟宣言〉，在宣言中特別強調宗教的迷信麻痺作用，強調帝國主義借基督教侵略掠奪殖民地、半殖民地的用心[1]。北京成立了非宗教大同盟，1922 年 3 月 21 日，發表了〈北京非宗教大同盟宣言〉，提出：「我們自誓要為人類社會掃除宗教的毒害。我們深惡痛絕宗教之流毒於人類社會，十百千倍於洪水猛獸。有宗教可無人類，有人類可無宗教。宗教與人類，不能兩立。」[2]進一步推進了這場非基督教運動。「自京滬發起非宗教同盟以後，全國學生界，群起回應，通電一天一天的加多，輿論一天一天的激烈，群情憤慨，不減於五四運動的精神……」[3]非基督教運動雖然帶著強烈的民族主義意識批判否定基督教在中國的傳佈、反對世界基督教學生同盟大會在北京舉行，但卻促進了中國基督教知識份子反省思考中國基督教會的現實與出路，直接促成了教會關於中國基督教會本色化運動的開展。

---

1 〈上海非基督教學生同盟宣言〉，見張欽士編《國內近十年來之宗教思潮》，燕京華文學校 1927 年版，第 187-189 頁。

2 〈北京非宗教大同盟宣言〉，見張欽士編《國內近十年來之宗教思潮》，燕京華文學校 1927 年版，第 193 頁。

3 徐慶譽〈非宗教同盟與教會革命〉，見張欽士編《國內近十年來之宗教思潮》，燕京華文學校 1927 年版，第 212 頁。

一

1922 年 5 月，《生命月刊》發表了題為〈反對宗教的運動〉的社論，認為反對宗教運動也有某種好的效果，如可以做基督徒及時的警鐘、能引起國人注意宗教問題、能強迫基督徒思想。社論特別提出：「第四個好效果，就是給基督徒一個借鏡自照的機會。基督教歷史上最大的污點，就是基督徒誤用護教的熱誠，破壞博愛的宗旨。最可憐的經驗，就是過分地隨情感作用，阻礙理性的發展。這不但是歐美教會兩千年歷史上的故事，就現在中國的教會中，也到處都有這兩種的現象。這是很危險的。因為自己不容易看見自己的錯處。這次反對宗教運動所發的函電和文章，十之七八，都是不根據理性，不取科學研究的態度，信口謾罵，意氣作用的口吻。因此有許多不信基督的學者，也批評他們，說他們名為反對宗教，實在是被宗教化，作感情意氣的奴隸，忘卻理性，失卻科學家研究的虛懷大度了。我們信徒，要曉得教會中，有時『入主出奴』的可鄙。武斷鼓吹的可厭。意氣用事的可羞。不可不將這兩月以來，非宗教運動的函電文章多念幾番。他們的短處，正是我們教會中最普通的短處。若教會中無論中西男女的信徒，都能借這鏡來自照，力行痛改。這是反對宗教運動給我們的好賞賜了。」[4]非基督教運動讓教會借鏡自照，反省教會的短處、思考教會的改革。

1922 年 5 月 2 日至 11 日，在上海舉行了全國基督教大會。這次大會的召開，目的在於團結一致回應外來的挑戰。「當基督教問題討論，逐漸引發到被批評攻擊之時，教會的領袖深刻理解到，它來自新文化運動，有新思潮充斥於內，故必須要善加引導，否則必趨向於反基督教，到時尖銳的對立，破壞打擊於基督教者，必使教會受到嚴重

[4] 〈反對宗教的運動〉，《生命月刊》第 2 卷第 10 期，1922 年 5 月。

的損失，此誠為智者所不取與避免者；而如何善加導引，使所受破壞減至最低，其中最重要的回應實際行動，教會領袖們咸認為在於教會內部的團結，故全國性大會召開，彼此勉勵，彼此共商大計，共謀因應之法，應是最實際有效的方法，當時除了各宗派各別有宗派內的全國會議外，更進而有全國性的，超宗派的大會的召開，教會領袖們期望由這條途徑，回應外來的挑戰，而使基督教會能繼續在中國傳承下去。」[5]面對非基督教運動的挑戰，教會舉行全國大會，意在討論中國基督教會的生存與發展問題。

「這次全國基督教大會在上海召聚的時候，全國代表千餘人，不但都是基督徒，並且都是教會負責的人。五百餘中國人，都是正式負責任的代表。」[6]此次大會上一個重要的內容便是中國教會的本色化，在〈基督教全國大會「教會的宣言」〉中，十分慎重的強調：「吾們自從受了委託之後，竭力思維，要創一個真正中華本色的宣言。」[7] 在大會宣言中特別列出「中國本色教會」一節：

中國本色的教會

一、吾中華信徒，認定教會是基督徒得受靈育的靈家。此種靈性的撫育，不當與吾國民族的遺傳，與心靈的經驗，相違反。

二、吾們感佩西宣教者，因為他們曾用忠虔捨己的精神，在中華創立教會。吾們也感佩西國教會，因他們盡力的捐輸，和懇切的祈禱，助成中國教會的事工。今日一切的成績，他們都是有份的。

三、我們對於西來的古傳，儀式，組織，倘若不事評判，專做大體的抄襲，卑鄙的模仿，實在是不利於中華基督教永久實在的建設。這是吾們教會同胞的公意。（第 520 頁）

5　查時傑《民國基督教史論文集》，宇宙光傳播中心出版社 1994 年 3 月版，第 92 頁。

6　〈反對宗教的運動〉，《生命月刊》第 2 卷第 10 期，1922 年 5 月。

7　〈基督教全國大會「教會的宣言」〉，見邵玉銘編《二十世紀中國基督教問題》，臺北正中書局 1970 年版，第 518 頁。

四、中華教會，現在對她的使命與職務，已發生覺悟，這是我們要鄭重地宣告。

五、中國的歷史，國人的特性，教務的性質，經驗的指示，以及國內種種迅速的變遷，莫不要求一個中國本色的基督教會。俾得宣傳中國本色的基督教。吾們所稱為本色的基督教會，一方面仍與世界各宗基督教會，在歷史上有連續不絕的關係。一方面是要實在適合中華民族本有的文化，和精神上的經驗。

六、所以我們請求國內耶穌基督的門徒，通力合作。用有統系的捐輸，達到自養的目的。由果決的實習，不怕實驗，不懼失敗，而達到自治的正鵠。更由充分的宗教教育，領袖的栽培，及摯切的個人傳道，而達到自傳的目標。

七、我們宣告，時期已到。吾中華信徒，應用謹慎的研究，放膽的試驗，自己刪定教會的禮節和儀式，教會的組織和統系，以及教會的佈道及推廣的方法。務求一切都能輔導現在的教會，成為中國本色的教會。

八、吾們請求現在中國教會裏服務的西宣教領袖，用切實的指教，輔助中華信徒。俾能當此大任。更使中華信徒，在他們試驗中，得有不受限制的自由。

九、我中華基督教會，承西方各母會，撫育已久。吾們深望我們的教會，成為中華本色的教會，以後一切思想，生活，與事功，不久都有可觀的成績。可以貢獻西方母會，以表示我們感激他們的誠意；並且一切中華本色的貢獻，能使全球基督教會的生活，都因此而得豐盛。

在談到中國教會本色化的問題時，在肯定西方教會對於在中國設立教會及捐輸的貢獻時，強調了中國教會應該與中華民族的遺傳和性靈的經驗切合，反省中國對於西來的古傳、儀式、組織缺乏評判的抄襲與模仿，強調建立一個中國本色的基督教會，注重中國基督教會的自養、自治、自傳，以及形成自己教會的禮節、儀式、組織、佈道、推廣等。

在基督教全國大會舉行後，中國基督教會的本色化運動得到了廣泛的開展，甚至影響了外國差會的態度，他們逐漸認識到沿襲由外國差會決定一切的老路已經行不通了，「差會在佈道工作中承擔大部分責任的時期已經結束」，中國教會應發揮更大的作用。1922 年基督教會全國大會的宣言指出：「在中國基督教運動必須先將中國教會放在中央地位，使眾人承認教會是第一緊要的機關。」[8]本色教會成為中國基督教會急切關注的問題，他們將本色化運動與民族運動結合在一起，「基督教運動已經被捲入到日益興盛的民族自決意識的浪潮中，越來越多的事件使中國教徒感到教會決不能站在民族運動之外，它必須找到一種可以表達自己對那些與國家的經濟發展、政治生活和對外關係以及與家庭和社會習慣有關的大是大非問題的看法。」[9]

在《生命月刊》發表的〈對於非宗教運動的宣言〉中，在反駁非基督教運動宣言時，也承認宗教所存在的雜質，提出了宗教是進化的觀念：「我們深悉現在的基督教會裏，有許多雜質，是由古代和中世紀裏泰西各國的社會環境而生；這存至今，故教義教典上有許多是不適時勢之處。但這些雜質，並不能埋葬耶穌卓絕群倫，開新紀元的理想、精神、倫理和最有能力的信仰。而且，宗教系社會制度之一，社會進化則宗教也一同進化。從歷史看來，基督教的進化可能，是固有的和顯露的。」[10]在談到非基督教運動時，宣言中說到了對於基督教教會的啟示：「……在他們的運動，我們卻得些少益處：(a) 即是顯出各宗教受不得攻擊的弱點；(b) 又足以刺激一向安心於舊信仰的教徒，使警醒而反想其所信，以謀進化。」[11]在反駁非宗教運動的觀點的同時，也認識到宗教本色的弱點，強調宗教的反省與進化。

---

[8] 中華全國基督教協進會《基督教全國大會報告書》，協和書屋，1923 年上海版，第 233 頁。

[9] 中華全國基督教協進會《中華基督教會年鑒》1928 年，第 17 頁。

[10] 簡又文等〈對於非宗教運動宣言〉，見邵玉銘編《二十世紀中國基督教問題》第 68-69 頁。

[11] 簡又文等〈對於非宗教運動宣言〉，見邵玉銘編《二十世紀中國基督教問題》

徐慶譽在〈非宗教同盟與教會革命〉一文裏既強調宗教的價值，也強調宗教的進化。他說：「我認定宗教有永久存在的價值，因為人智愈進化，精神向上的衝動愈堅強，對於提高精神生活的宗教，當然不會蔑視；不過宗教須繼續不斷的改變，才有繼續不斷的進步。」「宗教與時代進化，宗教可永久存在；誰擁護宗教，誰就當擁護那進化的宗教；誰反對宗教，誰就當反對那不進化的宗教；進化的宗教，永久存在，不進化的宗教，天然淘汰。」[12]他強調了非宗教運動對於教會革命的促進，強調宗教必須不斷進化，不然就會被時代所淘汰。

1922 年全國基督教大會在「中國教會」的主題下，重點討論了中國的傳教、教育、出版、慈善、婦女等方面的問題，著重提出了「本色教會」的主張，強調中國教會的前途在於「合一、本色、成聖三端」。會議決定成立「中華全國基督教協進會」，推選了中國基督教人士余日章和誠靜怡分別任會長及總幹事，意在更有力地推行本色教會運動。中華基督教協進會於 1924 年成立了「本色教會常備委員會」，提出了關於本色化的若干研究課題：(1) 研究中國文化中具有永久價值之各種要素如：家庭生活觀念；孝親敬祖；和平謙讓之心理等。(2) 調查我國各種宗教團體之近代運動。(3) 調查「非教運動」的組織、理論、領袖。(4) 研究國內獨立教會之狀況。(5) 研究差會與中國教會之關係。(6) 研究我國教會中各種禮俗。從理論上與實踐中推進了中國教會本色化的進程。

非基督教運動促進了中國基督教會的本色化運動，在應對非基督教運動的批評攻擊中，中國基督教會將本色化提到了十分重要的地位，在全國基督教大會後，中國基督教會本色化運動順利地開展了起來。

第 68-69 頁。

12 徐慶譽〈非宗教同盟與教會革命〉，1922 年 5 月 7 日。

二

在非基督教運動的影響下，教會人士對於中國基督教的現狀與出路作了比較深入的反省與思考，尤其在對於中國教會的本色化問題展開了深入的探討，「『本色教會』之聲，洋溢乎我們基督教界，成為口號，奉為金科玉律」[13]。賈玉銘在〈中國教會之自立問題〉一文中說：「邇來倡言自立教會之聲浪，不絕於耳，策勵自立教會之事端，時觸於目，我中華基督教會，誠不可不提議自立，力圖自立，實行自立，以穩固其基礎，不欲我中華基督教會發達則已，果欲發達，此自立問題，決不可以等閒視之。」[14]20 世紀 20 年代，王治心、謝扶雅、誠靜怡、趙紫宸、劉廷芳、吳震春、賈玉銘、張亦鏡等一些中國基督教知識份子，紛紛開始研究中國教會的本色化問題，他們以比較理性的態度看待非基督教運動，分析基督教教會存在的問題，探求中國教會的本色化之路，提出了諸多頗有建樹的見解。

他們對於中國教會本色化的探討，主要的見解集中在如下幾方面：

1、關於什麼是教會本色化

王治心認為：「可知所謂本色教會者，就是改造西洋化的教會成功適合中華民族性的中國教會；這種改造，並不是動搖基督教的真理，不過使中國古文化與基督教真理融合為一，使中國基督徒的宗教生活，適合乎中國民情，而不至發生什麼隔閡。」[15]他強調在不動搖基

---

[13] 謝扶雅〈本色教會問題與基督教在中國之前途〉，載《文社月刊》第 1 卷第 4 冊，1926 年 1 月。

[14] 賈玉銘〈中國教會之自立問題〉，見賈玉銘《教牧學》下冊，南京靈光報社 1926 年，第 382 頁。

[15] 王治心〈中國本色教會的討論〉，《青年進步》，1925 年 1 月，第 79 冊。

督教真理的前提下，使中國古文化與基督教真理融合，使其適合中國民情。

招觀海強調：「依我的見解，『本色教會』實具有其本身的要義。（一）中國人對於基督的貢獻。（二）中國人的基督教會事工的責任。（三）中國俗尚與基督教會儀文之同化。」「我以為中國本色教會的中堅，尤在教會之自立。教會得到自立之時，所有的種種本色問題，都迎刃而解了。所謂自立云者，大約不外自理，自養，自傳，自修，自覺，五件。」「我相信以上那『五自』自理，自養，自傳，自修，自覺，——做到之時，中國自然有一個強有力的本色教會實現。」[16]他注重中國人在教會中的重要作用，注重中國俗尚與基督教儀文的同化，他闡釋教會自立的內涵。

周風在談到本色教會時認為：「本色教會的目的，可分為二層：在消極的一方面，是剷除教會中的西洋色彩，以免除外界的疑忌；在積極的一方面，是改良教會的內容，使適合於中國的民族之精神及文化，俾中國民眾格外容易進入基督教的門戶。」[17]他強調去除教會中的西洋色彩，注重教會內容的民族化。

任全國基督教協進會總幹事的誠靜怡，談到本色教會時說：「當今舉國皆聞的『本色教會』四字，也是協進會所提倡。一方面求使中國信徒擔負責任，一方面發揚東方固有的文明；使基督教消除洋教的醜號。」[18]他強調中國信徒的自負責任和弘揚東方固有的文明。

在對於什麼是本色化教會問題的討論中，大致觀點認為：一、應去處中國基督教會的西洋色彩；二、應注重中國文化傳統與民族心理；三、應將中國文化傳統與基督教真理融合。總而言之，即建設與中國文化傳統、中華民族心理相適宜的、不與基督教真理相違背的中國教會。

---

[16] 招觀海〈中國本色基督教會與教會自立〉，《文社月刊》第 1 卷第 1 冊，1925 年 10 月。

[17] 周風〈本色教會的討論〉，《青年進步》第 6 卷第 7 冊，1925 年 10 月。

[18] 誠靜怡〈協進會對於教會之貢獻〉，《真光雜誌二十五周年紀念特刊》。

在對於教會本色化的討論中，誠靜怡提出了人們對於該問題的誤解。他說：「人對本色意義，多懷誤會與謬解，有人以為本色教會將事事模仿國俗，講求復古，須知中外習慣，皆有優劣，善善惡惡，不能遷就，擇善而從，同此心理，此吾人之所謂本色者一。有人因激於種種情形，不願與西人合作，乃提倡『本色教會』，冀達目的，造意淺狹，易失同情。蓋基督教乃超國家之宗教，凡在門人，承認基督教與世界而俱廣，不以國界為是非，提倡本色，不附帶排外。苟有人過於差別中外，認為目標，亦非吾人之意，此所謂本色者二。」他強調本色化並非復古，本色化也非排外。他提出：「……然中國信徒何以一致提倡本色，非崇拜本色，視為盡善盡美，乃鑒於教會現有不良情形，推崇西化漠視本色之故。至於中國基督教會方針，必將融會中西文化之優點，擇長棄短，取精用宏，以固吾圉，誰曰不宜。」[19]他注重融會中西文化之優點，擇長棄短，取精用宏。

2、中國基督教會的困境

在對於本色化教會的討論中，人們深刻地感受到中國基督教會所面臨的困境，他們以真誠的姿態反省中國基督教會的某些短處。趙紫宸清醒地認識到非基督教運動對於中國教會改革的警醒作用。他說：「中國教會，久已應該有徹底的思想與改造；只因為內缺懇切的要求，外無兇猛的刺激，故有停鞭案轡的現狀。現在則不然了。反基督教運動借著政治的權勢，開始與基督教為難。南方的國民政府，對於基督教會及教會學校有收回主權，實行種種明文。在此情勢之下，中華基督徒不得不作徹底的思考，立鮮明的表幟。……今日中國教會決不再要用嗎啡針來止痛，乃要『一摑一掌血，一棒一條痕』地創造她自己的生命。教會現在逢到了廣大的艱難，劇烈的痛苦麼？可賀？微明復

19　誠靜怡〈本色教會之商榷〉，《文社月刊》第1卷第6冊，1926年5月。

暗，在雞唱之後，果然；然而立刻要天曉了？」[20]他為教會在非基督教運動背景下迫不得已的改革而慶賀。趙紫宸分析中國基督教會改革的必須和必然。他說：「我們也瞭解我們現在所深深覺得的基督教有兩重障礙，就是：一、基督教組織與思想的不合適。二、基督教的帝國主義色彩，一半是由於西教上的不徹底，沒有早早的體會得耶穌的心志，一半卻是由於環境的使然。」[21]

周風在非基督教運動的背景中反思教會的瑕疵：「基督教自傳到中國以來，幾經磨折，又而復興，以至有今日的成績，進步不為不快。然自反對基督教的聲浪一起，教會又面面受攻擊，重到淒風慘雨的磨練中。由攻擊之來，未始非空穴來風，雖然一部分的攻擊，乃另含有作用，但許多地方未始不由於教會中有瑕可指，授人以柄。教會是素來取無抵抗主義的，決不阻礙別人的反對攻擊，但教會若能改良內部，作釜底抽薪之計，使本身無疵可議，則未嘗不可視反對攻擊為金玉藥石。教會明哲，有見於此，遂有本色教會的提倡。」[22]他將非基督教運動對於基督教的攻擊視為「金玉藥石」，在反省教會的瑕疵中，提出教會應該改良內部，提倡本色教會。

劉廷芳分析了非基督教運動後中國基督徒對於教會的覺悟。「覺得基督教是與我們中國民生與國勢有密切的關係，這關係不是表面的、暫時的，是切膚的，是生死關頭的。」「覺得基督教必須在實際上，脫了『洋教』的色彩。信徒漸漸地覺悟教會在中國所宣傳的教義的方式，行政上的組織，所遵守的典章，所奉行的禮節，都是『舶來品』。……西教士來華傳道，只能本著他們自己所隸屬的民族與國家的背景與經驗，憑著良心與決心，將最好的供獻與中華信徒。但是最好的也是一種混雜的結合品，別國的成分都有了，獨中國的成分卻沒有。中華信徒接受了這些舶來禮物，必須自己去從混雜的結合品中，把一些要素

20 趙紫宸〈風潮中奮起的中國教會〉，《真理與生命》1927 年第 2 卷第 2 期。
21 趙紫宸〈我對於創造中國基督教會的幾個意見〉，《真光雜誌》第 26 卷第 6 號，1927 年 6 月。
22 周風〈本色教會的討論〉，《青年進步》第 6 卷第 7 冊，1925 年 10 月。

提出來，與自己的民族與國家的歷史與經驗，憑著神的教導，重新配合，成為中華本色的基督教義，才能算是自己的教義。教會的典章，儀節，禮式，組織，都是一樣。」[23]他分析了洋教宣教過程中的舶來品的特點，強調了中國教會必須有中國的成分，必須將傳入的基督教與自己的民族與國家的歷史與經驗配合，形成中華本色的基督教義。

王治心批評了洋教與中國文化的隔膜。他指出：「可惜這無往不宜的基督教，到中國已經一百十七年之久，還沒有下種在中國的文化和思想裏；還是用西洋來的遺傳——風俗——文化——思想——儘量地培壅和澆灌，絕對吸不到中國文化和思想的滋養，使基督教與中國文化思想，成了可望不可即的一對怨偶。所以基督教到現在還穿著一身洋裝，在中國的領土裏做客人，敷衍派對她相敬如大賓，反對派對她痛罵為洋教。幾曾見人罵佛教為洋教？這可以證明基督教在中國的文化思想裏還未下種。」[24]他認為穿著洋裝的基督教尚未在中國文化思想裏下種。

誠靜怡在談到本色教會時，認為：中國基督徒不僅應謀求經濟上獨立，進而要求思想上之自由，認為後者比前者更重要。他指出：「……東西信徒之信仰，原質並無二致，獨其信仰之表示，則未必從同，東西文化歷史環境教育倫理習慣等，既各有不同，則宗教信仰之表示，自不能強同，苟或將西方教會之遺傳成規，生吞活剝，囫圇移植中國，而用注射式方法從事宣傳，其結果當然不能融洽也。」[25]他指出了西方傳教士傳教過程中的囫圇移植、注射方法等弊端。

張亦鏡從基督教傳入具有的異國色彩，分析本色教會提倡的原委：「中國教會這一個名稱，是因為中國各處的教會：從英國傳進來的，就帶有英國的色彩；德國傳進來的，就帶有德國的色彩；美國傳進來的，就帶有美國的色彩……差不多中國的土地，建築了有某國教堂的

[23] 劉廷芳〈為本色教會研究中華民族宗教經驗的一個草案〉，《真理與生命》第 1 卷第 7 期，1926 年 8 月。
[24] 王治心〈中國本色教會的討論〉，《青年進步》第 79 冊，1925 年 1 月。
[25] 誠靜怡〈本色教會之商榷〉，《文社月刊》第 1 卷第 6 冊，1926 年 5 月。

處所，就是某國的領土！中國的人民，入了某國的教會，就是某國的百姓！其餘儀式上的英化德化美化……更說不得那麼多了。有了這種種現象，也叫非基督教者得著不少攻擊教會的材料。因此，教會中就有人提倡本色教會。」[26]

謝扶雅對於本色教會運動抱著一定的清醒意識。他指出：「進而覘所謂中華自立教會者，亦非不實繁有徒，人才經濟，咸能優裕自給，顧其所及之影響又如何？一旦國家主義興，基督教依然被謚為洋教，教會依然被視為西方侵略工具，牧師依然被號為帝國主義走狗。平心而思，即無國家主義之發張，教會寧能免於非難，免於漠視？一方面教會愈謀與中國昵，他方面中國愈與教會疏；一方面教會愈求中國化，他方面中國愈不能教會化。此強欲以『本色』加諸教會，而昧乎教會之是否卒能本色也。」[27]他將國家主義看作非基督教的根本原因，辨證地看待教會本色化。

基督教知識份子以寬容的心態看待非基督教運動，在非基督教運動的促進中思考反省中國基督教會的困境，在強調非基督教運動是中國教會改革的「金玉藥石」時，提出了中國基督教會所存在的瑕疵：對於西方基督教舶來時的生吞活剝，成為一種穿著洋裝的宗教；基督教的典章、禮節、組織等方面缺少中國的成分；中國基督教缺乏中國文化與思想的滋養，缺乏自己民族與國家的歷史與經驗，這也成為提倡教會本色化者的立足點。

3、如何做到教會本色化

在對於教會本色化的討論中，人們群策群力提出了諸多有關如何做到本色化的見解和建議，顯示出基督教知識份子對於本色化問題的深入思考。

---

26 張亦鏡〈今日教會思潮之趨勢〉，《中華基督教會年鑒》1927 年第 9 期。
27 謝扶雅〈本色教會問題與基督教在中國著前途〉，《文社月刊》第 1 卷第 4 冊，1926 年 1 月。

誠靜怡在談到本色教會時，認為本色教會必須考慮的問題為：「如何使基督教在東方適合東方人之需要？如何使基督教事業，融洽東方之習俗環境歷史思想，與其深入人心牢不可破之數千年結晶文化？」他考慮基督教應適合東方人的需要、適應東方人的習俗思想，應深入中國的文化傳統。在具體談到教會的本色化時，誠靜怡認為：「教會一切事工，應由中國信徒負責，百年來基督教在華工作，皆西教師擔任，無論經濟治事思想率惟西友之馬首是瞻，因而養成中國之偏枯教會。猶之盆景花木，愛護備至，風雨不侵，霜雪不降，攀折不虞，獨惜徒供賞玩，焉得如野地花草，隨風招展，受天然雨露之惠，傲人。是故此後中國教會之責任，中國人萬無旁貸，斷不容以其有風雨之險阻，霜雪之侵凌，攀折之憂懼，稍存依賴，固步自封。且此後中國教會對於西洋文化之種種優勝，虛懷採納，不容忽略，獨以其系出於自動的採納，則不虞其不漸次而化為本色，『洋教』之號，庶其免焉。」[28]他強調教會一切事工應由中國信徒負責，認為既不必將西方的東西馬首是瞻，也應對於西洋文化優勝虛懷採納，使其漸次而化為本色。

張亦鏡談到本色教會時指出：「本色教會，即是除掉自隱蔽各國德國美國……帶來的色彩而換上中國的色彩。教堂不得稱大某國教會，信徒不得稱大某國教民（此二者在中國均居少數），不得扯外國的旗子。禮拜堂的建築，要仿照中國原有的廟堂形式；正座不妨設上帝神位；讚美詩句子要莊雅，要合古樂歌的節奏，不得用舶來的樂器奏外國的音樂。講經祈禱的儀式，與要求適合中國人的心理而酌量變通。……這都是中國今日一般自謂有覺悟的信徒所極力提倡要決心改造的理想教會。以為能夠這樣馬廏如與沙漠同色之鳥樹葉同色之蟲能適存於中國。這種思潮，在今日的教會也確已成了一種趨勢。但其中也有些我不贊同的。」張亦鏡並不贊同建設本色教會中的表面化的作為，他強調了對於本色教會的看法：

---

[28] 誠靜怡〈本色教會之商榷〉，《文社月刊》第1卷第6冊，1926年5月。

我的意思：

第一、本色教會中不得有外國的款子，以私人或團體名義捐助的除外。

第二、不得有外國人在內主政，只能由中國人薪聘或由西差會贈送不用受中國薪水的牧師、教授、醫士。

第三、教堂學校醫院能由西差會無條件送還中國人管理，最妙「如須備價收買，力足不妨如議；不足，則請他許我分期攤還。……」

第四、聖經及譯來之頌主詩歌，於求其恰符原文義外，尤宜字字句句有中國文學上之價值，讀之耐人尋味，無不通及強湊的句子，叫外人看見恥笑。

第五、自籌款建築教堂，……仿照中國原有之廟堂形式固好，即葫蘆依樣，與世界普通的教堂一致，亦不見得與本色教會有若何之抵觸。……

第六、聖經說，神乃靈，拜之宜以靈擾魂，安設上帝神位，不合聖經，不可行。

第七、禮拜儀式，但求其不背聖經，是使徒當日所定，不是傳入歐美後始有，本色教會不妨沿用，不必多有更張。[29]

張亦鏡從教會經費、教會主政、教會醫院、聖經翻譯、教堂建築、上帝神位、禮拜形式等方面，比較詳細地闡釋了其對於本色教會的看法。

王治心在談到中國本色化教會時，提出如何「造成中國本色教會」，指出應該培植本色的領袖、宣傳本色的真義、取得友邦宣教者的協助、注重國化的材料、刪訂中國教會的禮節和儀制。[30]

---

29 張亦鏡〈今日教會思潮之趨勢〉，《中華基督教會年鑒》1927 年第 9 期。

30 王治心〈中國本色教會的討論〉，《青年進步》第 79 冊，1925 年 1 月。

誠靜怡在分析基督教被稱為洋教時，指出：「基督教的本源雖然是東方的，但是當他輸入中國時，他已帶了二千年來西方人精神的痕跡，以致東方人不易辨別他的東方宗教的性質。雖然是我們的重要教訓，和基督教的中心人物，對於東方人的心理都很相投，但是基督教仍不免為一般人視為『洋教』。此其一部分的原因，在於有組織的基督教中，確帶有不少的外國色彩，我們的基督徒，對於此點已經覺悟，不欲努力促成中國基督教的本色化。」他提出解決本色教會的兩個方面：「因此，如何發展本色教會的問題，便成為現時教會中的最重要的問題了。但要解決這個問題，必須要：一、中國基督徒全部擔任自助，自治，和自傳的責任；二、要使中國教會多與中國的思想和環境相接觸，藉以表現教會的新生命。總而言之，現在的教會若不成為一個民有，民治，和民享的教會，那麼這種教會就不免要帶著『洋機關』的痕跡了。」[31]他強調了中國基督徒在教會裏的責任，強調中國教會與中國思想和環境的關係。他甚至提出：「近年教會領袖乃議定基督教之敬祖方法，於指定時期，合全體教友前諸塋地，舉行紀念禮拜，此種折衷辦法，既不與基督教義有何抵觸，而一方面適合國人心理，民教攜手，日漸親近，將必於此舉增若干機遇，此又本色表示之一端。」[32]以一種折衷的方式處理基督徒敬祖的事宜。

周風在談到本色化教會時，從民眾的文化習尚與基督教的真理精神兩方面進行研究。他認為：「要討論現在的教會的內容要怎樣修改方能使民眾接受，我們必須注意兩方面：一方面要不妨礙基督教的真理和精神，一方面要研究民眾的文化習尚。若只顧適合民眾的文化與習尚，而不顧基督教的真理和精神，必致教會過於世俗化，而失去基督教的真面目。若只顧覺得的真理和精神，而不顧民眾的文化與習尚，必致『徒法不能以自行』。所以兩方面都要顧到。」[33]他強調既要顧及

---

[31] 誠靜怡〈中國基督教的性質和狀態〉，《文社月刊》第2卷第7期，1927年5月。

[32] 誠靜怡〈本色教會之商榷〉，《文社月刊》第1卷第6冊，1926年5月。

[33] 周風〈本色教會的討論〉，《青年進步》第6卷第7冊，1925年10月。

中國民眾的文化習尚，又不妨礙基督教的真理和精神，才能真正做到教會的本色化。

趙紫宸在談到基督教在中國的前途時認為：「基督教在中國必須使中國改善而合於基督教教性，必須使中國實現基督最崇高最偉大的人格，必須使中國人為基督。然履行此主張之道則在於倡造合於中國需要的思想與組織；故中國的基督化乃基督教的鵠的，基督教的中國化乃基督教的方法，方法不一致，不必一致，而所致必一，且必一於基督。故中國的基督化，與基督教的中國化，是一個運動的兩方面，如鳥之左右翼、如車之左右輪輔行而不悖者也。」[34]他從中國的基督化與基督的中國化兩方面談論基督教在中國的前途，他認為此二者應當是並行不悖的。

趙紫宸在談到創造中國教會時，提出了我們創造教會應走的路徑。他指出：「第一，須法西方教會。……『本色教會』，僅一名詞而已，尚沒有存在；即或可有，亦是一種中國基督徒所創造的制度。……第二，我們要瞭解中國的文化遺傳。……我們要舶來品，為的是要使自己有豐美的創造。我們要研究瞭解中國固有的文化，為的也是要使自己有更壯闊更渾厚更深邃的創造。我們創造的方法是先消化，後著作，使心血意識裏的中西文化發而為中國基督教生活所表現的形式。第三，中國基督教會若要在中國人心中使基督教生深遠的根，必須作兩件根本的事。第一是使基督教得有瞭解；在科學昌熾迷信隱滅的時代，基督教決不能關閉理想之門。……第二要注重個人化的宗教生活。……第四，中國教會是一種制度，雖當根基政治上的信仰自由原則，立其基礎，卻絕不當與任何政黨，任何政府有政權上的關係。」[35]趙紫宸強調中國教會的法西方教會，強調對於中國文化傳統的瞭解研究，強調注重個人化的宗教生活，強調教會在政治上的獨立性。在談

[34] 趙紫宸〈基督教在中國的前途〉，《真理與生命》第1卷第12期，1926年11月30日。

[35] 趙紫宸〈我對於創造中國基督教會的幾個意見〉，《真光》第26卷第6號，1927年6月。

到中國教會重要的事業時，他提出幾件重要的事：「一、中國教會的教堂與其他的教會團體，皆須實行宗教教育。」「二、中國教會要發起教友的讀經讀書運動。」「三、中國教會必須注重講學與修養兩件事。」「四、中國教會當盡力設法栽培教會領袖。」「五、教會當與西教會有深遠的宗教默契與友誼。」[36]宗教教育、讀經運動、講學與修養、栽培教會領袖、與西教會的友誼等，成為趙紫宸提出的創造中國基督教會的幾個方面。

謝扶雅在談到本色教會時，指出：「愚以為基督教同人今日當務之急，不在爭得教會基產自管，不在收回教會事業之自理，不在斤斤於典章儀式之革新，不在皇皇於組織制度之改變，甚至亦不在大開佈道會，多設查經班，亦不盡在捆載西方神學巨冊而一一甊譯之。誠欲見中國之宏播基督教，則所第一望於吾國基督教通人者（對於基督教已具有相當之研究並能甄別現代基督教之菁華與糟粕者）。惟在速能躬踐力行，以成『君子的基督徒』。吾所謂君子的基督徒者，指能自明耶穌及基督教中之優素，而拳拳服膺，玩索辨味，修省存養，盎乎容貌，發緒言動，徵諸行事，使人不期敬而自敬之，不期愛而自愛之。」[37]謝扶雅將造成君子的基督徒看作創造中國本色教會的根本，其中顯然有將中國文化傳統與基督教文化精神融合的意味。

1926 年 6 月，楊程發表文章對於這一時期有關本色化討論作了歸納，他將這種討論的觀點分為四類：「一、有許多人提倡中華基督教或本色教會，好像僅知注意形式方面，譬如對於佈置教堂，主張懸掛中國書畫；對於禮拜儀式，提倡模彷佛教，焚香點燭；對於喪葬禮節，鼓吹順從普通俗尚，恢復祭禮、木主等等。這不過將現有的基督教加上一種形式罷了。二、有許多人提倡中華基督教或本色教會，比較前派要進一步；他們不注意形式方面，而且關心精神方面。例如中國文

36 趙紫宸〈我對於創造中國基督教會的幾個意見〉，《真光》第 26 卷第 6 號，1927 年 6 月。

37 謝扶雅〈本色教會問題與基督教在中國著前途〉，《文社月刊》第 1 卷第 4 冊，1926 年 1 月。

化很重五倫，而五倫中尤其重父子一倫；因此，他們便說祭祖確能慎終追遠，大家庭實為孝敬的表示，基督教無論如何，都應一概採納了。這是主張把中國文化和思想加入基督教本身之中。三、有許多人提倡中華基督教或本色教會，志在滌去基督教中的西方性質。他們以為基督教本為東方宗教，也是合乎東方民情習慣的；但因它久流落於西方，已經沾染了西方性質不少，才與東方文明發生隔膜。為近之計，惟有刷淨教會中的西方性質，而後才能看到基督教的本來面目。比方國家主義，功利主義，以及國教義派的爭執，無一不是西方後添的原素，無一不是應當剷除的。這便是主張恢復原始的基督教。四、有許多人提倡中華基督教或本色教會，有消極積極兩方面的見解：在消極的方面，主張排斥現時教會中的西洋色彩；在積極方面，提倡儘量地容納中國文化和思想。這便是主張原始基督教要接受中國文化的洗禮。」[38] 楊程對於當時有關本色教會的討論作了一個比較全面的歸納與分析。

劉廷芳在談到新文化運動與基督教時，指出：新文化運動給了教會一面反省自己的鏡子，他認為他們對教會的許多批評並不完全是錯的，有許多地方教會是應該加以改正和調整的。所以，他說教會應「從新文化運動，得了一種猛進的精神，起了革新的志願」。[39] 這種寬容反省的精神，使基督教知識份子能夠在非基督教運動的指責下，反省中國基督教會的種種不足，思考中國基督教會的本色化道路。基督教知識份子們從各自不同的角度，分別探究了中國教會的本色化道路與方式，雖然他們對於本色化教會的意見不盡相同，但是在非基督教運動背景下期望改變中國基督教教會的困境、探求本色化教會的道路的祈望，是一致的。

[38] 楊程〈中國的基督教〉，《文社月刊》第 1 卷第 7 冊，1926 年 6 月。

[39] 劉廷芳〈新文化運動中基督教宣教師的責任〉，《生命》第 2 卷第 1 期，1921 年 6 月。

三

有學者研究中國教會本色化的歷程，將這個歷程分為五個時期：本色化準備階段（1807 年 19 世紀中葉），本色化過渡時期（19 世紀中葉至 1900 年），教會自立運動時期（1900 年至 20 年代初），本色化探討和發展時期（20 年代至 1949 年），徹底實現三治時期（解放以後）。[40] 在中國教會本色化的歷程中，本色化探討時期起到了十分重要的作用。

在非基督教運動中，基督教知識份子宣導用忍耐與寬容來面對非基督教運動的攻擊，一定程度上擴大了基督教在中國的影響。誠靜怡說：「現在的中國既經過了顯著的變遷，那麼對於基督教會的工作，當然有所影響了。因為新思潮中所有探求，批評，和重新估價的精神，亦已普及於教會界中，而使基督徒對於未來的教會工作，發生許多重要的問題。不過當此過渡時代，錯誤的傾向，和時代徵象的誤解，總是不可避免的；因為這個緣故，所以不成熟的觀念，未消化的思想，未經試驗的計畫，以及傲慢的議論，刻薄的言詞等，往往被我們所發見。所以我們對於那些缺點，應該用基督教固有的美德，如忍耐與寬容等，來對付他們才是。」他提倡用基督教忍耐寬容等固有的美德來應對非基督教運動的傲慢議論、刻薄言詞。他甚至以一種獨特的心態談論非基督教運動的後果：「在某某時期內，基督教不為中國的知識階級所重視，我們對於基督教，僅持冷淡的態度，這實在是基督教和一般平民間的最大障礙。幸而這情形，現在已改變了。基督教在各地，不是受人們熱烈的歡迎，便是受人們強烈的痛惡。換一句話說，基督教已成為中國人受歡迎的宗教，同時也成為中國人最痛惡的宗教了。」因非基督教運動，使更多的人來談論基督教關注基督教，無論是歡迎，還是痛惡。

[40] 段琦〈中國基督教的本色化〉，《中國社會科學院院報》2003 年 3 月 24 日。

誠靜怡談到教會對於非基督教的態度時指出:「現在教會所取的態度便是這樣；對於無理由的，有成見的攻擊，往往取一種靜默而忍耐的態度。對於一般因誤會而攻擊教會的，就對他們解釋自己的地位，以便消除誤會；凡有根據有理由的攻擊，教會也樂意承受，設法改進自身的組織。因此教會對於非基督教運動，便視為一種從上帝那裏來的良藥了；同時也把非基督教運動的領袖，當作友人那樣看待了。」把非基督教運動看作是良藥，把非基督教運動領袖當作友人，這呈現出基督教的寬恕博愛精神。誠靜怡說:「總之，基督需要中國，而中國亦需要基督。中國需要一個簡單而自然的基督。中國需要一個本色的而沒有洋氣的基督。中國需要一個整個的而不是分裂的基督。中國需要一個建設的而不是破壞的基督。中國需要一個能救人而富於熱情的基督。這樣的基督，從前既未見棄，將來亦必受人歡迎。」[41]他以充滿激情的話語表達了對於本色化教會的期盼。

在非基督教運動背景下，中國教會人士提倡本色化教會，使中國基督教會的本色化運動逐漸走上正軌。

自 1922 年的第一次中華基督教全國代表大會後，決定了中國基督教會的本色化道路，也逐漸擴大了影響得到了回應。「這樣中國的基督教在『本色化』運動中取得了長足的發展，據 1920 年統計，全國有自立教會 80 多處；1921 年增至 150 餘處，1922 年增至 180 餘處，1923 年增至 290 餘處，1924 年增至 330 餘處。與此同時，中國自身的教會力量得到發展，西方教會力量逐漸減退，據統計，1932 年中國還有 6150 名西方傳教士，這較之十年前已少了 8000 人，到 1936 年在華傳教士已減少到只有 4250 人，這說明中國基督教會已從一個完全由『洋人』操辦的教會逐漸發展成了一個自立的中國基督教教會。」[42]雖然，三十年代的中國戰亂頻仍，但是中國基督教會的本色化仍然有所發展。

41 誠靜怡〈中國覺得的性質和狀態〉,《文社月刊》第 2 卷第 7 期，1927 年 5 月。
42 張西平、卓新平《交融與會通・代序》，見張西平、卓新平編《本色之探》，中國廣播電視出版社 1999 年 4 月版，第 32 頁。

在本色化教會的運動中，各地的基督教會都提出了他們的本色化的觀點與途徑。趙紫宸在〈風潮中奮起的中國教會〉一文中介紹說：「據南來友人的報告，武漢的基督徒對於當前的問題，已經作了鮮明的表示：他們與國民政府中的基督徒作了幾度的商榷，結果他們宣告自己的主張與態度。按所宣示，大旨謂：一、基督教絕非帝國主義的工具，也決不與帝國主義相結合。基督教與不平等條約處於絕對衝突的地位，故基督徒必須切實作廢約的運動。二、教會須完全由中國人管理。一切教會主權，應當立即由西人移交於中國信徒。三、基督教與三民主義在原理上不相違悖而相融洽，故基督教可以接受三民主義。四、黨化教育，既只能在教學生明白三民主義等等，只在放棄強迫宗教教育等等，基督徒亦可儘量實施。以致在全民運動，為自由平等等奮鬥的時期內，信徒不失其宗教的信仰，亦不失為熱心愛國的中國國民。五、至於工農平民生活的提高，基督教原本贊成，因為耶穌來就是要傳福音給窮人聽，要使勞苦負重擔的人得生命。」[43]強調中國人管理教會，強調熱心愛國，強調基督教與三民主義在原理上不相違悖而相融洽。「上海的基督教領袖已經幾度推敲幾次會議，聞其中有人主張即辦三件重要的事。一、由西宣教師自動譴派有力的代表向各宣教會所隸屬的政府要求廢除傳教條約。二、由西宣教會譴派全權代表來華與我國基督教舉辦有切實的會議，決定由教會主權移交的原理與方法而即實行推廣。三、在最短期內召集全國基督教大會，討論宗教與人生的問題以及中華基督教會共同的事業。」[44]在與西方教會的洽談中，廢除不平等的傳教條約，將中國基督教會的主權真正移交給中國人，發展中華基督教會的共同事業。1927 年 2 月，王治心、沈嗣莊、李逢謙等成立上海基督教新團契，努力創造本色教會。宗教活動汲取了佛教的因素，教堂中設神案，宗教儀式中燃香，主持宗教活動

43　趙紫宸〈風潮中奮起的中國教會〉，《真理與生命》第 2 卷第 2 期，1927 年。
44　趙紫宸〈風潮中奮起的中國教會〉，《真理與生命》第 2 卷第 2 期，1927 年。

者的服飾、講經祈禱的儀式等，與一般基督教禮拜堂不同，並且編撰吟頌中國化的讚美詩。

在中國關於本色化教會的討論中，也一定程度影響了國際教會組織的態度。1926 年 1 月在國際宣教會穆德會議上，會議宣教政策報告中就指出：「以創立一個自治、自傳並自助的教會為宣教工作的完成……全部基督教事業的行政，包括一切已得或未得中國補助的團體，應當趕速移交給中國教會；……以西差會為一個外國人組合的權力機關的現象須極速的消滅於中國的基督教事業中。」[45]這說明了中國本色化教會討論所產生的重要影響。1927 年，中華基督教會成立，教會典章提出以「自治自助自傳之精神，宣傳基督教義」[46]。該會第一任會長是中國人，總幹事為美國人，1933 年後總幹事也由中國人擔任。雖然，該會中仍然有諸多外國傳教士，但是該會在中國政府立案，體現出本色化教會的傾向。

在本色化教會的討論中，強調了對於中國文化傳統的關注與研究，使中國教會強化了中國文化傳統的因素。

在對於本色化教會的討論中，許多人看到了中國教會的洋化色彩，強調中國教會應該融會中國傳統文化，應該適應中華民族的心理風尚等。如趙紫宸在教會本色化討論中，就強調應該立足於中國文化土壤，認為應根據中國人的思想來接受福音。趙紫宸認為中國基督教應該成為中國文化的一部分，他為本色教會所構畫了這樣的前景：「本色的教會要把基督教和中國古文化所孕育的一切真理化合為一，使中國基督徒底宗教生活和經驗合乎國土國風。……經過了若干時期，本色的教會在經濟方面，完全由中國人挹注；在管理方面，完全由中國人操持；在組織方面，完全要適應中國人底稟賦；在神學方面，完全要任中國思想自由的膏腴潤澤。若不能把這幾件事辦到，本色的教會，

45 董健吾〈中西矚目的穆德會議〉,《中華基督教會年鑒。第 9 期，第 153 頁，1927 年。

46 〈中華基督教會典章及細則〉,《中華基督教會年鑒》第 10 冊，第 7 頁，1928 年。

就不是完備的了。」[47]他將「把基督教和中國古文化所孕育的一切真理化合為一」看作中國教會本色化的基礎，因此研究中國文化傳統，研究中國文化傳統與基督教文化的異同，研究如何將中國文化傳統與基督教的真理融合，便成為本色化運動的重要組成部分。中華全國基督教協進會在 1924 年成立了本色教會委員會，在提倡自助、自治、自傳，提倡造就中國教會領袖人才，提倡教會的建築、音樂、美術、禮儀等中國化的同時，強調用中國文化作為傳教的載體，此後便出現了不少研究中國文化與基督教關係的著作，如胡貽谷的《現代基督教思想與中國文化》（1925 年）、王治心的《中國文化與基督教》（1927 年）、吳雷川的《基督教與中國文化》（1936 年）、趙紫宸的《從中國文化說到基督教》（1946 年）等，深入研究中國文化與基督教文化的融合。

宗教人士李景雄後來談到中國基督教會本色運動時說：「在近代中國教會史，本色教會運動由中國基督徒發起。那是自覺的運動，乃當時——一九二〇年代——反宗教、反基督教活動而產生。有一班知識份子，帶有強烈的民族意識又受了理性主義的影響，猛烈抨擊基督教及其它宗教，認為一切宗教都是反理智的，而攻擊基督教為洋教。中國教會領袖們就提倡本色教會運動，以『自理、自養、自傳』為口號。」[48]他從基督徒的立場道出了非宗教、非基督教運動發起的緣由，道出了非基督教運動與本色教會運動的關聯。

20 世紀 20 年代的本色化教會運動是中國基督教的改革運動，在非基督教運動外力的刺激下，反省中國教會的不足，注重中國文化傳統的背景，注重中國人的文化心理，在注重基督教的自理、自養、自傳中，擺脫中國基督教歷來被稱為「洋教」的稱號，努力使中國基督教會真正成為中國人的教會，努力使中國基督教真正成為中國人的宗教。

---

47 趙紫宸〈本色教會的商榷〉，《青年進步》第 76 冊，1924 年 10 月。

48 李景雄〈本色神學——舊耕抑新墾〉，見邵玉銘編《二十世紀中國基督教問題》第 251 頁。

第八章　基督徒知識份子的思索與應對
——以趙紫宸、吳雷川、徐寶謙為例

「五四」新文化運動伊始，由於受杜威和羅素等人理性主義思想的影響以及國內民族主義思潮的興起，國內知識份子在提倡科學和民主的同時，對包括基督教在內的宗教問題展開了熱烈的討論，基督教與「五四」新文化運動的相遇，碰撞出極為絢麗的火花。反對基督教者理由不一，有的認為基督教是非理性、反科學的；有的從歷史上基督教對異教的不寬容以及反道德、反人性的觀點出發；還有的認為基督教與中國傳統文化和民族性不相容等。新文化運動在中國基督徒中引起的反應也不一致：保守派「把它看作『洪水猛獸』，以為新文化運動處處都是危險的舉動，若不竭力撲滅它的毒焰不但教會遭它擊打，連社會也要受客觀存在的擾害」[1]；還有一些基督徒對新文化運動抱極端的冷靜態度，當作從未發生過一樣；而另一些開明基督徒知識份子則把新文化運動「看作『布帛菽粟』，深覺這種文化上的運動，實在是民生日用所不可或少的東西。社會各方面的情形，活潑不活潑，全在這種運動的能力浩大不浩大。這種運動的勢力如輸入在教會裏面，教會也必要發揚蹈勵的，有一番新作為」[2]。以趙紫宸、吳雷川和徐寶謙為代表的基督徒知識份子就是後一種觀點的代表。他們面對「五四」時期中國社會的急劇變遷，都以極大的熱情投身其中，推行基督教新

1　王恒心〈中國傳道人才的呼聲〉，《神學志》第 6 卷第 3 期，1920 年 9 月，第 4-5 頁。

2　同上。

文化運動和本色化運動，試圖為中國基督徒尋找一個合乎中國社會現實的身份認同，以基督徒獨特的方法來匡時救國。他們以強烈的民族責任感和使命感超越了宗教信仰的局限，敢於正視且回應時代潮流，從一個更廣闊的角度思考基督教與國家、社會問題。

一、趙紫宸：溫和的自由主義神學觀

1

趙紫宸是 20 世紀中國基督教會最具影響力的神學家之一。1888 年他出生於浙江省德清鎮一個商人家庭，自幼接受中國傳統教育的薰陶。從中學起在蘇州長老會所辦的萃英書院接受基督教教育，之後又進入美南監理會設立的東吳大學學習，並在 1907 年受洗成為基督徒。畢業後趙紫宸留校任教東吳大學附屬中學的英文、算術、聖經等科。1914 年他代表中國監理會赴美參加美南監理會總會會議，並於同年秋到美國梵德貝爾特大學攻讀神學，同時又兼讀哲學和社會學。

1917 年趙紫宸從美國梵德貝爾特大學畢業回國，在東吳大學講授社會學和宗教學。此後「五四」新文化運動在國內風起雲湧，在普遍標榜科學與理性的新思潮的同時，也出現了一些對宗教尤其是基督教的反對和質疑的聲音。這不僅由於基督教是伴隨著西方資本主義列強的入侵而進入中國的，更是因為基督教所代表的西方文化對中國傳統文明來說是一種異質文化，中國社會對它具有先天的排斥性。面對這種錯綜複雜的局面，1919 年趙紫宸和徐寶謙、劉廷芳、吳雷川等基督徒文人組織了「北京證道團」。他在英文的《教務雜誌》裏談到了證道團成立的原因及過程：「由於環境的改變，我們這群居住在北京的基督徒最近經歷到良心的覺醒。我們不只充分瞭解中國社會的重生首須基督教，傳播基督教是我們最大的義務；我們更清楚看見若要在現實傳播基督教，必須利用現代的科學和哲學觀念，方能清除這世代在宗教上的誤解和疑惑，期能供應基督所主張的真理。首先，一些個人有了這些觀念；但這少數人向他人宣傳這些觀念，於是出於共同的興趣和同情，漸漸形成了一個確定的群體……這個組織的正式名稱是『證道團』。」[3]證道團一方面希望改革不合時宜的教條教義和教會政策，另一方面則以《聖經》教義來回應社會問題。為了回應「五四」新思潮，他們還特地發起了所謂的基督教新文化運動。證道團的成立和基督教新文化運動的發生正是趙紫宸、徐寶謙等基督徒知識份子有感於新思潮的衝擊而作出的回應，是基督徒知識份子「五四」精神的體現，具有強烈的啟蒙性質。

1928 年趙紫宸任燕京大學宗教學院院長，並代表中國教會出席了在耶路撒冷舉行的世界宣教會議。1935 年、1936 年趙紫宸相繼出版了《耶穌傳》和《學仁》兩書，其中《耶穌傳》一書迄今為止仍是唯一一部由中國人撰寫的耶穌傳記。1941 年，趙紫宸在香港經聖公會何明華主教按手，成為中華聖公會會長。同年 12 月，珍珠港事件爆發後，趙紫宸被日本憲兵隊逮捕入獄，在獄中他堅貞不屈浩氣凜然，出獄後他寫下的《繫獄記》，充分表達了其崇高的民族氣節與深刻彌堅的信仰。抗日戰爭後，趙紫宸相繼出版了《從中國文化說到基督教》、《基督教進解》、《耶穌小傳》、《聖保羅傳》、《基督教的倫理》、《神學四講》等多部作品，神學思想日趨成熟深刻。

趙紫宸在「五四」時期的神學思想具有強烈的自由主義色彩，將信仰與政治混在一起，強調宗教的現實性。他對陳獨秀在〈基督教與中國人〉一文中提出的觀點基本認同，即對基督教中的「創世說」、「三

---

3 Translated by T. C. Chao, “Christian Renaissance in China”, Chinese recorder, LI:9 (Sep, 1920): 636-637.轉引自吳國安《中國基督徒對時代的回應（1919-1926——以《生命月刊》和《真理週刊》為中心探討）》，香港宣道出版社 2000 年版，第 36 頁。

位一體說」以及耶穌的神跡奇事等持懷疑態度，認為基督教中愛和犧牲的精神才是中國文化所缺乏的，「我們不用請教什麼神學，也不用依賴什麼教義，也不用借助什麼宗派。我們直接去敲耶穌自己的門，要求他崇高的、偉大的人格和熱切的、深厚的情感與我合而為一」[4]。趙紫宸在著作中曾多次提及陳獨秀，對「五四」新文化運動所提出的目標也相當認同，認為基督教信仰中宗教和道德的力量是中國民族運動中不可或缺的。在非基督教運動爆發後，他一方面全力護教，批評那些反傳統、反宗教、沒有宗教道德基礎的青年的激進言論，另一方面也沒有放棄基督教與新文化運動的結合工作，並以融匯中西文化為目標，開始建立本色教會、本色神學的嘗試。

2

對於新文化運動和「五四」愛國運動，趙紫宸均持肯定的態度，為消除反教人士對基督教的誤解，他寫下了〈宗教與境變〉、〈促進宗教革新的勢力〉、〈新境對於基督教的祈向〉、〈《聖經》在近世文化中的地位〉等一系列文章，闡明了基督教與新思潮的關係，並宣導基督教信仰適應新思潮運動。

首先，他認為新思潮的到來對於宗教有著重要影響，有利於促進基督宗教的革新。受進化論思想的影響，趙紫宸認為一切制度和理想都在變遷之列，而宗教既然是社會的一種制度和理想，自然也難免發生變遷。宗教和社會是相互影響的，宗教的改革不僅受社會遞演的影響，同時也對社會的變遷有著促進作用。例如，新思潮的到來使得宗教裏面的迷信更無立足之境了，也打擊了宗教裏面只注重個人的救贖、不去尋求社會改造的思想，這些都成為了宗教革新的重要原因。對於當時新興的社會主義思潮，趙紫宸並不否認它和宗教尤其是基督教之間存在著激烈的思想衝突，但他更認為二者之間擁有相互調和的基礎。

[4] 陳獨秀〈基督教與中國人〉，《新青年》第7卷第3號，1920年2月1日。

基督教與勞工階級有著彼此相互依賴的需要，基督教的博愛主義和勞動階級若要兩相勝利，就應該相互結合。他引用 Walter Rauschenbush 的觀點認為「理想的宗教運動，若沒有勞工的輔助，就要像靈魂沒了身體；經濟的階級運動，若無宗教的援手，就要像身體沒了靈魂。勞工須從宗教得高尚的精神與信仰；否則在他們面前的大奮鬥中間，所須的自我犧牲與終身忠信，斷乎不能發生的」[5]。趙紫宸預言宗教和社會主義衝突的時期將要過去，今後這兩個運動要調合起來，創造新社會新事業了。新思潮的到來有利於基督教的發展，「今日的中國，是教會的良機，也是教會的危機，在乎宗教界中的人如何應對而已。能應環境的宗教，方才可謂有生活的機能，不能應環境的宗教，決然不能有存在的必要」！他深信基督教遇到各種境界都依舊能生存繁盛，「因為基督教裏面有真實的生活。但是進步之遲速，全以吾人行為的順逆為準則」，所以教會的前途，依舊「在乎吾教中人如何應對現在的新境而已」[6]。

其次，趙紫宸認為基督信仰與「五四」新文化運動所提倡的科學、哲學、美育等並不矛盾。「五四」新文化運動期間科學主義思潮極為興盛，但中國傳統文化中強大的無神論傳統，「使得許多近代中國知識份子向西方學習時，只看到科學和民主，卻看不到產生科學和民主的信仰根源」[7]。趙紫宸試圖調和基督教與科學、哲學之間的衝突，將之引向共同的對象——真理。他指出科學和宗教都本於信，立於誠，成於德，發於人，兩者是可以並行不悖的。他也注意到科學和宗教屬於不同的範疇，科學研究空間時間中的現象，在它的範圍內不承認自由、神跡、上帝、靈魂等，因為這些多不在科學的範圍內。但科學不能包

5　趙紫宸〈促進宗教革新的勢力〉，《趙紫宸文集‧第三卷》，商務印書館 2007 年版，第 26 頁。

6　趙紫宸〈宗教與境變〉，《趙紫宸文集‧第三卷》，商務印書館 2007 年版，第 17 頁。

7　周小安〈一個基督徒對「五四」科學主義的反思〉，原載於《海外校園》13 卷 22 頁。

藏一切，《聖經》中的宗教生命，是宗教範圍內的實際，超乎科學而不悖乎科學，不能因著科學邏輯的差訛和解析的考驗法而打破。「科學和宗教範圍不同，但其精神則一。科學含有宗教的完全誠服真理的精神，宗教蘊著科學的專心，尋求實際的決志。」[8]到 1921 年元月，趙紫宸仍然說：「五四運動要求用科學審視中國社會，不獨不違反基督教的精神，事實上正是與之一致的。」[9]對於哲學和宗教之間的關係，趙紫宸也試圖消除兩者之間的張力與隔膜。他認為哲學和宗教都源於假定，「哲學的第一原理是假定的，不論是心是物是理是天然，都須在假定的範圍內」。而基督教以上帝為依歸，也是一種假定，「因為以上帝解釋萬物，使一切的存在都在上帝裏面得究竟和歸宿，正和哲理的要求，事功相同」。《聖經》作為基督教文化的起源，雖非哲理書，但卻和哲理之間有著密切的關係。「《聖經》可補哲理的不足，哲理可推《聖經》的玄奧，兩缺其一，文化招損。」[10]「五四」時期，蔡元培曾主張「以美育代宗教」，這裏的「宗教」，自然就是針對西方宗教文化中的基督教。對此，作為基督徒知識份子的趙紫宸當然要旗幟鮮明的予以反對。他指出美術與宗教之間有著密切的關係，宗教的需求成全了美藝的進步，但宗教不是美藝，乃是完全的生命，美術為生命的一部，不是生命的全體，萬無代替宗教之理。在我們今天看來，趙紫宸的觀點無疑具有極大的合理性，宗教所具有的終極關懷和信仰維度是美育所無法取代的。相反，宗教對美學的發展還有著促進的作用，只有將信仰、宗教精神融入到審美中，審美活動才能真正具有靈魂。

第三，面對「五四」時期多元的文化思潮，趙紫宸主張以耶穌的道德和人格救國。作為一個基督徒，趙紫宸對《使徒信經》中童女生子、

8　趙紫宸〈《聖經》在近世文化中的地位〉，《趙紫宸文集·第三卷》，商務印書館 2007 年版，第 65 頁。

9　古愛華《趙紫宸的神學思想》，鄧肇明譯，基督教文藝出版社 1998 年，第 57 頁。

10　趙紫宸〈《聖經》在近世文化中的地位〉，《趙紫宸文集·第三卷》，商務印書館 2007 年版，第 66 頁。

肉體復活等神學玄理的觀點並不滿意，他認為這些在基督教信仰中並不重要，而「基督教的中心點，基督教的根本，就是耶穌的人格」[11]。耶穌的道德律令就是「愛」，這個愛就是為國捨生、為理捨生、為人捨生的犧牲精神。耶穌的愛平等而廣博，是實現「德謨克拉西」精神的。他指出中國今日正需要這種捨己利人的愛，這種熱烈的、深厚的、偉大的道德，「若基督教能夠發揮他，創造他，洋溢他出來，供給中國，基督教就可以成為中國文化的要質，中國民族的信仰，中國前途的光輝」[12]。趙紫宸非常讚賞陳獨秀對基督教的態度：「我們今後對於基督教問題，不但要有覺悟，使他不再發生紛擾問題；而且要有甚深的覺悟，要把耶穌崇高的偉大的人格，和熱烈的深厚的情感，培養在我們的血裏，將我們從墮落在冷酷，黑暗，污濁坑中救起。」[13]他指出基督教目前最重要的問題，就是如何把他的道德精神洋溢開來，適應現代的要求，把耶穌的人格、情感、覺悟、權能、生命，融化培養在國民的心裏血裏，使他們因此成個新民族，立個新社會。藉著人的心靈的再造促成社會的重建，這是基督教在當時中國的主要任務。

「五四」新文化運動是一次影響廣泛而深遠的思想革新運動，和許多非基督徒知識份子一樣，趙紫宸身上有著強烈的歷史使命感，國家的命運與前途是他始終關注的對象，弘道於民、教化眾生是他自我肩負的責任。因此，在新思潮的狂飆下，他首要的關懷就是建立起基督教與新思潮之間的關聯，找到基督教如何革新自我、迎接新思潮挑戰的途徑。同時他也敏銳地注意到這一運動雖然推翻了傳統儒家思想，但卻未能彌補國人心靈的空隙，「新思潮使我們得了生活解放的要求，卻沒有給我們一種統一生活集中的訓練，使我們得了個人社會發展的慾望，卻沒有給我們一種統一建設人生的維持勢力。使我們重新

[11] 趙紫宸〈對於《信經》的我見〉，《趙紫宸文集・第三卷》，商務印書館 2007 年版，第 35 頁。

[12] 趙紫宸〈新境對於基督教的祈向〉，《趙紫宸文集・第三卷》，商務印書館 2007 年，第 51 頁。

[13] 陳獨秀〈基督教與中國人〉，《新青年》第 7 卷第 3 號，1920 年 2 月。

估量一切價值的要求，卻沒有給我們一種安身立命的根基……有解放的工作，而無建設的制裁，有個人的要求而無公認的標準和根基」[14]。正是從這個意義上講，他認為基督教對於新社會的建設有著極為積極的意義。

3

基督教在 20 世紀初期得到迅速發展，「各地開闢教堂，設立學校以及佈道事工，均欣欣向榮，有漫無止境的氣概」[15]。1922 年由中華續行委辦會編輯整理的《中華歸主》一書的出版，在社會上引起很大反響。「五四」時期受科學主義影響的一些知識份子本就對基督教沒有好感，而基督教在華勢力的擴張更使他們心生警惕，再加上近代基督教的傳入與帝國主義侵略有著千絲萬縷的聯繫，於是反基督教人士將矛頭指向 1922 年 4 月在北京舉行的世界基督教學生同盟第十一屆大會，發起了第一次非基督教運動。他們宣稱宗教就是迷信，宗教違反科學精神，基督教是帝國主義侵略工具等，將基督教徹底妖魔化。非基督教運動拉開帷幕之時，趙紫宸尚在東吳大學任教，在積極護教的同時，趙紫宸也開始反思教會自身的問題，寫下了〈中國教會前途的一大問題〉、〈中國教會的強點和弱點〉、〈我們要什麼樣的宗教〉等文章。同時他也開始探討基督教與中國文化的關係，嘗試建立一個適合中國的本色化基督教。1925 年受燕京大學校長司徒雷登的邀請，趙紫宸任教於燕京大學教授基督教哲學，並在同年出版了《基督與我的人格》一書。接著在 1926 年，他相繼出版了《基督教哲學》和《耶穌的人生哲學》。除此之外，趙紫宸還在《青年進步》、《真理與生命》、《生

14 趙紫宸〈新酒〉，《趙紫宸文集・第三卷》商務印書館 2007 年版，第 416-417 頁。

15 沈亞倫《四十年來的中國基督教會》，張西平、卓新平編《本色之探》，中國廣播電視出版社 1999 年版，第 535 頁。

命月刊》、《真光雜誌》等刊物上發表中英文論文60餘篇，探討基督教與中國傳統文化的融合、構築本色化神學等問題。

趙紫宸認為這次非基運動給了教會一次反省信仰的機會，促使信徒開始思考基督教與中國的前途問題，尤其是青年學生與教會之間的問題。在「五四」新文化運動的洗禮下，趙紫宸敏銳地看到青年學生與教會之間的疏離，尤其是基督徒學生與教會之間相互不瞭解，「並無知識上、心靈上的交通」[16]。針對這種現象，他在1922年4月發表了〈中國教會前途的一大問題〉。他指出信主的學生，雖然批判教會，顯露不滿意，但究竟還是愛教會的；而教會也仍然是一個發表基督精神生活、發展救世事功、宣傳耶穌福音、促進人類友誼與和平的「機關」。對於教會西方化、畏懼科學、偏重形式、容納欺詐等不良現象，應當痛心疾首地去批評矯正。趙紫宸主張發起一場全國基督教學生運動，促進教會的發展。受非基督教運動的影響，許多人將教會發展成績不好、管理失常、屬靈生活呆滯等罪名都歸結到宣教師身上。基於此，趙紫宸發表了〈宣教師與真理〉，指出作為宣教師最重要的條件，就是將基督融化在生命中，產生相互契合的關係，這樣宣教工作才會發生效果，同時他也呼籲大學生投身宣教師的行列，以福音拯救中國的事業，才有成功的希望。

面對非基督教運動掀起的反教浪潮，趙紫宸在批判反教人士觀點的同時，也認真反思基督教自身的問題。在1922年5月的基督教全國大會的報告中，他討論了當前教會的強弱問題，他首先指出「教會的力量，全在信望愛義，由切實顯著的服務而加惠於人類：教會的軟弱，也即在舍此他圖，失掉了信望愛義的真相與夫犧牲服務的事功」[17]。對於教會的良莠不齊，他也反躬自省，給予尖銳批評：「平心而論，今日中國教會對於道德的覺悟，除少數人外，實在膚淺。……教友既係愚

[16] 趙紫宸〈中國教會前途的一大問題〉，《趙紫宸文集·第三卷》，商務印書館2007年版，第115頁。

[17] 趙紫宸〈中國教會的強點和弱點〉，《趙紫宸文集·第三卷》，商務印書館2007年版，第126頁。

魯，復患貧困，道德一壞，諸惡相隨。於是乎奉了主名，作無盡孽，行無窮惡。教會是維持道德的制度，轉變了窩藏道德的淵藪；信徒祈禱的所在，被假弟兄當成盜賊的地方，令人思之可恨，今日中國教會的弱點，大率在此！」[18]除此之外，趙紫宸還批評了教會中宗派的繁複紛遝和組織的千態萬狀，教會與社會環境和知識環境的不相適應等弱點，這些切中肯綮的批評顯示出趙紫宸對基督教會的深切關懷。

非基運動的發生使得基督教在中國的處境變得極端尷尬，基督教與資本主義剝削、與帝國主義侵略之間的關係，成為被人詬病的焦點。自 1922 年基督教全國大會以後，趙紫宸的思想發生了轉變，他雖然仍舊關心基督教信仰與新思潮的結合，但開始更致力於本色化神學的探討和建立。他在反省教會缺點的同時就批評了一些傳教者把基督的「真生活」、「真精神」「封鎖在固定凝固的宗派裏形式裏」，並指出教會的弱點就在「西洋式的組織與思想，與夫四分五裂的宗派」[19]。那麼，趙紫宸心目中真正的本色教會又是什麼呢？他在 1924 年發表的〈本色教會的商榷〉中說：「本色教會將建設上帝為父，人眾為子，天下為一家底信仰上；將建設於耶穌基督底『神』、『人』兩性上，聖靈底權能上，信徒們藉有形的組織而發表之屬靈的親交上；將建設於靈魂的不朽上，和在地若天的天國上。」[20]可見，趙紫宸試圖去除基督教中西方文化的雜質，脫下西方重重的繭縛，還原真正的基督精神。只有這樣，基督教才能「穿上中國的闌發」，才能「受國人的瞭解與接納」[21]。趙紫宸強調在尋求真正的基督精神、將基督教從西方形態中還原出其精華的同時，也要顧及中國傳統文化的精神遺產。「五四」初期的趙紫宸基本認同「新舊」、「中西」對立的二元觀，面對「五四」

---

[18] 趙紫宸〈中國教會的強點和弱點〉，《趙紫宸文集·第三卷》，商務印書館 2007 年版，第 129-130 頁。

[19] 同上，第 130 頁。

[20] 趙紫宸〈本色教會的商榷〉，《青年進步》第七十六冊（1924 年 10 月），第 8-9 頁。

[21] 趙紫宸〈基督教與中國文化〉，《趙紫宸文集·第三卷》，商務印書館 2007 年版，第 267 頁。

時期新舊交替、狂飆突進的社會風潮，他試圖替中國尋找一個新的價值標準，因此對傳統文化更多地採取批判的態度。不過隨著新文化運動反基督教傾向的愈來愈嚴重，他開始反思中國文化中的某些合理因素，並認為基督教與中國文化的結合，能夠成全中國文化的不足，從而使中國文化煥發出新的活力。同時他也注意到教會培育本色人才的重要性，「教會在許多方面，缺乏中國領袖，而需要最急切的卻有兩種人：一是本色的牧師，一是本色的著作家」[22]，只有培育出中國「本色的領袖人才」，才能使基督教在中國紮下深固的根基，才能建立自治、自養、自傳的本色教會。

二、吳雷川：以基督教改造社會

1

吳雷川，名震春，字雷川，1870 年出生於江蘇徐州。與趙紫宸從小接受新式教育不同，吳雷川自七歲起開始讀四書五經、詩詞，並練習八股文寫作及書法習字等課程，有著良好的國學基礎。1898 年他赴北京參加京試與殿試，一舉考取貢士與進士。不久又被點為翰林進入了翰林院，取得了當時傳統知識份子所夢寐以求的最高榮譽。躊躇滿志的吳雷川本準備在仕途上大顯身手，但戊戌變法的失敗以及隨後的庚子之亂卻斷送了他的仕途夢。雖然辛亥革命之後他曾經短時間看到希望，但很快又陷入精神上的苦悶。在這個新舊交替的時代，傳統知識份子一方面希望國家通過變革實現民族振興，另一方面又難以容忍舊的信仰和價值體系崩潰後精神上的無序和混亂。因此當吳雷川偶然

[22] 趙紫宸〈本色教會的商榷〉，《青年進步》第 76 冊，1924 年 10 月，第 10 頁。

間接觸到基督教之後，很快為這種與儒家文化截然不同的信仰所吸引，「一方面對於義理更多有領會，一方面對於神奇的部分很希望教會中人能為我詳細解釋，因此就有意加入教會」[23]。1915 年，已經 45 歲的吳雷川受洗入聖公會。由於他不像趙紫宸那樣接受過系統的基督教教育，甚至可以說他「對基督教系統神學並不熟悉，知之甚微而有著偏離其正統教義之理解」[24]，因此他選擇基督教的理由也並不僅僅在於個人修養，而是希望能從基督教的角度為國家和民族的振興做出貢獻，這就不可避免地使他後來的宗教觀帶有激進自由主義的色彩，充滿著一股社會改造的熱誠。

從 1922 年起，吳雷川開始任教於燕京大學。他也是證道團初期編輯之一，並於 1922 年 9 月擔任《生命月刊》職員的副主席。此時的吳雷川理論素養尚不成熟，還未形成一套較為完整的理論體系，因此這一時期的他僅在《生命》雜誌發表過四篇文章。1923 年 4 月他與友人寶廣林、吳耀宗等人成立了真理社，並創辦了《真理週刊》，開始深入思考基督教信仰，構築自己以基督教改造社會的理論。他在〈真理週刊發刊辭〉中指出，中國的政局已極其腐敗，因此希望透過《真理週刊》，發表他們對改造社會的意願[25]。1926 年，吳雷川與趙紫宸、徐寶謙、劉廷芳等其他一些基督徒知識份子將《生命月刊》與《真理週刊》合併，改稱《真理與生命》繼續發行。

1929 年，吳雷川成為燕京大學第一位華人校長，不過學校的行政實權仍舊在司徒雷登等外國人控制之下，之後由於收回教育權運動的衝擊，加上校務的受挫和環境的壓迫，吳雷川於 1934 年因不滿而憤然辭職，並開始將精力轉向自己的政治社會改革的計畫。其後他的思想也日趨激烈，傾向於以政治革命的方法改變中國現狀，相繼出版了《基督教與中國文化》、《基督徒的希望》、《墨翟與耶穌》等著

23 吳雷川〈基督教與中國文化〉，上海古籍出版社 2008 年版，第 5-6 頁。
24 卓新平《基督教與中國文化・導讀》，上海古籍出版社 2008 年版，第 25 頁。
25 吳雷川〈真理週刊發刊辭〉，《真理週刊》1923 年第 1 卷 1 期。

作，希望用基督教來拯救中國、改良社會，1944 年吳雷川因病於北平去世。

2

在「五四」新文化運動中，理性與科學是被當時進步知識份子所推崇的對象，而舊文化、舊傳統以及被視同於迷信的宗教信仰，自然都在剷除打倒之列。另一方面，「騎在炮彈上」傳播福音的基督教又被認為是西方帝國主義侵華的工具，受到社會各階層的普遍抵制。作為傳統文化薰陶下的知識份子，吳雷川從未出國，也不懂外語，沒有受過系統的神學訓練，因此他在思想上受到的壓力和具有的矛盾可想而知。

吳雷川對基督教的接受源於兩個層面：首先在於滿足個人精神上的需求。他覺得「自圖安逸地生活一世，實在沒有意義」，而傳統的儒家思想教育又不能給他一個堅定的精神基礎，「在儒教中尋求方法，甚是繁難而不得要領」[26]。其次，在民國初年政治社會的動盪以及救國風潮的影響下，吳雷川希望找到一個行之有效的救國道路。在他的最早發表的一篇文章〈禮制與基督教〉中，開篇便指出「我這篇論文的標題，雖是『禮制與基督教』，但內容都是對著改造社會問題發的」[27]，體現出他對改造中國社會的強烈的熱忱，而最初他接受基督教，也是「以為基督教必是能改造中國的社會，所以我願意信仰」[28]，因此這也成為吳雷川接受基督教的第二個動機。可見，吳雷川對基督教的接受是一種理性的抉擇，他所看重的也是基督教的理性層面。正因如此，對於傳統基督教的一些教義如童貞女生子、耶穌的復活、死後的永生以及新約《聖經》中的神跡奇跡等，他也和趙紫宸一樣，覺得難以接受。雖加入了教會，但「在神學方面始終沒有得到使我能夠接受

---

26 吳雷川〈基督教與中國文化〉，上海古籍出版社 2008 年版，第 6 頁。
27 吳雷川〈禮制與基督教〉，《生命月刊》第 1 卷 2 期，1920 年。
28 吳雷川〈我個人的宗教經驗〉，《生命月刊》1923 年第 3 卷 7-8 期。

的解釋」[29]。他所強調的是耶穌人格中道德的力量和社會改造的精神，他認為「基督教救國的唯一要素，就是耶穌犧牲的精神」[30]，「基督教建立的根基，就是耶穌的人格」[31]。吳雷川將耶穌看作是一個具有偉大人格力量的歷史人物，強調其人性的一面，他對基督教的理解也完全是理性的，將宗教視為改良社會的工具手段，而忽略了其超越性的層面。因此在進入 1930 年代之後，吳雷川思想逐漸激進，開始以唯物主義和現代主義的思想來解釋基督教，主張「耶穌革命論」，建立「上帝國」。

在「五四」新文化運動中，科學對宗教的衝擊頗為強烈，許多信徒為此而放棄了宗教信仰。從小接受中國傳統教育的吳雷川對科學並不熟悉，他並無專門論述科學與宗教關係的文章，但他深信基督教信仰與科學並不矛盾，宗教並不迷信。「宗教與科學，同起源於人的本能，也同循進化的常軌」[32]，宗教與科學同為人類社會所需要，基督教效法的是耶穌的人格而非神性。基督教也是隨著時代而進化的，「凡是宗教，無不隨時代而進化，其種種規制與傳說，都要因著時代的進化而發生問題，在各種問題發生的時候，全賴智識界的人，具有遠大的眼光，辨明原理，排除誤會，然後一般人的信仰，才能有所依據，堅定不移」[33]。最後他得出這樣的結論：我們承認宗教是人類社會進化的動力，而其本身又與哲學及科學同為不息的演進，自然有它永久存在的價值了[34]。吳雷川對非基督人士的這種批判並不有力，他這種強調宗教的進化、推崇耶穌人格的觀點，有時甚至會對《聖經》加以衍伸附會而作出符合時代認識的解釋，以致有些學者批評吳雷川的神

---

29 吳雷川〈基督教與中國文化〉，上海古籍出版社 2008 年版，第 6 頁。

30 吳雷川〈基督徒救國〉，《真理週刊》1923 年第 1 卷 4 期。

31 吳雷川〈基督教對於中華民族復興能有什麼貢獻〉，《真理與生命》1935 年第 9 卷 2 期。

32 吳雷川〈基督教與中國文化〉，上海古籍出版上 2008 年版，第 4 頁。

33 吳雷川〈對於在智識界宣傳基督教的我見〉，《生命月刊》第 5 卷 1 期，1924 年。

34 吳雷川〈基督教與中國文化〉，上海古籍出版上 2008 年版，第 4 頁。

學「只是被動的，只想保衛自己」[35]。不過吳雷川的這種觀點卻代表了當時相當一部分基督徒知識份子努力調整基督教觀念，使之適應「五四」新文化運動，以改造社會、挽救國難的熱忱。

面對新文化運動，吳雷川一方面積極支援新文化運動革新的主張，另一方面諳熟傳統文化，國學思想根底深厚的他又對新文化運動全盤否定傳統文化的主張不滿。他認為基督教與中國傳統文化都是人類的寶貴財富。「以具有四千年歷史的中國文化，傳播世界已經一千年的基督教，它們的本身都是高明、博厚，而且悠久。」這兩種源遠流長的文化體系在進入現代社會以後都應該改革自身、與時俱進，「當此世界一切正在大轉變之中，基督教與中國文化將有同一的命運，它們必要同受自然規律的約束，同有絕大的演進，同在未來的新中國中有新的結合」[36]。當然，吳雷川對傳統文化也進行了批判性的審視，指出中國文化中許多明顯的缺陷，例如缺乏民主思想、帝王意識濃厚、以人治代替法治、厚古薄今等，這些批評即使是在今天依然對我們有著警示的作用。

3

非基督教運動剛剛爆發時，吳雷川並沒有迅速發表文章給予反擊，而是靜下心來思考基督教的得失。他在 1923 年〈生命月刊今後的使命〉中指出《生命月刊》有四項使命：辯證非基督教者對基督教的誤解；闡述基督教的精要；說明基督教與中國文化有相互融通之處；並藉此接觸社會各團體，證明基督教是社會的福音[37]。其後他撰寫了〈國家主義與基督教是否衝突〉、〈反基督教運動與國家主義〉、〈論中

[35] 雷立柏《論基督之大與小：1900-1950 華人知識份子眼中的基督教》，社會科學出版社 2000 年版，第 117 頁。

[36] 吳雷川《基督教與中國文化・自序》，上海古籍出版社 2008 年版，第 1、12 頁。

[37] 吳雷川〈生命月刊今後的使命〉，《生命月刊》第 6 卷 1 期，1923 年。

國基督徒對於國家應負責任〉、〈基督教徒當如何應付反基督教運動〉等文章，逐漸開始回應非基督教者的挑戰。

首先他將基督教教義和基督教教會及信徒予以嚴格的區分，堅信基督教信仰可以救國。他認為某些教徒對國家民族的利益的漠不關心與基督教信仰無關，而是西方教會和傳教士灌輸的錯誤觀念：「教會中之經濟與人才，又多為外國所供給，遂使一般信徒，只知有教會而不知有國家，甚至尊貴外國而蔑視本國。」[38]基督教之所以成為帝國主義侵略的工具並不是由於基督教教義，而是西方傳教士的錯誤，我們可以反對西方傳教士和教會，但卻不能反對基督教本身。至於基督教在華所創辦事業的失敗，「只是辦事人的不對，並不是這事業本身的失敗，更不是基督教的失敗」[39]。吳雷川認為基督教信仰中「愛」與「犧牲」的教義是放之四海而皆準的真理，更是可以挽救國難、改造社會的精神動力，「所以當今的基督徒，想要救濟中國，最好抱定犧牲的宗旨，聯合同志，奮勇進攻政治的中心，矢死靡他，前仆後繼，至終必能促起多數人的覺悟，達到改革的目的。其次就是採取緩進主義，忍耐服務，不求近功，也可因恒久的信念漸致天國的實現，此二者取徑不同，卻可以證明基督教確有轉移時局的實力」[40]。在這種意義上，基督教已經不單單是純粹關係個人精神信仰宗教，而是與政治革命緊密聯繫在一起。

其次，吳雷川將反基督教勢力歸納為兩類：一是出於民意的團體勢力，他們多為知識份子，高舉國家主義的旗幟，指斥基督教教人迷信，只醉心於天國，使人甘心受辱而忽略了奮發圖強，又指責基督教之教義與當時高舉之國家主義相悖逆；另一類之反教者則在政治上別有用意，藉題發揮，他們托詞焚毀教堂，到處亂事[41]。吳雷川集中力

---

[38] 吳雷川〈論中國基督徒對於國家應負之責任〉，《生命月刊》第5卷5期，1925年。

[39] 吳雷川〈失敗與勝利〉，《真理週刊》第2卷24期，1924年。

[40] 吳雷川〈基督教與中國時局〉，《真理週刊》第2卷36期，1924年。

[41] 吳雷川〈反基督教運動與國家主義〉，《真理週刊》第3卷39期，1925年。

量對國家主義者的觀點進行了批駁。他認為基督教與國家主義並不矛盾：基督教的教義誠有許多高過國家主義的原理，然如降格相求，舉其一部分而論，基督教正可謂適合國家主義者[42]。他舉耶穌為例，認為耶穌也是一個國家主義者：「就教主耶穌本人而論，他本是一個最熱心愛國的人。他在幼年就有志於擔負國家的大任。」[43]面對外界對基督教猛烈的抨擊，吳雷川依然對基督信仰充滿信心，他認為非基督教運動促使教徒以理性探索基督教教義，反省基督教與中國文化之關係，另外也使基督教會在華有了悔改的機會。他在〈基督教在中國的新途徑〉中指出，面對外界的非難，正是基督教革新的好時機。第一要「以基督教精神，發揚中國固有的文化，造就領袖的人才」，第二「基督徒實行服務，開發平民生計，救濟中國的困窮」[44]。其立足點實質上就是建立本色化教會，發揮基督教服務社會國家的功能。

吳雷川的本色化主張與趙紫宸不同。正如吳利明所指出，趙紫宸在本色化本身的問題上著眼點仍然是中國傳統文化和基督教的關係；而吳雷川則是從中國社會需要和基督教的關係作著眼點，他的目標是構建一個以中國社會需要作為出發點的基督教[45]。因此，吳雷川對基督教一些基本教義的理解有著濃厚的中國色彩。例如，他認為耶儒兩教雖然名稱不同，但天道無分中西，儒家思想強調「天」是萬物之根源，基督教則將上帝當作宇宙中的最高主宰。「上帝就是和真理、大自然，最高的原則相等的一種名稱，人類必須與大自然相適應，不能與真理或最高的原則相違反」[46]，雖然名稱不同，但「他們對於宇宙主宰的本質和意志的體認」是共通的[47]。此外，他還從倫理觀、人生觀

---

42 吳雷川〈國家主義與基督教是否衝突〉，《生命月刊》第 5 卷 4 期，1925 年。
43 吳雷川〈反基督教運動與國家主義〉，《真理週刊》第 3 卷 39 期，1925 年。
44 吳雷川〈基督教在中國的新途徑〉，《生命月刊》第 5 卷 8 期，1925 年。
45 參見吳利明《基督教與中國社會變遷》，香港基督教文藝出版社 1981 年版，第 224 頁。
46 L. C. Wu, "Twenty Years a Follower of Christ", Chinese Recorder, Vol.66, No.11, 1935, pp.653-654.
47 吳利明《基督教與中國社會變遷》，香港基督教文藝出版社 1981 年版，第

等方面調和儒教和基督教的思想，促進二者的融合，並從耶儒兩教的經典和創始人等方面進行比較，推動基督教與中國傳統文化與時俱進、雙重革新。在吳雷川看來，無論是基督教還是儒教，都是真理的不同表達方式，故兩者應該互為補充、相互調適，以求在中國發揚光大。「要能採擷儒教的精英，與基督教相印證，使素來皈依儒教的人，不但贊同基督教，並且因信基督教而更能發揚儒教。」[48]吳雷川不遺餘力調和基督教與傳統儒學之間的關係，他相信「至今耶穌的宗教，固已日盛於中土，即孔子之學說，亦未使不見信於歐美，將來世界大同，儒耶兩派，必能融合無間，是皆可以斷言者也」[49]。為此他接連寫下了〈基督教經與儒教經〉、〈論基督教與儒教〉、〈七克廣義〉、〈耶誕節的聯想——耶穌與孔子〉、〈人格——耶穌與孔子〉等文章，希望從文化的角度證明基督教與中國文化之間是可以融合的，進而也對非基督教人士攻擊基督教的異質性進行批判。

在面臨科學主義、國家主義對宗教的衝擊，面對反基督教運動旗幟高舉的「五四」時期，吳雷川雖然對基督教的若干信條仍然有所抵觸，但他依然堅信基督教能救中國。為此他力主改革教會中落後於時代的規制，效法耶穌的高尚人格來改造社會、服務國民；另一方面積極宣導本色化運動，促進基督教與中國傳統文化的融合。他對基督教的某些解釋在一定程度上偏離了基督教正統神學，在教會內部受到冷遇，而他在基督教本色化的努力在 20 年代的政治環境中也不可能得到施展。因此除了一些自由派知識份子基督徒和青年學生之外，他的思想在社會上很難有影響力，這種注重基督教對社會改造的思想也預示著吳雷川在 30 年代逐步走向更加激進和政治化的傾向。

---

246 頁。

48 吳雷川〈對於在智識界宣傳基督教的我見〉，《生命月刊》第 5 卷 1 期，1924 年。

49 吳雷川〈人格——耶穌與孔子〉，《生命月刊》第 5 卷 3 期，1924 年。

三、徐寶謙：注重理論與實踐結合的實幹家

1

在中國教會史上，徐寶謙遠不如趙紫宸、吳雷川那樣著作等身、名聲顯赫，學界對徐寶謙的研究也比後兩位少得多，但他的唯愛思想以及宣導知行合一、服務鄉村的實踐，在現代基督教歷史上有著獨特的參照作用。在基督教理論的構建上，徐寶謙和趙紫宸的立場頗有相似之處，他們都不贊同吳雷川那種激烈的社會改革主張，都將國民精神的重建作為社會改革的基礎，希望借基督教達到重構國民精神的目的。不同的是徐寶謙更強調直接參與社會實踐，他雖然在基督教理論方面的建樹不如趙紫宸那樣系統，但卻是一個知行合一的實幹家。

徐寶謙，字六吉，1892 年生於浙江省上虞市一個傳統知識份子家庭，從小就接受了傳統儒家文化的影響。1910 年他考入北京稅務專科學校之後，開始對基督教青年會舉辦的講座極感興趣，在聽了著名佈道家穆德和艾迪的講道後，1913 年他受洗加入了基督教。1915 年徐寶謙從北京稅務專科學校畢業後，擔任了北京基督教青年會學生幹事，主要負責青年學生中的傳教，以及指導社會服務社和宗教研究社等工作。1919 年他與胡學誠等一起發起「基督教新文化運動」，創建「生命社」，社員主要是燕京大學的一些宣教士和基督徒。他們還出版了《生命季刊》（後改為月刊），由徐寶謙任主編，胡學誠任助理。由於受「五四」新文化運動的影響，1920 年 1 月，徐寶謙等基督徒知識份子舉辦了一場旨在回應新思潮的討論會，並在會後成立了北京證道團。1920 年 3 月，他們又在臥佛寺召開基督徒與非基督徒的會議，邀請了新思潮的領袖蔡元培、胡適、蔣夢麟、李大釗等出席，討論基督

教的前途及其與中國社會的關係，坦誠發表對基督教的看法，之後又函請數十名知識份子詢問他們對基督教的看法，並把來函刊登在 1922 年的《生命月刊》上。

1921 年，徐寶謙被送往紐約協和神學院和哥倫比亞大學深造，攻讀宗教教育和哲學，期間逐漸形成了他具有中國特色的唯愛主義思想。在哥倫比亞大學時期，杜威的實用主義思想給徐寶謙留下了深刻的印象，為他以後從歷史的角度和科學的方法研究基督教打下了基礎。1924 年回國後，徐寶謙任教於燕京大學宗教學院，同時仍在基督教青年會工作。由於受非基督教運動的衝擊，幾乎沒有學生願意加入基督教青年會，許多信徒也開始重新思考自己的信仰，有的甚至脫離了基督教。徐寶謙承受了巨大的壓力，患失眠症達六個月之久。1926 年他辭去了基督教青年會的職務，隨燕京大學遷至郊外，與燕大一些教師、學生和職工信徒一起參與創建了「燕大基督徒團契」，這是中國各大學中第一個基督教團契。1930 年徐寶謙遠赴歐洲，擔任世界基督教學生同盟特別幹事，1932 年他再赴美國紐約協和神學院兼讀兼教。1933 年徐寶謙獲得了哥倫比亞大學哲學博士學位，博士論文題目為《新儒家思想中的倫理現實主義》。回國後他繼續在燕京大學任教，並逐漸開始關注中國的農村建設實踐。

1935 年 3 月，徐寶謙受邀前往江西省任黎川縣農村實驗區總幹事，這是一個由宋美齡提議並邀請教會參與主持的鄉村建設實驗項目。為了全力投入到鄉村重建工作中，徐寶謙甚至辭去了燕京大學的職位，以低廉的薪水和底層勞苦大眾一起工作。他認為鄉村重建運動不是勸人信教的工具，運動目的不是傳福音，而是建設一個基督化的鄉村社會[50]。然而由於一些政治因素，徐寶謙被迫於 1937 年辭職，轉而到上海滬江大學、震旦大學任教。1944 年，徐寶謙在去重慶參加會議的路上不幸遭遇交通事故遇難，年僅 53 歲。

---

[50] 林慈信《先驅與過客：再說基督教新文化運動》，加拿大福音證主協會 1996 年版。

2

徐寶謙對「五四」新文化運動極為關心，除了以實際行動如宣導成立北京證道團、召開基督徒與「五四」新文化運動領袖人物的會議等來回應外，他還寫下了大量文章探討基督教與新文化運動的關係。

對於「五四」新文化運動，徐寶謙認為是這世界性潮流的一部分，當時世界上流行的各種主義（如平民主義、過激主義等）、種種問題（如罷工、革命等）都無非是這種潮流的表現。中國因為受了軍閥、政客、貧困等苦難已經到了極點，所以新思潮到了中國不脛而走。他贊同胡適關於新思潮運動的四個要素觀點，即批評的態度；各種問題的研究；改造文明和改革思想。他承認自己這兩年很受新思潮出版物的影響，也支持青年多讀新思潮的書報。不過他提醒當時研究新思潮的人，第一應該注意保守真正的新精神，不可自限於一人一家的學說；第二建設的批評固有價值，建設的同情，更有價值；第三應當以道德為標準；第四不但求思想的徹底，行為更應當徹底等。他指出基督教中的維新性、富於同情的批判以及它的倫理性和實踐性，提供了新文化運動所需的救國之道。徐寶謙將其歸納為四條：「進步的精神」，「建設的同情」，「以道德為標準」，「行為的徹底」。在這些方面，「基督教對於新思潮也有特殊的貢獻」[51]。徐寶謙認為基督教和新文化運動是相互促進、相輔相成的關係。他在《教務雜誌》發表文章將新文化運動稱為是「中國的文藝復興」，指出中國的文藝復興是思想上的運動，其過程中的特色，一方面在於批評，另一方面在建設。因此當時的文學革命所帶來的言論與思想上的自由，可以幫助基督教的宣傳工作，而同時基督教的事業就更能在學校、醫院和社會福利上日漸擴展，因而使人民的生活得到改善、社會秩序亦漸漸走上軌道。由此看來，基督教與新文化運動實是相輔相成，敵對反而會形成兩敗俱傷的局面[52]。

---

51 徐寶謙〈新思潮與基督教〉，《生命月刊》第1卷2期，1920年。

52 Hsh Pao Chien, "The Christian Renaissance", Chinese Recorder, LI:7 (July, 1920):

「五四」新文化運動中的科學精神和平民主義是徐寶謙的一貫主張，我們從他對基督教的接納就可以看出這一點。他在研讀《聖經》、聆聽穆德和艾迪的來華佈道之後，認為耶穌確有崇高的人格，基督徒信仰也的確真誠，但他還是不能理解基督的神性，不能解決創造論和進化論之間的矛盾，因此他並沒有立即受洗入教。直到 1913 年他讀了湯姆遜（J. A. Thomson）所寫的《Bible of Nature》之後，認識到：（一）耶穌人格的偉大；（二）所見信徒言行的真誠；（三）科學與宗教並無真正的衝突[53]，徐寶謙才正式決定受洗加入基督教，由此可見他對基督教的接納不是盲目的。徐寶謙在談到北京證道團的緣起時也強調科學精神、平民主義與基督教並無衝突：「北京是學界愛國運動和新文化運動發源的地方，參加這些運動的人都是抱定了平民主義和科學精神去打破社會中一切舊制度和舊文明，建立新文明。基督教成為他們攻擊的目標，是他們認為宗教同科學和平民主義是根本不相容的，而這種論調多半是誤會的結果。」證道團的宗旨就是：「一方面要證明基督教如何與時代的精神相適應並如何足以當時代的先驅；一方面要坦白的討論教會內部的各種問題，作革新教會的準備。」[54]徐寶謙認為新時代的宗教信仰應具合理性和重感情的特質：凡世上一切科學哲學所發現的真理，宗教應儘量吸收，且應該用科學、研究、解釋宗教。至於美與善，應保存發揚耶穌崇高的人格，熱烈的感情。對待他人，取容納、同情、樂於交換的態度，然同時對於自己的信仰決心，須抱定不移，並努力實行[55]。這些觀點決定了徐寶謙在「五四」新文化運動中希望借科學與民主來改造中國社會的態度。

460.轉引自查時傑《民國基督教史論文集》，臺北基督教宇宙光傳播中心出版社 1994 年 3 月版，第 107 頁。

53 徐寶謙〈我的宗教經驗〉，徐寶謙編《宗教經驗談》，青年協會書局 1934 年版，第 45 頁。

54 徐寶謙〈北京證道團的宗旨及計畫〉，《中華基督教會年鑒》第 6 期，第 133 頁。

55 徐寶謙〈基督徒的素養〉，《真理與生命》第 2 卷 4 期，1927 年。

在 1922 年爆發的非基督教運動中，雖然徐寶謙曾一度因壓力過大而失眠，但他對於運動始終保持著客觀的態度，認定批評基督教的風潮有一定的正面意義。他指出非基督教運動雖然有時不免因政治作用或青年人的衝動而逸出軌道，但就大體而論是有益於基督教的。一是它在短時間內增加了基督教的知名度，二是對基督教自身有一個刷新澄清的功用，促進了許多信徒的覺悟。他把反基督教的言論分為三派：一是理性派，以為宗教神本的宇宙觀及人生觀是落伍的、非客觀性的；二是國家主義派，認為基督教主張國際主義和平主義會無形中減少中國人的愛國思想，基督教的自由平等博愛的教義是列強侵略時麻醉中華民族的工具；三是共產主義派，認為基督教是資產階級及帝國主義騙人的法寶。他對三派的觀點分別作了有理有據的分析和批判，並提出了應對非基督教運動的十條方針，其中還特別提到對於非難或反對基督教者，要採取虛心領教、當仁不讓的態度[56]。不過徐寶謙也提醒信徒應分辨清楚非基運動者反教的對象，認清反教者論點的是非。他指出前者針對的是教會、言行不符的信徒和基督教被利用等，而非耶穌基督、非信徒的信仰中心；對那些批評信徒言行不符、教會腐敗、不平等傳教條約應取消，收回教會學校主權，辦學不妨礙學生信仰的自由的主張，他予以認同；對有的批評者在指斥教會學校不應妨礙學生信仰自由的同時，卻提倡黨化教育以替代教會學校教育，徐寶謙指出這是武斷的行為，論點陷矛盾之境[57]。可見徐寶謙對非基督教人士批評的接受是有原則而非一味被動的。

國家主義的提倡使非基督教運動達到高潮，他們把外來的基督教當成是帝國主義文化侵略的工具，把愛國主義等同於反帝國主義，這一思潮給中國的基督教會以極大的震撼。徐寶謙在年少的時候也是一個激烈的國家主義者，自小他的伯父就向他灌輸一些先是指向滿清政

[56] 徐寶謙〈反基督教運動與吾人應采之方針政策〉,《生命月刊》第 6 卷 5 期，1926 年。

[57] 徐寶謙〈基督徒的素養〉,《真理與生命》第 2 卷 4 期，1927 年。

府、繼而針對日本帝國主義的種族仇恨[58]。不過在美國進修期間，受唯愛思想的影響，徐寶謙逐漸脫離了種族問題的成見。回國後面對非基督教運動、國家主義思潮的氾濫，徐寶謙提醒人們要注意國家主義所蘊含的危險和弊端。在〈敬告今之提倡國家主義者〉這篇文章中，他首先提出並不反對國家主義者所要達成的目標，也贊成廢除不平等條約以謀求我國民族的真正獨立。但他提醒反教者目前的國家主義運動有兩重危險：一重是它只求中國的富強，卻不問所謂富強的標準，是物質的抑是精神的，更不問其所根據的國際倫理學說，是強權抑是公理。另一重則是它實是一個舶來品，無非抄襲歐美的故智，恐不足以發揚中國固有文化的神髓，及其對於世界的使命[59]。徐寶謙並沒有用基督教的博愛精神作為反對提倡武力的國家主義的理由，而是認為這種國家主義反而違反了中國自身利益，應該用追求普世平等博愛的理性化國家主義取代那種只追求富國強兵的國家主義。

3

徐寶謙雖然接納了基督教，並且在美國留學期間接受了系統的神學訓練，但他對神學問題並不十分有興趣，他對基督教的基本教義和信條也沒有很深的研究，真正吸引他加入基督教的是耶穌的人格，他只是希望通過基督教找到一條解決社會問題的途徑。正如他所翻譯的美國社會學教授艾爾・伍德（C. A. Ellwood）演說詞〈宗教與平民主義〉所說的那樣：「耶穌的宗教，所以沒有實行在人類的各方面生活的緣故，是因為真正的耶穌的宗教，並沒有人清清楚楚的講給大多數的人民聽，……我們今日所需的，乃是將福音中一切關乎社會的教訓，用全力去推廣，去實行。」[60]因此徐寶謙從加入基督教伊始，就開始

58　吳利明《基督教與中國社會變遷》，基督教文藝出版社 1981 年版，第 192 頁。
59　徐寶謙〈敬告今之提倡國家主義者〉，《生命月刊》第 5 卷 4 期，1925 年。
60　徐寶謙譯〈宗教與平民主義〉，《生命月刊》第 6 卷 4 期，1926 年。

在學校組織研經班，同時常常和同學討論基督教信仰的意義和它對中國的貢獻等問題，他還主動去制止當時在稅務專門學校盛行的賭博風氣[61]。1914 年他還和燕京大學社會學家布起士（John S. Burgess）一起組織了「社會進步社」，帶領學生舉辦平民夜校、進行社會調查、對大眾演講、救濟災荒等。畢業之後，徐寶謙更是放棄了稅務局的優厚薪俸，熱心參與教會服事，投身社會實踐，積極參加基督教青年會工作。從這些事例可以看出，徐寶謙對社會實踐的重視是貫穿他基督信仰始終的，他在 1930 年代做出參與黎川鄉村重建的決定絕非一時衝動。徐寶謙不贊成信徒只偏重個人靈修、不關心社會及周遭所發生的事，變成出世或順世信徒；當然只注重服務、缺少靈性培養，也非基督教真面目。他認為教會應該給予信徒客觀、平衡、理性的教導，「只有將靈修與服務緊緊聯繫之一法，所謂體用兼備，動靜並顧，從靈修中找服務的能力，從服務中感覺靈修的需要，使兩者不脫節，不游離」[62]。因此，徐寶謙儘管有入世服務社會的熱誠，但與社會福音派以參與社會服務社會為唯一目的不同，他並沒有在運動中迷失自己的原則。

徐寶謙這種注重社會實踐的特點與他所受傳統儒學的影響是分不開的。由於出生在一個傳統儒教家庭，徐寶謙從小就對儒家四書五經等經典文獻比較熟悉。他的家鄉浙江上虞人文傳統濃厚，素有「浙東重鎮」之稱，「浙東學派」代表人物王陽明的思想在當地影響很大。徐寶謙曾回憶到：「我在幼時，受著王學的影響。致良知，知行合一，即知即行等說法，是幼時所熟聞的……在中學時代，且曾對於陽明所說的『動亦定』、『靜亦定』一此本明道語，做過一番體認的功夫。[63]」早在皈依基督之前，王陽明「知行合一」的理論以及悲天憫人的情懷就已經在徐寶謙的頭腦中紮下根。在離開家鄉前往北京讀書之後，徐

61 吳利明《基督教與中國社會變遷》，基督教文藝出版社 1981 年版，第 188 頁。
62 徐寶謙〈我的宗教經驗〉，徐寶謙編《宗教經驗談》，青年協會書局 1934 年版，第 4 頁。
63 徐寶謙〈基督教與中國文化〉，《真理與生命》第 8 卷 8 期，1935 年。

寶謙仍然將儒家倫理思想看作是可以改變國人精神的一種手段，他認為當時的中國正需要具備孔孟殺身成仁、捨生取義精神的「一班為國為民不自私有操守的人們」[64]，他甚至在1912年為此而加入了北京的孔教學會。雖然孔教學會背後的政治目的讓他分外失望，但即使是在徐寶謙接納基督教之後，他仍然沒有放棄儒家思想：「我雖然皈依基督，並不拋棄孔教，因為孔耶兩教可以並行不悖，互相補充。」[65]徐寶謙認識到兩種思想體系之間有不同之處，他在〈二十年通道經驗自述〉中提到：儒家只談生、不談死，不談鬼神存在的問題，而基督教追本求源，認為上帝是萬物之根；孔子強調社會習俗和禮儀的改革，而耶穌則強調內在的改革，即人的生命的改革；孔子周遊列國，企圖以政治手段達到個人目的，而耶穌則是人民的朋友，孔子的方法是從上到下，而耶穌的方法則是自下而向上[66]。徐寶謙對基督教和儒家思想持一種雙重接受的態度，他試圖將二者融合起來，並借基督教來彌補儒家思想的不足。

唯愛主義是徐寶謙宗教思想中的另一特點。徐寶謙的唯愛思想起源於他在美國留學期間，他通過自己的親身體驗和對美國種族衝突的考察，逐漸從一個激烈的民族主義者變成主張和平、唯愛、反對暴力、反對戰爭的唯愛主義者。徐寶謙回國之後，正是國內基督教和平主義運動興起之時，唯愛社於1922年在北京成立了中國分社。這是一個由英國霍德金（H. T. Hodgkin）創辦的國際性反戰組織，其基本信仰是相信耶穌基督的愛是勝過世界一切罪惡，建設我們理想社會的唯一無二的能力，並且信個人有神聖的價值。他們力圖把社會公義和博愛精神緊密聯繫起來，用基督教的博愛精神對邪惡勢力進行非暴力的「精神抵抗」。「耶穌既以上帝為天父，人類為兄弟，自然不能以一民族一階級的利益，為最後的目標。不但如此，他十分相信信仰與愛心兩者，

64　徐寶謙〈二十年通道經驗自述〉，《真理與生命》第7卷7期，1933年。
65　徐寶謙〈我的宗教經驗〉，徐寶謙編《宗教經驗談》，青年協會書局1934年版，第46頁。
66　徐寶謙〈二十年通道經驗自述〉，《真理與生命》第7卷7期，1933年。

具無上的能力，自然不能贊成唯物史觀及武力革命的主張。」[67]為此，他改變了以往對日本人的仇視態度，致力於用基督教的博愛精神謀求中日關係的改善，為促進世界和平的努力。不過他這種唯愛主義思想在當時民族矛盾激烈的情況下自然不可能獲得太多的認可，在抗戰全面爆發以後，就連徐寶謙本人也放棄了以往的反戰立場，加入了全民抗戰的大合唱。

通過以上對以趙紫宸、吳雷川、徐寶謙為代表的基督徒知識份子在「五四」時期的宗教思想和行為的梳理，我們可以看出他們都屬於教會領袖中的學院派，如同其他「五四」知識份子提出的各種「主義」一樣，他們對「五四」新文化運動的回應也註定是一個文人式的響應，對時代的影響有限。「他們在呼籲覺醒和社會建設，卻從未考慮過動員群眾、政治權力與思想意識之間的聯繫。」[68]據統計，《生命月刊》不過是一、兩千份的發行量，《真理週刊》則更少，雖然在同類基督教期刊中算是相當不錯的，但除了一些教會學校的教師和學生、牧師以及少數大學生之外，這些刊物的影響力很有限。這些基督徒知識份子掀起的基督教新文化運動屬於「五四」運動的有機組成部分，他們和同時代的知識份子一起尋覓拯救國家、振興民族的途徑，他們心中的愛國熱忱絲毫不遜於其他非基督徒。在 1922 年非基督教運動發難之際，他們仍然夢想以自由、平等、博愛的基督教思想來重建中國社會，並試圖建立一套本色化神學來回應非基督教運動的責難，可惜他們的這種努力根本無力抵禦當時反基督教浪潮的侵襲，他們受到非基運動的衝擊遠遠超過了他們對非基督教運動的回應。

67 徐寶謙〈基督教對於中國應有的使命〉，《真理與生命》第 7 卷 3 期，1932 年。
68 林慈信《先驅與過客：再說基督教新文化運動》，加拿大福音證主協會 1996 年版。

第九章　「五四」知識份子與基督教文化

「五四」時期的中國社會呈現出轉型期極為豐富複雜的特徵，這在中國知識份子與基督教文化的關係方面尤為明顯，接受與懷疑、弘揚與批判、信仰與否定等等，在「五四」時期顯得尤為集中，甚至在某些知識份子身上體現出十分複雜的情態[1]。回溯「五四」時期的這段歷史，觀照此時期中國知識份子對於基督教文化的複雜態度，思考中國知識份子與基督教文化的複雜關係，對於全面觀照二十世紀中國社會嬗變的歷史軌跡，對於全面梳理中國知識份子的精神歷程，對於全面審視基督教文化與中國傳統文化的衝突與融合，等等，都有著勿容置疑的意義。

一

「五四」運動是以反帝反封建為旗幟，以宣導科學、民主為內容，以批判傳統舊文化、建設現代新文化為實質，她以政治革命運動的形式為表，文化批判運動的內涵為裏，企圖在全面思考反省民族傳統文化的弊端中，啟蒙民眾的覺悟，企圖在借鑒接受西方近現代文化的基礎上，建設民族新的文化。「五四」運動以一種極為「偏至」的觀念和舉動，全面否定批判了中國的傳統文化，以一種十分虔誠的姿態和熱

[1] 關於「五四」時期，學術界一般界定為從《新青年》的創刊到五卅運動。

情，全面引進接受西方的近現代文化，在向西方文化敞開了門戶的過程中，各種形形色色的哲學思想、文化思潮、文學流派等等，都先後被介紹引進至東方這個古老的國度，中國新文化運動的先驅者們也就各取所需地借鑒運用西方的各種思想觀念，在批判中國儒家文化傳統中，期盼改善中國落後的狀況，努力迅速追趕世界潮流。在這樣一種歷史語境中，西方的基督教文化在中國得到了比以往任何歷史時期更為引人矚目的待遇。

20 世紀上半葉，在西方世界的文化危機中，在中國社會的轉型中，在中國基督教的發展中，中國知識份子對於基督教文化呈現出一種十分複雜的姿態，接受與拒絕、推崇與批判、自省與辯護等等，在交織與矛盾中，構成了「五四」時期十分複雜的文化現象。有學者談到此時期基督宗教的處境時說：「20 世紀上半葉是中國社會和文化變動最劇烈的時期，民國的建立、五四新文化運動前後啟蒙話語和科學實證思潮以及馬克思主義思想的輸入、民族意識的徹底覺醒和反帝愛國主義運動水準的躍升，使基督宗教在中國面臨著多方面的衝擊，不得不改頭換面，採取新措施以求適存和發展。」[2]「五四」時期中國社會的轉型，給基督教文化在中國提供了一種獨特的歷史語境，中國的基督教正是在這種獨特的歷史語境中不斷完善與發展。

「五四」前後，受到西方文藝復興運動以來的人文主義傳統的影響，中國知識份子中產生了追求個人自由為核心的人權意識，並期望以此呼喚民眾的覺醒，使他們意識到自身所處的非人的待遇與處境，努力追求人的解放和人權的保障，呼喚人的覺醒就成為「五四」時期一個基本的主題。在延續了梁啟超「新民說」的近代啟蒙主義傳統中，將對於人的覺醒呼喚、對於人權的強調提到了一個重要的境地：無論是魯迅的「立人」[3]，還是周作人的「闢人荒」[4]；無論是陳獨秀的「科

[2] 孫揚尚〈基督宗教的傳入與中西文化的交流〉，見《聖俗之間》，中國廣播電視出版社 1999 年版，第 24-25 頁。

[3] 魯迅〈文化偏至論〉，《河南》月刊第 7 號，1908 年 8 月。

學與人權並重」[5]，還是胡適的「人格是神聖的，人權是神聖的」[6]，都強調在個性意識的覺醒中對於個體自由和權利的確認和追求，這就構成了「五四」時期中國啟蒙知識份子的獨特意識與執著追求。他們大多以西方的近現代思想為武器，批判否定中國文化傳統，針砭中國傳統文化對於人性的束縛與摧殘，他們往往在東西方的比照中、在中外的對比中，以西方、外國之長凸顯東方、中國之短，在這種歷史語境中，進化論、泛神論、無政府主義、馬克思主義、科學主義、性心理學等等，都為「五四」新文化運動的發起、參與者各取所需地「拿來」，成為批判中國傳統文化追求個人自由的精神武器，作為西方世界重要文化傳統的基督教文化，也同樣成為中國啟蒙知識份子所關注所推崇的精神資源。

在中國基督教發展的歷史中，只有在「五四」時期，基督教才廣泛地為國人考慮作為救國救民的出路之一。在批判否定中國傳統文化的歷史語境中，中國社會在其轉型過程中走向西化，在與西方國家比照中更加見出中國的落後時，中國啟蒙知識份子深入地思考著國家命運、民族前途，在探索救國之途中逐漸接納並推崇基督教文化，在儒家文化與基督教文化的對比中，批判儒家文化之弊端，推崇基督教文化之優長，雖然中國啟蒙知識份子並非從信仰的視角推崇基督教文化的，但是他們往往推崇基督教文化中所蘊涵著的崇高精神與境界。

「五四」時期，陳獨秀對於基督教文化的態度顯得極為複雜。1917年，他在《新青年》第三卷第三期中答覆讀者時說：「宗教的價值，自當以其利益社會之力量為正比例。吾之社會，倘必需宗教，餘雖非耶教徒，由良心判斷之，敢曰，推行耶教，勝於崇奉孔子多矣。」在將孔子學說與基督教文化的對比中，讚賞對於基督教的推行，但是其有「吾之社會，倘必需宗教」的前提。1918年，陳獨秀在〈基督教與迷

---

4 周作人〈人的文學〉，《新青年》第5卷第6期，1918年12月15日。
5 陳獨秀〈敬告青年〉，《青年雜誌》第1卷第1號，1915年9月15日。
6 胡適〈我們對於西洋文明的態度〉，《現代評論》4卷83期。

信鬼神〉一文中借友人之口說：「吾輩雖不贊成基督教，然吾國人若信基督教，豈不愈於迷信鬼神，崇拜動物乎？」[7]但他同時以李石曾的話語，否定了此種觀點。陳獨秀總是在將基督教文化與中國文化的對比中，讚賞基督教文化，否定中國文化，在以社會倘必須宗教的前提下，推崇基督教。然而，後來他在〈偶像破壞論〉、〈人生真義〉等文中，卻全力否定宗教、批評基督教。

陳獨秀在 1920 年發表的〈新文化運動是什麼？〉中，對於宗教的態度有了明顯的變化。他說：「宗教在舊文化中占很大的一部分，在新文化中也自然不能沒有他。」「因為社會上若還需要宗教，我們反對是無益的，只有提倡較好的宗教來供給這需要，來代替那較不好的宗教，才真是一件有益的事。……現在主張新文化運動的人，既不注意美術、音樂，又要反對宗教，不知道要把人類生活弄成一種什麼機械的狀況，這是完全不曾瞭解我們的生活活動的本源，這是一樁大錯，我就是首先認錯的一個人。」[8]陳獨秀反省其原先反對宗教的過激態度，在承認自己的錯誤中認為新文化中也不能沒有宗教。

1922 年 3 月，陳獨秀在應基督教教會人士約寫的〈基督教與中國人〉一文中說：:「我們今後對於基督教的問題，不但要有覺悟，使他不再發生紛擾問題，而且要有甚深的覺悟，要把那耶穌崇高的、偉大的人格和熱烈的、深厚的情感，培養在我們的血裏，將我們從墮落在冷酷、黑暗、污濁坑中救起。」陳獨秀認為基督教已經占了我們精神生活一部分，他反對對於基督教的問題發生紛擾，甚至提倡將耶穌的人格感情來拯救民族。陳獨秀是將基督教教義和基督教教會截然分開，他否定基督教的創世、復活、神跡等聖事，而肯定基督教中的博愛、犧牲等思想。他說：「基督教底『創世說』、『三位一體說』和各種靈異，大半是古代的傳說、附會，已經被歷史學和科學破壞了，我們應該拋棄舊信仰，另尋新信仰。新信仰是什麼？就是耶穌崇高的、偉

7 《新青年》第 5 卷第 2 號，1918 年 8 月 15 日。
8 《新青年》第 7 卷第 5 號。

大的人格和熱烈的、深厚的情感。」他充滿了熱情地說：「我們不用請教什麼神學，也不用依賴什麼教儀，也不用藉重什麼宗派；我們直接去敲耶穌自己的門，要求他崇高的、偉大的人格和熱烈的、深厚的情感與我合而為一。」「五四」時期，陳獨秀對於宗教的肯定、對於耶穌精神情感的推崇，成為啟蒙知識份子的代表性見解，影響了諸多啟蒙知識份子對於基督教文化的關注與興趣，該文中的有些話語甚至為基督教教會人士一再引用。

在「五四」時期啟蒙知識份子中，周作人對於基督教文化採取了十分寬容的姿態。在1922年初興起的「非基督教同盟運動」中，周作人領銜與錢玄同、沉兼士、沉士遠、馬裕藻聯合在1922年3月31日的《晨報》上發表了〈主張信教自由宣言〉，表現出與非宗教者截然不同的姿態。他們宣稱：「我們不是任何宗教的信徒，我們不擁護任何宗教，也不贊成挑戰的反對任何宗教。我們認為人們的信仰，應當有絕對的自由，不受任何人的干涉，除去法律的制裁以外。信教有自由，載在約法，知識階級的人應首先遵守，至少也不應首先破壞，我們因此對於現在的非基督教的同盟運動表示反對。」他們從信仰自由的角度反對這場非宗教運動的。周作人是從強調信教自由、思想自由的角度反對「非基督教同盟運動」的。後來他又在〈文學與宗教〉[9]、〈關於非宗教〉等文，再次談到了這場運動，也再次重申了他的觀點。[10]與陳獨秀相比較，周作人對於宗教的態度前後一以貫之，十分單純而執著。1920年，周作人在〈聖書與中國文學〉的講演中表達了其對於基督教文化的興趣與崇敬態度，他說：「其次現代文學上的人道主義思想，差不多也都從基督教精神出來，又是很可注意的事。」他指出「《馬太福音》的確是中國最早的歐化的文學的國語，我又預計他與中國新文學的前途有極大極深的關係」。從中可見周作人對基督教文化的推

9 周作人〈文學與宗教〉，轉引自楊劍龍《曠野的呼聲》，上海教育出版社1998年12月版，第37頁。

10 周作人〈關於非宗教〉，見《談虎集》北新書局1928年版。

崇，他是從文學與宗教的關係的角度觀照基督教文化的。在應邀所撰寫的〈我對於基督教的感想〉中，周作人提出：「覺得要一新中國的人心，基督教實在是很適宜的。極少數的人能夠以科學藝術或社會的運動去替代他宗教的要求，但在大多數是不可能的。我想最好便以能容受科學的一神教把中國現在的野蠻殘忍的多神——其實是拜物——教打倒，民智的發達才有點希望。」[11]周作人是在批判中國傳統文化和國民性的弊病中，思考接受基督教文化的。在對待基督教文化的推崇中，陳獨秀顯然更加關注以耶穌的精神感情改造民族精神，從而改變國民的性格，達到啟蒙民眾的目的；周作人則注重從人道主義視角推崇基督教文化，追求個性自由的境界。

1920 年，著名基督教人士徐寶謙在談到宗教團體證道團成立的狀況時，他說：「三月間曾在京西西市舉行討論會，教外名人到會的有蔡元培、胡適之、蔣夢麟、李大釗諸君，……在基督徒與非宗教人士的聚會中交換對於基督教的見解，討論『基督教復興運動』的取向。後來，證道團還函請國內數十名知識份子，徵求他們對基督教的態度，並發表在 1922 年的《生命》月刊上。」[12]在應約撰寫的有關對於基督教的見解中，與陳獨秀、周作人相比較，胡適、張東蓀的態度顯然曖昧了一些。

胡適在〈基督教與中國〉中，將基督教的迷信、神學、道德教訓作了區別，他否定前二者，而適當地肯定了後者。他說：「基督教的迷信是二千年前的產物。現在應該拋棄了。基督教的神學是中古時代的產物，現在也應該拋棄了。基督教的道德教訓，雖然也是二千年前的產物，但因人類行為上的進步遠不如知識進步的快，故還有一部分可以保存。這種道德的教訓本不靠迷信與神學的幫助。」[13]這種將基督

---

[11] 周作人〈我對於基督教的感想〉，《生命》第 2 卷第 7 冊，1921 年 12 月。

[12] 徐寶謙〈北京證道團的宗旨及計畫〉，《中華基督教會年鑒》第 6 期，第 133-134 頁。

[13] 胡適〈基督教與中國〉，《生命》第 2 卷第 7 期，1922 年 3 月。

教的道德教訓抽取出來予以部分肯定的態度，顯然表現出其對於基督教所具有的保留姿態。

張東蓀在〈我對於基督教的感想〉中也表達了對於基督教的容忍姿態。他說：「果真如此，則基督教似乎也分占西洋文化的一部分。所以基督教傳到中國來，並未起何等惡影響。……很有許多地方可以矯正中國的習慣。所以專從實用上講，我以為基督教比較適宜些。以上是我就假定必要宗教的前提而推論的，但我個人的立腳地卻以為宗教是不必要。」[14]他在中國社會如果必需宗教的前提下，認為從實用上基督教比較適宜，但是也表達了他個人不贊成宗教的觀點。

「五四」時期中國啟蒙知識份子對於基督教文化的興趣與推崇，首先，他們主要立足於以基督教文化中的精神情感道德等，意欲以其充實改善中國的國民性，以達到啟蒙民眾的根本目的。其次，他們以為我所用的視角汲取基督教文化中有益的成分，尤其注重推崇基督的犧牲、救世、博愛等精神，努力區分基督教會與基督教、基督教的神跡說與基督精神。再次，他們常常並不從信仰角度推崇基督教文化，而從道德的領域讚賞基督教的精神，從而在他們的言語中常常出現的是沒有上帝的基督教。總之，「五四」時期中國啟蒙知識份子對於基督教文化的推崇是與新文化運動的內在追求是吻合的，即期望在反省批判中國傳統文化的基礎上，引進借鑒異域文化建設成中國的新文化，使中國改變落後的面貌，使中華民族趕上世界現代文明的潮流。

二

「五四」時期是中國知識份子民族主義意識高漲的時期，「五四」運動是民族主義意識高漲的突出表現。在強烈的民族主義意識中，中國知識份子往往處於一種十分矛盾的心態中，一方面他們真切地感受

[14] 張東蓀〈我對於基督教的感想〉，《生命月刊》第2卷第7冊，1922年3月。

到祖國的落後、民眾的麻木，一方面他們切實感覺到他國的強盛、文明的發展；一方面他們強烈地反對西方列強對於華夏民族的欺凌，一方面他們期望從西方獲得啟迪改變國家與民族落後的現狀。民族自尊與自卑心態、憂患意識與焦慮情緒、民族自省與反帝意識等，都十分複雜矛盾地交織在一起，在某個時期某種契機就會將某種情緒宣洩表達出來，「五四」時期的關於宗教問題的討論和非宗教運動、非基督教運動，正是在民族主義意識主宰下這種情緒的宣洩與表達。呂實強在談到世紀之初知識份子反基督教的狀況時說：「入民國後，這種激烈的衝突，雖已減緩，但不少知識份子，在思想意識上，對基督教仍然具有強烈的反感和敵視。他們所據的理由相當廣泛，但主要為來自科學主義、民族主義和馬克思主義，其中更以民族主義為核心。」[15] 這是頗有見地的。

有的研究者曾以 1922 年為界，將 1917 年新文化運動的開始至 1922 年稱為「討論宗教時期」，而將 1922 年以後稱為「非宗教運動時期」，這種劃分梳理了中國知識份子對宗教問題的態度和變化。在「討論宗教時期」中，蔡元培、陳獨秀、朱執信等，都發表了各自不同的見解。

1917 年，蔡元培發表了以美育代宗教的觀點。他將未開化時代人們對於自然世界的疑問思考視為宗教起源的原因，又將宗教與利他主義和藝術聯繫起來，將利他主義視為宗教的附麗，將藝術視為感情作用對於宗教的附麗。蔡元培將視角引入宗教與美育的主題，他從宗教與建築、宗教與文學的關係，闡釋宗教所蘊涵的美的底蘊。蔡元培指出：「純粹之美育，所以陶養吾人之感情，使高尚純潔之習慣，而使人我之見，利己損人之思念，以漸消沮者也……則其所陶養性靈，使之日進於高尚者，固已足矣，又何取乎侈言陰騭，攻擊異派之宗教，以

15 呂實強〈民初若干教會人士對中國基督教社會使命的看法(1912-1937 年)〉，見林治平編著《基督教在中國本色化》，今日中國出版社 1998 年 12 月版，第 217 頁。

刺激人心，而使之漸喪其純粹之美感為耶？」[16]他認為美育具有著「破人我之見，去利害得失之計較」、「陶養性靈，使之日進於高尚者」的作用，完全可以取代宗教的作用。在談論美育代宗教的過程中，蔡元培並未一味否定攻擊宗教，而十分平和地談論其自己的見解。

在 1918 年發表的〈偶像破壞論〉一文中，陳獨秀說：「一切宗教，都是一種騙人的偶像：阿彌陀佛是騙人的，耶和華上帝也是騙人的，玉皇大帝也是騙人的，一切宗教家所尊重的崇拜的神佛仙鬼，都是無用的騙人的偶像，都應該破壞！[17]」陳獨秀將一切宗教都一網打盡一概否定，這是在追求人的自由、人的權益中對於偶像崇拜的批判。1918 年，陳獨秀在〈人生真義〉中，首先批評宗教徒們對人生所作的虛幻解釋，認為無人能夠否認現世界中人們的真實存在。他批評基督教說：「耶穌所說，更是憑空捏造，不能證實了。上帝能造人類，上帝是何物所造呢？上帝有無，既不能證實；那耶教的人生觀，便完全不足相信了。」[18]

此時期對於基督教批評最甚的莫過於朱執信了，他在 1919 年 12 月 25 日出版的《民國日報》上發表了〈耶穌是什麼東西？〉一文，用咄咄逼人的口吻批評基督教。他說：「歷史的耶穌，是由現在所傳的《聖經》以外，可信的記載，和想像得來的事實裏頭表現出來的。這個耶穌不過是一個私生子，反抗當時的祭司，被人拿去殺了的一個人。屬性很簡單，人格也不一定是卓越的。如果單是一個耶穌死了，恐怕還比不上宋子賢、唐賽兒、徐鴻儒、團匪的大師兄、湖北的九龍大王，左右不過是三十幾歲的一個少年，轟動幾個人，在村鄉里鳥亂一場罷了。所以如果單講歷史的耶穌，我們用不著多費力氣。」他懷疑基督教有關耶穌降生的傳統說法，並強烈攻擊耶穌的生活和性格。甚至他得出了這樣的結論：認為耶穌是個偽善者，他將耶穌的性格概括為偏

16　李大釗〈以美育代宗教〉，《新青年》第 3 卷第 6 號，1917 年 8 月。

17　陳獨秀〈偶像破壞論〉，《新青年》第 5 卷第 2 號，1918 年 8 月。

18　陳獨秀〈人生真義〉，《新青年》第 4 卷第 2 號，1918 年 2 月。

狹、自私、懷怨，說「耶穌是口是心非偏狹利己，善怒好復仇的一個偶像」。這篇文章的發表，在 20 年代反基督教的思潮中引起了很大的反響，激起了諸多基督教人士的不滿與反駁。

此時期蔡元培、陳獨秀、胡適等對於宗教問題的言論，大多是立足於在東西方民族的比照中，對於民族落後祖國積弱問題思考的前提下，期望在批判中國傳統文化否定宗教偶像色彩中，呼喚改變國民的精神，以求得中國社會的改觀。

孫揚尚在談到「五四」時期基督教在中國的狀況時指出：「眾所周知，在五四前後（1917-1921），中國知識界曾掀起一次宗教討論熱。此次討論中，雖然間或出現過情緒化的偏激之論，但理性和冷靜的學理論證是這次辯論的主調，以至連著名的基督教人士張欽士也稱當時的討論較之於 1922 年之後由北京大學起主導作用的情緒化反宗教運動而言，是國內『宗教思潮的黃金時代』。將這次宗教討論推向高潮的是少年中國學會。」[19]在此時期少年中國學會關於宗教問題的討論緣於是否吸收宗教徒入少年中國學會的事件。

1920 年 7 月，少年中國學會巴黎分會的會員曾琦提議不得吸收信教者入會，並要求已是會員的教徒自動退出學會。此提議得到了少年中國學會執行委員會的贊同，卻受到了一些會員的強烈反對，尤其是在日本留學的田漢，他寫了一封長信給學會，後來以〈少年中國與宗教問題〉為題發表在 1921 年 2 月的《少年中國》上。他以「信教自由載在約法」為據，反對這一草率武斷的做法，提出憲法保障人民信仰的自由，要求執行委員會重新考慮這個決定。該會在北京先後舉辦了三次有關宗教問題演講大會，後來又於 1921 年春在《少年中國》上專辟了三期「宗教問題號」，發表了二十餘篇中外人士撰寫的討論文章、演講稿和通信。參與討論的有王星拱、梁漱溟、李璜、曾慕韓、屠孝實、周作人、李思純等人，其他的一些刊物上也發表了有關宗教問題討論的文章。

[19] 孫揚尚《聖俗之間》，中國廣播電視出版社 1999 年 7 月版，第 204 頁。

在宗教問題的討論中，梁漱溟、周作人表達了一種比較寬容的姿態，承認宗教存在的合理性、必要性。梁漱溟認為宗教「對於人的情志方面加以勖慰，可以說無論高低或如何不同的宗教所作皆此一事」。他概括宗教的共同之處：「質言之，不外使一個人的生活得以維持而不致潰裂橫決，這是一切宗教之通點。宗教蓋由此而起，由此而得在人類文化中占很重要一個位置，這個我們可以說是宗教在人類生活上之所以必要。」他肯定宗教在人類生活中的必要性。他將宗教界定為「出世之務」。在談到宗教的命運時，梁漱溟以含糊其辭的表達方式說道：「若問宗教後此之命運，則我們仍宜分為二題以求其解答：（一）人類生活的情志方面果永有宗教的必要乎？（二）人類生活的知識方面果有宗教的可能乎？假使不必要，而又不可能，則宗教將無從維持於永久。假使既必要，而又可能，夫誰得而廢之。此皆可兩言而決者。若其雖必要而不可能，或雖可能而不必要；則其命運亦有可得而言者。」[20]雖然梁漱溟將宗教看作「出世之務」，但是他對於宗教的寬容態度可見一斑。

周作人是從文學與宗教的關係談論宗教問題的，他細緻地分析宗教與文學的異同。他認為宗教與文學都是情感的產物，都是由求生之念抽出來的。他指出：「文學的發達，大都出於宗教。就是別種藝術，亦多如此。」認為文學與宗教從合一漸漸分離，實在它們的根本精神確是相同。他指出：「我以為偏狹的迷信一個宗派，自然不大合適；至於不是屬於某一宗派的教徒而有普泛的宗教信仰的，似乎沒有什麼衝突，如泛神論者或信仰一種主義之類。」[21]顯然，周作人對於宗教的態度是寬容的、開放的。

王星拱、李思純、李石岑等人提出了「替代說」，認為可以由藝術、哲學等替代宗教，從而婉轉地否定了宗教存在的意義。王星拱提倡以教育和美術代替宗教。他認為宗教的態度壞處多而好處少，而宗教的

20 〈梁漱溟演講稿〉，《少年中國》第2卷第8期，1921年4月。
21 〈周作人先生的講演〉，《少年中國》第2卷第11期，1921年5月。

鼓勵人前進、減除人類的苦惱等益處，是完全可以「用教育、美術去代替」的。[22]李思純提倡以科學和藝術代替宗教。他在〈宗教問題雜評〉中提出「我們若要宗教的真實品不須從科學裏尋，哲學與美術的作用，便綽綽有餘了」，進而他指出「若科學代替了知的方面，藝術代替了情的方面，宗教的存在自然便是疑問。」[23]李石岑在藝術為宗教之基礎的觀點中，提出了「人不能為宗教而生活」的見解。他在〈論宗教〉一文中十分推崇施賴爾馬赫的觀點，強調宗教是以藝術為基礎的見解。他說：「吾人不達依存之感情，不足以語安心立命。雖為依存，即吾小己與宇宙相擁抱共呼吸之精神生活。質言之，化有限為無限，此乃宗教之最高功用。故宗教必伴以藝術之精神……藝術實為宗教之基本矣。」[24]在此基礎上，他強調人不能為宗教而生活。

李璜、曾慕韓、周太玄等從不同的角度直截了當地否定宗教存在的價值。李璜從社會主義的視角否定宗教存在的意義。他在〈社會主義和宗教〉一文中，強調國家的建設不應去借助於神力，而要基於人的能力。他說道：「靠著自己的能力，人類的互助，前途一派內都是光明。我們為什麼要向上帝求憐赦，……我們為什麼退隱著向上帝去賠罪，難道我們本這自由創造的能力，天天向社會去貢獻，還不能贖我們的罪嗎？……我們該當極力把我們這兩手一腦貢獻在社會改造上，去謀他的進步，我們不該當背著手，向著天，對那不識不知的上帝去說話。」[25]李璜立意於社會的改造與建設，他強調人們應該將自己奉獻給社會的改造，這是遠比奉獻給上帝更有意義。李璜是基於當時強烈的救國時代氣氛中，否定宗教而注重人的自由創造的能力的。曾慕韓從科學的視閾反對宗教。他在〈學會問題雜談〉中認為宗教是「束縛自由思想而妨礙真理之發見；使人趨於迷信而不能開拓命運；……

---

22 〈王星拱演講稿之一〉，《少年中國》第 2 卷第 8 期。1921 年 4 月。

23 李思純〈宗教問題雜評〉，《少年中國》第 3 卷第 1 期，1921 年 8 月。

24 李石岑〈論宗教〉，《東方雜誌》第 18 卷第 10 號，1921 年 5 月 25 日。

25 李璜〈社會主義和宗教〉，《少年中國》第 3 卷 1 期，1921 年 8 月。

誘人為善去惡，而使人失其自動的為善而去惡之良知。」[26]周太玄從道德觀的視角否定宗教。他在〈宗教與中國之將來〉一文中，認為宗教是一種逃避心理，「由苦悶的生涯中逃到神前去」，他將宗教上的道德倫理觀念，批評為「催眠術的道德觀」。他指出：宗教使人為了道德，「失卻了人格，失卻了自由的意志，這便是他們道德的代價」。周太玄認為道德是「人與人間由經驗實利比較得來的一種藏於心中的共同尺度。根本來說，並無須如何受他動的提醒，只須不受外力的鉗制」。[27]

有意思的是，在此階段有關宗教問題的討論中，外國的學者也加入其中，擴大了這場討論的影響。在討論的過程中，李璜及幾位巴黎分會的會員在 Sorbonne 上發表一項通函，要求幾位外國教授表明他們對宗教的看法。後來收到了三份回答，都一致否認宗教在中國的作用。他們是 M. Bougle、M. Grane、M. Barbusse 教授。M. Barbusse 教授是一位共產黨人，他對宗教否定的態度尤其激烈，他認為宗教對中國毫無益處，他尤其反對那些從歐洲傳入中國的宗教，他認為這些宗教只是列強用以擴展他們在中國的商業與政治勢力的工具。[28]

在此階段有關宗教問題的討論中，基本上以比較冷靜學理的視角展開討論，無論贊同宗教的存在，還是提倡宗教的替代，或者否定宗教的價值，都以各自的視閾和見解闡發自己的觀點，外國學者的加入，也絲毫沒有霸權主義的姿態，而是實實在在地從學理上進行探討，甚至設身處地地為中國社會的發展考慮。在討論中，中國知識份子思考問題的潛在背景仍然在於宗教對於現代生活的價值和意義，仍然在於注重宗教在當下社會生活中的作用和弊端，仍然在於對於國家的富強、民族的發展宗教是利大還是弊大，中國知識份子的民族主義意識成為這場宗教問題討論的潛在動力，雖然這場討論基本上處於溫文爾

[26] 曾慕韓〈學會問題雜談〉，《少年中國》第3卷8期，1921年3月。
[27] 周太玄〈宗教與中國之將來〉，張欽士輯《國內近十年來之宗教思潮》燕京華文學校研究科參考材料，1927年版。
[28] 張欽士輯《國內近十年來之宗教思潮》1927年版，第147-154頁。

雅的境界，並不像「非基督教同盟運動」那樣劍拔弩張，但是內在的民族主義意識卻是一脈相承的。

1922 年 4 月，世界基督教學生同盟定於將第 11 屆大會在北京舉行，有來自三十多個國家的 146 人參加，會場設在清華大學。1922 年 3 月 9 日，北平的學生組織了「非基督教學生同盟」，並發表〈非基督教同盟宣言〉，在宣言中特別強調宗教的迷信麻痺作用，強調帝國主義借基督教侵略掠奪殖民地、半殖民地的用心[29]。宣言強調宗教為資本主義壓迫百姓的工具，基督教是帝國主義侵略欺凌中國的先鋒。宣言的發表，激起了中國社會強烈的民族主義意識。1922 年 3 月 17 日，又發表了〈非宗教大同盟宣言〉，進一步推進了這場非基督教運動。宣言將非宗教同盟成立的緣由清楚地道出，即反對基督教學生同盟在北京的聚會。

非宗教大同盟強調與黨派、種族、國家等無關涉，僅僅是反對宗教而已，並將大同盟的陣營擴大到不迷信宗教的一切人等。其實，在〈非基督教同盟宣言〉和〈非宗教大同盟宣言〉中，都存在著極為強烈的民族主義意識和情緒，他們將反對宗教反對基督教與反對帝國主義資本主義等聯繫起來，尤其強調伴隨著槍炮進入中國的基督教對於民族覺悟的危害。在〈非基督教同盟宣言〉中就強調說：「他們來到中國，無論是布教與教育，有意的或無意的，都宣傳其國際資本主義的國際觀念，以破壞中國的民族覺悟與愛國心。所以我國應該於一切宗教中特別反對基督教。」[30]這兩篇宣言的發表，引起了社會上反基督教思潮的湧動。宗教人士李景雄後來談到中國基督教會本色運動時說：「在近代中國教會史，本色教會運動由中國基督徒發起。那是自覺的運動，乃當時——一九二〇年代——反宗教、反基督教活動而產生。

---

[29] 參見林治平《基督教與中國近代化論集》，臺灣商務印書館 1973 年 1 月版，第 1 頁。

[30] 見邵玉銘編《二十世紀中國基督教問題》，臺北正中書局 1970 年出版，第 67 頁。

有一班知識份子，帶有強烈的民族意識又受了理性主義的影響，猛烈抨擊基督教及其它宗教，認為一切宗教都是反理智的，而攻擊基督教為洋教。中國教會領袖們就提倡本色教會運動，以『自理、自養、自傳』為口號。」[31]他從基督徒的立場道出了非宗教、非基督教運動發起的緣由。

1922 年 4 月 4 日，在「世界基督教學生同盟」大會開幕的當天，李大釗、鄧中夏等 12 人在《晨報》發表「非宗教者宣言」。4 月 9 日，大會閉幕時在北京召開了上千人的反宗教大會。李石曾、蔡元培等人發表了講演譴責宗教，並號召教育與宗教分離。

李大釗在〈宗教與自由平等博愛〉一文中，以階級論的視角批評基督教的博愛觀，竭力揭示基督教為資產階級所用的虛偽的一面。李大釗以馬克思主義的階級對立的觀念，分析基督教博愛觀念的不合理性。李大釗甚至直截了當地說：「我們堅信宗教是妨礙人類進步的東西，把所有的問題，都依賴宗教去解決，那是一種不承認科學文明的態度。」「宗教是向人們宣傳廉價的妥協性的東西，它妨礙徹底探求真理的精神，是人類進步的巨大障礙。」[32]李大釗將宗教視作妨礙人類進步、有礙於對於真理探求的妥協性的東西。

陳獨秀發表了〈基督教和基督教會〉一文，從反帝的角度列舉基督教教會的種種罪惡，指出基督教會是帝國主義殖民政策的導引，是資本主義壓迫遠東弱小民族的幫兇。指出：「博愛，犧牲，自然是基督教教義中至可寶貴的成分，但是在現在帝國主義資本主義的侵略之下，我們應該為什麼人犧牲，應該愛什麼人，都要有點限制才對，盲目的博愛犧牲反而要造罪孽。」與以啟蒙意識推崇基督精神不同，在此陳獨秀顯然帶著強烈的反帝意識和民族意識。相比較而言，陳獨秀

[31] 李景雄〈本色神學——舊耕抑新墾〉，見邵玉銘編《二十世紀中國基督教問題》第 251 頁。

[32] 李大釗〈宗教妨礙進步〉，《李大釗文集》下，人民出版社 1984 年版，第 555-556 頁。

在非基督教運動中的姿態還是相對比較緩和的，與對封建主義決絕的抨擊比較，他對基督教的批評顯得要溫婉得多。他從宗教產生的原因進行分析，認為人類本具有宗教性，原始人信仰的是自然宗教。「基督教比自然宗教果然是好些，但是現在大家都反對了，好像資本制度為現在的人所反對，也許彼在古時是很有價值的制度呢！所以我們研究無論哪一個問題，哪一個思想學識，都應該有歷史進化的觀念。」[33]陳獨秀以歷史進化的觀念分析基督教，顯然具有十分理性的色彩、客觀的姿態，他並沒有主觀武斷地將基督教與帝國主義、資本主義劃等號，從而截然予以否定。

李石曾延續了蔡元培以美育代宗教的思想，他反對簡單化地以科學取代宗教。他從宗教與藝術的關係表達其對於宗教問題的看法：「從前說宗教是美的基本，現在不然，現在美是宗教的基本了。」並提出「那一種對象不可以藝術美之愛代宗教美之愛」。[34]他還從宗教道德的角度否定宗教存在的價值[35]。無論從語氣，還是從言辭，李石曾對於宗教的態度都顯得十分平和，沒有那種咄咄逼人的激烈情緒。

「據葉嘉熾的統計，僅 1922 年 3 月至 5 月，全國即有 30 多個反教團體成立，大多集中在北京、上海、南京、天津等大城市，其中 23 個完全由學生組成。」[36]在強烈的民族主義意識的主宰下，在反對帝國主義對於中國的文化侵入與影響的視閾中，由「非基督教同盟」發起的這場反宗教運動擴展到全國，成為「五四」時期最為激烈的反宗教運動。

非基督教的運動於 1924 年在全國範圍內開展了起來，最為集中表達對於基督教批判的，是 1924 年 12 月由《中國青年》編輯部和上海

---

33 轉引自史靜寰、王立新《基督教教育與中國知識份子》，福建教育出版社 1998 年 7 月版，第 271 頁。

34 《李石曾論文演講集》上部，第 36 頁。

35 《李石曾論文演講集》下部，第 202 頁、第 207 頁。

36 史靜寰、王立新《基督教教育與中國知識份子》，福建教育出版社 1998 年 7 月版，第 235 頁。

非基督教大同盟聯合出版的《反基督教運動》一書。該書收入了蔡和森、朱執信、楊賢江、李春藩、梅電龍的5篇文章，較全面地批判了基督教。同時，惲代英的〈打倒教會學校〉(《中國青年》第6期)、賀聖威的〈反對教會化的中國學校〉(1924年10月7日《覺悟》)、黃仁的〈革命青年底重要工作——反對基督教〉(1924年10月14日《覺悟》)、秋蓴的〈傳教西人俎武下的青年〉(1925年3月11日的《覺悟》)等文先後發表，都集中揭露批判了基督教的種種罪惡，使在民族主義意識主導下，對於非基督教運動推向了新的高潮。「五四」時期，在強烈的民族主義意識的主宰下，非宗教的知識份子們以決然對立的觀念看待宗教、針砭基督教，在大力宣導科學精神的背景中，他們以科學反對宗教的迷信，認為宗教違背科學；在全力高舉民主大旗的舉動中，他們以民主意識反對宗教的束縛，認為宗教束縛人性；在關心國民精神改造的思潮中，他們認為宗教是人民精神的鴉片，提供的是催眠術的道德觀；在反對帝國主義的熱潮中，他們認為宗教成為帝國主義的幫兇，為帝國主義侵略奴役殖民地、半殖民地人民為虎作倀。

自近代以來，基督教的傳入常常依憑著諸多帝國主義對待中國的不平等條約，由於「五四」時期濃郁的反帝時代氛圍，這使中國現代知識份子中出現了越來越濃郁的民族主義意識，在十分熱切焦慮的對於擺脫祖國貧困民族積弱的心態中，便常常將愛國與反帝結合了起來，又將反對基督教視為反對帝國主義的當然作為，以致於使「五四」運動前夕對於宗教問題比較理性的探討，越來越發展成為情緒化、非理性化的舉動。梁家麟在談到「五四」時期的反基督教運動時認為：「及二〇年代，自宗教問題的論戰開始，知識份子大量移植西洋的無神論思想，來對基督教進行攻擊，他們反對基督教的理由，都是來自西方的。此足證他們已將基督教同西洋文化分開，換言之，國人要從西方找尋救國的出路，也無須連帶地考慮基督教了。」[37]這似乎構成了「五

[37] 梁家麟《徘徊於耶儒之間》，臺北宇宙光出版社1997年版，第238頁。

四」時期的一個悖論，中國現代知識份子在考慮啟蒙民眾之時，他們往往以「拿來」的姿態向西方學習，以西方的文化思想批判中國的傳統文化，比照襯托出中國傳統文化的守舊墮落，企望在接受西方文化的同時創造中國新的文化，他們就努力發現基督教與基督教文化中積極向上的成分；在強烈的民族主義意識的主宰下，當他們針對帝國主義對於殖民地、半殖民地的侵略欺凌時，他們也就努力否定基督教存在的合理性，竭力針砭基督教文化中虛幻迷信的成分，而他們批判基督教的思想武器又往往是從西方「拿來」的。在反帝的背景中激發出來的強烈民族主義意識，構成了中國現代知識份子對於宗教、尤其是基督教的強烈不滿與反對。

三

在「五四」時期的中國非基督教運動中，中國基督教知識份子作出了及時的反應，在證道護教的過程中，加強了與中國非基督徒知識份子的交流與對話，在對於基督教在中國的反省與思考中，努力弘揚基督教文化，逐漸加強了基督教本色化的思考與追求，在對於「五四」思潮的回應中也體現出基督教知識份子的愛國之心。「五四」時期中國基督教知識份子較有影響的有趙紫宸、劉廷芳、吳雷川、徐寶謙、簡又文、謝扶雅、誠靜怡、王治心、羅運炎、張欽士、吳耀宗等。

「五四」時期，中國基督教知識份子最具影響的事件是「證道團」與「真理社」的成立，《生命》月刊與《真理》週刊的出版，對於研究與弘揚基督教文化起到了十分重要的作用，也極大地推進了中國基督教的發展。「證道團」、「真理社」是「五四」時代的產物，一方面是應「五四」新文化運動而產生，一方面是應非基督教的思潮而組織，中國基督教知識份子們一方面將國家的問題放在心上，一方面將教會的發展置於胸中，體現出中國基督教知識份子的愛國愛教的精神。

在對於當時非基督教的種種言論觀點的應對中，生命社、真理社的成員紛紛就耶穌的出生、死亡、復活等基督教的本質性問題，作了針鋒相對的辯解與闡釋，並對於《聖經》的經典性、權威性作了較為詳盡的分析，社外的基督教人士也參與了討論，在 1922 年 5 月出版的《真光雜誌》第 21 卷第 8、9 期合冊、1922 年 6 月出版的第 10、11 期合冊，出版了兩本《批評非基督教》專號，亦鏡、均墨等人發表了不少文章，駁斥非基督教的言論。在對於非基督教言論的應對中，面對中國社會的現實，基督教知識份子們對於基督教的道德作用、基督的人格教益、基督教的改革、中國傳統文化與基督教文化的融合等方面，都作了較為深入的思考與分析。

由於「五四」時期對於中國傳統文化決然批判否定的姿態，在反對舊道德過程中，新的道德僅僅建築在科學、民主、個性解放等強調個體自主自由的境界，而缺乏更為具體實在的注重個體對於社會責任與義務等的新道德。基督教知識份子聯繫基督教文化中對於人的道德有益的成分，注重以基督教的道德來補充當時處於荒蕪了的道德園地。徐寶謙在〈新思潮與基督教〉中就強調基督教對新思潮所具有的貢獻，他將這種貢獻具體為：進步的精神、建設的同情、以道德為標準、行為的徹底，認為基督教的道德有助於新思潮的發展[38]。趙紫宸在〈新境對於基督教的祈向〉中，在分析中國社會民德頹唐民氣萎靡的現狀時，強調借鑑西方基督教的道德運動。他認為西方的基督教道德運動，和科學與社會並駕齊驅，足以顯出基督教裏的真生活真精神。指出：「中國今日民德頹唐，民氣萎靡，必須這種道德的輔助，方能轉弱為強。」[39]他強調以基督教的道德精神改變中國社會頹靡的現狀。吳耀宗在〈鄉間佈道瑣談〉中從道德的視角強調在鄉間佈道應注重道德的成分，努力改變鄉民們的精神。他指出：「我以為他們所需要的道德，如勤儉，清潔，愛人等還是次要，最重要的卻是互助的精神和組

38　徐寶謙〈新思潮與基督教〉，《生命》第 1 卷第 2 期，1920 年 9 月。
39　趙紫宸在〈新境對於基督教的祈向〉，《生命》第 1 卷第 4 期，1920 年 11 月。

織的能力；這事必須從提高思想，訓練作事，兩方面著手才能成功，不是專講聖經的道理所能奏效的。」[40]他強調不能專講經而忽略實際的行為。劉幹初在〈偉大二十世紀的宗教觀〉中提出應該更加注重現實，注重努力去將嚮往與讚美的世界付諸實現。他指出:「我們要努力把所嚮往、所讚美的『他世界』使他實現在現世界，這是我們的天賦。若還以「海市蜃樓」的天國觀念，來否定今生，二十世紀的人民，必不能心滿意足安然聽受，……我信使天國落在地上，是宗教的真精神；也是宗教者的真本分。」[41]他將「使天國落在地上」視作宗教的真精神、宗教者的真本分，而反對不顧及現實的說教。後來，趙紫宸還批評中國的新思潮破壞了人們的道德生活[42]。因此，基督教知識份子就企望以基督教的道德來彌補中國傳統道德被否定以後的空缺，以對於新道德的建設盡一份力量。

在對於基督教道德作用的推崇中，一些基督教知識份子又常常推崇基督的崇高人格，期望以基督的偉大人格影響中國國民。簡又文在〈耶穌是復活了嗎？〉一文中，將耶穌精神概括為全部的人格：他說「今日之基督徒，……倘若耶穌之訓言、精神、理想、道德、宗教經驗——全部之人格，能活潑潑地生存於其生命之中，因而抒發大能力，……那麼，直到今日耶穌仍然是復活的，永生的了。」[43]他將基督徒對於耶穌精神的接受弘揚，視為耶穌的復活與永生。簡又文在〈耶穌是私生子嗎？〉一文中，針對朱執信的〈耶穌是什麼東西〉對於耶穌的質疑針砭，他說:「即使耶穌是一個私生子，確如詆者所雲，又怎樣？這究與他一生的人格、事業、精神、教訓、感力等等，有甚麼關係？」[44]他將耶穌的偉大人格看作最為重要的精神財產。吳雷川在〈人

---

40 吳耀宗〈鄉間佈道瑣談〉,《真理》第 1 卷第 48 期，1924 年 2 月 24 日。

41 劉幹初〈偉大二十世紀的宗教觀〉,《生命月刊》第 2 卷第 4 期，1921 年 11 月。

42 趙紫宸〈新酒〉,《真理與生命》第 4 卷第 8 期，1929 年 12 月。

43 簡又文〈耶穌是復活了嗎？〉,《真理》第 3 卷第 2 期，第 4-7 期，1925 年 4 月。

44 簡又文〈耶穌是私生子嗎？〉,《真理》第 2 卷 40 期，1924 年 12 月 28 日。

格——耶穌與孔子〉一文中，在將耶穌與孔子的比照中，強調以耶穌偉大人格為模範。他認為「耶穌的上帝觀是承襲猶太歷代先知的上帝觀。所以舊約裏所說的上帝，如有意志，有權威，創造萬物，治理萬物，無所不在，運行不息，公義，誠實，清潔，慈愛，永生，等等的說法，在新約裏記載耶穌的言論中，隨處流露。耶穌又特別提出上帝為人類之父，人人有可能性，人人有至寶的價值，人人應當為上帝作工，惟有遵行上帝旨意的始能與天國有份」。[45]吳雷川在〈基督徒救國〉一文中，深入闡述耶穌人格救國的思想。他在關注每個人在上帝的愛中具有的價值時，特別強調對於耶穌偉大人格的弘揚。他認為在國事紊亂的當下，救國的關鍵在於改變民心，而基督教、特別是耶穌的人格，是改變民心提升道德的最佳途徑。他強調「基督徒救國的唯一要素，就是耶穌犧牲的精神」，認為只有在此基礎上，基督徒才能盡本分，在各自的崗位上共同救國。只有秉耶穌犧牲服務的人格，基督徒在本身職業上盡力而為，關心國事，終究有成功救國之日[46]。

在「五四」時期的反宗教運動中，基督教知識份子也深入思考與反省基督教本身的不足之處，形成了必須改革基督教的共識，在此基礎上逐漸形成了中國本色教會的提倡。

在「五四」新文化運動的影響下，趙紫宸深入思考中國基督教的變革。他在〈我們要什麼樣的宗教〉中直言不諱地說：「世界既是變的，所以社會制度可以變，學術思想可以變，所以宗教當然必要變。」[47]他在肯定讚賞達爾文的進化論的基礎上，提出了宗教也不是凝固的，也必須隨著世界的變動而改變。簡又文在〈宗教真理〉一文中，也強調以變化適應時代的宗教「改造」。他說：「……因此，宗教若要起死回生，秘訣在於改造自身之全部，以適應於時代中人生的需要和知識的要求。」[48]他將改造宗教自身看作起死回生的秘訣。吳雷川在〈基督

45 吳雷川〈人格——耶穌與孔子〉，《生命》第5卷第3期，1925年。
46 吳震春〈基督徒救國〉，《真理》第1卷第1期，1923年1月22日。
47 趙紫宸〈我們要什麼樣的宗教〉，《生命》第3卷第9期，1923年5月。
48 簡又文〈宗教真理〉，《真理》第2卷第1期，1924年3月30日。

教在中國的新途徑〉一文中提出面對外界的沉重非難時，正是基督教革新的好時機。他提出了基督教革新兩方面的途徑：「第一，以基督教精神，發揚中國固有的文化，造就領袖的人才。」「第二，基督徒實行服務，開發平民生計，救濟中國的困窮。」[49]他從宗教領袖的造就與基督徒服務社會的兩方面，強調基督教的革新。在簡又文、范子美等撰寫的〈關於非宗教同盟宣言〉中，努力強調基督教是進化的宗教，強調基督教的中國化和當代性。宣言對於非基督教的人們作了批評，並說：「我們要這樣的基督教，變成中國化，乃實用之以為發展生命和服務社會的工具和指南針。」[50]1922 年 5 月 2 日至 12 日在上海召開「基督教全國大會」，出席代表一千餘人。在宣言中提出了「中國本色的教會」之建議。基督教教會的改革在此次基督教全國大會上闡釋得更為具體深入。在〈基督教全國大會《教會的宣言》〉中，明確表明「要創一個真正中華本色的宣言」。宣言還指出了實行中國本色教會的途徑：「吾中華信徒，應用謹慎的研究，放膽的試驗，自己刪定教會的禮節和儀式，教會的組織和統系，以及教會佈道及推廣的方法。務求一切都能輔導現在的教會，成為中國本色的教會。」[51]1924 年 7 月 31 日，趙紫宸在中國基督教協進會第二屆年會上發表了〈本色教會的商榷〉，進一步探討中國教會本色化的問題，他認為中國本色教會應該將基督教與中國古文化所蘊涵的真理化合為一，使中國基督徒的宗教生活和經驗合乎國土國風。他指出在中國的基督教中應該有本色的牧師和本色的著作家，並應該在詩歌、祈禱、聖餐儀式、宗教論說中發揮本色的精神[52]。這真正將中國基督教會本色化的道路慎重具體地提到了議

---

49 吳雷川〈基督教在中國的新途徑〉，《生命》第 5 卷第 8 期，1925 年 5 月。

50 簡又文、范子美等〈關於非宗教同盟宣言〉，邵玉銘編《二十世紀中國基督教問題》第 70 頁。

51 〈基督教全國大會《教會的宣言》〉邵玉銘編《二十世紀中國基督教問題》第 521 頁。

52 趙紫宸〈本色教會的商榷〉，轉引《基督教全國大會第三股報告書》，第 3-4 頁。

事日程上，對於推動中國基督教的發展具有勿容置疑的重要的現實價值和深遠的歷史意義。

在對於基督教文化的推崇弘揚中，基督教知識份子常常將中國儒家文化與基督教文化對照著分析，常常強調將中國的文化精神與基督教文化的融合，這在吳雷川、簡又文的論述中尤為突出。吳雷川在〈論基督教與儒教〉一文中，強調基督教與儒教的互補。他說：「無論是基督教吸收了儒教，或者是儒教容納了基督教，總可以說真道必要在中國結成善果。」[53]簡又文在吳雷川的觀點基礎上，更進了一步。他說：「今日吾國教會裏人士有好些人很主張要拿中國的精神文化與基督教溶合。這確是時勢之必要。但同時我們也要顧及現代的文化，萬不能只顧『復古』而忘了『趨時』。鄙見：在我們的宗教生活中，我們應兼顧三個成分：（一）基督教的，（二）中國的，（三）現代的。」[54]他從「趨時」的角度，不僅提出基督教與中國的精神文化溶合的中國化，更強調應該兼顧現代的文化，注重基督教應該是現代的。

在非宗教的風潮中，基督教知識份子的應對與爭辯，雖然對於一切非宗教非基督教過於主觀武斷的言論，有著辨析與糾偏的作用，但他們對於基督教的道德作用、基督的人格教益的推崇，影響面卻甚小。中國傳統文化與基督教文化的融合的提倡，顯然與「五四」反中國文化傳統的格格不入的，只是在「五四」之後整理國故等對於傳統文化的逐漸重視中，得到了不少基督教知識份子的重視，他們繼續將這個話題繼續進行下去，關於中國傳統文化與基督教文化的融合的提倡與研究，也促進了中國基督教的改革，在中國基督教知識份子對於非宗教思潮的應對中，中國本色教會的宣導是最有成就的，逐漸引導著中國基督教會走上中國本色化的道路。葉仁昌在談到「五四」時期非基督教運動中基督教知識份子護教的行為時說：「然而隱藏在這些愛國言

[53] 吳震春〈論基督教與儒教〉，《真理》第1卷第43期，1924年1月20日。

[54] 史美夫著，簡由文譯《倫理的基督教觀》，簡由文編定《研究專案》，《生命》第5卷第3期，1924年12月。

論底下的卻是一種矛盾的情緒。因為，一方面，他們要用基督教來救國；另一方面，要亡中國的卻是西方的基督教國家。國家主義雖是驅策他們進行宗教思考的動力，但促使列強侵略中國的也是國家主義。這種困境使得護教者必須重新思考與處理當時環繞在他們周圍的國家主義。護教者逃離這種困境的一個方法，就是提出一種新而修正的國家主義，它一方面可以矯治西方基督教列強的侵略的、狹隘的國家主義；另一方面，則又容納有足夠的空間，讓基督教能在救國愛國上佔有一席之地。」[55]這十分深刻地揭示出中國基督教知識份子的深刻矛盾。

在「五四」運動的影響下，中國基督教知識份子也努力思考國家的前途、民族的命運，以憂國憂民的心態思考中國的社會問題，為中國的現狀而焦慮、而探索，這在 1922 年基督教全國大會發表的〈敬告國人書〉中表現得尤為深刻。在擔憂國家前途民族命運時，基督教知識份子往往提倡基督教救國，認為「吾國所缺乏的就是耶穌基督，若得基督，一切問題便可迎刃而解」[56]。他們將愛國與愛教結合起來，推動了中國基督教的改革與發展。中國基督教知識份子對於中國基督教會改革也呈現出不同著重點，有的強調將基督教溶入中國傳統文化之中，有的提倡以儒家文化彌補基督教文化，有的強調對於西方基督教文化特點的固守，這也構成了中國基督教會發展與本色化的不同追求。

四

「五四」時期是中國社會重要的轉型時期，在以反帝為基本內容的「五四」運動的激情後，中國現代知識份子迅速地將中國被強國欺凌的現實，轉化為對於國家民族問題的思考與研究，將一場反帝的政

---

55 葉仁昌《五四以後的反對基督教運動》，久大文化股份有限公司 1992 年版，第 195-196 頁。

56 〈敬告國人書〉，見邵玉銘編《二十世紀中國基督教問題》第 530 頁。

治運動迅速地轉化為一場聲勢更加浩大的反封建文化運動，在深入反省思考中國落後在歷史、文化、國民性等方面的原由中，將接受研究西方社會發達的原因、借鑒西方的文化傳統作為當務之急。在「五四」時期反帝反封建的歷史背景中，無論從知識結構，還是從情感積澱；無論是文化濡染，還是人生態度，中國知識份子身上常常具有十分深刻的矛盾衝突。無論是推崇基督教文化的啟蒙知識份子，還是反對基督教文化的激進知識份子，抑或是弘揚基督教文化的基督教知識份子，他們自小都是在中國傳統文化氛圍中成長，所接受的啟蒙教育都是以儒家為主的文化傳統；但是他們中的許多人又程度不同的接受了西方近現代文化的影響，有不少知識份子有著留學異國的經歷，中國的文化傳統與西方的現代文明都在他們的身上留下了深刻的影響。在反帝的運動中，雖然民族主義意識使他們將國家的發展、民族的利益置於極為重要的地位，但是西方列強國力的強盛、文明的發展，又使他們將西方發達國家視為中國發展的典範；他們接受的、用以反封建的思想武器大多是取自西方的。在新文化運動反封建的大潮中，他們常常以十分激烈的語言、激進的姿態批判否定儒家文化傳統，但是他們的生活態度、行為舉止往往又深深烙著中國文化傳統的印痕，因此他們常常在社會言語上激烈地反儒家文化傳統，在生活中又常常遵循著儒家倫理規範；雖然他們常常在理智上揭示批判儒家文化的弊端，卻常常在情感上留戀中國文化的博大精深深厚內蘊。因此，「五四」新文化運動的先驅者中，「五四」之後就有些人迅速地走向了整理國故回歸傳統之途。

「五四」時期中國知識份子的這種複雜狀態矛盾心態，同樣表現在他們對待基督教與基督教文化的態度之中。在向西方尋求真理的潮流中，基督教文化在中國受到了比以往更為重視的境遇，啟蒙知識份子雖然並不讚賞基督教信仰，卻在對於西方發達國家的關注與分析中，意識到基督教文化對於西方社會的發展具有的重要意義，因此他們宣導接受基督教文化中某些有益的部分來充實改變國民的精神。在強烈的民族主義意識的主宰下，在反帝情緒高漲的時候，他們中的有些人又將基督教與帝國主義劃上了等號，將西方基督教看作帝國主義軍事侵略的幫兇，甚至將中國基督教會視為帝國主義的走狗，因此在「五四」時期出現了同一個人，不同地點不同時間對於基督教、基督教文化採取了不同的姿態，甚至表達出截然不同的觀點。

對於中國的基督教知識份子，「五四」運動的反帝思潮、「五四」新文化運動的反封建潮流，同樣對於他們產生了重要的影響。作為中國現代知識份子，他們同樣為中國的命運與前途思考和焦慮，作為基督教徒、神職人員，他們又為基督教在中國的處境與發展而深思與探索。由於基督教會與西方基督教會的密切聯繫，在反帝運動中他們顯然沒有非教徒的知識份子那樣積極和衝動，他們內心深處是將基督教與帝國主義分開的[57]。作為中國現代知識份子，基督教知識份子也投身於救國救民的新文化運動中，但是他們提出的以基督教救國、以基督人格救國，卻往往不為社會所重視所接受，甚至還受到人們的嘲笑批評。他們努力以投身社會改革，表達其愛國愛民之心、服務社會的願望，但是他們的作為又不能完全被人們理解和接受。在「五四」新文化運動中採取偏激的姿態對於中國傳統文化一概否定打倒的境況中，他們內心並不贊成這種觀點和做法，但是他們在轟轟烈烈的反傳統的語境中，不可能坦誠率直地發表對於新文化運動的不滿和批評意見，他們往往以提倡以儒補耶、以耶適儒的觀點，從而表達他們對於中國傳統文化的肯定與重視。他們不滿於中國現代知識份子對於宗教、對於基督教的粗暴否定、蠻橫斥責，但是他們又常常缺乏堅實的理論、嚴密的邏輯予以反駁抗拒，在對於非宗教、非基督教運動的應對中，雖然發表了諸多不滿於對方言論的文章，但是大多也只是對於基督教問題的自我闡釋，許多見解並未被人們所重視、所接受。在護教反駁非宗教、非基督教的言論時，他們又深切反思感受到中國基督

57 胡簪雲〈基督教與帝國主義〉，見邵玉銘編《二十世紀中國基督教問題》第373頁。

教會的諸多短處，因此他們提出了中國基督教本色化的構想，並且努力付諸實施。在「五四」反帝反封的歷史語境中，中國基督教知識份子也往往處於文化的衝突與矛盾之中。

保羅・田立克在〈作為終極關懷之表達的文化〉中，提出了在西方文化語境中對於文化產生的不同三種姿態：「自律」、「他律」和「神律」。他說：「教會抵制現代文化的世俗化自律；革命運動拒絕教會的超越的他律。兩者均拋棄了他們歸根結底賴以生存的某種東西：即『神律』。『自律』、『他律』和『神律』術語以三種不同方式應答生活的法則或規律問題：自律斷言，人作為普遍理性的承擔者是文化與宗教的源泉與尺度——人是自身的規律。他律斷言，由於人不能依據普遍理性行動，他必須服從外在於他並高於他的戒律。神律斷言，這一更高的戒律同時也是人之最內在的規律，他根植於構成人自身根基的神之基礎……『宗教是文化之實體，而文化是宗教之形式。』這是神律之最準確的表述。」[58]借用保羅・田立克的「自律」、「他律」和「神律」的概念，來觀照中國「五四「時期中國知識份子對於基督教文化的不同態度。從某種角度說，「五四」時期中國知識份子對於基督教文化的不同姿態，是「自律」與「神律」的衝突。在批判否定中國儒家文化傳統的歷史語境中，在宣導科學民主個性自由個性解放的歷史氛圍中，努力掙脫中國傳統倫理道德的「他律」，而注重對於自由民主等追求中的「自律」，基督教救國的提倡、世界基督教學生同盟大會的舉行等，顯然是宣導一種「神律」，當「自律」與「神律」形成威脅的時候，這種「神律」將會變為一種有礙於「自律」的新的「他律」時，中國非基督徒知識份子自然會以十分抵觸的姿態，批評否定基督教的價值和存在的意義；而當這種「神律」並未對於「自律」構成威脅時，中國非基督徒知識份子就會用十分冷靜的態度面對基督教、面對基督教文化，甚至努力以「神律」的基督教文化中某些方面，來彌補由中國

[58] 衣俊卿譯《宗教與當代西方文化》，桂冠圖書股份有限公司 1995 年 2 月版，第 137 頁。

傳統文化的「他律」造成的不足，以彌補缺少了「他律」的「自律」過於無拘無束的空間。這也就決定了「五四」時期，中國現代知識份子對於基督教文化的不同態度。

在「五四」新文化運動的背景中，其實無論啟蒙知識份子，還是非宗教、非基督教的知識份子，還是基督教知識份子，他們有著許多共同之處。這種共同之處，首先，在於中國知識份子的憂國憂民的心態與立場。無論是執意批判封建舊文化啟蒙民眾，還是努力提出基督教救國、人格救國，都是立足於國家的富強、民族的覺醒。梁家麟在談到「五四」時期的「人格救國論」時指出：「事實上，基督教提倡的人格救國理論——以福音精神改變國人的人格，進及民族性，使之由貪婪、自私、怯懦轉化為慷慨、捨己、博愛；然後再以這種新造的人格拯救中國——與陳獨秀、胡適等國人的主張相差並不太遠。中國人亦深以自身的民族性缺失為憾，對基督教作為一個可能的代換品，又怎會不感興趣呢？」[59]其次，在於以西方的近現代文明來彌補中國社會的不足，無論是進化論、階級論，還是文藝復興思想、基督教文化傳統，只要是西方的文化思想，往往就得到中國現代知識份子的重視。再次，在於他們執著於中國現實社會生活的態度，他們都努力以自己的思考和作為，去影響中國現實社會，去改變處於危機中的中國社會的現狀。陳金鏞在〈新是怎樣解說〉中，甚至提出基督徒是新思潮指導人的觀點：「要知道我們基督徒就是新思潮的指導人，就是新文化中的教育部。我們若不做他們的光與鹽，那新思潮與新文化是有何等的危險？」[60]因此，「五四」時期提倡新文化運動的知識份子與基督教知識份子所關注的問題，具有諸多共同之處，也就形成了「五四」時期基督教與新文化運動互動的特殊境界。當時，基督教人士羅運炎就認為：「基督教可在新思潮當中表現本身和科學理性無間，以及社會及

59 梁家麟〈五四前後新文化運動思潮與基督教〉，見梁家麟《徘徊於耶與儒之間》第 226-227 頁。

60 陳金鏞〈新是怎樣解說〉，《生命》第 1 卷第 7 期，1921 年 2 月。

個人方面的人道主義。因此，新思潮實際是『無上佈道的機會』，指示人『你們所求的，盡可在我們教義中尋著，而且得的是豐富的。』總之，『我們基督教會，須要利用新文化的運動，去襄助推廣上帝的國度。』」[61]利用新文化運動去推廣上帝的國度，是基督教知識份子的期望與努力；借鑒基督教文化的精神去啟蒙民眾，是新文化運動知識份子的宣導與嘗試，這就構成了「五四」新文化運動初期的基督教與新文化運動二者之間互動的境界。

「五四」時期中國知識份子與基督教文化的複雜關係與境況，無論是啟蒙知識份子對於基督教文化的推崇，還是民族主義意識下知識份子的非基督教的傾向，抑或是基督教知識份子對於基督教文化的弘揚，從總體上觀照具有一定的積極意義和影響。這主要體現在如下幾個方面：

一、促進了中國社會對於救國救民問題的思考。「五四」時期大多數中國知識份子都以強烈的愛國激情關心中國的現實、民族的未來，無論是立足於以科學與民主啟蒙民眾的新文化運動的宣導者，還是企望以基督教救國的基督教知識份子，他們都努力思考著救國救民的重大問題。啟蒙知識份子推崇基督教文化中的博愛、犧牲、救贖等精神，非基督教的知識份子抨擊基督教的弊端，基督教知識份子強調基督教的益處，其實立足點出發點卻是相當一致的。在〈非基督教同盟宣言〉中指出外國傳教士的作為的弊端：「他們來到中國，無論是布教與教育，有意的或無意的，都宣傳其國際資本主義的國際觀念，以破壞中國的民族覺悟與愛國心。所以我國應該於一切宗教中特別反對基督教。」[62]而在基督教知識份子撰寫的〈對於非宗教運動宣言〉中卻也說：「我們不敏，願細心盡力，虛己忍耐，以從事於此任務，求改造基督教的全部或局部，使其理想、倫理、精神、信仰、人格，得適應時

[61] 羅運炎〈新思潮與基督教〉，轉引自吳國安《中國基督徒對時代的回應》第135頁。

[62] 見邵玉銘編《二十世紀中國基督教問題》，第67頁。

勢，以供應我民族的精神需要。」[63]非基督教者與基督教徒的立意如此相似，在對於基督教問題的爭論中，他們強化了對於救國救民問題的思考。

二、促進了國人對於基督教問題的瞭解。在基督教傳入中國的漫長歷史中，由於基督教文化與中國傳統文化的衝突與矛盾，人們往往對於基督教產生了種種民間流言，諸如說基督教迷拐幼孩、挖眼剜心、配迷魂藥、勾引婦女，等等，就連許多中國非宗教知識份子，也對於基督教不甚瞭解。在「五四」時期關於基督教問題的論爭過程中，使國人增加了對於基督教問題的瞭解，在基督教知識份子對於基督教問題的爭辯闡釋中，使人們對於基督教、教會有了比較全面深入的瞭解。這正如當時教會人士徐寶謙說的：「我以為中國基督徒當此時機，應參加反對不平等條約（包括傳教條約）及收回教育權各種運動，使人們得知基督教與帝國主義之間，並無何種不能斷的姻緣，使人們得知基督徒愛國之心，不居人後。」[64]這種以基督教教會人士的言論與行為，使世人瞭解基督教與基督教突的企圖，顯然在「五四」時期有著一定的成績。

三、促進了中國基督教會本色化的進程。「五四」時期的非宗教、非基督教運動，顯然也促進了基中國督教知識份子反省、思考中國教會的現實與出路，這就直接促成了教會關於中國基督教教會本色化的運動。林治平在談到中國基督教會的本色化道路時就說：「至 1920、30 年代，民族主義風起雲湧，五四運動後至 1922 年，爆發了由知識份子推動的反基督教運動，更加促使中國教會人士反省、反思基督教在中國本色化的意義及其重要性，基督教在中國本色化的呼聲此起彼伏，各種嘗試的努力也紛紛出現，至 1925 年左右達最高潮。」[65]這種

[63] 簡又文等〈對於非宗教運動宣言〉，見邵玉銘編《二十世紀中國基督教問題》第 68-69 頁。

[64] 徐寶謙〈大凡基督教運動與吾人今後應采之方針〉，見張欽士輯《國內近十年來之宗教思潮》第 451 頁。

[65] 林治平〈基督教在中國本色化之必要性與可行性〉，見林治平編著《基督教

簡約的勾勒是吻合歷史事實的。在 1922 年 5 月的基督教全國大會上正式提出了「中國本色的教會」的構想。為推進教會本色化運動，中華全國基督教於 1924 年專門成立了「本色教會常備委員會」，專門研究如何推廣本色化教會運動，研究國內獨立教會的狀況，調查「非教運動」的產生與組織等，調查宗教團體與運動，研究中國教會與社會的關係，研究中國教會的禮拜、聖詩、禮節等。吳雷川、徐寶謙、趙紫宸、謝扶雅等還都研究過基督教與中國文化的問題，有的還從理論上研究了中國基督教會的本色化。

四、加強了非基督徒與基督教知識份子的交往。由於信仰的不同，非基督教徒知識份子與基督教徒知識份子之間的交往並不多，這就更加拉大了各自的距離、造成了相互之間情感的隔閡。「五四」時期，在非宗教、非基督教的紛爭中，基督教會曾經於 1920 年 3 月 14 日在北京召開會議，並專門邀請新文化運動的知名人士蔡元培、胡適、蔣夢麟等參加會議，討論關於基督教問題的認識，並探討基督教復興運動。其後，教會通函邀請國內數十位提倡新文化運動的知識份子，徵求他們對於基督教的意見和看法，許多意見都被刊載於生命社的刊物《生命月刊》上。這顯然加強了非基督徒與基督教知識份子的交往，在有關宗教問題的爭論過程中，雖然出發點不同、見解不同甚至有抵觸，但是這種爭論，本身也就加強了相互之間的瞭解。

當然，在我們回溯與思考「五四」時期基督教文化與中國現代知識份子問題的同時，也應該看到在中國現代知識份子在對於基督教文化方面存在著的問題。啟蒙知識份子在對於基督教文化的推崇中，常常缺乏對於基督教文化的總體瞭解，大多主觀地截取基督教文化中的某些方面，形成了他們沒有上帝的基督教精神的關注與推崇，甚至誤解歪曲了某些基督教文化的原義。在以強烈的民族主義意識非宗教、非基督教的過程中，一些知識份子又往往採用過於偏激的語言與姿態，不問青紅皂白地予以一概否定，往往缺乏對於宗教、基督教的學

在中國本色化》，今日中國出版社 1998 年 12 月版，第 9 頁。

理的分析與研究，簡單化地將基督教等同於帝國主義，簡單化地將中國基督教會看作帝國主義為虎作倀的幫兇，在缺乏理性極端情緒化的爭論中，在缺乏深入的理論探討中，將宗教問題等同於民族問題、政治問題。基督教知識份子對於基督教文化闡釋弘揚時，他們又常常將甚多的精力置於耶穌的出生、死亡、復活等神跡問題的闡釋中，並誇大了基督教救國的效用，在對於諸多社會問題面前又往往顯得捉襟見肘回天無力。

人類學家萊斯利・懷特在〈作為文化之基礎的技術〉一文中說:「人類文化本質上為一個整體，是一個單一的體系；所有所謂不同的文化只是同一結構之間上的不同部分。人類文化整體從時間上可理解為一個流，而在非時間的意義上可瞭解為系統，或者同時限定為兩者，即：時間連續統之中的系統。只有當文化在相當程度上可以在與其他文化的聯繫和接觸之外加以理解時，才可能將之作為系統來對待。不理解這一點，導致了過去人類文化理論的一些失誤。」[66]萊斯利・懷特將人類的文化視為一個整體，將不同的文化看作是同一結構上的不同部分，他提出「在與其他文化的聯繫和接觸之外加以理解」，這種高屋建瓴式的視閾與觀照，就使其對於不同文化的看法有了融合與交匯的基礎。回溯與思考「五四」時期基督教文化與中國現代知識份子的問題，當時他們就缺乏這種「人類文化本質上為一個整體，是一個單一的體系」的見識，缺乏「在與其他文化的聯繫和接觸之外加以理解」的胸襟，這也就導致了「五四」時期中國現代知識份子對於基督教文化某些失誤，留下了深刻的歷史經驗和教訓。人類文化是整體的，不同的文化是這整體上的某一部分，不僅要站在本土文化之中觀照異域文化，更要超脫本土文化觀照理解異域文化，觀照與理解本土文化與其他文化之間的聯繫與接觸，這就是在對於「五四」時期一個角度的回溯中，在關於基督教文化與中國現代知識份子問題的探討中得出的思考。

---

[66] 萊斯利・懷特《作為文化之基礎的技術》，見愛德華・塞爾著，衣俊卿譯《宗教與當代西方文化》，桂冠圖書股份有限公司 1995 年 2 月版，第 28-29 頁。

下编

基督教文化與中國新文學

第十章　教會學校文化教育與中國現代作家

長期以來，人們往往偏頗地將基督教在中國的傳播視為文化侵略，而對於基督教文化對於中國的正面影響往往予以否定。其實，文化的傳播過程是一種歷史規律，在文化傳播過程中不同文化之間的抵拒、衝突、接受、融會，一種文化必然對於異質文化產生或多或少的影響，這種影響也是十分複雜的。作為人類文明重要組成部分的基督教文化，對於推動人類的進步、社會的發展具有十分重要的作用，基督教文化在中國的傳播也產生了勿容置疑的作用與影響，教會學校在中國的建立與發展，既拓展了基督教文化的影響，也傳授了近代以來的科學知識、文化成果。在此過程中，一些中國現代作家先後在教學學校中接受了教育，許地山、冰心、廬隱、郁達夫、張資平、徐志摩、林語堂、蘇雪林、陳夢家、蕭乾、施蟄存、胡也頻等，教會學校的教育對於他們的學識、觀念、創作等都產生了重要的影響。

一

中國的教會學校最早始於 1818 年馬禮遜（Robert Morrison）創辦的英華書院（Anglo-Chinese college）。1839 年 11 月，由美國傳教士布朗（R. Brown）負責在澳門開辦了馬禮遜學堂（Morrison School），此後各國基督教差會先後在華設立學校，學校最初主要集中在廣州、香港、澳門、上海、寧波、福建等沿海城市，通常為附設在教堂裏的小學，學校免收學費，提供膳宿生活費，學生主要為貧苦教徒子弟或無家可歸的乞丐。最初傳教士大多將學校作為傳播福音使人皈依上帝的場所，並意在培養一批中國的傳教士。「特基督教會之學校，初非專門之教育家所設立，其志亦並不在教育人才以促進教育之進步，乃欲以學校為一種補助之物，以助其宣傳福音之業。」[1]至 1877 年，中國已有基督教教會學校約 300 所，學生 4900 人（不包括主日學校）[2]，這階段的教會學校以小學為主。

由於中國的洋務運動及洋務學堂對人才的需求，教會學校得到了迅速的發展，不僅學校的數量與學生的人數不斷增加，而且教會學校已在中國內地得到了發展，開辦的範圍擴大到中國許多地區，並在大城市裏教會中學的基礎上有的逐漸擴展成為教會大學。教會學校招生對象開始從貧窮人家子弟逐漸轉向了富庶家庭子弟，意在通過學校擴大影響。狄考文（Calvin W. Mateer）在 1890 年的傳教士大會上所說：「真正的基督教學校，其作用並不在單純地傳授宗教，從而使學生受洗入教。他們看得更遠，他們要進一步給學生們訓練……成為社會上及在教會中有勢力的人物，成為一般人民之導師和領袖。」[3]傳教士林樂知提出「為什麼我們教會在中國要不斷地為乞丐開辦義學呢？倘若讓富有的和聰明的中國人先得到上帝之道，再由他們去廣泛地宣傳福音，我們豈不是可以少花人力物力，而在中國人當中無止境地發揮力量和影響嗎？」[4]教會學校在傳播福音的同時，更加重視科學知識的傳授，傳教士愛菲爾認為：「中國確實需要西方學者所傳播的哲學和科

[1] The Christian Education in China. The Report of the China Educational Commission of 1921-1922. New York. 1922:18-20.

[2] Records of the General Conference of protestant Missionaries of China. Held in Shanghai, May 10-24, 1877. Shanghai, 1878:486.

[3] Records of the General Conference of protestant Missionaries of China. Hold in Shanghai, May 10-24, 1877. Shanghai, 1878:486.

[4] 顧長聲《傳教士與中國近代化》，上海人民出版社 1981 年版，第 228 頁。

學，但中國必須從基督教傳教士那裏獲得這些知識。……只有使哲學和科學的研究浸潤於基督教的教義之中，才使人民的內心謙卑，使人們在宇宙的創造主面前低頭。」[5]基督教在傳教過程中，確實將西方的科學知識傳播到了中國。

1905 年 9 月 2 日，清朝皇帝頒佈詔書，宣告廢除科舉考試以及相關的教育體制，在全國範圍內興辦新式學堂，這給了教會學校的發展與擴充提供了一個重要的機會，至 1912 年中國教會學校的學生數已為 138937 人，1920 年為 245049 人。到 1926 年在中國的教會學校約 6000 所，其中大學 16 所，中學 200 所，小學 5000 所，學生 30 萬人左右[6]。教會學校的傳教與傳授知識並進，有的傳教士甚至提出信仰自由的觀點，詹姆斯・艾迪生和赫瑞斯・格雷在 1910 年致葛舫濟的信中指出：「當學校擴大時，它不可避免地走向世俗化，即失去它占中心地位而統轄一切的傳教活動。學術的目標越廣泛，系科的數目越多，教師越忙於應付日益增多的專業職責，保持積極的傳教熱情也就越困難。」[7]不少教會學校注重培養學生基督化人格。教會小學初小學制 4 年，設有聖經、國學、算術、歷史、科學、倫理學、圖畫、地理、音樂、體操等；高小學制亦 4 年，增設英語、手工藝等課程。在教會中學中亦分設英文科、師範科、中學正科和道學科。可見在教會中學的課程安排中已涉及了中西文化知識的諸多方面，為培養具有現代知識的人才奠定了重要的基礎。

教會學校在中國發展變化的軌跡中，我們可以看到在其不斷發展中策略與觀念的變化，教會學校對於中國教育發展是有著十分重要的影響，對於傳播西方近現代文明起著十分重要的作用，對於培養中國近現代知識份子也有著勿容置疑的貢獻。

5　Records of the General Conference of protestant Missionaries of China. Held in Shanghai, 1890. shanghai. 1890:471.

6　〈全國基督教會學生歷年增進表〉，《新教育》第 5 卷第 4 期，1922 年 11 月。

7　何曉夏《教會教育與中國教育近代化》，山東教育出版社 1996 年版。

二

中國現代作家大多在19世紀末20世紀初進入學校接受教育，他們中有不少在教會學校接受了教育：許地山在燕京大學，冰心在北京貝滿女中、燕京大學，廬隱在北京女子慕貞學院，張資平在廣東廣益中西學堂，郁達夫在杭州之江大學預科、惠蘭中學，徐志摩在上海浸信會學院，林語堂在福建龍溪銘新小學、廈門尋源書院、上海聖約翰大學，趙景深在安徽蕪湖聖雅各小學，陳夢家在燕京大學，蕭乾在北京崇實學校、燕京大學，施蟄存在杭州之江大學，胡也頻在福州基督教會中學……。教會學校開設了一些與中國傳統教育不同的課程，給予了這些中國作家與中國傳統教育不同文化知識的傳授。

教會學校的英語學習給予了中國現代作家接觸與接受西方文化知識的語言工具。據1917年福州教會學校《鶴齡英華書院章程》記載，其預科、正科所開設課程如下：預科學制兩年，開設英文、識字、切字、練讀一書、文法啟蒙、心算啟蒙、中國輿地、翻譯淺文、摹習西字、華文聖經、唱歌、打球、體操、國文、左傳、戰國策菁華、論語、小學、論說文苑、習楷、作文、月課。正科學制四年，開設英文、切字、翻譯、摹習西字、華文聖經、唱歌、體操、國文、文法、談論、習楷、作文、月課、各國地理、數學、中學歷史、西國史、身體學、修辭學、英文論、古今大家、幾何學、格物學、電學、英文聖經以及選讀中國歷史名著等課程[8]。在不少教會學校非常重視英語教學。馬禮遜教育會在1839年1月的發起〈通報〉中說：「本教育會的宗旨將是在中國開辦和資助學校，在這些學校除教授中國少年讀中文外，還要教授他們讀寫英語，並通過這個媒介，把西方世界的各種知識送到他們手裏。這些學校要讀《聖經》和有關基督教的書籍。」[9]

8 李湘敏〈民國時期福建的教會學校〉，《教育評論》2000年第1期。
9 Records of the General Conference of protestant Missionaries of China. Held in

冰心進入了美國衛理公會辦的貝滿女中，在學習時她的英語課與聖經課的成績是最好的，她說「聖經、英文我的分數幾乎都不在 95 分以下」[10]。張資平在自傳體小說《沖積期化石》中記錄了當時學校所開的課程：「一九〇六年春初，我們村中的 KY 小學校——教會附設的小學校開課了。學校功課有英文，有國文，有算術，有歷史，有地理，有理科，有音樂，有體操，有中國的經學（詩書易禮春秋），有西洋的經學（新舊約全書），有中國修身（林先生的摘講論語），有西洋倫理（喬教士和申牧師的說教），只缺一科圖畫。」[11]豐富的課程設置拓寬了張資平的眼界。林語堂 13 歲時進入廈門教會學校尋源書院讀書，四年教會中學的生活給予了他深刻的印象，他在談到中學學習時說：「我由基督教各傳教會所領受的恩惠可以不必說出來的了。我在廈門尋源書院所受的中學教育是免費的；照我所知，在那裏歷年的膳費也是免繳的。」[12]在教會學校的學習中，英語學習成為林語堂最為熱衷的課程：「吾父既決心要我學英文，即當我在小學時已喜歡和鼓勵我們弟兄們說英語，識得幾個字就講幾個，如 pen、pencil、paper 等，雖然他自己一字不懂。」「十七歲，我到上海。從此我與英文的關係永不斷絕，而與所有的中文基礎便告無緣了。照現在看起來，當時我的中文基礎其實也是浮泛不深的。」[13]「我很感謝聖約翰教我講英語。」「我很幸運能進聖約翰大學，那時聖約翰大學是公認學英文最好的地方。由於我刻苦用功，在聖大一年半的預備學校，我總算差不多把英文學通了，所以在大學一年級時，我被選為 ECHO 的編輯人而進入了這個刊物的編輯部。」[14]可以說，如果沒有教會學校的學習，也就沒有後來「兩腳踏東西文化，一心學今古文章」的林語堂。

---

hanghai, May 10-24, 1877. Shanghai, 1878:486。

[10] 冰心〈我入了貝滿中齋〉，《收穫》1984 年第 4 期。

[11] 轉引自楊劍龍〈張資平的小說創作與基督教文化〉，《齊魯學刊》1998 年第 6 期。

[12] 〈林語堂自傳〉，陝西師範大學出版社，2005 年 2 月版。

[13] 〈林語堂自傳〉，陝西師範大學出版社，2005 年 2 月版。

[14] 〈林語堂自傳〉，陝西師範大學出版社，2005 年 2 月版。

在教會學校的學習中，一些現代作家受到了很好的英語學習的訓練，為出國留學打下了基礎，許地山、冰心、林語堂、徐志摩等都出國留學，為接受西方文化知識奠定了基礎。教會學校的學習，開拓了他們的視野，使他們的學習擺脫了中國傳統教育的窠臼，擺脫了單純注重倫理教育而忽視知識教育的傳統，使他們能夠站在近現代文明的前沿，能夠順利地走向世界。

三

在教會學校的學習中，在濃郁的基督教文化的氛圍中，中國現代作家受到了基督教文化的薰陶與影響，這對於他們的人生態度與人格形成產生了重要作用。

經過晚清的一系列革新運動的先後失敗，中國近代知識份子深刻地認識到國民性改造的重要性，認識到啟蒙民眾的急迫性，魯迅等新文化先驅者將揭露中國傳統文化的弊端、改造國民性作為自己自覺承擔的職責。教會學校有著與中國儒家文化不同的氛圍，教會學校在中國的發展過程中，人們逐漸從單純傳教培養教徒，轉為培養學生基督化的人格。因此，有人認為：基督教學校只能通過培養學生基督化人格而不是教義灌輸來實現，注重宗教教育的實際效果而不是儀式，「稍變其希望各人做基督徒之宗旨，而為使人有於基督環境中，受教育之機會。……直將儀式上入教的條件撇開，而注重人格的養成，其宗旨更顯純正光大矣」。[15]

在教會學校的薰陶培養中，不少中國現代作家從基督教文化中汲取文化養料，尤其從基督的身上獲得人格魅力與影響，從而對於他們的人格有所影響。冰心於 1914 年考入了由美國衛理公會辦的貝滿女中，受到了基督教文化廣泛深入的影響，在學校開設的《聖經》課上，

[15] 李天祿〈基督教教育之我見〉，《教育季刊》第 2 卷第 3 期，1926 年 10 月。

她系統地學習了基督教的經典，在學校每天上午半小時的牧師講道中，在每個星期天教堂的禮拜中，她較為深入地瞭解了基督教教義。考入協和大學（後來併入燕京大學）後，這所教會大學仍然有《聖經》課程，冰心在一位牧師家中受洗入了教。冰心後來說：「因為當時先生說許多同學都在看我的樣，我不受洗她們便也都不受洗，我說那容易，便那麼辦了。」[16]冰心說：「我從《福音》書裏瞭解了耶穌基督這個『人』。我看到一個窮苦木匠家庭的私生子，竟然能有那麼多信從他的人，而且因為宣傳『愛人如己』，而被殘酷地釘在十字架上，這個形象是可敬的。」[17]基督已成為年輕的冰心所崇敬的人格典範。冰心在〈我的中學時代〉中這樣說：「在我十幾年海內外的學校生活中，也就是中學時代，給我的印象最深，對我的性格影響也最大。」[18]冰心在「五四」種種主義與學說引進的氾濫中，在〈人格〉一詩中說：「主義救不了世界，／學說救不了世界，／要參與那造化的妙功呵，／只要你那純潔高尚的人格。／萬能的帝！／求你默默的藉著無瑕疵的自然，／造成了我們高尚獨立的人格。」唯有上帝才能拯救世界，祈望上帝以無瑕疵的自然造成人們高尚獨立的人格，這是冰心真心所期盼的。1921 年 5 月 21 日，冰心在她寫的散文〈我＋基督＋？〉一文中，表達了她對於基督之愛的推崇與珍重。她寫道：「基督說：『我是世界的光。』又說：『你們當趁著有光，信從這光，使你們成為光明之子。』使徒約翰說：『那是真光，照亮凡生在世上的人。』」「誰願籠蓋在真光之下？誰願滲在基督的愛裏？誰願借著光明的反映，發揚他特具的天才，貢獻人類以偉大的效果？請銘刻這個方程在你的腦中，時時要推求這方程的答案，就是。我＋基督＋？」在教會學校的學習中，基督教文化深刻地影響了冰心的人生態度與人格形成，她曾明確地說過：「中學四年之中，

16 子岡〈冰心女士訪問記〉，《冰心研究資料》第 102 頁，北京出版社 1984 年版。

17 《冰心全集》第七卷，海峽文藝出版社 1994 年版，第 464 頁。

18 《冰心全集》第七卷，海峽文藝出版社 1994 年版，第 373 頁。

沒有什麼顯著的看什麼課外的新小說。……我所得的只是英文知識，同時因著基督教義的影響，潛隱的形成了我自己的『愛』的哲學。」[19]

廬隱 9 歲時被送進教會學校慕貞學院，度過了五年的學習生活。她一度因病在教會醫院住了半年多，病癒後她就皈依了基督。她說：「我那時弱小的心，是多麼空虛，我的母親不愛我，我的兄弟姊妹也都拋棄我，我的病痛磨折我，因此我為了這些而哭，我這空虛的心，在這時便接受了上帝。」[20]她對她的兄弟們說：「上帝是這世界上的唯一救主，我們人類的始祖亞當夏娃犯了罪，被上帝逐出樂園，所以這些人生下來也都有罪，除了信耶穌，不能逃出地獄。」後來廬隱在談到她的人生與宗教時說：「宗教的信仰，解除我不少心靈上的痛苦，我每次遇到難過或懼怕的時候，我便虔誠的禱告，這種心理作用，我受惠不少……現在雖覺得是一件可笑的事，但也多謝宗教，不然我那童年的殘破的心，必更加殘破了！」「在童年的時候，我皈依了耶穌。等到我離開那所教會學校後，我本來不徹底的信仰，便漸漸的趨於破產。當然以耶穌那種偉大的人格，博愛的精神，很夠得上人們的崇拜，我就以他為人生的模範，並不算壞。」[21]雖然後來廬隱逐漸遠離了基督教，但是耶穌的人格與精神或多或少地給予她深刻的影響。

林語堂從小就在教會學校接受教育，1900 入銘新小學，1907 年入尋源書院，1911 年入上海聖約翰大學，這些教會學校的教育深刻地影響了林語堂的思想與人生。雖然他自稱走了一條「基督徒——異教徒——基督徒」的信仰之路，但是教會學校對於他的影響是非常深刻的，他說：「得失兩項相比對，我覺得聖約翰對於我有一特別影響，令我將來的發展有很深的感力的，即是它教我對於西洋文明和普通的西洋生活具有基本的同情。」林語堂認為：「在事實上，中國從來沒有人因教義而信基督教，中國人信教，都是因為和一個基督徒人格有過親密的

[19] 見《冰心全集‧自序》，北新書局 1932 年版。
[20] 《廬隱自傳‧童年時代》，上海第一出版社 1934 年版。
[21] 廬隱《其他‧我的宗教》，上海第一出版社 1934 年版。

接觸，而那個基督徒是遵守基督『彼此相愛』的教訓的。」[22]因此，林語堂特別注重耶穌個人的示範作用，他描述耶穌基督言行：「耶穌的世界和任何國家的聖人、哲學家，及一切學者比較起來，是陽光之下的世界。耶穌的教訓直接、清楚、又簡易，使想認識上帝或尋求上帝者一切其他的努力感到羞愧。……我以為這種光、這種力（炫目的光常有力）和耶穌教訓的內容沒多大關係，而是來自他教訓的態度與聲音，及來自他的個人示範。……他用極度自然和優美的態度說：『人看見了我，就看見了父。』他用完全簡易的態度說：『我這樣吩咐你們，是叫你們彼此相愛。』『有了命令又遵守的，這人就是愛我的，愛我的必蒙我父愛他，我也要愛他，並且要向他顯現。』他有一種真正高貴的聲調，例如：『凡勞苦擔重擔的人可以到我這裏來，我就使你們得安息。』」[23]在基督人格的感染下，在基督教博愛精神的影響下，林語堂融匯了儒家的中庸思想與西方的個性自由精神，形成了林語堂獨特的人文主義思想，這成為其安身立命的精神基礎。

雖然經過教會學校學習的中國現代作家有著不同的個性，許地山儒雅狷介，冰心溫愛純真，廬隱感傷憤懣，郁達夫卑己自牧，張資平浪漫灑脫，徐志摩率真任性，林語堂睿智溫婉，施蟄存超脫敏銳，等等，但是他們的個性中大多有著對於個性自由的追慕，對於博愛思想的推崇，對於犧牲精神的仰慕，這些或多或少與教會學校的教育、與基督精神的影響有關。

四

經過教會學校的學習，他們對於基督教文化有了比較深入的瞭解，對於西方文明有了比較多的接觸，在「五四」反傳統的時代氛圍

[22] 林語堂《信仰之旅》，香港道聲出版社 1999 年 5 月版。
[23] 林語堂《信仰之旅》，香港道聲出版社 1999 年 5 月版。

中，在以陳獨秀為代表的宣導以基督精神拯救中華民族的呼聲中，這些作家自然而然地在他們的創作中或禮贊基督精神，或描寫教徒生活，或演繹聖經故事，或敘寫教會人生，教會學校的學習或多或少地影響了他們的文學創作。

許地山的創作常常描寫基督徒在人生中的坎坷與磨難，描寫在文化衝突中基督徒的內心矛盾，揭示出人們在苦難中堅定的性格執著的精神（〈綴網勞蛛〉、〈商人婦〉、〈玉官〉等）。冰心的聖詩創作或虔誠地讚美上帝（《傍晚》、《黎明》、〈晚禱（一）〉、《晚禱（二）》、《黃昏》、《清晨》），或演繹聖經故事（《天嬰》、《客西馬尼花園》、《髑髏地》、《孩子》、《沉寂》、《他是誰》），或在宗教氛圍中抒寫對於人生的思索（《生命》、《不忍》、《何忍》、《迎神曲》、《送神曲》、《春水・一四九》、《嚮往》、《人格》、《春水・二六》）。在她的小說創作中，努力抒寫人世間的博愛，在母愛、童貞與自然的描寫中洋溢著基督的博愛精神（《像片》、《一個軍官的筆記》、〈最後的安息〉、〈我的學生〉）。廬隱的小說描述宗教對於人們精神的拯救（〈餘淚〉、《或人的悲哀》、《何處是歸程》）。郁達夫的小說勾畫迷途之羊精神的皈依（《南遷》、《迷羊》、《風鈴》）。張資平的小說敘說教會生活的紛爭與迷亂（《沖積期化石》、〈上帝的兒女們〉、〈約檀河之水〉、〈約伯之淚〉）。蕭乾的小說描寫傳教士的生活與心態（〈皈依〉、〈鵬程〉、《曇》、〈參商〉）。徐志摩的詩歌描繪基督受難的情景（《卡爾弗里》）。陳夢家的聖詩禮贊上帝的拯救（《聖誕歌》、《古先耶蘇告訴人》、《我是誰》）。胡也頻的作品描寫基督徒的心態（《聖徒》、《假使有個上帝》）。

經過教會學校的教育，作家們對於基督教文化有了十分具體深入的瞭解，其中有的作家受到基督教家庭的深刻影響，有的作家受洗入教，有的作家還常常在教堂講道。這些對於他們的文學創作都產生了影響，在他們的創作中呈現出或濃或淡的基督教色彩，在「五四」反傳統的氛圍中，他們的創作弘揚基督的博愛精神，提倡基督的獻身精神，宣導基督的寬恕精神，雖然張資平、蕭乾的創作執意揭示教會的陰暗面，但是他們在並不反對宗教的意識裏仍然推崇基督的精神，形成了以基督教精神反對中國文化傳統、以基督精神拯救華夏民眾的意向。

五

美國加洲大學教授黃宗智在〈近現代中國和中國研究中的文化雙重性〉一文中提出了「文化雙重性群體」的概念，他認為留學生「都屬於一個具有文化雙重性的群體」。他指出：「一般情況下，這些留學生運用英語（或其他歐洲語言）和漢語一樣自如或近乎自如，而且受西方文化的影響並不弱於中國文化。」他指出「這些留學生應該與許多設在中國的教會學校一齊來理解」。他說：「這類教會學校最初出現在十九世紀，到了二十世紀二十年代，有超過 50 萬的學生在雙語課程或以英語為主的課程下註冊上課。教會學校的畢業生與西方文化的關聯程度較之與中國文化甚至猶有過之而無不及。很多留學生都出自這個行列。教會學校的畢業生數量上大大超過留學生，即使聲望可能有所不及。」[24]他指出了教會學校在中國的重要影響，指出了教會學校在傳播西方文化方面的重要作用。

中國現代作家身處於一個中國社會的轉型期，他們大多生活與成長於中國文化氛圍中，中國傳統文化給予他們耳濡目染的影響，在他們身上留下了難以抹去的印痕。教學學校的學習，使他們接觸到了西方文化，在基督教文化的薰陶中，他們又接受了西方的近現代文明與知識。一些作家出國留學的經歷，加深了他們對於西方社會、西方文化的瞭解與接受，構成了這些中國現代作家文化雙重性的特點。他們以中國傳統士大夫式的憂國憂民的心態思考中國的現實與未來，他們以西方文化作為參照系分析中國文化的歷史與現實。他們既傳承了中

---

[24] 黃宗智〈近現代中國和中國研究中的文化雙重性〉，見思與文網刊 2005 年 8 月 2 日。

國傳統文化中庸、自強、修身等思想，又接受了基督教文化中的人道精神，形成了他們身上的文化雙重性。

教會學校的教育在這些作家身上烙下了或深或淺的印痕，在中國社會由傳統轉向現代的轉型過程中，這大致表現為如下幾方面：

一、他們大多接受了基督教文化中博愛、寬恕等精神，以批判儒家文化中的忠孝倫理思想。儒家文化成為中國文化傳統的主要方面，對於帝王的忠、對於長輩的孝成為儒家倫理的主要方面，「君要臣死，臣不得不死，父要子亡，子不得不亡」成為忠孝倫理的基本表述，這也成為儒家文化束縛人性摧殘人性的根本。基督教的信條強調愛上帝與愛人如己，強調對於仇敵的寬恕，這與儒家文化中的倫理是完全不同的。在「五四」批判中國儒家文化的背景中，陳獨秀就提倡說：「我們今後對於基督教的問題，不但要有覺悟，使他不再發生紛擾問題，而且要有甚深的覺悟，要把那耶穌崇高的、偉大的人格和熱烈的、深厚的情感，培養在我們的血裏，將我們從墮落在冷酷、黑暗、污濁坑中救起。」[25]在經過教會學校教育的中國現代作家身上，他們常常推崇基督教文化中的博愛、寬恕等精神，以批判儒家文化中的忠孝倫理思想。冰心以愛的宗教來否定封建倫理道德，廬隱以基督教的博愛來反對封建軍閥的戰爭，許地山宣導以基督教來抵制中國禮的宗教的流弊[26]，郁達夫以宗教皈依者的故事顯現對於傳統文化的反叛。

二、他們大多接受了基督教文化中的平等、自由等思想，以擺脫傳統封建等第思想的束縛，尋求個性解放、個性自由。中國封建倫理注重君臣父子的倫理等第，在封建倫理等第中，任何人不能逾越或打破這種等第。基督教文化中在人與上帝的等第以外，四海之內皆兄弟，

---

[25] 陳獨秀〈基督教與中國人〉，《新青年》第 7 卷第 3 號。

[26] 1923 年許地山在 4 月 14 日的《晨報副刊》上發表了〈我們要什麼樣的宗教〉一文，認為當時中國所需要的宗教應具有如下八方面的條件：「一要容易行的。二要群眾能修習的宗教。三要道德情操很強的。四要有科學精神的。五要富有感情的。六要有世界性質的。七必注重生活的。八要合於情理的。」並認為「按耶教近年發展的趨勢似甚合於上述的理論」。

無論貧富智愚都是平等的，在此基礎上追求個體的自由。在教會學校接受過教育的中國現代作家大多接受了基督教文化中的平等、自由等思想，從而擺脫傳統封建等第思想對於人的束縛。1912 年，蘇雪林全家搬至安慶後，家中將她送進一所教會辦的女子學校讀書，她後來在歷史小說《秀峰夜話》中直截了當地提出解救中國之方法唯有讓西方傳教士來中國「宣揚福音，救人靈魂」，「彼西來之教，則大可補吾儒之不足」，她將基督教文化與儒家文化的融合視作救國救民的理想之途。許地山注重宗教的歸善精進的責任，「他深解佛、道、基督諸教三昧，排除教門、教規的偏見，『謀諸宗教的溝通』，並在『溝通』中使宗教世俗化，倫理化，滲透在自己的人生體驗和人生探索中」。他強調宗教世俗化、倫理化中解放個性、追求自由[27]。

三、他們大多接受了西方文化中的科學、民主等思想，以追求現代文明中的社會理想。在教會學校中，他們接觸到了西方文化中的科學、民主等思想，拓展了視野中具有了現代知識份子的意識與眼光。林語堂在談到在聖約翰大學的學習時說：「在這時期，我的心思頗為發育，很愛看書。其中有一本我所愛看的乃是張伯倫《十九世紀的基礎》（Chamberlain's *FounBdations of the Nineteenth Century*），卻令我的歷史教員詫異非常。我又讀赫克爾《宇宙之謎》（Haeckel's *Riddlle of the Universe*）、華爾德《社會學》（Ward's *Sociology*）、斯賓塞《倫理學》（Spencer's *Ethics*）及韋司特墨《婚姻論》（Westermarck）。我對於進化論和基督教的明證很感興趣。我們的圖書館內神學書籍占了三分之一。」[28]教會學校的學習奠定了林語堂的知識結構，使其一生努力在文化傳播中追求現代文明的社會理想。冰心最初在貝滿女中接受教育，貝滿女中完全從歐美學校裏借鑒教育內容與方式，冰心有生以來第一次接受了系統的科學教育。她說：「我在學校裏，對於理科的功

[27] 楊義《中國現代小說史》第 1 卷，人民文學出版社 1986 年 9 月版，第 376 頁。

[28] 《林語堂自傳・在學校的生活》，陝西師範大學出版社 2005 年 2 月版。

課，特別用功，如代數、幾何、三角、物理、化學、生物以至於天文、地質，我都爭取學好考好，那幾年我是埋頭苦讀，對於其他一切，幾乎是不聞不問。」[29]「我把精力都放在理科方面，什麼代數、幾何、三角，……尤其喜歡幾何，因為我父親是學航海的，他常常告訴我，對於學航海的人三角、幾何都非常重要，所以我也就很喜歡這些學科。」[30]在教會學校的學習中，冰心受到了科學、民主思想的影響，「五四」運動中她自然而然地投入了反封建傳統的鬥爭中。

經過教會學校學習的中國現代作家的身上，或多或少存在著「文化雙重性」的特徵，他們一方面受著其所生活氛圍的中國傳統文化的濡染，另一方面受到了以基督教文化為主的西方文化的影響，在中國社會走向現代化的過程中，他們以其獨特的文化素養、思想意識、文學創作為中國社會的發展做出了重要的貢獻，也顯示出教會學校在中國社會發展進程中的重要作用與影響。

[29] 冰心〈從「五四」到「四五」〉，見李輝編《冰心自述》，大象出版社 2005 年 7 月出版。

[30] 冰心〈談點讀書與寫作的甘苦〉，《冰心全集》第 6 卷，海峽文藝出版社 1994 年版，第 330 頁。

第十一章　基督教文化與中國新文學的人道精神

1920 年，在〈聖書與中國文學〉一文中，周作人認為近代歐洲文明起源於希臘和希伯來的思想，他說「現代文學上的人道主義思想，差不多也都從基督教精神出來」，並認為「近代文藝上人道主義的源泉，一半便在這裏，我們要想理解托爾斯泰、陀思妥耶夫斯奇等的愛的福音之文學，不得不從這源泉上來注意考察」，他指出「《馬太福音》的確是中國最早的歐化的文學的國語，我又預計他與中國新文學的前途有極大極深的關係」[1]。以周作人的觀點考察中國「五四」以後的新文學，我們發現中國現代文學中蘊涵著的人道精神與基督教文化有著某種密切的關聯，換言之，基督教文化使中國現代文學中更加具有人道精神，這促進了人道主義在中國的萌動與發展。

一

「五四」時期，在反思批判中國儒家文化傳統的語境中，西方文化成為針砭中國傳統文化的工具，進化論、泛神論、個性主義、存在主義、非理性主義、佛洛伊德學說、現代派藝術等等，都紛紛被介紹進國內，中國新文化運動的先驅者們各取所需地以西方的文化思想批判中國傳統文化，基督教文化也就同樣受到重視，成為批判儒家文化

[1] 周作人〈聖書與中國文學〉，《小說月報》第 12 卷第 1 期。

傳統的思想武器。「五四」時期，陳獨秀曾經充滿了熱情地說：「我們不用請教什麼神學，也不用依賴什麼教儀，也不用藉重什麼宗派，我們直接去敲耶穌自己的門，要求他崇高的、偉大的人格和熱烈的深厚的情感與我合而為一。」「我們今後對於基督教的問題，不但要有覺悟，使他不再發生紛擾問題，而且要有甚深的覺悟，要把那耶穌崇高的、偉大的人格和熱烈的、深厚的情感，培養在我們的血裏，將我們從墮落在冷酷、黑暗、污濁坑中救起。」[2]基督教文化成為批判中國文化傳統拯救華夏民眾重要的文化資源，使諸多曾經受到基督教文化影響的中國作家在他們的文學創作中或多或少地呈現出宗教色彩，從而洋溢著基督教文化影響下的注重救世精神、突出愛人如己、追求個人價值的人道色彩。

人道主義以人為出發點，提倡關懷人、尊重人、以人為中心，並引申出人的價值、人的權利和尊嚴，以及自由、平等、博愛等思想觀念。美國哲學家科利斯・拉蒙特在談到人道主義時認為：「人道主義代表著一種關於宇宙、關於人的本性、關於如何對待人的問題的明確的、直截了當的見解……」，他將 20 世紀的人道主義定義為「一種樂意為這個自然世界中一切人類的更大利益提供服務，提倡理性、科學和民主方法的哲學」[3]。理性、科學、民主成為 20 世紀人道主義的特徵，成為關注人的本性改變人的處境的人道主義的根本。

雖然，中國儒家文化以禮為核心的倫理中有著原始的人道色彩，但是在總體上卻更多地呈現強調君臣父子的倫理等第，強調個體的人在倫理體系中的服膺與責任，強調修身齊家治國平天下道德軌跡中的倫理道義，在完全不平等的倫理體系中對於個人的自由與關懷被忽略了，在強調道德責任的家族血緣文化中對於個人的尊嚴與權利被弱化了。加拿大學者孔漢思在談到儒學與基督教的區別時認為：「儒學和

---

2 陳獨秀〈基督教與中國人〉,《新青年》第 7 卷第 3 號。

3 [美]科利斯・拉蒙特《人道主義哲學》賈高建、張海濤、董雲虎譯，華夏出版社 1990 年 7 月版，第 11 頁。

基督教裏，人道主義倫理道德的最高體現都是愛人。」「儒學裏，愛人始終指向自然的情感和家庭關係及國家關係。……不可否認，儒學的愛人也超越了狹義的家庭，從愛自己的父母、子女、長輩推及愛他人的。但是，這兩種愛之間有等級程度的區別。與之相反，對於耶穌，所有的人——如樂善好施的撒馬利亞人的寓言——都可以成為鄰人，成為我的鄰人。耶穌希望能超越親人和陌路，本教友和異教徒，志同道合者和持不同見解者之間的血和肉的區別。愛自然不能理解為體驗到情感、征服了熱情、或是永久的佔有，而是無私的、主動的善意和尊重他人。這樣的愛應施及鄰人，他是我們遇到的每一個人。」[4]儒學的愛是家族的、倫理的，是有等級程度區別的，基督教的愛是超越一切的、無私的、無等第的，人道主義在基督教文化中更為徹底更為全面。

瑞士神學家巴特認為：「福音神學幾乎統治全線，就其全部表現形態和方針而言是宗教性的，因而是人本學性質的，在這一層意義上可說是人道主義的。」[5]他從人本學的視角觀照神學，從而突出神學的人道主義內涵。美國哲學家科利斯·拉蒙特指出：「《新約》的道德觀是基於這樣一種假設，即人的生活的最有意義、最有價值的部分存在於不朽的王國。……不過，這些福音書中有許多東西可以提供給任何一種襟懷寬廣的、高尚的道德哲學。它們中間貫穿著一種激進的民主精神，一種深重的平等主義情感，而正是這些東西激勵著無數為了讓這個塵世間的人類過得更幸福一些而努力工作的人們。耶穌的聲音一次又一次地代表了廣闊的人道主義理想，諸如社會平等，發展利他主義，人人皆兄弟，以及世界和平。」[6]他強調《聖經》中激進的民主精神、

4　孔漢思〈基督教神學的答覆〉，見《中國宗教與基督教》，三聯書店 1994 年 8 月版，第 112 頁。

5　[瑞士]巴特《上帝的神性和人性》，見劉小楓主編《20 世紀西方宗教哲學文選》，上海三聯書店 1991 年 6 月版，第 657 頁。

6　[美]科利斯·拉蒙特《人道主義哲學》賈高建、張海濤、董雲虎譯，華夏出版社 1990 年 7 月版，第 48 頁。

深重的平等主義情感而呈現出的人道主義精神，這顯然與儒家文化傳統中的等第、倫理、道義等完全不同。

「五四」時期，傅斯年在談到以儒家文化規範下的舊文學時，說：「我們所以不滿於舊文學，只為他是不合人性，不近人情的偽文學，缺少『人化』的文學，我們用理想上的新文學代替他，全憑這『容受人化』一條簡單道理。」[7]不合人性、不近人情的舊文學是「五四」新文學運動所執著批判的。周作人在「五四」時期提倡「人的文學」，反對「非人的文學」，認為「中國文學中，人的文學，本來極少。從儒教道教出來的文章，幾乎都不合格」，「全是妨礙人性的生長，破壞人類的和平的東西，統應該排斥」。周作人還指出：「但現在還須說明，我所說的人道主義，並非世間所謂『悲天憫人』或『博施濟眾』的慈善主義，乃是一種個人主義的人間本位主義。……所以我說的人道主義，是從個人做起。要講人道，愛人類，便須先使自己有人的資格，占得人的位置。耶穌說，『愛人如己』。如不先知自愛，怎能『如己』的愛別人呢？……用人道主義為本，對於人生諸問題，加以記錄研究的文字，便謂之人的文學。」[8]周作人提倡的人道主義為個人主義的人間本位主義，這似乎與基督教文化有著某種聯繫。

二

在中國現代作家中，不少人與基督教文化有著密切的關聯：冰心、許地山、老舍、廬隱、聞一多等都受洗皈依過基督教，張資平、郁達夫、林語堂、徐志摩、陳夢家、蕭乾、胡也頻等曾接受教會學校的教育，魯迅、胡適、茅盾、郭沫若、曹禺、艾青等從《聖經》中接受基督教的影響，在他們的文學創作中常常呈現出或濃或淡基督教文化的色彩，流溢出鮮明的人道主義精神。

---

7 傅斯年〈怎樣做白話文〉，《新潮》第1卷第2號，1919年2月1日。
8 周作人〈人的文學〉，《新青年》第5卷第6號，1918年12月15日。

在基督教文化中，基督耶穌是愛的化身，他對於眾人的拯救成為其唯一的事業，基督在中國現代作家心目中成為一位犧牲自我拯救民眾的偉人，基督被釘上十字架成為最為生動最具有震撼力的場景。在中國現代作家筆下常常生動地描寫基督的形象，突出其犧牲自我對於眾人拯救中的人道色彩。魯迅的散文詩〈復仇（其二）〉通過基督被釘上十字架受盡凌辱倍遭摧殘複雜心理和深刻痛楚的描繪，表露出對那些為之奮鬥卻戲弄摧殘基督的人們的悲憫與詛咒，突出了為民眾謀福音而遭迫害的精神界戰士形象。冰心的詩歌〈客西馬尼花園〉、〈髑髏地〉再現了基督被捕釘上十字架的情景，前者為基督赴死途中在客西馬尼花園獨自禱告時的情景，突出了基督祈禱時險惡的處境；後者為耶穌被釘上十字架的情景，突出耶穌被釘十字架時受盡凌辱的情形。徐志摩的詩歌〈卡爾佛里〉以看客的俗白對話勾勒了耶穌背著十字架赴死的情景，將法利賽人的奸詐殘忍、猶大的虛偽險惡、耶穌的博愛坦然都予以生動的描繪。茅盾的小說〈耶穌之死〉敘寫了耶穌被釘十字架的前因後果，突出了法利賽人的陰謀、猶大的背叛、耶穌的博愛。朱雯的小說《逾越節》演繹了基督在逾越節為眾人捨生被釘十字架的悲壯場景，細緻地刻畫耶穌赴死時的心理心態。端木蕻良的小說《復活》以抹大拉的瑪利亞的視角，展示了耶穌在逾越節夜晚即將赴死前的複雜心態和死而復活的情景。艾青的詩歌〈馬槽〉、〈一個拿撒勒人的死〉，前者演繹出耶穌在馬槽降生的情景，突出在困苦中瑪利亞的堅毅和執著，她告誡耶穌「今天起／你記住自己是／馬槽裏／一個被棄的女子的兒子／痛苦與迫害誕生了你／等你有能力了／須要用自己的眼淚／洗去眾人的罪惡」。後者展現了耶穌被出賣釘上十字架的情景，以獨白式的詩句傳達出耶穌臨刑前的苦痛和拯救眾人的博大胸懷。

雖然中國現代作家們在演繹耶穌故事時著眼點不同，但是他們往往都將基督視為一個精神界戰士、一個具有博大胸襟的偉人來看待的，他們大多更為關注基督身上人性的光輝，而較少注意其身上神性的因素。冰心就曾說：「我們的聖經課已從《舊約》讀到《新約》，我從《福音》書裏瞭解了耶穌基督這個『人』。我看到一個窮苦木匠家庭的私生子，竟然有那麼多信從他的人，而且因為宣傳『愛人如己』，而被殘酷地釘在十字架上，這個形象是可敬的。但我對於『三位一體』、『復活』等這類宣講，都不相信，……。」[9]基督精神已經成為諸多中國現代作家拯救民眾的典範，為救贖眾人而被釘上十字架已經成為中國現代作家獻身事業的象徵。因此冰心說：「『我不入地獄，誰入地獄？』『不喪掉生命的，不能得著生命。』以眾生的痛苦為痛苦，所以釋加牟尼，耶穌基督，他們奮鬥的生涯裏，註定的是永遠的煩悶！」[10]老舍說：「為了民主政治，為了國民的共同福利，我們每個人須負起兩個十字架——耶穌只負起一個：為破壞、剷除舊的惡習，積弊，與像大煙癮那樣有毒的文化，我們必須預備犧牲，負起一架十字架。同時，因為創造新的社會和文化，我們也須準備犧牲，再負起一架十字架。」[11]艾青乾脆在詩歌〈笑〉中說：「我們豈不是／就在自己的年代裏／被釘上了十字架麼？而這十字架／決不比拿撒勒人所釘的／較少痛苦。」對於基督形象的刻畫，對於基督精神的推崇，拯救民眾、拯救祖國，以基督的獻身精神博愛姿態去努力去奮鬥，成為了中國現代文學中具有人道精神的一個方面。

三

美國哲學家科利斯·拉蒙特認為：「《新約》的信條可以給人道主義提供許多一般的、有關人道的道德觀點。耶穌反覆講到的社會平等、人人皆兄弟以及世界和平等等，正是明白無誤地反映了人道主義的理想，他的一些教義，包括〈山上寶訓〉中的教訓，其中所包含的道德

9 冰心《我入了貝滿女中》，轉引自楊劍龍《曠野的呼聲》第 76 頁。
10 冰心〈青年的煩悶〉，《晨報》1921 年 6 月 29 日。
11 老舍〈雙十〉見《老舍文集》第 14 卷第 265 頁。

意義將永遠激勵著人道主義者和所有其他的人。」[12]基督教文化強調人與人之間的平等相待，強調愛人如己的愛。基督告誡人們：「要盡心、盡性、盡意愛主你的上帝。這是誡命中的第一、且是最大的。其次就是要愛人如己。這兩條誡命乃是律法和先知一切道理的總綱。」[13]基督要求人們除了愛上帝，就是愛人如己了。詹姆士・裏德認為：「在基督的心中，愛意味著關心他人，意味著把他人當作人來尊重，而不是把他人當作物來看待，意味著尊重他人人格上的神性。」[14]在中國現代作家筆下常常著意描寫愛人如己的愛，在平等中尊重他人、在憐憫中關心他人、在無私中幫助他人，使中國現代文學中呈現出濃郁的人道色彩。

孔漢思指出：「孔子的人本主義比拿撒勒的耶穌的神本主義對愛人有更多的限制也讓人瞠目。」[15]儒家文化在嚴格的等第制度限制下，人與人在本質上就體現出不平等，而基督教文化僅僅強調人與上帝的差別，而人與人之間是絕對平等的，耶穌所訓導眾人的愛也是建築於拋開了窮富、智愚等一切差別的。許地山的〈綴網勞蛛〉中的女主人公尚潔是一位虔誠基督徒，她「無論什麼事情上頭都用一種宗教底精神去安排」。對待翻牆入內摔壞腿摔傷腦袋的竊賊，尚潔阻止僕人對他的毆打，叫下人將他抬進屋裏讓他躺在貴妃塌上，尚潔親自為竊賊清洗傷口包紮傷口，並對大惑不解的僕人說：「一個人走到做賊的地步是最可憐憫的……」還說：「若是你們明白他的境遇，也許會體貼他。我見了一個受傷的人，無論如何，總得救護的。你們常常聽見『救苦救難』的話，遇著憂患的時候，有時也會脫口地說出來，為何不從『他是苦難人』那方面去體貼他呢？你們不要怕他的血沾髒了那墊子，儘

[12] [美]科利斯・拉蒙特《人道主義哲學》賈高建、張海濤、董雲虎譯，華夏出版社 1990 年 7 月版，第 4-5 頁。

[13] 見《馬太福音》第 22 章第 37-40 節。

[14] 詹姆士・里德《基督的人生觀》，三聯書店 1984 年 5 月版，第 163 頁。

[15] 孔漢思〈基督教神學的答覆〉，見《中國宗教與基督教》，三聯書店 1994 年 8 月版，第 118 頁。

管扶他躺下罷。」在一位富家主婦與受傷竊賊之間，已經沒有了等第差異，有的只是人與人之間的同情與憐憫、關心與救助。冰心的〈最後的安息〉描寫了富家女惠姑對鄉村童養媳翠兒的關心，來到鄉村別墅消夏的惠姑結識了翠兒後，十分同情她的遭際關心她的處境，教翠兒識字、給翠兒食品，惠姑幫助翠兒一起在河裏洗衣服，「她們兩個的影兒，倒映在水裏，雖然外面是貧，富，智，愚，差得天懸地隔，卻從她們的天真裏發出來的同情，和感恩的心，將她們的精神，連合在一處，造成了一個和愛奇妙的世界」。雖然翠兒最後在婆婆的折磨下躺在惠姑的懷中含笑離開了人世，但是小說所呈現出的衝破了貧富智愚差別充滿同情憐憫的愛，明顯帶有基督教文化的意味。廬隱的〈餘淚〉描寫了為了愛而犧牲自我的修女白教師形象。由於戰爭，修道院門前的大槐樹上掛了具無頭屍體，修女白教師深為上帝的子民們的殘殺而傷心，她決意上前線擔當上帝的使者，「用基督的名義喚醒他們罪惡的夢」，「因為基督吩咐他的門徒，愛他們的朋友，和愛自己一樣」，雖然最終她飲彈戰場而逝，但她盼望人們以愛人如己的精神相愛而勿殘殺，卻充滿著人道精神。巴金的長篇小說〈田惠世〉刻畫了一位充滿愛心的基督徒田惠世的形象，他從基督的教誨中獲得愛的啟示，他讚賞基督關於人們應該彼此相愛的教義，「他更勤苦地從事工作，把他的全部時間都用來幫助人，愛人，尤其愛窮人」，雖然在投身抗戰過程中他動搖了宗教的信仰，但是田惠世愛人如己的作為顯然是受到基督啟示的。郁達夫的〈南遷〉刻畫了一位心靈深受傷害渴望得到同情與安慰的伊人，他在生活的折磨中精神與肉體都深受摧殘後，由牧師推薦來到了安房半島基督徒 C 夫人海邊的住所療養，在《聖經》中尋求慰藉，與病友同病相憐，他闡釋「心貧者福矣，天國為其國也」的教義，說：「這種人抱了純潔的精神，想來愛人愛物，但是因為社會的因習，國民的慣俗，國際的偏見的緣故，就不能完全作成耶穌的愛，在這一種人的精神上，不得不感受一種無窮的貧苦。——他們在這墮落的現世雖然不能得一點同情與安慰，然而在將來的極樂國定是屬於他們的。」伊人的遭遇與嚮往充滿著對缺乏愛的現實世界的不滿，充滿著對於愛人如己的愛的追覓與期盼。

宗教學家查理斯・L・坎默在談到基督教的倫理時指出：「此外，作為猶太——基督教傳統的發展，它要求我們要承認所有人的價值，而不能僅僅承認我們自己、以及我們自己團體成員的價值。在上帝的眼裏，所有人都應該具有同等的價值。」[16]人人平等，所有的人都具有同等的價值，所有的人都應該得到關愛，關心人體貼人愛人如己，這就是基督教文化所體現的人道精神，也是如上作品中所具有的價值取向。

四

美國哲學家科利斯・拉蒙特將人道主義視為成熟人的哲學，並說：「我們不應當不公正地要求對最終勝利的預先許諾。但是，人道主義哲學雖然承認人類可能失敗和永久地失敗，卻相信人類擁有排除萬難爭取成功的能力、智慧和勇氣。」[17]在《聖經》中，常常設置基督的門徒們歷經坎坷與磨難，卻始終保持著對於上帝的信仰，在對於人們排除萬難爭取勝利的過程中肯定人的權利和價值，使基督教文化洋溢著生命的愉悅生動中體現出人本主義的魅力。

中國現代作家也常常在作品中深入地描述人們在經歷磨難中生命的執著與頑強，從而顯示出人們為了保持自己的尊嚴尋找個人的價值所作的不懈努力，呈現出人道主義的光彩。許地山的小說常常刻意讓人物經歷磨難忍受痛苦，從而展示「人性在受窘壓底狀態下怎樣掙扎」[18]。

16　查理斯・L・坎默《基督教倫理學》，中國社會科學出版社 1994 年 6 月版，第 100 頁。

17　[美]科利斯・拉蒙特《人道主義哲學》賈高建、張海濤、董雲虎譯，華夏出版社 1990 年 7 月版，第 169 頁。

18　許地山《硬漢・序》，轉引自楊劍龍《曠野的呼聲》第 65 頁。

許地山的〈商人婦〉中的主人公惜官經歷了「久別、被賣、逃亡」的坎坷遭遇，先是送賭博破產的丈夫去南洋，後千里迢迢去新加坡尋找闊別十年的丈夫，另成了家的丈夫卻將她賣給了印度商人做妾，商人死後她出逃中受洗入教，卻仍然尋思著去尋找前夫，她甚至認為「人間一切的事情本來沒有什麼苦樂底分別：你造作時是苦，希望時是樂；臨事時是苦，回想時是樂。我換一句話說：眼前所遇的都是困苦；過去、未來的回想和希望都是快樂」。許地山的〈玉官〉中的玉官守寡帶大兒子，期望兒子將來有一官半職為她樹貞節牌坊，在生活的坎坷中她給傳教士家幫傭，在主人的勸說下受洗入教，成了一位四處傳教的「聖經女人」，卻始終難以忘懷貞節牌坊的理想，她經歷了兒子參加革命黨被捕、兒子出國留學、兒媳婦難產而逝等磨難，卻執著地為教會奔忙，為人們所崇敬愛戴，呈現出「聖經女人」的道德人格精神魅力。張資平的〈約檀河之水〉中的留學生韋先生與日本女孩相戀，她因懷孕而在鄉村住了半年，在基督徒看護婦的影響下皈依了基督，並勸說韋先生也走進了教堂，在人物情感的磨難中獲得了心靈的慰藉。張資平的〈約伯之淚〉中的男主人公追求女同學璉珊，璉珊勸他閱讀《聖經》，並特別推薦〈約伯記〉，他便買了一本裝幀十分精美的新舊約合本，一篇一篇地閱讀。璉珊與高教授訂了婚，他失戀後患病回鄉間養病，卻依然思戀著璉珊。小說以書信體敘寫一個失戀的故事，將〈約伯記〉與人物的命運聯繫在一起，在他給璉珊書信的末尾引用了〈約伯記〉中「我的心靈消耗，我的日子滅盡，墳墓為我預備好了」，以表達人物悲哀的心境，在情感的跌宕起伏中展示出人物對於生命價值的追尋。徐訏的《精神病患者的悲歌》中的工廠主家獨生女梯司朗小姐，因婚姻問題釀成精神病，拒絕看病吃藥，整日酗酒賭博。出車禍後，女僕海蘭在醫院精心照料，海蘭卻因與小姐都愛上了為小姐診治的男主人公「我」，海蘭為此痛苦而自盡後，小姐準備進修道院，她再三聲明說「現在可以治療她未復的健康，安慰她已碎的心靈的只有上帝了」，小說在人物奇詭坎坷的遭際中顯示出人物對於人生價值的尋覓。

徐訏的《時與光》中的鄭乃頓失戀後成了一個偶然論者，把人生的一切都看作為偶然的，他對一切都採取隨遇而安的姿態，否定愛情、否定人生，欲出家做修道士，他在林明默、羅素蕾兩個女性之間周旋，被單戀著羅素蕾的男子魯地開槍打死，他在對於人生命運的思考探索中投入了神的懷抱。曹禺的《雷雨》在周家的一幕悲劇後，將主人公周樸園送進了天主的懷抱，讓他成為了一個悔罪的教徒，他將周公館送給了教會開設了一家醫院，讓繁漪、恃萍處於精神永遠麻木的境界中，讓周樸園在永遠的懺悔中打發風燭殘年，使劇作在濃郁的悲劇色彩中透露出一種人道境界。

宗教學家查理斯・L・坎默指出：「上帝的仁慈給予所有的人和所有的宇宙萬物，尤其是給予窮苦人、被壓迫的人和無家可歸的人。上帝是這樣一個上帝，他使任何一個奴隸般生活和工作的人都獲得自由，他准許耶穌治癒病人、救濟饑餓的人，他宣佈要拯救世界上的所有被遺棄者。人們往往把上帝描繪成是關懷其他人忽視的那些人的上帝。」[19]上帝是宇宙的主宰，愛是基督教的核心，基督教強調將上帝愛的陽光照在一切人和萬物上，尤其注重對於窮人和被壓迫者的關懷。基督教注重眾人磨難中對上帝的信念、對生活的執著，在中國現代作家筆下，諸多作品呈現出具有基督教文化色彩的堅強與執著。

五

「五四」前後，在引進接受西方近現代文化的潮流中，基督教文化成為新文化先驅者們宣導改變國民精神的營養，使中國現代文學中洋溢著濃郁的基督精神宗教色彩。雖然，在基督教發展的漫長歷史中也出現不少非人道的、壓制人性的因素，雖然在中國現代作家的筆下

[19] 查理斯・L・坎默《基督教倫理學》，中國社會科學出版社 1994 年 6 月版，第 71-72 頁。

有不少對於基督教文化採取批判姿態的作品：郭沫若的〈雙簧〉、張資平的〈衝擊期化石〉、〈上帝的兒女們〉、老舍的〈柳屯的〉、〈正紅旗下〉、蕭乾的〈皈依〉、〈鵬程〉、〈參商〉等，對於教會的陰暗面、牧師們的醜陋心態等予以針砭，但是他們在揭露針砭中卻並不反基督教，並不反對基督教教義。中國現代作家中有許多熱誠地推崇基督的救世品格，真誠地宣導基督教愛人如己的精神，強調不畏懼人生磨難中的人的尊嚴與價值，使中國現代文學在基督教文化的影響下流溢著濃郁的人道主義光彩。

由於儒家文化傳統的源遠流長根深蒂固，在其道德倫理體系的規範制約下，個體的人被置於無足輕重的地位，而家族的群體的利益被置於至高無上的地位，以致於「五四」時期魯迅提出中國封建社會「吃人」的本質，他提出了「立人」的構想。周作人則指出：「中國將這類問題，卻須從頭做起，人的問題，從來未經解決，女人小兒更不必說了。如今第一步先從人說起，生了四千餘年，現在卻還講人的意義，從新要發見『人』，去『辟人荒』，也是可笑的事。但老了再學，總比不學該勝一籌罷。我們希望從文學上起首，提倡一點人道主義思想，便是這個意思。」[20]對於基督教文化的引進與推崇，使不少中國現代作家的創作中出現了較為濃郁的宗教色彩，與西方作家沉溺於基督教文化氛圍中不同，中國作家往往是為我所用各取所需地吸收借鑒基督教文化，他們常常又將基督教教義與宗教的傳奇神跡等區分開來，強調基督教中具有人道精神的因素，而忽視甚至拋棄其中帶有神秘色彩離奇意味的內容，以此作為反思否定儒家文化傳統的參照物。因此，廬隱曾經說：「在童年的時候，我皈依了耶酥。等到我離開那所教會學校後，我本來不徹底的信仰，便漸漸的趨於破產。當然以耶酥偉大的人格，博愛的精神，很夠得上人們的崇拜，我就以他為人生的模範，並不算壞。」[21]這種傾向可以說是中國現代作家與宗教關係的代表，

---

[20] 周作人〈人的文學〉，《新青年》第5卷第6號，1918年12月15日。
[21] 廬隱〈其他・我的宗教〉，轉引自楊劍龍《曠野的呼聲》第89頁。

看重基督的偉大人格，忽略基督的神性，關注基督教的博愛精神，忽視宗教的迷信內容，這使中國現代作家創作中呈現出的宗教意味，在總體上缺乏西方作家創作的深入骨髓的透徹與深刻，常常呈現出浮光掠影式的狀態，但是在這些具有基督教文化色彩的作品中仍然具有人道主義的魅力。

美國哲學家科利斯・拉蒙特在將人道主義與現代社會聯繫起來談論時，他說：「事實上，人道主義的最高目標，就是依靠理性、科學、民主、友愛等手段，去謀求全部人類的現世的幸福，人道主義對其他哲學或宗教的合理原則是相容並蓄的，所以，儘管他把基督教的超自然的方面看作是富有詩意的神話，它還是吸取了《舊約全書》和《新約全書》中所提出的許多道德觀點。在美國乃至整個世界，再沒有什麼東西比信守『十誡』——例如『切勿偷盜』、『切勿殺生』、『切勿說謊』——這樣的戒條對我們更為需要了。至於說在各行各業中都保持古樸的誠實，這一要求的基本的重要性，我們怎樣強調都不會過分。」[22]人道主義在它發展的過程中，汲取了人類精神文明的諸多營養，基督教是其汲取營養的一部分，在中國社會打破閉關自守面向世界的途中，對於基督教文化的汲取與借鑒，顯然也是使中國社會湧動著人道主義暖流的一個重要因素，人道主義在中國的萌動與發展中，受到基督教文化影響的中國現代作家顯然起到了重要的作用。

---

22 [美]科利斯・拉蒙特《人道主義哲學》賈高建、張海濤、董雲虎譯，華夏出版社 1990 年 7 月版，第 4 頁。

第十二章　中國現代小說敘事模式與《聖經》文本

《聖經》是一部文化經典，也是一部文學經典，它不僅以其深邃的思想影響著西方文化的發展，而且也以其卓越的文學成就影響著一代又一代的西方作家的創作。加拿大文學理論家諾思洛普・弗萊（Northrop Frye）在其《偉大的代碼——《聖經》與文學》一著中，以原型批評的理論與視角研究《聖經》，他在研究《士師記》的結構時，作了獨到的分析，認為：「《士師記》記敘了以色列反覆背叛與回歸的神話情節，並以此為背景講了一系列傳統部族英雄的故事。這個內容給了我們一個大體上是U形的敘事結構：背叛之後是落入災難與奴役，隨之是悔悟，然後通過解救又上升到差不多相當於上一次開始下降時的高度。這個接近於U形的模式，在文學作品中以標準的喜劇形式出現。……我們可以把整個《聖經》看成是一部『神聖喜劇』，它被包含在一個這樣的U形故事結構之中……」[1]弗萊將《聖經》視為一部神聖喜劇，將其敘事結構概括為U形故事結構。綜觀一部《聖經》，罪孽與懺悔、墮落與拯救、受難與皈依等就構成了這種U形故事的敘事結構，對於上帝的愛和信賴就成為這種結構的核心，在悲劇性的苦難歷程中達到完滿的結局，也就使《聖經》的敘事具有了喜劇性的結局。

在基督教文化的影響下，在對於《聖經》文本的閱讀與接受中，不少中國現代作家在小說創作中有意無意地受到《聖經》文本的濡染，

1　諾思洛普・弗萊《偉大的代碼——《聖經》與文學》，郝振益、樊振幗、何成洲譯，北京大學出版社1998年1月版，第220頁。

以致於影響了他們的小說創作，在小說創作的人道精神的弘揚、人物形象的塑造、宗教典故與話語的運用等方面都可見這種影響，尤其在中國現代小說的敘事模式上，明顯可以見到《聖經》文本對中國現代作家小說創作的啟迪和影響。

一

基督教在中國傳教坎坷而漫長的歷史中，《聖經》的翻譯是一項十分重大的工程，這不僅影響了各國的語言，而且影響著各國的文化與文學。基督教經典的漢譯已有 1300 多年的歷史，唐代景教傳入中國時已有《聖經》的中文譯述。明清之際，傳教士羅明堅、利馬竇、龐迪我、艾儒略、陽瑪諾等先後以中文翻譯過《聖經》的某些章節。18 世紀末，法國傳教士賀清泰首次較完整系統地將《聖經》譯為中文。1823 年，由馬禮遜、米憐合譯的《神天聖書》的出版為中國最早的中文《聖經》全譯本。1891 年底，狄考文、富善等主持了《聖經》的重譯工作，於 1919 年初出版了官話和合譯本《新舊約全書》，發行數以百萬計。這部用漢語白話翻譯的《聖經》，譯文準確審慎、行文流暢上口、用語通俗明瞭，被視為白話文的典範。官話和合譯本《新舊約全書》在「五四」前的出版發行，對中國現代的白話文運動必然產生了十分重要的影響和作用，當然也影響著不少中國現代作家及其創作。

在中國現代小說家中，受到《聖經》文本影響的大致有兩類，一類是曾經受洗入教的基督徒、天主教徒；一類是對基督教文化感興趣的作家。前者如冰心、許地山、廬隱、蘇雪林、張資平、老舍、林語堂等；後者如魯迅、郭沫若、沈從文、蕭乾、巴金等。作為基督徒、天主教徒的中國現代作家們在《聖經》的日常誦讀中受到了極為深刻的影響，他們有的是在教會學校學習時就接受了《聖經》的影響：冰心 1914 年考入美國衛理公會的貝滿女中，在學校開設的《聖經》課程中成績出類拔萃。因此後來冰心回憶說:「中學四年之中,沒有什麼顯著的看什麼課外的新小說,……我所得的只是英文知識,同時因著基督教教義的影響,潛隱的形成了我自己的『愛』的哲學。」[2]廬隱在教會學校慕貞學院受入教,她虔誠地閱讀《聖經》,熱情地向家人宣傳基督:「上帝是這世界的唯一救主,我們人類的始主亞當夏娃犯了罪,被上帝逐出樂園,所以我們這些人生下來也都有罪,除了信耶穌,不能逃出地獄。」[3]1922 年入教的老舍曾任缸瓦市中華基督教會主日學主任,不僅為基督教會起草規約,而且常常為「查經班」主講《新約》、《舊約》等課程,甚至在抗戰期間老舍還在重慶舉行過〈《聖經》與文學〉的講演,對《舊約》前五書作了詳細的闡釋,並論及其文學的價值[4]。出生於鄉村牧師家庭的林語堂曾經在教會大學聖約翰大學神學院讀書,假期回家常常登壇講道,他甚至提出應該「把《聖經》當文學來讀」,他認為「〈約伯記〉是猶太戲劇,〈列王記〉是猶太歷史,〈雅歌〉是情歌,而〈創世紀〉和〈出埃及記〉是很好的,很有趣的猶太神話和傳說」[5]。受到基督教文化深刻影響的中國現代作家們,他們不僅重視《聖經》中所蘊涵著的深刻思想,而且也深受《聖經》中文學色彩的濡染。

由於「五四」前後對於中國傳統文學的反思與批判,由於對西方文化的崇尚與引進,激起了不少中國現代作家對於基督教文化的濃厚興趣,在陳獨秀「要把那耶穌崇高的、偉大的人格和熱烈的、深厚的情感,培養在我們的血裏,將我們從墮落在冷酷、黑暗、污濁坑中救起」的宣導中[6],「五四」時期基督教文化成為用來拯救民族的一味良藥,

---

[2] 冰心《冰心全集・自序》,見范伯群編《冰心研究資料》,北京出版社 1984 年 12 月版,第 143 頁。

[3] 盧隱《盧隱自傳・童年時代》,上海第一出版社 1934 年版。

[4] 蕭伯青〈老舍在武漢重慶〉,《新文學史料》1986 年第 2 期。

[5] 林語堂〈林語堂自傳〉,《林語堂名著全集》第 10 卷,東北師範大學出版社 1995 年版,第 20 頁。

[6] 陳獨秀〈基督教與中國人〉,《新青年》第 7 卷第 3 號。

《聖經》也就成為不少中國現代作家的案頭讀本。郭沫若在日本留學時，一度「每天只把莊子和王陽明和《新舊約全書》當作日課誦讀」[7]，後來，他還評價說：「希臘的敘事詩和劇詩，希伯來的《舊約》，印度的史詩和寓言，中國的《國風》和《楚辭》，永遠是世界文學的寶庫。」[8]沈從文 1922 年從邊城來到北京，他最初的教本是《史記》、《聖經》，他說：「初到北京時，對於標點符號的使用，我還不熟悉。身邊唯一的師傅是一部《史記》，隨後不久又才偶然得到一本破舊的《聖經》。我並不迷信宗教，卻喜歡那個接近口語的譯文，和部分充滿抒情詩的篇章。從這兩作品反覆閱讀中，我得到了極多有益的啟發，學會了敘事抒情的基本知識。」[9]《聖經》成為了年輕的沈從文最初嘗試寫作的入門書籍。蕭乾在教會辦的崇實學校讀書，「那時《聖經》要一章一章地死背，背不出來要受罰」[10]，在基督徒的嫂子的開導下，雖然蕭乾始終未入教，但是他「始終認為《聖經》本身則是一本了不起的大書」[11]，他將《舊約全書》看作「堪稱世界文學寶庫中一部包羅萬象的文選」[12]。巴金雖然是一位無神論者，但是在他小時候就「很喜歡那本精裝的《新舊約全書》官話譯本」[13]，他在法國留學時，常常研讀《聖經》，尤其熟讀《四福音書》，他說：「《聖經‧舊約》也對我有影響，我喜歡讀〈福音書〉，我常常能引用其中的話」。」[14]在基督教的文化氛圍中，在「五四」前後特定的歷史時期，不少中國現代作家受到了《聖經》或濃或淡的影響，這或多或少地影響了他們的文學創作。

---

7 郭沫若〈泰戈爾來華之我見〉，《創造週報》第 23 號，1923 年 10 月 14 日。
8 郭沫若〈如何研究詩歌與文藝〉，見重慶《新華日報》1944 年 4 月 16 日。
9 沈從文《沈從文小說選集‧題記》，《沈從文文集》第 11 卷，花城出版社 1982 年版，第 67 頁。
10 蕭乾〈在十字架的陰影下〉，《新文學史料》1991 年第 1 期。
11 蕭乾〈在十字架的陰影下〉，《新文學史料》1991 年第 1 期。
12 蕭乾〈在十字架的陰影下〉，《新文學史料》1991 年第 1 期。
13 巴金《憶‧家庭的環境》，上海文化生活出版社 1936 年出版。
14 轉引之明興禮《巴金的生活和著作》，上海書店 1986 年 12 月影印，第 52 頁。

二

基督教強調人的罪孽的存在，強調對罪孽的懺悔，在具有原罪意味的思想中，《聖經》中基督耶穌總是教誨人們要懺悔：「天國近了，你們應當悔改！」人們認為：「耶穌召喚人皈依和懺悔，正如在他以前的先知，首先在是針對外表的行動，如『灰土和苦衣』、禁食和克己，而是心靈的皈依、內心的懺悔。沒有此種皈依和懺悔，懺悔的行動是沒有效果的，且是虛偽的；相反地，內心的皈依催促人以可見的標記、舉動和悔罪的行為予以表達。」[15]在中國現代小說中，有不少作品以這種罪孽與懺悔的敘事模式結構小說：廬隱的〈傍晚的來客〉以主人公張媽的懺悔構成小說的敘事結構，在對於封建婚姻的針砭中托出了人物罪孽深重苦痛的內心。女傭張媽自幼與劉福青梅竹馬兩小無猜，卻被迫嫁給了又聾又啞的張大，張媽內心仍然鍾情於劉福，丈夫的妹妹松姑常常監視她的行動。五年前，為了去探望臥病的劉福，張媽將監視她的松姑推下了深井淹死，此事成為時時噬咬著張媽內心的罪孽，她常常獨自懺悔她犯下的深重罪孽。廬隱〈流星（一）第一次的懺悔〉中的主人公情竇初開，給鄰居阿娟姑娘寫了封情書，卻被阿娟的父親斥責為野孩子，「他聽了這話，不禁流下淚來，懺悔自己不該遊戲，這小片圖畫固然只是和流星般一閃，但火焰雖熄，傷痕卻永久深炙了！」他懺悔道：「上帝呵！只有你知道，他也只有求你瞭解，誰肯從他那最嚴秘的心，坦白得像雪般，而原諒他呢？」以懺悔式心理的描繪，剖露出對於一顆真誠的心的傷害。廬隱的〈蘭田懺悔錄〉以懺悔錄的敘事方式，敘述了主人公蘭田在戀愛中的坎坷和不幸。蘭田為反抗繼母為她擇定的婚姻而出走，到北京後與何仁相戀，卻被玩弄欺騙後鬱鬱寡歡疾病纏身。她在日記裏寫道：「我盡情的哭，我要想我懺

[15] 見《天主教教理》河北天主教信德室2000年4月出版，第346頁。

悔的淚，或能洗淨我對於舊禮教的恥辱，甚至於新學理的玷污。」廬隱常常在主人公不幸的婚戀故事的敘寫中，寫出人物充滿著懺悔色彩的內心。

郭沫若的〈落葉〉以主人公菊子 41 封充滿懺悔色彩的信構成小說的敘事結構，敘寫了一個哀婉的愛情悲劇故事。基督徒菊子是日本醫院的護士，與中國留學生洪師武相戀，他因照料患肺結核病的同學而染病，身為東北牧師會會長的父親反對菊子的戀愛，洪師武因懷疑自己身染性病，拒絕了與菊子的往來，痛苦萬分的菊子隻身赴南洋隱姓埋名。洪師武「只覺得自己的罪孽深重，只想一心一意預備著消滅罪愆，完全泯滅了自己的要求」。菊子則在充滿懺悔的信中抒發其內心的苦痛。張資平的〈梅嶺之春〉中的吉叔父與侄女保瑛發生了亂倫的關係，懷了身孕的保瑛回鄉與未婚夫匆匆完婚，卻給吉叔父寫信表示「對他的精神的貞操是永存的」。吉叔父迫於學校輿論的壓力而離職，他想：「保瑛雖然恕我，但我誤了她之一生之罪是萬不能辭的。他同時又悔恨不該在自己的生涯上遺留一個拭不淨的污點。」他帶著一種懺悔的心態與保瑛吻別，獨自去偏僻的毛里寺島當家庭教師。

在《聖經》文本的影響下，中國現代小說中常常在人物的種種罪孽的描述中，讓人物處於心理的矛盾與情感的波瀾之中，在懺悔者的自遣自責中否定其以往的所作所為，從而擺脫精神的折磨與苦痛，有的在對過往的否定中獲得心靈的寧靜，有的在精神的煉獄中走向了皈依基督之途。

三

《聖經》通過亞當、夏娃的故事，敘述人類始祖的墮落過程，但是被上帝逐出伊甸園的人類的始祖仍然得到了上帝的拯救。有人說：「《聖經》曾談及這些天使的罪惡。這種『墮落』在於這些受造的精神體，以自由的抉擇，徹底而無可挽回地拒絕天主及他的神國。」[16]正是人類的始祖違背了上帝的旨意才走向了墮落，才面臨著諸多的苦難。俄國宗教學家別爾嘉耶夫認為：「基督教是救贖宗教，以惡和苦難的存在為前提。……基督耶穌之所以出世，就是因為世界處於惡中。所以基督教告誡，世界和人都應有自己的十字架。苦難是罪和惡的結果，但是苦難也是脫離惡的道路。在基督教意識看來，苦難本身不一定是惡，也是神的苦難。」[17]基督耶穌以自己的犧牲與痛苦救贖墮落的世人，這也是《聖經》中敘事的一種結構與模式，在中國現代小說中，有不少作品以這種墮落與拯救的敘事模式結構小說。在一些小說中，作家們常常塑造具有基督色彩的救贖者的形象，通過他們去拯救墮落了的人們。冰心的〈一個不重要的軍人〉中的普通士兵福和善良慈愛，常常在禮拜天去聽基督教的講道，他不滿於士兵們對百姓的欺凌敲詐，他替白吃果攤上東西和白坐車的兵丁付款，他因阻攔兵丁毆打賣花生的孩子被誤傷而死，福和似乎是一位以自己的犧牲救贖世人的牧者，以致於他去世後，「普遍的從長官，到他的同伴，有兩三天，心靈裏只是淒暗煩悶，如同羊群失去了牧人一般。」廬隱的〈餘淚〉中修道院的白教師純潔溫藹，為了勸阻上帝的兒女們不要互相殘殺，而隻身奔赴前線「用基督的名義喚醒他們罪惡的夢」，卻不幸飲彈戰場。徐訏《精神病患者的悲歌》中的小姐白蒂反對父親說定的婚姻，卻一反常態地酗酒、賭博，與人吵架甚至開槍打死對她非禮的男子，主人公「我」受聘醫治小姐的疾病，在費盡心機努力醫治小姐的疾病後，她走進了修道院「健康、平靜、愉快、虔誠地在修道院裏過活」。有的小說讓在人物的墮落過程中得到拯救，使他們走出墮落的淵藪。冰心的〈世界上有的是快樂……光明〉中的主人公凌瑜在社會的奮鬥中受挫，煩悶悲苦至極準備投海自盡，卻遇到天使般的孩童的勸慰，

16 見《天主教教理》河北天主教信德室 2000 年 4 月出版，第 95 頁。

17 別爾嘉耶夫〈惡與贖〉，見《20 世紀西方宗教哲學文選・上卷》，上海三聯書店 1991 年 6 月出版，第 329 頁。

「世界上有的是快樂……光明」，終於放棄了自盡的舉動。王統照〈微笑〉中的惡毒美麗的女囚犯，因毒死丈夫被判終身監禁，在教會派來的醫生的感化下，病癒後「性情與一切，都變化了」，「把從前所有的兇悍氣概，全沒有了」，成了一個微笑面對生活忍受懲罰的和美的婦人。張資平〈約檀河之水〉中的留學生韋先生與日本女子相戀，懷孕的她離開韋先生去東京郊外的村落居住了半年，受到基督徒女看護的影響，「她聽了說教，讀了聖經，才曉得自己是一個犯了罪的女子」，她皈依了基督獲得了救贖，她勸說韋先生也走進了教堂，「上帝赦免了他從前一切的罪過」，作品在人物內心的苦痛中得到了救贖。

在如上的小說中，主人公要麼是以基督的博愛去救贖人世，要麼是惡貫滿盈得到神的拯救，常常在小說中運用墮落與拯救的敘事模式結構作品，總是讓主人公處於精神苦難與矛盾的極致，然後以基督的博愛予以拯救。

四

基督教認為，凡是現世的人必定會承受苦難，這對於基督徒更是如此。因此，有人認為：「我們並不是孤獨地蒙受苦難，相反，我們的最大痛苦滲透於最終實在之中。上帝既給我們帶來痛苦，並且也與我們共同忍受痛苦。」[18]身受苦難是必要的考驗和鍛煉，因此在《聖經》中描寫的諸多使徒都歷經磨難，這也構成了一種敘事方式：〈創世紀〉中的約瑟被人推入枯井、被人出賣、被人誣告、被關入囹圄；〈士師記〉中的耶弗他被眾兄弟嫌棄離家當了土匪，甚至被迫將獨生女兒獻出作祭神的祭品；〈約伯記〉中的約伯備受磨難，大風刮倒房屋壓死女兒，他窮困潦倒病魔纏身；〈約拿書〉中的約拿遭遇風暴被拋入大海身陷魚

18　查理斯·L·坎默《基督教倫理學》，王蘇平譯，中國社會科學出版社 1994 年 6 月版，第 73 頁。

腹等等，都讓他們在磨難與苦痛的經歷中與苦難作鬥爭，在經受磨練與考驗中展示他們對上帝的忠貞。

在中國現代小說中，有不少作品以這種受難與皈依的敘事模式結構小說，作家們常常讓人物經受諸多的磨難與不幸，並不執意於表達對於人物不幸與苦難遭遇的憐憫與同情，而是讓人物在坎坷與不幸的歷程中走上皈依基督之路。許地山〈商人婦〉中的惜官送因賭博破產的丈夫去南洋闖蕩，一去十載音訊杳無，惜官漂洋過海尋覓丈夫，丈夫卻已重新娶妻安家，甚至將惜官賣給印度商人為妾，受盡磨難的惜官在商人死後難以忍受另外幾位妻子的折磨，出逃後的惜官參加了基督教的晚禱會，在基督的關愛下得到了慰藉。許地山〈玉官〉中的玉官含辛茹苦守寡將兒子拉扯大，企望兒子今後出人頭地為她豎一座貞潔牌坊，留學歸來的兒子卻未給其母立牌坊，受盡磨難的玉官走進了教堂皈依了基督，她努力為愛而傳教，「她覺得從前的守節是為虛榮，從前的傳教是近於虛偽」，「她現在 知道不計報酬的工作，才是有價值的」。蘇雪林《棘心》中的主人公杜醒秋到法國留學，深受疾病的磨難，又在個人感情與家庭生活中遇到諸多刺激，家鄉遭匪禍母親受傷加驚恐而重病纏身，在美國留學的男友又十分冷淡，遭受著身心苦痛的杜醒秋在萬般無奈中，「她的靈魂已到走投無路的地步，除了倚靠神力之外，也沒有別的力量可靠」，她皈依了天主。徐訏《時與光》中的鄭乃頓在失戀後，成為了一個偶然論者，將人生的一切都看作是偶然的，否定愛情、否定人生，玩世不恭隨遇而安。他到香港後在林明默和羅素蕾兩個女子之間周旋，深受感情的折磨，在無可奈何之中，他投入了神的懷抱，從內心深處皈依了基督。

在如上的小說中，作家們都以主人公的受難構成作品的重要內容，以主人公的皈依基督成為作品的結局，構成了小說受難與皈依的敘事模式。

五

中國現代文學在其發生與發展過程中，受到了西方文化與文學的濡染與影響，作為充滿著藝術光彩的文學文本的《聖經》，對於中國現代作家具有十分重要的影響，尤其在小說的敘事模式上有著重要的意義，使中國現代小說創作在擺脫中國古典小說的束縛逐漸走向現代化的途中邁進了一大步。

受到《聖經》文本的影響，中國現代作家在小說的敘事中努力擺脫了中國古典小說倫理教誨的傳統模式，而將對於人的處境與出路的思考置於重要的地位。受到中國傳統儒家文化的制約與影響，中國古典小說的敘事往往被束縛在一種倫理教誨的敘事模式中，無論是唐傳奇的「或談諷喻以抒牢愁，或談禍福以寓懲勸」[19]，還是宋話本的「為士大夫家用為感化頑劣兒童的一種教育方法」[20]；無論是明代的人情小說「大率為離合悲歡及發跡變態之事，間雜因果報應」[21]，還是清代諷刺小說「戚而能諧，婉而多諷」[22]；無論小說說民間，還是談神怪，都有著一種勸善懲惡的敘事模式，都以封建的倫理道德來觀照與規範小說中人物的行為舉止，或弘揚小說中人物的善舉，或針砭小說中人物的惡行，儒家的忠與孝成為衡量小說中人物行為舉止的標準，而忽視作為個體的人的思想與行為的合理性，忽視對於個體的人的處境與出路的思考。受到《聖經》文本的影響，中國現代作家打破了中國小說傳統倫理教誨的敘事模式，而將人的處境與出路的思考放在十分重要的地位，使小說在打破傳統倫理教誨的敘事模式中，具有著鮮明的人道主義色彩。

---

19 郭箴一《中國小說史》上冊，上海書店出版社 1984 年 3 月影印，第 123 頁。
20 郭箴一《中國小說史》上冊，上海書店出版社 1984 年 3 月影印，第 191 頁。
21 魯迅《中國小說史略》天津人民出版社 1999 年 2 月出版，第 199 頁。
22 魯迅《中國小說史略》天津人民出版社 1999 年 2 月出版，第 247 頁。

受到《聖經》文本的影響，中國現代作家在小說的敘事中努力擺脫了中國傳統小說敘事注重人的外部世界的觀照，而更加注重對於人的內在心靈的袒露與展示。中國傳統小說大都採取全知全能的敘事方式，在中國傳統文化的傳承中，或在儒家禮教的規範下注重人與社會的矛盾中強調和諧中庸，或在老莊精神的影響下關注人與自然的聯繫裏突出天人合一，小說的敘事大都是注重對人的外部世界的觀照，而較少去挖掘或展示人物複雜微妙的內在心靈，無論是唐傳奇〈柳毅傳〉描寫落第書生柳毅與龍女的情愛，還是宋話本〈碾玉觀音〉中的碾玉匠崔寧與秀秀的鬼魂同居；無論是明代小說《金瓶梅》中西門慶與潘金蓮的婚外戀情，還是清代小說《紅樓夢》中賈寶玉與林黛玉的悲劇故事，作家們大都將筆墨置於人與人的複雜關係的描寫中，大都在人物與外部世界的糾葛與矛盾中敘寫情節、刻畫人物，而較少地深入人物的內心世界，著力袒露人物心理的複雜與矛盾。受到《聖經》文本的影響，中國現代作家在諸多小說的敘述中，常常努力深入人物心理的深處，坦現人物內心的矛盾與苦痛，無論是廬隱的〈蘭田的懺悔錄〉、〈餘淚〉，還是郭沫若的〈落葉〉、〈漂流三部曲〉；無論是許地山的〈商人婦〉、〈玉官〉，還是徐訏的《時與光》、《彼岸》，都將對於人物心理心態的剖露與坦現作為小說的主要內容，在罪孽與懺悔、墮落與拯救、受難與皈依等敘事模式中，將人物的內心世界展現得特別豐富和生動。

受到《聖經》文本的影響，中國現代作家在小說的敘事中努力擺脫了英雄敘事的傳統模式，而更加注重對於平民百姓人生的關注與描寫。在中國傳統的儒家文化君臣父子森嚴的倫理等級的制約規範下，中國傳統小說的敘事常常注重於英雄敘事，而忽略對於平民生活的關注，無論是《三國演義》對於魏蜀漢三國爭鬥的描寫，還是《水滸傳》對於官逼民反揭竿而起的農民起義的敘述；無論是《西遊記》對於勇鬥妖魔西天取經經歷的描寫，還是《儒林外史》對於眾多儒林人士的揭露諷刺，在總體上都是以英雄敘事的模式展開敘寫，無論是對於勝者為王敗者為寇的敘事結局的展示，還是對於路見不平拔刀相助的俠客精神的推崇，都使中國傳統小說充滿了英雄的氣息。基督教文化宣導四海之內皆兄弟，提倡上帝子民的平等互助，除了人與上帝的區別以外，人們無論貧富智愚都是一律平等的。在基督教文化的濡染中，在《聖經》文本的影響下，許多中國現代作家在罪孽與懺悔、墮落與拯救、受難與皈依等敘事模式中，將對於普通平民百姓人生的關注置於重要的地位：許地山小說對於惜官、玉官這些普通婦女遭遇的描寫，冰心小說對於福和、凌瑜這些平民百姓人生的勾畫；廬隱作品對於張媽、蘭田等不幸人們生活的關注，郭沫若小說對於留學生、基督徒人生的描寫，都沒有絲毫的英雄色彩，有的只是平凡普通人生的磨難與坎坷，有的只是面對坎坷人生的掙扎與尋覓。

在世界小說藝術發展的軌跡中，從文藝復興對人文主義的呼喚，到啟蒙主義運動對哲理小說的推崇；從 19 世紀初期對於浪漫主義的宣導，到 19 世紀中期對於批判現實主義的提倡，進入 20 世紀現代派文學的誕生使文學步迅速入了現代化的歷程中。劉綱紀在談到 20 世紀西方小說美學的發展時說：「……我認為我們在西方現代派文學中可以借鑒的東西是它對人作為個體感性存在的意義與價值的重視，以及它用以描繪、表現現代人的心理、欲求、處境，與 20 世紀現代化大生產條件下人們的審美要求相適應的某些形式、手法。」[23]受到《聖經》文本的影響，中國現代作家在小說創作中採取罪孽與懺悔、墮落與拯救、受難與皈依等敘事模式，將對於人的處境與出路的思考置於重要的地位，更加注重對於人的內在心靈的袒露與展示，更加注重對於平民百姓人生的關注與描寫，雖然小說的敘事存在著敘事的簡單化、結構的雷同性等不足，但是這使中國現代小說的創作靠近了世界小說創作發展的潮流，在中國現代小說創作擺脫了中國小說傳統的敘事模式中，使中國現代小說的敘事向現代化邁進了一大步。

---

[23] 劉綱紀《二十世紀西方小說美學・序》，見羅國祥《二十世紀西方小說美學》，武漢大學出版社 1991 年 11 月版，第 3 頁。

第十三章　基督教文化與二十世紀中國新文學

80 年代以前我們對於中國現代文學研究基本上是以社會學的方法為主，一部中國現代文學史幾乎成為了中國新民主主義革命史的翻版。倘若說 1984 年韋勒克、沃倫的《文學理論》的翻譯出版，使我們認識到文學研究的外部研究與內部研究的區別，使我們意識到我們以往的文學研究大都為外部研究的話；那麼，1985 年前後對諸多西方文學研究理論與方法的介紹與學習，使我們拓展了文學研究的視野、豐富了我們文學研究的方法。從方法論的視角看，中國現代文學的研究可以說開國內文學研究方法的風氣之先，新批評、原型批評、比較文學、敘事學批評、精神分析批評、接受美學批評等研究方法，都先後為現代文學研究者所用，當時這種對於研究方法的熱情和實驗，雖然存在著囫圇吞棗簡單模仿的不足，但卻拓開了國內文學研究的新局面。在對中國現代文學的研究中，從文化學的視角與方法進行研究也逐漸引起人們的重視，不僅探析現代文學創作中中國傳統文化的內涵，而且研究西方文化對中國現代文學的影響，還梳理宗教文化與中國現代文學的關係，諸如佛教文化與中國現代文學、道教文化與中國現代文學、基督教文化與中國現代文學等。本文擬從文學研究的視角與方法出發，談談基督教文化與二十世紀中國文學。

一

聞一多在考察中國文學發展的歷史軌跡時，指出了中國文學所受到的外來文化的影響。他認為這種影響主要有兩次，第一次是受印度佛教的影響，第二次是受西方基督教的影響。他說：「第一度外來影響剛剛紮根，現在又來了第二度的。第一度佛教帶來的印度影響是小說戲劇，第二度基督教帶來的歐洲影響又是小說戲劇（小說戲劇是歐洲文學的主幹，至少是特色），你說這是碰巧嗎？」聞一多認為印度佛教對中國文學的影響「已經由紮根而開花了」，而西方基督教對中國文學的影響，還正繼續「在小說戲劇的園地上發展」[1]。宗教作為人類重要的文化現象與精神現象，它和文學在它們的歷史源起、思維方式、精神作用等方面，都有著諸多的相似處，然而，由於它們各自的特性和關係，它們之間又互為影響，宗教就成為文學創作的一個永不枯竭的源泉。由於基督教文化是西方社會的精神支柱，基督教就成為解開西方文學的巨大的密碼。對於中國社會來說，由於中國傳統文化的根深蒂固，由於佛教文化在中國的強大勢力，基督教在中國漫長而坎坷的傳教過程中始終未能形成氣候，直至鴉片戰爭以後，諸多不平等的條約的簽定，給傳教士在中國的活動大開了方便之門，使基督教文化在中國的影響日益深入。傳教士在中國創辦教會學校、教會醫院、育嬰堂、救濟所等，擴大了教會的影響與勢力。在中國現代作家中，有許多作家與基督教文化有著十分密切的聯繫。許地山、冰心、廬隱、老舍、蘇雪林等曾先後受洗入教成為基督徒，冰心、張資平、郁達夫、廬隱、蕭乾等都曾是教會學校的學生，魯迅、周作人、郭沫若、巴金、

1　聞一多〈文學的歷史動向〉，《聞一多全集》第10卷，湖北人民出版社1993年，第18頁。

曹禺等曾十分喜愛閱讀《聖經》，這些都使中國現代作家或多或少地受到了基督教文化的影響。

「五四」時期，新文學先驅者在對中國傳統文化批判否定的決絕態度中，以竊得西方的火來煮自己的肉的精神，使基督教文化也成為他們批判中國傳統文化的思想武器，崇尚耶穌基督的偉大人格、推崇基督教文化中的人道精神，一時成為許多中國現代作家的虔心追求，這使中國現代作家的創作中流溢著十分濃郁的基督教色彩，也使我們研究基督教文化與二十世紀中國文學成為可能。翻開中國二十世紀文學史，在許多作品中可以明顯地見到基督教的色彩和影響：魯迅的〈復仇（其二)〉，周作人的〈聖書與中國文學〉、〈舊約與戀愛詩〉，陳獨秀的〈基督教與中國人〉，胡適的〈基督教與中國〉，許地山的〈綴網勞蛛〉、〈商人婦〉、〈玉官〉，茅盾的〈耶穌之死〉、〈參孫的復仇〉，王統照的〈微笑〉、〈十五年後〉、〈相識者〉，冰心的〈最後的安息〉、〈相片〉、〈我的學生〉，廬隱的〈餘淚〉、〈女人的心〉、〈何處是歸程〉，蘇雪林的〈棘心〉、〈綠天〉，張資平的《沖積期化石》、〈上帝的兒女們〉、〈約檀河之水〉、〈約伯之淚〉，郭沫若的〈落葉〉、〈雙簧〉、〈聖者〉，郁達夫的〈南遷〉、〈迷羊〉，老舍的《二馬》、〈正紅旗下〉、《老張的哲學》，蕭乾的〈皈依〉、〈曇〉、〈鵬程〉、〈參商〉，巴金的《新生》、《田惠世》，曹禺的《雷雨》、《日出》，滕固的〈石像的復活〉、〈二人之間〉、〈少年宣教師的秘密〉，徐訏的《精神病患者的悲歌》、《彼岸》、《時與光》，張曉風的〈我是一棵樹〉、〈如果你有一首歌〉、〈小小的燭光〉，北村的《施洗的河》、〈張生的婚姻〉、〈孫權的故事〉……我們還可以列出諸多的作家：田漢、林語堂、沈從文、馮至、石評梅、徐志摩、陳夢家、胡也頻、陸志韋、葉靈鳳、李金髮、戴望舒、梁宗岱、艾青、歐陽山、陳映真、張系國、七等生、史鐵生……在他們的創作中也都或多或少地涉及有關基督教的內容。綜觀中國二十世紀文學的歷史，與基督教相關的作家與作品甚多，這使我們展開基督教文化與二十世紀中國文學課題的研究有著堅實的基礎。

朱維之寫於40年代初的《基督教與文學》被人譽為「中國基督教文學史中的第一部參考書」[2]，該著從耶穌與文學、聖經與文學、聖歌與文學、祈禱與文學、說教與文學的角度，分別闡述基督教與文學的關係，還從詩歌散文與基督教、小說戲劇與基督教的視角，分析基督教與文學的關聯，談散文時點到謝冰心、許地山、蘇雪林、張若谷、周作人；談小說時說到蘇雪林、老舍、張資平、滕固、郁達夫、胡也頻、朱雯、巴金等。朱維之是最早將中國現代作家的創作與基督教聯繫起來思考研究的，雖然他只是在詳盡地闡述了外國文學與基督教關係後，簡略地提到中國文學與基督教的關聯，但朱維之卻有著勿容置疑的開拓者之功。在朱維之撰成《基督教與文學》40年以後，美國學者羅賓遜（Lewis Robinson）開始研究「二十世紀中國小說與基督教」的課題，後來出版了《兩刃之劍——基督教與二十世紀中國文學》。該著分為三章：第一章「五四時期的基督教」，涉及創造社郁達夫的〈南遷〉、郭沫若的〈落葉〉；文學研究會冰心、許地山的創作，及茅盾的譯作；早期左翼作家魯迅的《野草》、胡也頻的《聖徒》。第二章「受攻擊的基督教」，談及楊儀、老舍、蕭乾創作的反基督教傾向。第三章「戰爭年代」，分析李健吾的《使命》、巴金的《火》、茅盾的〈耶穌之死〉、〈參孫的復仇〉、許地山的〈玉官〉。羅賓遜認為：「中國作家直接或間接地參照耶穌的行為標準來指出基督教行為的矛盾，並進而指出基督教自身的矛盾。這一創作方法是二十世紀中國小說對現代文學發展的獨特貢獻。」[3]羅賓遜的著作是第一部較為全面細緻地研究中國二十世紀文學與基督教關係的著作，該著獨到的學術視角、細緻入微的分析、客觀公允的評價，引起了學術界的注意和好評，也激起了人們對此課題的進一步思考和探索。此後，在國內現代文學研究界，楊劍龍、王本朝、馬佳、王學富等也都先後開始關注此方面的研究，發表

---

[2] 劉廷芳《基督教與文學・序》，《基督教與文學》上海書店 1992 年出版，第 5 頁。

[3] 羅賓遜《兩刃之劍——基督教與二十世紀中國文學・導言》，臺灣業強出版社 1992 年版。

了許多有關的論文，馬佳出版了《十字架下的徘徊》一著，對基督宗教文化和中國現代文學的關係作了較為深入地思考和研究。楊劍龍的《曠野的呼聲——中國現代作家與基督教文化》也即將出版，該著擇取了與基督教文化有關的 15 位作家為研究對象，分別梳理他們與基督教文化的關聯，研究他們創作中所蘊涵的基督教色彩與精神。

德國神學家 K・J・庫舍爾在他所編的《神學與文學》一書的〈幾點說明〉中，談及編輯此書的意義時說：「它們要打開對宗教感興趣者的眼睛，讓他們看到，在文學領域實際上可以發現一塊獨創性的語言練習、創造性的想像和勇於反省的綠洲。這片綠洲將為那些古老的宗教問題注入新的時代活力。對那些對文學感興趣的人們，它們則可傳遞資訊，告訴他們，宗教——不管是基督教、還是非基督教，不管是被肯定的、還是有爭議的宗教——都一再成為文學創作的一個永不枯竭的源泉。」[4]宗教是文學創作的一個永不枯竭的源泉，基督教文化傳入後也給中國作家的文學創作帶來一定的影響，也一定程度上成為中國作家的創作源泉，對於從事文學研究的學者來說，中國二十世紀文學與基督教文化是一片新拓開的綠洲，我們的研究只是剛剛開始，在這片新拓開的綠洲上，我們必須繼續努力耕耘，以期待有更大的收穫。

二

要研究基督教文化與二十世紀中國文學，首先應該梳理中國二十世紀作家與基督教文化的關係，這大概成為展開此課題研究的基石，只有有憑有據地理清所觀照的作家與基督教文化的關聯，才能更加深入地展開研究。與西方作家生活在濃郁的基督教文化的氛圍中不同，中國二十世紀作家們是在中國傳統文化的環境中成長起來的，他們對

4 《神學與當代文藝思想》，上海三聯書店 1995 年 12 月版，第 55 頁。

基督教文化缺少西方作家的那種刻骨銘心的虔誠，他們對基督教文化大都取一種「拿來主義」為我所用的態度，他們對基督教文化並非全盤接受，而是有所選擇、甚至可以說各取所需的。對於中國二十世紀與基督教文化相關的作家，我們大致可以將他們分為三類。一類為清醒的基督教文化的研究者。他們大都能站在宗教文化歷史的視角，較為深入與辯證地觀照基督教，既看到與批判基督教文化中的某些不足，也接受基督教文化中的有益思想。陳獨秀在指出「一切的宗教，都是騙人的偶像」的同時[5]，卻呼籲「要把那耶穌崇高的、偉大的人格和熱烈的、深厚的情感，培養在我們的血裏，將我們從墮落在冷酷、黑暗、污濁坑中救起」[6]。魯迅在〈文化偏至論〉、〈科學史教篇〉等文中批判中世紀宗教對科學、思想自由等方面的壓制時，在〈摩羅詩力說〉中卻盛讚希伯來文化，「雖多涉信仰教誡，而文章以幽邃莊嚴勝，教宗文術，此其源泉，灌溉人心，迄今未艾」。周作人在〈歐洲古代文學上的婦女觀〉中深刻地針砭基督教對婦女的歧視，在〈聖書與中國文學〉的講演中指出：「其次現代文學上的人道主義思想，差不多也都從基督教精神出來，又是很可注意的事。」許地山雖然是基督徒，但他是一位宗教學家，對佛教、道教、基督教等都頗有研究。他「不滿於現代教會固執的教義，和傳統的儀文」[7]，他提倡「謀諸宗教的溝通」，認為「宗教當使人對於社會、個人負歸善、精進的責任」[8]。陳獨秀、魯迅、周作人、許地山都可歸入清醒的基督教文化的研究者之列。另一類為基督教的皈依者。他們大都與基督教文化有著非常密切的關係，自身都有著皈依基督的經歷，他們較少以批判的眼光看待基督教，卻常常用讚賞的心態禮贊主耶穌。冰心在燕京大學讀書時接受了基督教的洗禮，她虔誠地對上帝禱告：「永遠在你的座前作聖潔的女兒，光

5　陳獨秀〈偶像破壞論〉，《新青年》第 5 卷第 2 號，1918 年 8 月。

6　陳獨秀〈基督教與中國人〉，《新青年》第 7 卷第 3 號。

7　張祝齡〈對於許地山教授的一個回憶〉，周俟松、杜汝淼著《許地山研究集》，南京大學出版社 1989 年版，第 376 頁。

8　許地山〈宗教的生長與死亡〉，《東方雜誌》第 19 卷 10 期，1922 年。

明的使者。」[9]廬隱在慕貞學院的孤寂病痛中皈依了基督，她真誠地相信「我們這些人生下來也都有罪，除了信耶穌，不能逃出地獄」[10]。蘇雪林赴法國留學時皈依了天主，她說，「基督教的神卻是活潑，無盡慈祥，無窮寬大，撫慰人的疾苦，像父親對於女兒一樣的」[11]。張曉風「是一個虔誠的基督徒，她的行事為人實在是遵循基督的聖範」[12]，她仰慕基督為愛而犧牲自我的品格，她說：「如果關懷和愛必須包括受傷，那麼就不要完整，只要撕裂，基督不同於世人的，豈不正在那雙釘痕宛在的受傷的手掌嗎？」[13]北村 1992 年 3 月皈依了基督，他說「人活著是有意義的，沒有神人活著就沒有意義」[14]。冰心、廬隱、蘇雪林、張曉風、北村都可歸入基督教的皈依者之列。第三類為對教會現狀的不滿者。他們大都自小與教會有著直接的聯繫，對教會的生活和現狀有十分深入地瞭解，他們看到了教會諸多的陰暗面，表現出對教會深深的不滿。張資平 13 歲進了教會學校廣益中西學堂讀書，其父是該校的中文教員。張資平「便發覺教會內部的虛偽，就連宣教師們的言行，也不能一一和《聖經》裏的教條一致」[15]。他便在《沖積期化石》、〈上帝的兒女們〉等作品中全力揭露教會內部的陰暗腐敗。蕭乾過了近 10 年教會的崇實學校的生活，他說：「白天，在一個教會學堂裏，我看的是一般奴性十足的法利賽人，捧著金皮聖經，嫖著三等窯子。」[16]他在〈鵬程〉、〈曇〉、〈參商〉等作品中就揭露傳教士的虛偽險毒。老舍曾經參加了基督教的「率真會」、「青年服務部」，對教會的生活十分瞭解。他在《二馬》、〈正紅旗下〉等作品中對外國傳教士、

9 冰心〈晚禱（一）〉，《晨報副鐫》1922 年 5 月 17 日。
10 廬隱《廬隱自傳・童年時代》，上海第一出版社 1934 年版。
11 見蘇雪林《棘心》，北新書局 1929 年版。
12 林治平《更好的一半——我妻曉風》。
13 張曉風〈只因為年輕啊・受創〉，《張曉風散文精選》長江文藝出版社 2010 年版。
14 北村〈我與文學的衝突〉，《當代作家評論》1995 年第 4 期。
15 張資平《資平自傳》，中國華僑出版社 1994 年版。
16 蕭乾〈憂鬱者的自白〉，《文季月刊》第 1 卷第 2 期，1936 年。

中國的吃洋教者的醜惡行徑作了揭露針砭。第四類為受基督教文化影響者。他們大都是無神論者，卻也對基督教文化很感興趣，他們或能十分嫻熟地引用《聖經》，或能十分深刻地借用基督教典故，或能十分生動地描述基督徒的生活，使他們的筆底也流溢出基督教的色彩。早期的巴金信仰無政府主義，他說，「基督教乃是歷史上最大的偽善」，「基督教乃是人類最大欺騙與最大恥辱」[17]。但是，巴金在創作中常常十分嫻熟地引用《聖經》經文，在《田惠世》中還寫出了「一個宗教者的生與死」[18]。年輕的曹禺苦苦地探索人生道路，他「從老子到佛教、到基督教、天主教，一直到馬克思」[19]，什麼都看。他說：「甚至對基督教、天主教，我都想在裏邊找出一條路來。」[20]曹禺在《雷雨》中讓周樸園最後皈依了天主，在《日出》中引用了許多《聖經》的經文。郭沫若因其妻子佐藤富子是教徒而深受影響，他甚至宣稱要皈依基督。他的〈漂流三部曲〉以《聖經》的意象構思作品，他的〈落葉〉讓失戀的主人公皈依基督。

我們將與基督教文化相關的中國現代作家分為如上幾種類型，是為了區分他們對基督教文化接受和受影響的不同程度，以利於我們據此展開對他們的思想和創作的深入研究，我們的這種區分也並非絕對的。總而言之，我們必須根據不同的作家與基督教文化不同的關係和態度，抓住他們的個性特徵進行研究，這樣才能真正把握他們思想與創作的真諦。我們必須根據不同的作家對基督教文化的不同態度和不同選擇，進行深入的探究：諸如魯迅推崇基督的充滿著愛與犧牲的救世精神；周作人從基督教文化中汲取人道主義的精髓；許地山關注人性在受窘壓的狀態下的掙扎；冰心充滿了基督的博愛精神；廬隱深受基督教罪感文化的影響，形成其創作的感傷風格悲劇色彩；蘇雪林為

17 巴金《從資本主義到安那其主義》，上海自由書店 1930 年 7 月版。
18 巴金《田惠世・後記》，開明書局 1945 年版。
19 轉引自烏韋・克勞特《戲劇家曹禺》，見《曹禺研究資料》（上），中國戲劇出版社 1991 年 12 月版，第 29 頁。
20 曹禺《我的生活和創作道路》，北京十月文藝出版社 1985 年 6 月版。

耶穌偉大的人格所感化，細緻地描繪人物對基督的皈依歷程；而張資平努力揭露神職人員的「一面教人認罪，一面背著人作惡」；蕭乾全力針砭教會中「一般奴性十足的法利賽人」；老舍則在揭露牧師教徒的虛偽卑劣時，還塑造了具有基督犧牲精神的理想人物，如此種種，這使這些作家的創作在基督教文化的影響下，呈現出各自不同的獨特個性和風采。

中國現代作家在接受基督教文化時，雖然他們每人都有著自己心中的基督，每人都從基督教文化中各取所需，但是也存在著一定的共性。他們大都不看重基督教的「三位一體」、「基督復活」、「預言應驗」等說，大都不在意於基督教的禮儀，而重視基督教的博愛、寬容、平等、犧牲等具有人道意味的精神，他們往往將此作為批判封建傳統的武器、醫治民族病態的良藥。他們常常將《聖經》當作文學作品來讀，並不在意於其中的神跡奇事、上帝啟示，而為其中非凡的想像、絢麗的語言、生動的故事、深刻的典故、多樣的手法吸引，他們從《聖經》中有所借鑒，豐富了他們的文學創作。

三

對於「基督教文化與二十世紀中國文學」課題的研究，大概也可歸入比較文學中的影響研究之列，這種研究必須在對兩種文學與文化的影響途徑、接受方式等諸多複雜情況的梳理中，必須對兩種文學與文化的細緻對照分析中，理出其中的因果聯繫，從而對其作出恰如其分的評價。美國文學理論家約瑟夫・T・肖談到不同國家間的文學影響時說：「影響並不局限於具體的細節、意向、借用，甚或出源——當然，這些都包括在內，而是一種滲透在藝術作品之中，成為藝術品有機部分，並通過藝術作品再現出來的東西……一個作家所受的文學影響，最終將滲透到他的文學作品之中，成為作品的有機組成部分，從而決定他們的作品的基本靈感和藝術表現，如果沒有這種影響、這種靈感和藝術表現，就不會以這樣的形式出現，或者不會在作家的這個發展階段出現。」[21]這就告訴我們，影響研究必須立足於從整體上來觀照、把握，而並不局限於許多具體的細節等，一個真正有成就的作家，他對別的作家的作品的接受，他受其他作家創作的影響，並非是簡單的模仿，而應該化解到自己的藝術創作過程之中，滲透到他的文學作品之中，成為其作品的有機組成部分。以此觀之，研究「基督教文化與二十世紀中國文學」，在理清基督教文化對具體作家、具體創作的具體影響時，切勿不能忽視對這種影響的整體的觀照與研究。

在中國現代文學史上，林語堂是一位深受基督教文化影響的作家，他的父親就是一個基督教牧師，他從小在讀經祈禱的基督教環境中成長。談到基督教時，他說：「在中國做一個基督徒有什麼意義？我是在基督教的保護殼中長大的，聖約翰大學是那個殼的骨架。我遺憾地說，我們搬進一個自己的世界，在理智和審美上與那個滿足而光榮的異教社會（雖然充滿邪惡，腐敗及貧窮，但同時也有歡愉和滿足）斷絕關係。被培養成為一個基督徒，就等於成為一個進步的，有西方心感的、對新學表示贊同的人。總之，它意味著接受西方，對西方的顯微鏡及西方的外科手術尤其讚賞。它意味著對贊成女子受教育及反對立妾制度及纏足，保持明顯而堅決的態度。」[22]在林語堂的這段話中，接受基督教就意味著接受西方，就意味著進步，就意味著反對立妾制度及纏足。顯然，「五四」時期可以說是一個文化的轉型時期，對中國傳統文化與傳統文學的全面批判與否定，成為當時的時代特徵，而向西方尋求救國救民的思想和方法，也成為當時有識之士的共識。新文學先驅者們對基督教文化的接受，大都是立足於接受西方進步思潮的視角，立足於以基督教文化批判中國傳統的封建禮教、儒家的倫

[21] 見張隆溪選編《比較文學譯文集》，北京大學出版社 1982 年出版，第 38 頁。
[22] 林語堂〈從異教徒到基督徒〉，《林語堂名著全集》第 10 卷，東北師範大學出版社版，第 56 頁。

理道德的。基督教文化的引入對我們民族的傳統文化產生了衝擊，也引起了一些有識之士深沉的危機感，基督教文化的引入對我們傳統的價值觀念、生活態度、人生追求等都產生了一定的影響，如何看待基督教文化在我們民族的文化轉型期產生的意義和價值，如何看待基督教文化在中國社會走向現代化歷程中的作用和位置，都需要我們作深入細緻的思考與研究。

一種外來文化的引入，總是有一個與本土文化的衝突、滲透、融匯的過程，如佛教在由印度傳入中國之後經歷了一個漫長的本土化的歷程，對基督教文化來說，它也有一個中國本土化的過程。1921 年，神學家賈玉銘在《神道學》中曾經說：「中國人對於宗教，素抱一種齊物觀，如儒釋道之教理，雖迥然有別，然終能調和，使合而一。此種調和性，對於中華基督教會前途不無關係。」中國二十世紀作家們在受基督教文化的影響過程中，無論是正影響，還是負影響，也有著這樣一種調和的傾向，他們總是以自己的心態和眼光觀照基督教，總是重塑他們自己心目中的基督。陳獨秀就曾經說：「我們應該崇拜的，不是猶太人眼裏四十六年造成的神殿，是耶穌心裏三日再造的，比神殿更大的本尊。我們不用請教什麼神學，也不用依賴什麼教儀，也不用藉重什麼宗派，我們直接去敲耶穌自己的門，要求他崇高的、偉大的人格和熱烈的、深厚的情感與我合二為一。」[23]他們大都不在意於基督的神性，而看重基督的人性，看重基督偉大的人格，那種對世人的關愛和憐恤，那種犧牲自我拯救他人的無私品格，那種將人類的苦難和未來負在身上的崇高責任，都使中國現代作家以之為模範，並將對基督偉大人格的仰慕崇尚，與「天下興亡，匹夫有責」的儒家思想的精髓結合起來，為祖國的發達、民族的崛起而努力奮鬥。

西歐各國的語言文字的規範化常常是從翻譯《聖經》開始的。馬丁・路德對《聖經》的翻譯使德國的語言走向了規範化，正如恩格斯說指出的：「路德不但掃清了教會這個奧吉亞斯的牛圈，而且也掃清了

23 陳獨秀〈基督教與中國人〉，《新青年》第 7 卷第 3 號。

德國語言這個奧吉亞斯的牛圈……」[24]中國「五四」的白話文運動也與《聖經》的翻譯有著關聯。周作人說:「我記得從前有人反對新文學，說這些文章並不能算新，因為都從《馬太福音》出來的；當時覺得很可笑，現在想來反要佩服他的先覺。《馬太福音》確是中國最早的歐化的國語，我又預計它與中國新文學的前途有極大的關係。」[25]據〈大秦景教流行中國碑頌〉記載，唐代景教傳入中國時已有《聖經》的中文譯述，基督教經典的漢譯已有 1300 多年的歷史。明清之際，傳教士羅明堅、利馬竇、龐迪我、艾儒略、陽瑪諾等先後以中文翻譯過《聖經》的某些章節。18 世紀末，法國傳教士賀清泰首次較完整系統地將《聖經》譯為中文。1823 年，由馬禮遜、米憐合譯的《神天聖書》的出版為中國最早的中文《聖經》全譯本。1891 年底，狄考文、富善等主持了《聖經》的重譯工作，於 1919 年初出版了官話和合譯本《新舊約全書》，發行數以百萬計。這部用漢語白話翻譯的《聖經》，譯文準確審慎、行文流暢上口、用語通俗明瞭，被視為白話文的典範。官話和合譯本《新舊約全書》在「五四」前的出版發行，對中國現代的白話文運動必然產生了十分重要的影響和作用，進一步研究基督教與中國現代白話文運動，也是一個十分有意義的課題。

基督是為了拯救有罪的世人而被釘上十字架的，十字架就成為了犧牲自我拯救民眾精神的象徵。受到基督教文化的影響，中國現代作家大都崇尚為解脫民眾的苦難而犧牲自我的精神，他們中許多人都曾提到要為民眾自覺地背上十字架。冰心說：「我只是一個弱者／光明的十字架／容我背上吧」(〈春水・二十六〉) 郁達夫說：「我們是沉淪在／悲苦的地獄之中的受難者，／我們不得不拖了十字架，／在共同的運命底下，／向著永遠的滅亡前進！」(〈《蔦蘿集》獻納之辭〉) 郭沫若為耶穌的話語所感動，他對基督說，「我還要陪你再釘一次十字架」(〈孤鴻〉)。老舍則提出「為了民主政治，為了國民的共同福利，我們

[24] 恩格斯《自然辯證法・導言》，《馬恩選集》第 3 卷，第 445 頁。

[25] 周作人〈聖書與中國文學〉，《小說月報》第 12 卷第 1 期。

每個人須負起兩個十字架」(〈雙十〉)。中國傳統的士大夫大都受儒道思想的影響，達則兼濟天下，窮則獨善其身；修身、齊家、治國、平天下；入則建功立業，退則歸隱山林……，這林林總總的思想傳統都構成了中國士大夫的人格的內核。法國學者謝和耐在《中國和基督教》一著裏說:「這種宗教改變了中國人的習慣，對一些過去形成的思想提出了質疑，特別是會損害當時已成定格之局面的危險。」[26]基督教的傳入，對中國傳統文化產生了衝擊，同時，對中國知識份子的思想產生了影響，因而也影響了中國二十世紀作家們的人格理想，因此，深入地展開基督教與中國作家人格建構，也是一個值得開掘的課題。

基督教文化與二十世紀中國文學是一個新的研究課題，需要我們從多方面地進行思考和開拓，諸如基督教與二十世紀中國作家的文學觀念、審美理想、懺悔意識等，諸如基督教與二十世紀中國文學的敘事方式、人道精神、浪漫風格等，都值得我們去作進一步深入地研究和探討。

開展基督教文化與二十世紀中國文學的研究，以文化與文學影響的視角和方法為主，還需結合接受美學、社會學、心理學、宗教學、美學、敘事學等多種研究方法，努力從大量的第一手資料的梳理分析中，探析基督教文化對二十世紀中國文學的影響，並必須努力從文學研究的視角探究《聖經》文本對中國作家創作的藝術手法、對中國文學的具體的影響。當然，研究任何學術問題都應該取客觀辯正的態度和方法，基督教文化與二十世紀中國文學之間的關係同樣如此，有正面的影響，同時也存在著負面的影響，我們應該以馬克思主義歷史唯物主義和辯證唯物主義思想為主導，以馬克思、恩格斯有關宗教的論述為指導，深入地展開基督教文化與二十世紀中國文學課題的研究。

基督教文化與二十世紀中國文學是一個十分有價值的研究課題，它對於我們全面瞭解中國二十世紀文學的發生、發展，對於細緻梳理中國文學走向現代化的歷程，對於準確把握中國作家的創作個性等，

[26] 謝和耐《中國和基督教》，上海古籍出版社 1991 年 3 月版，第 9 頁。

都有著十分重要的價值和意義。然而，基督教文化與二十世紀中國文學也是一個有相當難度的課題，基督教文化在傳入的過程中，它與以儒釋道為主的中國傳統文化又構成了既有衝突碰撞、又有滲透融合的複雜關係，作為個體的中國作家，他們對於基督教文化的接受又是各取所需、不盡相同的，我們必須在把握共性的同時，注意不同作家的不同個性，將微觀的分析與宏觀的研究結合起來，才能真正探析出其中的真諦。

第十四章　論郁達夫小說的宗教意味

總之我們是沉淪在
悲苦的地獄中的受難者，
我們不得不拖了十字架，
在共同的命運底下，
向永遠的滅亡前進！

——郁達夫〈《蔦蘿集》獻納之辭〉

「五四」時期的文學創作中，有不少作家的創作中流溢出濃郁的宗教色彩，尤其充滿著基督教文化的意味，無論是許地山、王統照、冰心，還是郭沫若、張資平、廬隱，他們都有一些作品或描寫基督徒的生活，或揭示教會中的陰暗面，形成了「五四」時期獨特的文學現象。郁達夫的小說〈南遷〉、〈胃病〉、〈馬纓花開的時候〉都有著或濃或淡的宗教色彩，或寫基督徒養病期間的遭遇，或寫胃病患者漫步教堂的感受，或寫教會醫院裏病人與牧母的交往，在寫教徒、教堂、教會醫院的故事中，使這些作品具有了宗教色彩，在主人公「不得不拖了十字架」的生活遭際中，表達人物追求中的悲哀與傷感，突出了「一個無為的理想主義者的沒落」[1]。

[1] 郁達夫《沉淪・自序》，見《郁達夫文集》第七卷，花城出版社、三聯書店香港分店 1983 年 9 月版，第 149 頁。

一

錢杏邨將郁達夫初期創作思想概括為黃金、愛情、名譽三種慾望，認為郁達夫初期創作的「沉淪時代」，「這些差不多完全是描寫青年的性的苦悶，把青年從性的苦悶中所產生的病態心理，變態的動作，性的滿足的渴求，惡魔似的全部表現了出來，完成了青年的性的苦悶的一幅縮照」。與《沉淪》集中的〈沉淪〉、〈銀灰色的死〉相比較，〈南遷〉、〈胃病〉、〈馬纓花開的時候〉並不將主要筆力置於對主人公性苦悶的描寫，而更多地描寫人物對於真情的追慕，鮮有對於病態心理、變態動作、性渴求等方面的描寫，而具有了濃郁的基督教文化的色彩。

同病相憐之愛是這些作品相近的情節，在人物病態中獲得憐憫與同情，在相類似的病情中獲得對方的憐愛，在惺惺相惜中加深了相互的瞭解。〈南遷〉中的中國留日學生伊人為日本婦人所騙身體每況愈下，他說「名譽，金錢，婦女，我如今有一點什麼？什麼也沒有，什麼也沒有。我……我只有我這一個將死的身體」。一位西洋宣教師介紹他去房洲半島上養病，在一位熱心的基督教徒英國人 C 夫人的聖經班唱詩祈禱。他與在此養病的女學生 O 同病相憐，並逐漸產生了愛慕之意，他去探望病篤發燒的 O，後來自己也傷風發燒躺在醫院裏。〈胃病〉中的「我」到神田的 K 醫院看病，與「我」一樣受了專制結婚之害的 K 君，「現在正在十字架下受苦」，他們一同到病院附近的俄國教堂尼哥拉衣堂散步，甚至在教堂鐘樓頂有跳下情死之想。〈馬纓花開的時候〉中的「我」，因病住進了天主教會的慈善醫院，受到了醫院白帽子牧母的精心照料，甚至因老家都在遙遠的北京西城而心心相印。在冷漠的處境中尋覓同病相憐，在同病相憐中擺脫精神的苦痛，成為這些作品相近的情節結構。

在這些與基督教相關的作品中，人物的精神總處於困境之中，而尋求愛而不得便成為這些作品的悲哀結局，在種種阻礙或磨難中，主人公尋求愛卻總是難以如願，這使這些作品總縈繞著一種悲哀的氣氛。〈南遷〉中的伊人來到房洲半島上養病，與美麗文靜的 O 同病相憐，他們一起散步聊天，他去探望病篤的 O，卻在自由說教時為 K 惡語中傷，譏刺他是「想與女教友交際交際才去信教的」，這使他十分憤懣並受到很大的刺激，他在寒夜裏受風寒而感冒，在醫院的病榻上苦苦掙扎。〈胃病〉中的 K 君「也和我一樣，受了專制結婚的害，現在正在十字架下受苦」，同寓的 W 君為病院中捧讀《寶石的夢》的女孩而癡迷，卻成為單戀的夢。〈馬纓花開的時候〉中的「我」與照料他的牧母產生了深厚的情感，牧母卻被調離了醫院，留下「我」無限的悲傷。想愛而不得、求愛而不成成為這些作品情感的基本基調。

郁達夫這些作品的主人公都是病人，除了身體的病態外，他們大多處於精神困境中，尋求基督的慰藉擺脫精神的苦惱成為這些作品的一種傾向。〈南遷〉中的基督徒伊人受到教友 K 的譏刺，他以《聖經》中「心貧者福矣，天國為其國也」安慰自己，他闡釋說「精神上受苦的人是有福的，因為耶穌所受的苦，也是精神上的」，「他們在這墮落的現世雖然不能得一點同情與安慰，然而在將來的極樂國定是屬於他們的」。〈胃病〉中的「我」將書送給英國的牧師朋友，想像著自己的宗教喪禮，當他「覺得冷寂得不堪」時，「就跑上教會堂去」。他與 K 君一起去俄國教堂尼哥拉衣堂去散步，甚至登上鐘樓頂提議「我們就跳下去尋個情死吧」。〈馬纓花開的時候〉中的「我」在醫院得到牧母無微不至的照料，她期望「我」因病而皈依上帝、浴聖母的慈恩。在這些作品中，無論是基督徒，還是非基督徒，主人公總是為基督教精神所感染，他們在精神困境中，宗教便成為作品中人物精神的避難所。

二

在郁達夫的這些作品中，塑造了一些有宗教意識的人物形象，使這些作品具有濃郁的宗教色彩。

在這些作品中，具有宗教意識的人物大致可分為受難者、拯救者兩類，前者大多為作品中的主人公：〈南遷〉中的伊人、〈胃病〉中的「我」、〈馬纓花開的時候〉中的「我」。這類人物具有自敘傳的色彩，他們與郁達夫本人有不少相近之處，他們多為中國赴日本的留學生，在異國他鄉的處境中弱國子民的身份而倍感孤獨，他們因受到種種磨難而罹病，因病而精神處於更為孤寂中，精神瀕於崩潰的邊緣，他們期望通過某種方式獲得精神的慰藉，卻常常陷入更深的精神危機之中。最有代表性的是〈南遷〉中的伊人，他的父親早逝，為家庭而奔忙的母親「竟變成了一個半男半女的性格」，缺乏母愛的他「漸漸變成了一個厭世憂鬱的人」。到了日本留學後，他的性格更加孤僻了，常常獨自在寓室裏沉思默想而不與別人往來。「他所讀的都是那些在人生戰場上戰敗了的人的書」。在東京帝國大學讀書時，他受到了房東女人 M 的誘惑，後來卻被 M 所拋棄，嚐夠了失意的苦杯，成為「失望傷心到極點的神經過敏的青年」，身體狀況每況愈下。在西洋牧師的介紹下，他來到房洲半島基督徒 C 夫人處養病。「可憐他自小就受了社會的虐待，到了今日，還不敢相信這塵世裏有一個善人。所以他與人相遇的時候，總不忘記警戒，因為他被人欺得太甚了。」他與其他教友一起在 C 夫人家的聖經班祈禱，結識了也在此養病學鋼琴的女學生 O，在同病相憐中相互之間有了好感，他深深愛慕著她，他去探望病臥的 O，卻遭到 K 的嘲弄攻擊，他以「心貧者福矣，天國為其國也」寬慰自己，卻因受寒感冒發燒被送進醫院。作品塑造了這個處於精神困境中的留日學生形象，孤僻憂鬱自卑懦弱，卻渴望獲得同情憐愛，成為這些「悲苦的地獄中的受難者」的性格特徵，這個處於人生窘境中的中國留學生形象，豐富了中國現代文學的人物畫廊。

〈南遷〉中的基督徒 K 是一個被針砭的人物，在這個人物身上表達了郁達夫對於基督徒中勢利小人的譏刺。近視眼的 K「頭髮長得很，同獅子一樣的披在額上，帶著一雙極近的鋼絲眼鏡，嘴唇上的一圈髫鬚長得很黑，大約已經有二十六七歲的樣子」，他說著不通的英語，他準備進神學校去，每天到了半夜三更叫喚著上帝，有時赤足赤身地在雨天裏淋雨，在房間裏脫光衣服頭朝下腳向上拿大頂，這成為他修行的方式。他心裏喜歡女學生 O，O 卻將他視為糊塗蟲，他嫉妒伊人與 O 的接近，嫉妒伊人去探望病中的 O，便在自由說教的時候跳上壇發表攻擊伊人的話語：「我們東洋人不行不行。我們東洋人的信仰全是假的，有幾個人大約因為想學幾句外國話，或想與女教友交際交際才去信教的。」在 K 的身上，揭示出某類教徒的居心叵測言行卑劣。

在這些作品中，郁達夫還刻畫了一些拯救者的形象，他們以其熱誠的心幫助關懷受難的人們，尤其在精神上給予受難者以關愛，將基督的光照耀在他們的身上。〈南遷〉中的基督教徒 C 夫人、〈馬纓花開的時候〉中的牧母都是拯救者形象。英國人 C 夫人是一個熱心的基督教徒，她與丈夫曾經在中國做過醫生，丈夫逝世後，五十多歲的她一個人住在房洲半島的海邊，有寬大的房子，接待到此養病的人們。C 夫人常常出去傳道，並在家中設聖經班做禱告、唱讚美詩，雖然她被 B 君稱為是有名的吝嗇家，但她總是關心著病友們的病情，她叫了醫生來診斷伊人的病情，並將他送進北條病院去治療，並在病榻前陪伴著病篤的伊人。雖然小說中對於 C 夫人的刻畫筆墨不多，但是卻勾勒了一位熱心基督教徒的形象。〈馬纓花開的時候〉中的牧母是天主教會慈善醫院的護士，有一張長圓鵝蛋臉的她細心地照料著病人，認真地微笑著為病人把脈量熱度，並常常陪伴病人「我」散步，成為「我」的「一種無上的慰藉」，她讓廚子特別為「我」的膳食留心，甚至將她自己的菜蔬遞送給「我」吃，在她被調離去香港的病院服務後，她捎信給「我」，再三叮囑「我」好好養病，「靜想想經傳上的聖人的生活」，甚至她在信上說「若我能因這次的染病，而歸依上帝，浴聖母的慈恩，那她的喜悅就沒有比此更大的了」，小說勾畫出一位充滿愛心的牧母形象。

郁達夫的這些作品中的受難者形象，都是些病態懨懨的人物，都是生活中的弱者形象，是沉淪在悲苦的地獄中的受難者，他們不得不拖了十字架，在共同的命運底下，向永遠的滅亡前進，在拯救者的拯救中，這些受難者多少獲得了某些慰藉。

三

與許地山、冰心、廬隱等作家相比較，郁達夫並沒有他們豐富的宗教經歷，他只是曾經有過兩次進入教會學校的經歷，1912 年 9 月，郁達夫進入基督教美國長老會辦的之江大學預科學習，在兩個月的學習生活中常常要參加學校的禱告、禮拜等。郁達夫後來回憶說：

> 每天早晨，一起床就是禱告，吃飯又是禱告；平時九點到十點是最重要的禮拜儀式，末了又是一篇禱告。《聖經》，是每年級都有的必修重要課目；禮拜天的上午，除出了重病，不能行動者外，誰也要去做半天的禮拜。禮拜完後，自然又是禱告，又是查經。[2]

1913 年 2 月，郁達夫進入了基督教浸禮會的蕙蘭中學，在 3 個月的學習生活中，也受到了基督教文化的薰陶。郁達夫後來回憶說：

> 人生的變化，往往是從不可測的地方開展來的；中途從那一所教會學校退出來的我們，按理是應該額上都負著了該隱的烙

[2] 曾華鵬編《郁達夫自傳》，江蘇文藝出版社 1996 年 7 月版，第 30 頁。

印，無處再可以容身了啦，可是城裏的一處浸禮會的中學，反把我們當作了義士，以極優待的條件歡迎了我們進去。這一所中學的那位美國校長，非但態度和藹，中懷磊落，並且還有著外國宣教師中間所絕無僅見的一副很聰明的腦筋。[3]

雖然郁達夫並未皈依基督成為教徒，但是教會學校的生活，多多少少對於他產生過一定的影響。在日本留學期間，他閱讀了大量的外國文學作品，在諸多外國文學作品中都有著濃郁的基督教色彩，列夫・托爾斯泰、陀斯妥耶夫斯基、盧梭、但丁等具有基督教情懷作家的創作也或多或少地影響著郁達夫的創作。從創造社的社名、刊名等，都可以見出基督教文化的影響，無論是「創造」，還是「洪水」，都可以見出《聖經》故事與意象的影響。郁達夫給刊物寫創刊詞也洋溢著宗教的意味。他在〈《創造日》宣言〉中說：

不過我們不要想不勞而獲，我們不要把伊甸園內天帝吩咐我們的話忘了。我們要用汗水去換生命的日糧，以眼淚來和葡萄的美酒。我們要存謙虛的心，任艱難之事。我們正在拭目待後來的替民眾以聖靈施洗的人，我們正預備著為他縛鞋洗足。

現在我們的創造工程開始了。我們打算接受些與天帝一樣的新創造者，來繼續我們的工作。[4]

在這篇宣言中明顯可見出基督教文化的影響，從上帝的創世紀中獲得啟迪，以天帝的話語為座右銘，強調創造的艱難與艱辛，提倡存謙虛的心、任艱難之事，崇敬替民眾以聖靈施洗的人。

從總體上看，基督教文化對於郁達夫小說的悲劇基調具有一定影響。人們將基督教文化視為一種罪感文化，基督教認為人類的始祖背叛了上帝，因此人生下來就有罪，人們應該在對於人類罪孽的反省悔

---

3 曾華鵬編《郁達夫自傳》，江蘇文藝出版社 1996 年 7 月版，第 31 頁。

4 郁達夫〈《創造日》宣言〉，見《郁達夫文集》第 7 卷，花城出版社、三聯書店香港分店 1983 年 9 月版，第 288 頁。

悟中靠近上帝、獲得寬恕。這種罪感文化的因素或多或少地影響了郁達夫的審美觀念，使他具有偏於感傷的審美心理。郁達夫認為「人生終究是悲苦的結晶，我不信世界上有快樂的兩字」[5]，他讚賞感傷主義的審美情趣，將感傷主義視為「文學的酵素」，認為「把古今的藝術總體積加起來，從中間刪去了感傷主義，那麼所餘的還有一點什麼」？[6]他欣賞李後主亡國之聲的哀婉，憐惜黃仲則病榻獨夜的淒涼，稱讚道生憂鬱的詩是最優美的抒情詩，把華茲華斯的感傷詩看作是最愛讀的作品之一。他推崇解剖自己孤獨憂鬱內心的佐藤春夫的小說，說史托姆的帶有濃厚感傷情調的小說「篇篇有內熱的，沉鬱的，清新的詩味在那裏」[7]。他認為「悲哀之詞易工……悲哀的感染，比快樂當然更來得速而且切」，「悲劇比喜劇偏愛價值大」[8]。在〈南遷〉中伊人為房東女人 M 誘惑後拋棄、與女學生 O 同病相憐而為人譏刺、受寒感冒發燒在病榻上奄奄一息；〈胃病〉中「我」患病到醫院就診，受到專制婚姻的迫害而在十字架下受苦，甚至想在教堂的樓上跳樓情死；〈馬纓花開的時候〉中「我」因病住進教會醫院，受到牧母護士無微不至的關照，牧母卻被調離了醫院，這些都使作品具有濃郁的感傷色彩與悲劇意味。雖然，郁達夫對於感傷主義的接受與欣賞大多來自於外國文學，但是其中也可見出基督教文化的濡染，這使其創作洋溢著感傷的色彩、悲劇的意味，其小說中的主人公要麼在異國他鄉備受欺凌，要麼回歸祖國踏入一個沒有柵欄的牢獄，人物或在情感的困境中走上絕路，或在窮困潦倒中走投無路，感傷成為郁達夫小說的情感基調，悲劇成為郁達夫小說的審美特徵。

基督教在認定人類的罪孽的基礎上，指出只有不斷懺悔，才能獲得寬恕，才能進入天國，向上帝懺悔便成為基督徒宗教生活的重要內

5　郁達夫《蔦蘿集・自序》，見《郁達夫文集》第七卷，花城出版社、三聯書店香港分店 1983 年 9 月版，第 153 頁。

6　郁達夫〈序孫譯《出家及其弟子》〉，見郁達夫《敝帚集》。

7　郁達夫〈施篤姆〉，《時事新報・文學旬刊》第 15 號，1921 年 10 月 1 日。

8　郁達夫〈爐邊獨語〉，《申報・自由談》1933 年 1 月 18 日、19 日。

容。李歐梵指出：「郁達夫寫作的目的是為了驅妖，通過向想像中的聽眾揭露的辦法來趕走他自己內心深處的惡魔。懺悔是他淨化自己感情的手法；當他把所有的弱點都暴露以後，他會感到好過的。」[9]受到基督教文化的影響，郁達夫小說大多具有濃郁的懺悔色彩，主人公常常在不斷自省中懺悔，在長吁短歎中反躬自問自譴自責，或懺悔其在勾欄中對妓女的欺凌，或懺悔其對於弱者憐憫中的無能為力，或懺悔其自虐自瀆的頽唐軟弱，這形成了郁達夫小說的一種基本的敘事模式。在〈南遷〉中伊人以懺悔的心態回溯與房東婦人 M 交往的經過，以懺悔的口吻講解「心貧者福矣」的經文；〈胃病〉中生胃病的「我」以懺悔的口氣講述其新娶的女人的苦楚，講述自己為專制婚姻迫害的苦楚。基督教這種懺悔的禮儀成為郁達夫小說的一種敘事方式，構成其自敘傳小說風格的一種因素。

在基督教文化中，基督是人類的救世主，他以自我的犧牲拯救世人，以自身的痛苦承擔人類的苦難。受到基督教文化影響的郁達夫，在他的小說中常常見到濃郁的拯世意識。〈南遷〉中的伊人看見擠上電車的勞動者，便對於他們產生了同情：「這些可憐的有血肉的機械，他們家裏或許也有妻子的。他們的衣不暖食不飽的小孩子有什麼罪惡，一生出地上，就不得不同他們的父母，受這世界上的磨折！……勞動者呀勞動者，你們何苦要生存在世上？這多是有權勢的人的壞處，可惡的這有權勢的人，可惡的這有權勢的階級，總要使他們斬草除根的消滅盡了才好」。表現出一種鮮明的拯世意識。〈南遷〉中的 C 夫人不僅關心著教徒們的生活，更關心著他們的靈魂，在她家中設聖經班做禱告唱讚美詩，期望拯救他們的靈魂。〈馬纓花開的時候》中慈善醫院的牧母對於患病的「我」的無微不至的照料，從生活上、精神上都給予關心，充滿著基督教的拯救意味、博愛色彩。在郁達夫的其他小說中也常常有這種情景，主人公對於不幸者落難者的同情憐憫，對於壓

[9] 李歐梵〈現代中國作家的浪漫主義的一代〉，見陳子善、王自立編《郁達夫研究資料》（下），花城出版社、香港三聯書店 1985 年版，第 560 頁。

迫者的憎惡憤懣，往往在心有餘力不足中流露出救世者的無奈，卻顯現出犧牲自我拯救他人的意識。

1933 年，鄒嘯在他編輯的《郁達夫論》的序言中說：「郁達夫先生的名，將在現代中國文學史上永垂不朽，無論評者是怎樣的稱譽他，或是指摘他，這都沒有什麼關係，他那獨特的作風早已經表示出他將屹然地存在。……雖然他受到別人的影響，也影響到別人，他還是有他獨特的作風。我們看他的作品，即使掩了他的名字，還是可以知道是他的，不是別人的。」[10]郁達夫小說抒情感傷的風格，或多或少與其受到基督教文化的影響有關，雖然他並未有許地山、冰心那樣受到基督教文化影響之深，但是基督教文化也成為郁達夫所受到異域文化影響的一個方面。

---

10 鄒嘯《郁達夫論・序》，見《郁達夫論》，北新書局 1933 年 7 月初版，上海書店 1987 年 1 月影印，第 1 頁。

第十五章　論冰心聖詩創作的基督教價值

在中國現代作家中，冰心是一位極具宗教精神的作家。1935 年，錢杏邨在談到冰心的創作時說：「無疑的，在她的作品中，也還有基督教思想的血液存在，這些血液，是流貫在它的愛的哲學之中。」[1]基督教的思想流注在冰心的血液中，構成了冰心「五四」時期愛的哲學的核心。

「五四」時期，冰心撰寫了〈二十一日聽審的感想〉、〈論文學的復古〉等反封建的檄文，創作了〈兩個家庭〉、〈斯人獨憔悴〉等問題小說，抒寫了〈繁星〉、〈春水〉等哲理小詩，還發表了不少充滿了宗教意味的聖詩，這使「五四」時期冰心的創作豐富而又複雜。奧古斯丁在《詩篇》148 篇的注釋中曾說：「聖詩就是向上帝唱出的讚美。」[2]冰心常常在她創作的聖詩中向上帝唱出她的讚美。她在詩歌〈夜半〉中寫道：「上帝是愛的上帝，宇宙是愛的宇宙。」冰心的聖詩是一位充滿著愛心基督徒的獨特心境與情感的抒寫。冰心的聖詩創作，集中在「五四」初期，這形成了此時期中國現代作家創作中的獨特景觀。

1　錢杏邨《謝冰心小品・序》，見王永生等編選《中國現代文論選》第一冊，貴州人民出版社 1982 年 8 月版，第 514-515 頁。

2　轉引自周志治〈甥樂及其在現實教會生活中的特點〉，見《金淩神學志》2003 年第 1 期，第 150 頁。

一

1932 年，冰心在回憶她的文學創作道路時說：「中學四年之中，沒有顯著的看什麼課外的新小說……我所得的只是英文知識，同時因著基督教義的影響，潛隱的形成了我自己的『愛』的哲學。」[3]冰心於1914 年考入了由美國衛理公會辦的貝滿女中，受到了基督教文化廣泛深入的影響，在學校開設的《聖經》課上，她系統地學習了基督教的經典，在學校每天上午半小時的牧師講道中，在每個星期天教堂的禮拜中，她較為深入地瞭解了基督教教義。考入協和大學（後來併入燕京大學）後，這所教會大學仍然有《聖經》課程，冰心在一位牧師家中受洗入了教。冰心後來說：「因為當時先生說許多同學都在看我的樣，我不受洗她們便也都不受洗，我說那容易，便那麼辦了。」[4]在基督教文化的濡染與影響下，冰心形成了她的愛的哲學，這成為她「五四」時期觀照世界與文學創作的基點。

冰心受到中外文學傳統的深刻影響：《三國志》、《水滸傳》、《兒女英雄傳》、《聊齋志異》、《說嶽》、《東周列國志》、《論語》、《左傳》、《說部叢書》等中國古典文學都是她喜愛的讀物；她也受到外國文學的深刻啟迪，林琴南翻譯的外國小說《孝女耐兒傳》、《滑稽外史》、《塊肉餘生述》等是她航行中的消遣品。但是，在冰心的文學修養中，《聖經》是對她具有極為重要影響的。她曾經回憶在中學時代仿造《聖經》中的雅歌寫作的情況：「那時我在聖經班裏，正讀著『所羅門雅歌』，我便模仿雅歌的格調，寫了些讚美 T 女士的句子，在英文練習簿的後

3　冰心《冰心全集・自序》，見傅光明、許正林編《冰心散文全編》，浙江文藝出版社 1995 年 9 月版，第 322 頁。

4　子岡〈冰心女士訪問記〉，見范伯群編《冰心研究資料》，北京出版社 1984 年 12 月版，第 102 頁。

面，一頁一頁的寫下迭起。積了有十幾篇，既不敢給人看，又不忍毀去。……那年我是十五歲。」[5]冰心以雅歌的形式讚美「螓首蛾眉，齒如編貝」美麗善誘的女教員，可見《聖經》對於冰心的深刻影響，這也成為冰心聖詩創作的雛形。

「五四」時期，受了洗的冰心成了基督教團體「生命社」的成員。這個 1919 年成立的基督教教義辯護團，也叫證道團，「生命社的成員都是虔誠的基督教徒，其共同目標是『證明基督教的真諦和價值，以及基督教對中國的現實意義』」[6]。「五四」時期，冰心創作了不少聖詩，其中許多詩歌發表在北京基督教青年會會刊《生命》上。1921 年，冰心在她發表在《生命》上的一組聖詩前寫道：「聖經這一部書，我覺得每逢念他的時候，——無論在清晨在深夜——總在那詞句裏，不斷的含有超絕的美。其中尤有一兩節，儼然是幅圖畫；因為他充滿了神聖莊嚴，光明奧妙的意象。我摘了最愛的幾節，演繹出來。自然原文的意思，極其寬廣高深，我只就著我個人的，片段的，當時的感想，就寫了下來，得一失百，是不能免的了。」[7]「五四」時期的冰心，無疑是一位虔誠的基督徒，她的聖詩創作也無疑受到了《聖經》直接的影響。

冰心創作的聖詩，或讚美上帝，或演繹基督故事，或敷衍聖經教義，顯示出一位元基督徒虔誠的心態和博愛的內心。

二

在聖詩中，冰心以教徒的心虔誠地讚美上帝，讚美上帝對世界的創造，讚美上帝對眾人的救贖，讚美上帝給世間博大的慈愛。

---

5 冰心〈我的教師〉，見傅光明、許正林編《冰心散文全編》第 428 頁。
6 轉引自傅光明〈冰心的佚詩佚文〉，《新聞出版報》1993 年 5 月 3 日。
7 轉引自許正林、傅光明編《冰心詩全編》，浙江文藝出版社 1994 年 5 月版，第 106 頁。

在〈傍晚〉中，詩人細緻地勾勒伊甸園的美麗景色：「光明璀璨的樂園裏：／花兒開著，／鳥兒唱著，／生命的泉水潺潺的流著」。再描繪傍晚時微微的涼風中宇宙的創造者在園中緩緩行走的情景，詩人以發自內心的詩句讚美：「耶和華啊！／你創造他們，是要他們讚美你麼？／是的，要歌頌他，／要讚美他。／他是昔在今在以後永在的，阿門。」讚美耶和華對於人類的創造，將傍晚伊甸園美景中神的形象傳神地勾勒了出來，並表達了對於耶和華的由衷讚美。在〈黎明〉中，詩人先描摹黎明時分「嚴靜的世界，／燦爛的世界」，再訴說「上帝啊，在你的嚴靜光明裏，／我心安定，我心安定」，接著虔誠地表達對於上帝的讚美之意：「我要謳歌。／心靈呵，應當醒了，／起來頌美耶和華。／琴啊，瑟啊，應當醒了，／起來頌美耶和華。」詩人要以最純真的心靈、最美妙的音樂頌美耶和華。

〈晚禱（一）〉中，詩人描繪在夜空下對上帝虔誠祈禱的情景，先描繪充滿著詩情畫意的夜景：「濃濃的樹影／做成帳幕，／絨絨的草坡／便是祭壇——／慈憐的月／穿過密葉／照見了虔誠靜寂的面龐」，樹影、草坡、明月、密葉，形成了月下禱告靜謐的背景與氛圍：「四無人聲，／嚴靜的天空下，／我深深叩拜——／萬能的上帝！／求你絲絲的織了明月的光輝，／作我智能的衣裳，／莊嚴的冠冕，／我要穿著它，／溫柔地沉靜地酬應眾生。」期望上帝將明月的光輝織成詩人智能的衣裳莊嚴的冠冕，在上帝的光輝中溫柔地沉靜地酬應眾生，奇特而生動的想像。詩人祈望：「煩惱和困難，／在你的恩光中，／一齊拋棄；／只剛強自己／保守自己，／永遠在你座前／作聖潔的女兒，／光明的使者，／讚美大靈！」永遠作上帝的聖潔的女兒、光明的使者，多麼崇高的嚮往，多麼真誠的祈禱。〈晚禱（二）〉中，詩人以與秋風、枯葉對話的方式，以夜空中閃爍的繁星是造物者創造宇宙和人類過程中「點點光明的眼淚」，以讚美造物者偉大而苦痛的創造，並將點綴在太空的繁星看作造物者「指示了你威權的邊際，表現了你慈愛的涘涯」。在〈黃昏〉中，冰心讚美上帝無窮的智能，祈望得到上帝的指示，也期望上帝指示人間眾生。在〈夜半〉中，詩人與上帝對話，讚美「上帝是愛的上帝，宇宙是愛的宇宙」，並稱謝上帝的訓誨。在〈清晨〉中，詩人在海邊讚頌隨處接著我的上帝的愛，終離不了上帝無窮的慈愛。

冰心對上帝的讚美，發自一位虔誠的基督徒真誠的內心，無論是與上帝的對話，還是對上帝的禱告；無論是對造物主身影的勾勒，還是對耶和華神性的讚美，都是發自肺腑的真摯之語。

三

冰心有些聖詩創作，常常直接取材於《聖經》，或演繹基督的故事，或引申基督教義，或再現宗教情境，在充滿詩意的場景描繪中表達基督徒對於《聖經》的理解與闡釋。

《聖經》中耶穌的經歷充滿著神秘意味傳奇色彩，冰心在聖詩創作中常常演繹著《聖經》故事。《聖經》中馬利亞因聖靈而懷孕，在伯利恒一個客棧生下了耶穌基督，將嬰孩放在馬槽裏。「他們在那裏的時候，馬利亞的產期到了，就生了頭胎的兒子，用布包起來，放在馬槽裏，因為客店裏沒有地方。」[8]冰心的詩歌〈天嬰〉以詩人的想像再現了基督在馬槽中誕生的情景。詩人在嚴靜的深夜，以「感謝的心情，恬默的心靈，來歌唱天嬰降生」。詩人想像著基督降生時的情景：「繁星在天，／夜色深深——／在萬千天使的歌聲裏，／和平聖潔的宇宙中，／有天嬰降生。」〈路加福音〉中，基督誕生的消息由眾天使傳給了野地裏的牧羊人，牧羊人見到了在馬槽中的孩子，就將基督誕生的消息傳開了。詩人寫道：「馬槽裏可能睡眠？／靜聽著牧者宣報天音；／他是王子，／他是勞生；／他要奮鬥，／他要犧牲。」詩人將天嬰

[8] 《路加福音》第二章第六、七節，見《新舊約全書》，中國基督教協會、中國基督教三自愛國運動委員會1980年印，第78頁。

降生與其救世的奮鬥、犧牲聯繫在一起，又將降生與其受難聯繫在一起：「奔赴著十字架，／奔赴著荊棘冠，／想一生何曾安頓？／繁星在天，／夜色深深——／開始的負上罪擔千鈞。」基督的誕生是為著救世，為著救贖眾人，他的被釘上十字架是其為眾人贖罪的必然，他的戴荊棘冠是其為眾人忍受痛苦的必然，基督的降生就開始為這個世界「負上罪擔千鈞」。冰心將基督的誕生與基督的赴死聯繫在一起：「是他受命日，／也是他的致命時？／想讚美又何忍來讚美？／讚美是：／你的無邊痛苦，／無限憂思；／使我漂過淚泉，／泛經血海；／來享受這天恩無量！」詩人讚美基督為拯救世人而承擔的「無邊痛苦，無限憂思」，並深深感激基督給予的「這天恩無量」。

冰心的〈客西馬尼花園〉、〈髑髏地〉再現了基督被捕釘上十字架的情景。前者為基督在赴死途中客西馬尼花園獨自禱告時的情景，後者為耶穌被釘上十字架的情景。在〈路加福音〉中，基督在上帝的旨意下，為了拯救世人而去接受殘酷的死亡，他心甘情願地去耶路撒冷赴死，猶大密謀著出賣基督，猶太教、法利塞人等謀劃著除掉與他們見解衝突的基督，而跟隨著基督的門徒們卻昏昏入睡。基督在客西馬尼花園禱告：「耶穌極其傷痛，禱告更加懇切。汗珠如大血點，滴在地上。」[9]冰心的〈客西馬尼花園〉就演繹了這一幕。詩人突出了基督祈禱時險惡的處境：「漆黑的天空，／冰冷的山石，／有誰和他一同儆醒呢？／睡著的只管睡著，／圖謀的只管圖謀。」雖然，基督從上帝處知曉他即將遭遇的受難，但是他仍然以十分複雜的心態禱告：「然而——他傷痛著，血汗流著，／『父啊，只照著你的意思行。／上帝啊！因你愛我們——／『父啊，只照著你的意思行，』阿門。』詩人將《聖經》中耶穌在客西馬尼花園禱告中的這一幕演繹的十分簡約而生動。在《約翰福音》中，耶穌被釘死前，耶穌將他的母親託付給門徒。「這事以後，耶穌知道各樣的事已經成了，為要使經上的話應驗，就說：

---

9 《路加福音》第二十二章第四十四節，見《新舊約全書》，中國基督教協會、中國基督教三自愛國運動委員會 1980 年印，第 117 頁。

我渴了。有一個器皿盛滿了醋，放在那裏。他們就拿海絨蘸滿了醋，綁在牛膝草上，送到他口。耶穌嚐了那醋，就說：成了。便低下頭，將靈魂交付上帝了。」[10]〈髑髏地〉就以《聖經》中基督被釘十字架的情節為題材，寫出耶穌為拯救世人而忍受釘十字架苦痛的情景。詩歌突出地描寫耶穌被釘十字架時受盡凌辱的情形：「罪惡，山嶽般的堆壓著他，／笑罵，簇矢般聚向他。／十字架，／背起來了，／釘上去了。」釘上十字架的耶穌被冠以種種罪名，受盡了世人的笑罵，他仍然忠實於上帝，他臨死前深情地向上帝呼喚：「上帝啊！／聽他呼喚——聽他呼喚！／『父啊，成了。』／上帝啊！因你愛我們——／『父啊，成了』，阿門。」上帝的救恩計畫，是依靠聖子耶穌去實施的，耶穌基督的被釘上十字架贖罪性的死亡，也就意味著上帝救恩計畫的完成，因此，被釘上十字架的耶穌完成了上帝交給他的使命，欣慰地走進了死亡。

《聖經》中常常以富有哲理意味的語言陳述基督教的教義，從而達到訓誡啟示的目的。冰心常常在其聖詩中從教義出發，闡釋其對於教義的接受與理解。冰心在〈孩子〉，緣於《馬太福音》十八章三節基督對門徒所說「我實在告訴你們，你們若不回轉，變成小孩子的樣式，斷不得進天國……」，和《啟示錄》第二十一章十一節中勾畫「聖城的榮耀」的場景「城中有神的榮耀。城的光輝如同極貴的寶石，好像碧玉，明如水晶」。詩歌先勾畫孩子可以進去的天國的聖城：「水晶的城壁，／碧玉的門牆，／只有小孩子可以進去。」詩人詢問基督：「聖子呵！／你是愛他們的絳頰，明眸，／嫩膚，雛髮麼？」在詩人的心目中的孩子「他們是爛漫的／純潔的／真誠的。／只有心靈中的笑語，／天真裏的淚珠。／他們只知道有光，／有花，有愛。／自己也便是光，／是花，是愛。」將孩子的爛漫、純潔、真誠、天真生動地勾勒出來。詩人還祈望說：「聖子呵！／求你保守我，／停留我在孩子的年

---

10 《約翰福音》第十九章第二十八、二十九、三十節，見《新舊約全書》第157頁。

光，阿門。」詩歌著意描寫在天國是最大的孩子的可愛，以闡釋《聖經》中的教義。在詩歌〈可愛的〉中，冰心仍然勾畫孩子的可愛：「除了宇宙，／最可愛的只有孩子。／和他說話不必思索，／態度不必矜持。／抬起頭來說笑，／低下頭去弄水。」也生動的細節寫出孩子的可愛之處。

《聖經》中常常有諸多感人的情節與場景，冰心在聖詩創作中常常擷取《聖經》中的片段，加以想像與描繪，再現出其心目中的宗教情境。〈使者〉因《保羅達以弗所人書》中「我為這福音的奧秘做了帶鎖鏈的使者」而構思。保羅是一位偉大的宣教師，他四處傳揚耶穌，猶太人千方百計要殺他，他卻執著於宣教活動，甚至被人責打和送進監獄，出獄後他仍然走遍希臘宣教。在詩歌中，詩人先勾勒保羅的身影：「羽衣的風采，／散花的生涯，／天上——人間，／說他帶著鎖兒，／拖著鏈兒，／輾轉在泥犁裏，／誰肯信呢？」將灑脫執著的使者的神采生動地勾勒了出來。詩人又以保羅對上帝的訴說，展示出這位帶鎖鏈使者艱難中的執著：「上帝啊！是的，／為著你的福音，／愛的福音，／鎖鏈般繞著我。／除卻泥犁，／那有莊嚴土？／上帝啊！／我作了帶鎖鏈的使者，／只為這福音的奧秘，阿門。」在對這位帶鎖鏈的使者的描繪中，突出了為上帝傳福音使者崇高的宗教精神。在〈沉寂〉中，冰心因〈約伯記〉四十二章三節引起思索：「誰用無知的言語使你的旨意隱藏呢？我聽說的是我不明白的；這些事太奇妙是我不知道的。」〈約伯記〉講述了一個好人受難的故事，上帝為了證實義人在困境中是否忠實，允許撒旦對約伯進行極為殘忍的考驗，使他喪失了所有兒女和家產，受盡了磨難，約伯努力思考義人受難的原因，上帝卻回答說任何尋找受難原因的企圖都是徒勞的，因為上帝的意志是人類永遠無法把握的。〈沉寂〉就描繪了約伯面對上帝時的情境：「盡思量不若不思量，／盡言語不若不言語；／讓他雨兒落著，／風兒吹著，／山兒立著，／水兒流著——／嚴靜無聲地表現了，／造物者無窮的慈愛。」約伯對其無辜受難的思考，在上帝面前都是徒勞的，只有不思量、不言語，感受自然，感受上帝無窮的慈愛。上帝的意志是人類難以琢磨的把握的，因此「從是來回地想著，／來回地說著，／也只是無知喑味。／似這般微妙湛深，／又豈是人的心兒唇兒，／能夠發揚光大」。因此，約伯只有努力感受體悟上帝之愛：「愛幕下，／只知有慈氣恩光，／此外又豈能明晤。／我只口裏緘默，／心中蘊結；／聽他無限的自然，／表現係無窮的慈愛」。冰心將約伯面對上帝時的感受與心理，以含蓄的詩句予以表達，再現出冰心心目中的宗教情境。〈他是誰〉由《以賽亞書》第四十二章第三節構思：「受傷的葦子，他不折斷。將殘的燈火，他不吹滅。他憑真實將公理傳開。」《以賽亞書》在對以賽亞蒙召作先知經過的敘寫，表現以賽亞對上帝的忠貞，以及對上帝的謙卑服膺。詩歌展示了耶和華對以賽亞的教誨情境：「膏將盡了，／只剩得一圈的黑影。／枝受傷了，／只剩得幾聲的呻吟。／不發光的，吹滅了罷，／不開花的，折斷了罷。／上帝啊！／『受傷的葦子，他不折斷。／將殘的燈火，他不吹滅。』／我們的光明——他的愛，／永遠無盡，阿門。」在《以賽亞書》中，還寫道：「他憑真實將公理傳開。他不灰心，也不喪膽，直到他在地上設立公理，海島都等候他的訓誨。」[11]冰心的詩歌再現了以賽亞在耶和華的訓誨中執著宣教的宗教情境。冰心這些再現宗教情境的聖詩，大多擇取聖者的故事，擷取她閱讀《聖經》中深受感動的情節或細節，通過豐富的想像，突出這些聖者的崇高與執著，從而再現了生動的宗教情境。

冰心直接取材於《聖經》的聖詩創作，常常是她在《聖經》閱讀中有所感動與感悟而作，常常是她為《聖經》中「含有超絕的美」而作，她以一位虔誠基督徒的心理和心態，感受與想像《聖經》中的基督的故事、基督教義、宗教情境，以其靈動的詩筆表達她的所感所思。

11 《以賽亞書》第四十二章第四節，見《新舊約全書》第852頁。

四

冰心的聖詩創作中，也常常表達其自己在宗教氛圍中對於生命、人生、信仰等的思索與體驗，她常常用具有宗教意味的語言，表達她種種深入的觀照與思考。

在〈生命〉中，冰心由《聖經》中的兩段思索生命。《雅各書》第四章十四節的「其實明天如何，你們不知道。你們的生命是什麼呢？你們原來是一片雲霧，出現少時就不見了。」《詩篇》第八十九篇四十七節的「求你想念我的時候是何等的短少，你創造世人，要使他們歸何等的虛空呢！」在詩歌中，冰心感慨生命的短暫：「生命，是什麼呢！／要瞭解他麼？／他——是曇花，／是朝露，／是雲影；／一剎那頃出現了，／一剎那頃吹散了。」詩人叩問上帝：「上帝呵！／你創造世人，／為何使他這般虛幻？／昨天——過去了，／今天——依然？／明天——誰能知道！」詩人對於生命感到迷惘不解，她期盼從上帝那裏得到解答：「上帝呵！／萬物的結局近了，／求你使我心裏清明，／呼籲你禱告你，／直到萬物結局的日子，阿門。」宇宙無垠，生命短暫，這是詩人所苦惱與深思的，也是祈望得到解答的深邃問題。在〈不忍〉中，詩人以對渺茫生命道上「不忍」情境的描畫，表達對個人的渺小無助的感慨。詩人用小杖挑破網兒，用重簾遮蔽光明，用微火燒毀字跡，用冷水沖走落葉，心中卻十分茫然。「我用矯決的詞兒／將月下的印象淹沒了，／自然的牽縈／一霎時便斬絕了。」斬絕了自然的牽縈，人生便變得索然無味。詩人寫道：「這些都是「不忍」呵——／上帝！／在渺茫的生命道上，／除了「不忍」，／我對眾生／更不能有別的慰藉了。」詩人不忍斬絕自然的牽縈，卻又覺得無奈與無助。〈何忍〉中，冰心因《馬太福音》十八章十節而構思：在這節中，耶穌對他的門徒們說：「你們要小心，不可輕看這小子裏的一個。我告訴你們。他們的使者在天上，常見天上父的面。」對於為耶穌貶斥的「小子裏的一個」，冰心著力描繪他們的卑劣行徑中的苦痛靈魂：「他們的繁華中伏著衰萎，／燦爛裏現出敗亡」，「他們在頌揚裏滿了刺激，／笑語中含著淚珠」，「他們在寂靜中覺著煩惱，／熱鬧裏蘊著憂傷」。詩人以博愛之心感慨道：「上帝的女兒！／對於這痛苦的靈魂，／又何忍欲前不前微微的笑？」表達出冰心對於墮落者靈魂拯救的責任和焦慮。

在〈迎神曲〉、〈送神曲〉中，冰心以對於神迎送的虔誠膜拜中，以與神對話的方式，表達對人生歸宿問題的思考。詩人在對神的低頭膜拜中：「問：『來從何處來？／去向何方去？／這無收束的塵寰，／可有眾生歸路？』」宇宙浩淼，人生短暫，歸宿何在？寶蓋珠幢下金身法相的神卻回答道：「只為問『來從何處來？／去向何方去？』／這輪轉的塵寰，／便沒了眾生歸路！」「世界上，／來路便是歸途，／歸途也是來路。」叩問塵寰可有眾生歸路，回答的精妙絕倫：世界上，來路便是歸途，歸途也是來路。在〈送神曲〉中，詩人寫道：「來從去處來，／去向來處去。／向那來的地方，／尋將去路。」將人生歸宿的問題予以哲理色彩的回答。在〈歧路〉中，詩人在人生道路的尋覓中，在上帝處尋覓慰藉和解答：「今天沒有歧路，／也不容有歧路了——／上帝！／不安和疑難都融作／感恩的眼淚，／獻在你的座前了。」任何人生的不安有疑難，在上帝面前都釋然了、化解了。

在〈春水・一四九〉中，詩人真摯地感歎道：「上帝呵！／即或是天陰陰地，／人寂寂地，／只要有一個靈魂／守著你嚴靜的清夜，／寂寞的悲哀，／便從宇宙中消滅了。」〈嚮往〉雖然為紀念歌德九十歲而作，卻也表達了詩人對於上帝的崇敬。詩人開篇寫道：「萬有都蘊藏著上帝，／萬有都表現著上帝；／你的濃紅的信仰之華，／可能容她採擷麼？」顯然表達的是冰心自己採擷「濃紅的信仰之華」，表達冰心對上帝的崇敬。在〈人格〉一詩中，冰心在「五四」種種主義與學說引進的氾濫中，卻說：「主義救不了世界，／學說救不了世界，／要參與那造化的妙功呵，／只要你那純潔高尚的人格。／萬能的帝！／求你默默的借著無瑕疵的自然，／造成了我們高尚獨立的人格。」唯有上帝才能拯救世界，祈望上帝以無瑕疵的自然造成人們高尚獨立的人格，這是冰心真心所期盼的。在〈春水・二六〉中，冰心願意以基督的精神承擔人類的苦痛：「我只是一個弱者！／光明的十字架／容我背上罷，／我要拋棄了性天裏／暗淡的星辰！」呈現出走出對於自然的迷戀而積極入世的精神。在〈十一月十一夜〉中，詩人「想著炮聲中／燈彩下的狂舞酣歌」，在歡慶的炮聲中詩人卻看到了築起的高牆，她對上帝訴說：「上帝，憐憫罷！／他們正築牆呢！／這一聲聲中／牆基堅固了。／一塊一塊紀念的磚兒／向上壘積了，／和愛的世界區分了！／上帝，憐憫罷！／他們正築牆呢！」詩人盼望人類的互愛，不滿於牆將愛的世界隔離。

1921年5月21日，冰心在她寫的散文〈我＋基督＋？〉一文中，表達了她對於基督之愛的推崇與珍重。她寫道：「基督說：『我是世界的光。』又說：『你們當趁著有光，信從這光，使你們成為光明之子。』使徒約翰說：『那是真光，照亮凡生在世上的人。』」「誰願籠蓋在真光之下？誰願滲在基督的愛？裏誰願借著光明的反映，發揚他特具的天才，貢獻人類以偉大的效果？請銘刻這個方程在你的腦中，時時要推求這方程的答案，就是。我＋基督＋？」[12]冰心將跟從基督做光明之子看作其執意的追求，她在聖詩創作中，真誠地表達作為一個虔誠的基督徒對於生命、人生、信仰等方面的思考，她或含蓄地引申《聖經》的內蘊，或率真地抒寫自我內心感受，或真切地直面現實人生，坦誠真摯地表達她的深刻思考。

[12] 冰心〈我＋基督＋？〉，載《生命》第2卷第1期。

五

冰心的聖詩創作受到了《聖經》的影響，也得到了中外讚美詩的啟迪。「讚美詩又稱聖歌，是基督徒在公眾禮拜儀式上或個人靈修活動中讚美上帝的詩歌。讚美詩通過抒發對天父、耶穌基督和聖靈的崇拜與祝頌，多方面表達出信徒人生的信靠、心靈的虔誠，及其對上帝靈性交流的體驗。」[13]冰心的聖詩創作主要在 1920 年 10 月至 1922 年 3 月之間，她的聖詩創作明顯地受到了中外讚美詩的影響與啟迪。

朱維之先生認為：「聖歌（俗稱讚美詩）是基督教文學中的主要部門之一，是基督教徒繼續《聖經》之後的偉大文學貢獻。」[14]二十世紀四十年代初，朱維之先生認為中國《聖歌集》已經有了一百多年的歷史。他指出：「總之，百數年來各教會所用聖歌集多是由西人主編的，……直到最近十多年來，才得有文學修養的中國基督徒起來，想要補償這個損失，這是何等可喜的事呀。最初成熟的果子是青年協會出版的《青年詩歌》，編修者是謝洪賚和謝扶雅，增訂者顧子仁；繼起回應有燕京大學底《團契歌集》，是趙紫宸、范天祥底工作。……但這兩種集子單流行在青年學生之間，普通教會仍舊採用舊本子。」[15]作為燕京大學青年學生的基督徒冰心，她曾經翻譯了修道士諾特客的讚美詩《歡樂讚揚歌》、聖舫濟的《太陽頌》，她不僅受到了西人主編的聖歌的影響，更受到了中國基督徒的《青年詩歌》、《團契歌集》的啟迪。聖歌對「五四」時期冰心的聖詩創作，具有直接的啟迪，朱維之先生認為的聖歌大多表現生之歡喜、生之昂進、積極的慰安等特質，這幾乎都可冰心的聖詩中留下跡痕，也形成了冰心創作的聖詩真摯坦誠含蓄雋永的獨特風格。

---

13 梁工主編《基督教文學》，宗教文化出版社 2001 年 1 月出版，第 46 頁。
14 朱維之《基督教與文學》，上海書店 1992 年 1 月出版，第 81 頁。
15 朱維之《基督教與文學》，上海書店 1992 年 1 月出版，第 140 頁。

冰心的聖詩創作常常擇取深邃內涵的基督教意象。受到《聖經》與讚美詩的影響，冰心在聖詩創作中常常擇取具有深邃內涵的基督教意象，以表達她複雜的宗教情感與思考。〈客西馬尼花園〉擇取基督在赴死途中在客西馬尼花園獨自禱告的意象，〈髑髏地〉選取了基督被捕釘上十字架的意象；〈天嬰〉以基督在馬槽中誕生的意象，〈孩子〉採用了孩子在天國中是最大的意象；〈使者〉擇取了帶著鎖鏈的使者的意象，〈沉寂〉採用了受盡磨難的約伯沉寂的意象；〈晚禱〉選用了月下晚禱的意象，〈歧路〉採用了人生歧路的意象……諸多基督教意象的擇取，大多如冰心所雲是「充滿了神聖莊嚴，光明奧妙的意象」，這使冰心的聖詩的構思簡約而凝練，在充滿深邃內涵意象的抒寫中，表達詩人真摯的情感、深入的思考、深刻的思緒。

冰心的聖詩創作常常以情景交融的描寫創造靜謐意境。冰心在她的詩歌《讚美所見》的小序中說：「談到我生平宗教的思想，完全從自然之美中得來。」[16]這使冰心在她的聖詩創作中往往也十分注重對於自然之美的摹寫，在聖詩中，冰心常常將所寫的意象置於情景交融中，使其聖詩充滿了靜謐的意境。〈傍晚〉將緩緩獨步的宇宙創造者，置於「花兒開著，鳥兒唱著」微微涼風吹送著傍晚的樂園裏，靜謐中透出幾分孤寂。〈清晨〉將對上帝的讚美，放在「曉光破了，海關上光明了」的清晨，光亮中洋溢著慈愛。〈孩子〉將純潔真誠的孩子，置於「水晶的城壁，碧玉的門牆」前面，華美中透出高貴。〈晚禱（一）〉將虔誠的晚禱，放在「濃濃的樹影」、「絨絨的草坡」、「明月的光輝」背景中，展示出晚禱的神秘與虔誠。〈客西馬尼花園〉將赴死基督的禱告，置於「漆黑的天空，冰冷的石頭」下，悲涼中溢出孤寂。冰心聖詩中情景交融靜謐意境的創造，使她的聖詩不是枯燥地闡釋教義，也並非宗教故事的照本宣科，而使她的聖詩具有濃郁的詩意。

---

[16] 轉引自許正林、傅光明編《冰心詩全編》，浙江文藝出版社 1994 年 5 月版，第 192 頁。

冰心的聖詩創作常常用與上帝直抒胸臆的真摯語言。與傳統的讚美詩相近，冰心的聖詩大多採取與上帝對話的方式，常常以直抒胸臆的真摯語言，勾勒意象、創造意境、表達情感。在〈黃昏〉中，詩人期盼：「上帝啊！／求你從光明中指示我，／也指示給宇宙無量數的他，阿門。」將詩人對於上帝虔誠的情感和一顆博愛之心，和盤托出。在〈孩子〉中，詩人渴望：「聖子呵！／求你保守我，／停留我在孩子的年光，阿門。」將詩人永遠做天國裏最大的孩子的渴望，真誠道出。在〈黎明〉中，詩人傾訴：「上帝啊，在你的嚴靜光明裏，／我心安定，我心安定。／我要謳歌。」以率真的言語，表達對於上帝的讚美。在〈生命》中，詩人迷惘：「上帝呵！／你創造世人，／為何使他這般虛幻？」用坦誠的疑問，表述對於生命的思考。直抒胸臆的真摯語言的運用，使冰心的聖詩率真坦誠，抒寫出一位虔誠的基督徒的真實情感。

基督教意象的擇取、情景交融意境的創造、直抒胸臆語言的運用，使冰心的聖詩具有真摯坦誠含蓄雋永的風格。

朱維之先生認為：「新體詩的穩固基礎，必須是建築在新音樂上面。不合樂的詩在形式上看起來和散文相差不遠，就是豆腐乾式的方塊詩形，也不過是作繭自縛，不能說是得體。……聖歌在中國也漸漸進步了，在中國新詩中自然也占一席地，並且能夠補足上面所說的缺陷，至少可以說，它可以給中國新詩一個啟示，導引新詩走上合樂的路上去。」[17]這是切中肯綮的。冰心的新詩創作顯然受到了讚美詩的影響，她的聖詩創作為她的新詩創作積累了經驗、拓寬了帶路，聖詩也應該在中國新詩中占一席之地，我們必須拓展對於聖歌、聖詩的研究，只有這樣才能真正全面反映中國新詩的發展與嬗變的軌跡。

---

17 朱維之《基督教與文學》，上海書店 1992 年 1 月出版，第 129 頁。

第十六章　寫出文化衝突與融合中基督徒的複雜心態

——論許地山的宗教小說〈玉官〉

作為基督徒的許地山，他嚴格遵守教會的一切儀式規則；作為比較宗教學家的許地山，他宣導謀諸宗教的溝通；作為現代作家的許地山，他的創作中常常呈現出濃郁的宗教色彩。許地山的散文集《空山靈雨》、小說〈綴網勞蛛〉、〈商人婦〉、〈玉官〉等作品中，都或含蓄地闡釋基督教寬恕博愛犧牲等思想，或生動地敘寫基督徒坎坷執著的人生，其中〈玉官〉通過對皈依基督的「聖經女人」玉官坎坷人生的描寫，展現出在文化衝突與融合中一位基督徒的複雜心態，使作品成為不可多得的宗教小說的佳作，以致於有學者認為許地山如果沒有創作〈玉官〉，他在中國現代小說史的地位會大打折扣[1]。小說在天路與人路、敬神與祭祖、聖經與易經、傳奇與行傳等衝突與融合中，寫出中國基督徒的複雜心態。

天路與人路

> 她仍然要求「現實」：生前有親朋奉承，死後能萬古流芳，那才不枉做人。她雖走著天路，卻常在找著達到這目的的人路。因為她不敢確斷她是在正當的路程上走著。
>
> ——許地山〈玉官〉第五節

1　劉紹銘《經典之作——夏志清〈中國現代小說史〉中譯本引言》，夏志清著，劉紹銘譯《中國現代小說史》香港友聯出版社 1979 年出版，第 28 頁。

〈玉官〉敘寫了主人公玉官皈依基督後到各處傳教的經歷，作家集中描述玉官走在天路與人路之間的迷惘心態，突出了受到儒家文化深刻濡染的玉官，在皈依基督後的疑慮、彷徨、矛盾的心理。加拿大神學家孔漢思在談到中國人的宗教信仰時指出：「我認為一個中國人在生活環境、生活方式、期望、語言、教養和國民性等方面如果沒有汲取相當一部分儒家傳統簡直不可思議。」[2]因此，孔漢思提出了中國基督徒的「雙重教籍」之說。深受中國儒家文化傳統濡染的玉官，其思維方式、行為舉止無一不受到儒家文化的規範制約。當水兵的丈夫在甲午海戰中陣亡後，21 歲的玉官沒再醮，她守寡帶著不滿兩歲的孩子，她想：「帶油瓶諸多不便，倒不如依老習慣撫孤成人，將來若是孩子得到一官半職，給她請個封誥，表個貞潔，也就不枉活了一生。」夫死從兒守節封誥，這成為寡婦玉官在儒家文化濡染下的人生理想，她唯一的努力是想將孩子送進學校，然而她的現實境況卻沒有條件做到。以致於居心叵測的丈夫的叔伯弟弟糞掃「說沒錢讀書，怎能有機會得到功名？縱使有學費，也未必能夠入學中舉。縱然入學中舉，他不一定能得著一官半職，也不一定能夠享到他的福」。糞掃企圖逼迫玉官賣屋改嫁，從中獲取利益。玉官對於糞掃先採取了關門閉戶的「螺介政策」，但是由於親屬的關係她又不能將糞掃完全拒之門外，「《周禮》她雖然沒考究過，但從姑婆、舅公一輩的人物的家教傳下來『男女授受不親』、『叔嫂不通問』一類的法寶，有時也可以祭起來。不過這些法寶是不很靈的，因為她所處的不是士大夫的環境」。玉官自覺地以儒家的倫理道德規範約束自己。

為了躲避糞掃的騷擾，玉官採取了「飛鳥式生活」，每天攜糧食和小兒躲避到鄰居基督徒杏官家中，她被杏官推薦給教堂的洋姑娘幫傭，玉官努力籌集兒子的學費。女主人是傳教士，她常常向玉官說教。「主人一意勸她進教，把小腳放開，允許她若是願意的話，可以造就

---

[2] 孔漢思〈雙重「教籍」——向西方傳統挑戰〉，見秦家懿、孔漢思著，吳華譯《中國宗教與基督教》，三聯書店出版社 1990 年 12 月版，第 249 頁。

她，使她成為一個『聖經女人』，每月薪金可以得到二兩一錢六分，孩子在教堂裏念書，一概免繳學費。」為了達到所企望的兒子將來獲得一官半職、給她請個封誥表個貞潔的嚮往，玉官聽從了主人的勸說，她雖不以放腳為然，卻也學習聖經課程、習唱聖詩。「姑娘每對她說天路是光明、聖潔、誠實，人路是黑暗、罪污、虛偽，但她究竟看不出大路在那裏。她雖然找不到天使，卻深信有魔鬼，好像她在睡夢中遇見過似的。她也不很信人路就如洋姑娘說的那般可怕可憎。」經過一年的修業，玉官進了教，兒子進了教堂的學塾，其實她是為了她的「人路」而走上「天路」的，她的內心深處始終想著人路，想著兒子的出息、她的封誥。在談到儒家文化時，有學者認為：「因此，依儒家，人要盡心、知性、安身、立命，要與天道合一，其方法不是在否定現實生命與現實世界，也不是要否定現實生命中的人際關係。相反，儒家是要通過現實生命來顯現本心本性，來呈現天道。換句話說，天國不是在遙遠的另一個國度，在我們現實的日常生活之外，而是就在最庸常的人倫生活中呈現。」[3]在小說中，玉官始終執著與現實生命，執著於最庸常的人倫生活，現實世界的人路與彼岸世界的天路就形成其人生追求難以解開的矛盾。

玉官雖然每天到城鄉各處去傳教，但對於兒子的前程，玉官仍然渴望他走人路，而非天路。杏官希望女婿學醫將來開藥房。玉官「仍是望兒子將來能得一官半職，縱然不能為她建一座很大的牌坊，小小的旌節方匾也足夠滿足她的意」。雖然玉官成為了基督徒，成為了「聖經女人」，但是她的內心深處仍然嚮往著儒家文化所規範的人生境界，兒子的出人頭地仍然是她的執著渴望，她所注重的仍然是最庸常的人倫生活。「在建德正會做文章的時候，科舉已經停了。玉官對於這事未免有點失望，然而她還沒拋棄了她原來的理想。希望建德得著一官半

3　陳特〈天國與人間的緊張關係：比較基督教與儒家的處理方法〉，見賴品超、李景雄編《儒耶對話新里程》，香港中文大學崇基學院宗教與中國社會研究中心 2001 年版，第 292 頁。

職，仍是她生活中最強的動力。從許多方面，她聽到學堂畢業生也可以得到舉人進士的功名，最容易是到外洋遊學。」她想請牧師將兒子送出洋，但牧師的條件是讓建德學習神學回來當教士，這並非她理想中兒子的前程。兒子與雅言結婚後，玉官與媳婦矛盾漸深，她想與看管教會房子的陳廉一起過日子，「她已決定辭掉女傳道的職業，跟著陳廉在村裏住。她想陳廉一定會答應的，因為寫了一封沒有理由的辭職書遞給傳道公會。」準備離開「天路」走「人路」的玉官，總是處在十分矛盾的心理中。當她懷疑陳廉是杏官逃亡的丈夫後，當媳婦雅言難產去世後，她接受了教會的慰留，在神學院畢業了的建德又被送往美國深造。

在玉官繼續傳教的過程中，她仍然想著離開天路回到人路：「其實她對於她自己的信仰，如說搖動是太重的話，最少可以說是弄不清楚。她也不大想做傳道，一心只等建德回來。若能給她一個恬靜安適的生活，心裏就非常滿足了。」兒子是她的希望，是她的未來，她並不在意於畢生走天路傳道，而渴望過恬靜安適的人倫生活。留學歸來的兒子在女友安妮的影響與幫助下，還清了歷年所用教會的費用，在衙門裏當上了官，「她要建德向政府請求一個好像『懷清望峻』一類的匾額，用來旌表寡婦的」。寡婦守節得到表彰成為玉官內心難以擺脫的情結，儒家文化的傳統倫理道德觀念對玉官的影響是根深蒂固的。兒子認為旌表節婦的時代已經過去了，兒子婚後媳婦決定同玉官分居，這使玉官反省她的人生：「她覺得從前的守節是為虛榮，從前的傳教是近於虛偽，目前的痛苦是以前種種的自然結果。她要回鄉去真正做她的傳教生活。不過她先要懺悔。她至少要為人做一件好事。」在人路走得不暢通之時，玉官似乎又走上了天路。教會派她擔任教會小學的校長，她將全部精力與財力都放在發展學校的事業上。鄉民們自發地在她生日那天為她祝壽，教會為她籌辦了一個服務四十年紀念會，並在溪上建造了「玉澤橋」。從某種角度觀之，這座「玉澤橋」是變相了的匾額，完成了守寡多年玉官的嚮往。玉官將學校交給杏官管理，她隻身去南洋尋找陳廉，她又離開了天路，走上了人路。

陳特教授在談到基督教與儒家不同的行事方式時指出:「……但基督教與儒家的思路顯然不同，儒家是順人自然之情，使人的感情本性由自己親人開始，逐漸擴大，『親親而仁民，仁民而愛物』，以至無極。基督教則看透人的本性的敗壞與不可靠，看到人的力量的渺小有限，而且人愈依賴自己，就愈驕矜，就愈使自己的生命封閉而不開放，不能與人感通，因而要完全放下自己的一切，轉而仰望上帝，從而獲得新生的無窮的力量。」[4]儒家的順人情重親情與基督教的否定人性崇拜神性，構成不同的觀念與行事方式，形成天國與人間的緊張關係，在玉官身上是天路與人路的矛盾衝突。玉官是一個在中國儒家文化傳統中長成的女子，她的內心深處積澱著中國傳統的倫理道德，這成為規範她處事行為的準則，她將守節撫孤獲得封誥作為其人生的理想，她的進入教會主要是為了培育兒子成材達到其人生理想的目的，因此在其內心深處始終存在著天路與人路的矛盾，她對於基督教的信條總是存在著懷疑之心，她對於傳統的倫理道德始終是持服膺之情的，在玉官身上可以看到基督教文化與中國傳統文化的矛盾與衝突，在「聖經女人」玉官的身上這也是一種企圖調和卻難以絕對調和的矛盾。

敬神與祭祖

> 她雖然改了教，祖先崇拜是沒曾改過。她常自己想著如果死後有靈魂存在，子孫更當孝敬他們。
>
> ——許地山〈玉官〉第三節

基督教文化崇拜上帝，反對祭祀祖先，這對於中國基督徒來說成為一種十分突出的矛盾。傳教士在中國傳教過程中就反覆強調反對祭

4　陳特〈天國與人間的緊張關係：比較基督教與儒家的處理方法〉，見賴品超、李景雄編《儒耶對話新里程》，香港中文大學崇基學院宗教與中國社會研究中心 2001 年版，第 298 頁。

祀祖先。「據彼云，國中人父母死，不設祭祀，不立宗廟。惟認天主為我等之公父，薄所生之父母，而兄弟輩視之，不然則犯天主教誡。將斬先王之血食，廢九廟之大饗，以詔民風之耶？」[5]這種以西方國家基督徒不祭祀祖先的狀況告誡中國教徒，往往不能為中國教徒所接受。基督教在中國傳教的歷史上曾經發生了反對與贊同中國基督徒祭祖的「禮儀之爭」，1704 年教皇克雷芒十二世竟然禁止中國教友使用中國禮節，禁止祭祖尊孔，否則將受到被逐出教會的懲罰。敬神與祭祖始終成為中國基督徒內心難以擺脫的一種矛盾。作為孝的文化的儒家文化，將崇拜祖宗視為孝的表現，這成為儒家倫理的主要內容之一。「基督教的論點是認為倫理源出於上帝。中國人的論點則認為只能通過完成對其先祖的義務而開始達到知天命。」[6]這就構成相當長的時期內基督教的敬神與儒家的祭祖難以調和的矛盾。

小說中，玉官在入教前在洋姑娘家幫傭，「每月初一、十五，她破曉以前回家打掃一遍，在神位和祖先神主前插一炷香，有時還默禱片時」。入了教後，玉官始終處於敬神與祭祖的矛盾中。「對皈依基督教的中國人來說，新的信仰往往意味著信徒要與祭祖的傳統決裂，因為在基督徒眼中，祭祖是『偶像崇拜』，是基督教信仰所禁止的。」[7]玉官為了實現其守節撫孤獲得封誥的理想，皈依了基督擔當了「聖經女人」的職務。小說描寫信教後玉官的變化：

住宅的門口換上信教的對聯：「愛人如已，在地若天。」門楣上貼上「崇拜真神」四個字。廳上神龕不曉得被挪到哪裏，但準知道她把神主束縛起來，放在一個紅口袋裏，懸在一間屋裏的半閣的樑下。那房門是常關著，像很神聖的樣子。她不能破祖先的神主，因為她想那是大逆不道，並且與兒子的前程大有關係。

---

5 張廣湉〈辟邪摘要略議〉，見《破邪集》卷 5，載《天主教東傳文獻續編》第 29 頁。

6 謝耐和著，耿升譯《中國和基督教》，上海古籍出版社 1991 年 3 月版，第 84 頁。

7 秦家懿〈中國宗教的介紹〉，見秦家懿、孔漢思著，吳華譯《中國宗教與基督教》，三聯書店出版社 1990 年 12 月版，第 75 頁。

皈依了基督的玉官表面上撤去了祖先的神主，內心卻仍然遵循著祖先崇拜的傳統，並將祭祖與兒子的前程、與她自己的理想的實現聯繫在一起。因此，玉官雖然到各處傳教，但她對基督教的理解仍然是十分模糊朦朧的，對於許多教理她也說不明白。「她想，反正傳教是勸人為善，把人引到正心修身的道上，哪管他信的是童貞女生子或石頭縫裏爆出來的妖精。她以為神奇的事蹟也許有，不過與為善修行沒甚關係。這些只在她心裏存著。至於外表上，為要名副其實，做個遵從聖教的傳道者，不能不反對那崇拜偶像、敬神主、信輪迴等等舊宗教，說那些都是迷信。」加拿大學者孔漢思指出中國基督徒的「雙重教籍」現象，他說：「真正的中國人必須深深地敬重精神問題，他必須敬天法祖，他必須遵循儒家的道德準則，他必須修養仁慈、公正、節制、忠誠、謹慎五種美德，為齊家他必須孝順。真正的基督教徒必須愛上帝勝過愛一切，愛他人如同愛自己。他必須奉守十誡，他必須以永生為人生的最終目的。」[8]中國基督徒在敬神與祭祖的矛盾中往往構成表裏不一的狀況，外表的敬上帝、內裏的敬神主，從而形成信仰上的雙重身份。玉官在生病發燒時，她所想到的是祖先作祟，「因為她常離家，神主沒有敬拜的緣故」。小說描寫玉官敬拜神主時的情景：

她在床上想來想去，心裏總是不安，不由得起來，在夜靜的時候，從梁上取下紅口袋，把神主抱出來，放在案上。自己換了一套衣服，洗淨了手，拈著香向祖先默禱一回。她雖然改了教，祖先崇拜是沒曾改過。她常自己想著如果死後有靈魂的存在，子孫更當敬奉他們。在地獄裏的靈魂也許不能自由，在天堂裏的應有與子孫交通的權利。靈魂睡在墳墓裏等著最後的審判，不是她所佩服的信條。並且她還有她自己的看法，以為世界末日未到，善惡的審判未舉行，誰該上天，誰該入地，當然不知，那麼，世間充滿了鬼靈是無疑的。她沒曾把她這意思說出來過，因為《聖經》沒這樣說，牧師也沒這樣教她。她又想，

8　孔漢思〈雙重「教籍」——向西方傳統挑戰〉，見秦家懿、孔漢思著，吳華譯《中國宗教與基督教》，三聯書店出版社 1990 年 12 月版，第 251 頁。

凡是鬼靈都會作威作福，尤其是惡鬼的假威福更可怕，所以去除邪惡鬼靈的咒語圖書，應當隨身攜著。家裏的祖先雖不見得是惡鬼，為要安慰他們，也非時常敬拜不可。

玉官祭祀祖先時換衣洗手的莊重肅穆，顯示出其內心深處對於儒家傳統文化的服膺與遵循。她並不信服基督教最後審判的信條，而執著地認為祖先必須時常崇拜的。法國神學家謝耐和在談到中國人和基督教時說:「中國人和基督徒的倫理之間具有根本性的差別。……天主自我確定了十誡，只有由他自己創造或與有關的善。其第一項義務就是不要愛父母，而是愛上帝。相反，按照中國人的觀念，人類只有通過遵守禮儀方可發展其自身中的善之本性。」[9]愛父母與愛上帝在基督教的信條中構成一種對立，敬神與祭祖也就構成中國基督徒的信仰衝突。皈依了基督的玉官仍然未放棄祖先崇拜，她將祭祖視為其生活中不可缺少的一部分，只不過她採取了更為隱蔽的方式罷了。當她接到兒子建德生病的信，夢境中出現了已逝去的衣衫襤褸的公公、婆婆，她「便斷定是許多年沒到公姑墳上去祭掃，也許兒子的病與這事有關」，但是「祭墓是吃教人所不許的」，玉官只能請陳廉悄悄準備祭品，她在半夜時分到墓前祭祀公公、婆婆。當兒子結婚時，到教堂舉行了婚禮後，玉官想著回到家中兒子媳婦應該向她磕頭，但是，他們只向她彎了彎腰，杏官說教會的信條是除了神以外是不能向任何人拜跪的。「玉官心想，想不到教會對於拜跪看得那麼嚴重，祖先不能拜已經是不妥，現在連父母也不能受子女最大的敬禮了！她以為兒子完婚不拜祖先總是不對的。第四天一早趁著建德和雅言出門拜客的時候，她把神主請下來，叩拜了一陣，心裏才覺稍微安適一點。」在玉官心中，基督教的敬神與儒家的祭祖始終構成難以調和的矛盾衝突，她在表面上敬神，骨子裏卻祭祖，就連兒子因為入了革命黨被捕入獄，玉官向天號哭時，「一面向上帝祈禱，一面向祖宗許願」。當玉官在躲避兵匪

---

9 謝耐和著，耿升譯《中國和基督教》，上海古籍出版社 1991 年 3 月版，第 235 頁。

的時候，她鑽進了瓜田邊的守棚，心裏非常害怕的她「閉著眼睛求上帝，睜著眼睛求祖宗」，敬神與祭祖在玉官的人生中似乎已融為一體了。當玉官經歷了被匪兵抓去的驚嚇，經歷了被遊刑的折磨，回到家中，在一片狼籍的家中，她最關心是神主，她「只是急忙地走進廳中，仰望見梁上，那些神主還在懸著，一口氣才喘出來」，神主在玉官的生命與生活中已經成為不可或缺的一部分了。當兒子建德到南京做官將她接去時，玉官所攜帶的除了衣箱，就是「久懸在樑上的神主」。當兒子建德與安妮的婚禮安排的日子正是丈夫的忌日時，玉官雖然沒有辦法改變，但是她仍然一人秘密地舉行祭祀，「玉官在家中，請出她丈夫的神主來，安在中堂，整整地哭了半天」。「一面向上帝祈禱，一面向祖宗許願」，就成為中國基督徒玉官的人生方式。

秦家懿在談到中國宗教時認為：「祭祖可以追溯至中國文化的萌芽期，起初祭祖是貴族專有的權力，後來雖被納入了儒家正統禮教之中，卻仍保留了它本身的家族色彩。祭祖代表了活人和已故的親人的聯繫。它本身具有宗教因素，因此它在儒家傳統中立足亦表明了儒家傳統中的宗教特徵。」[10]祭祖已經構成了儒家正統禮教的組成部分，成為中國人文化傳統中的集體無意識，玉官皈依基督教後表面的敬神、與內裏的祭祖，就體現出中國基督教徒的複雜心態。

《聖經》與《易經》

> 玉官也笑著回答說那還是幾十年隨身帶著的老古董：一本白話《聖經》，一本《天路歷程》，一本看不懂的《易經》。
>
> ——許地山〈玉官〉第十節

由於受到基督教文化的影響，玉官在文化倫理上始終具有雙重身份，既接受基督教文化的上帝觀，又保持著儒家文化的倫理道德規範，最為明顯的是她隨身攜帶著的《聖經》與《易經》。《聖經》是基

10　秦家懿〈中國宗教的介紹〉，見秦家懿、孔漢思著，吳華譯《中國宗教與基督教》，三聯書店出版社 1990 年 12 月版，第 74 頁。

督教的經典，是基督教思想的集大成之著；《易經》為儒家的經典，以卦和爻占卜吉凶。法國學者謝耐和說：「對於基督徒來說，除了對天主、聖母及其聖徒的崇拜之外，任何其他宗教崇拜都是邪惡的。其教義要求摧毀所有泛神論的證據。因此，任何嚮往受洗禮的人都必須首先摒棄其家宅中的可以使人聯想到迷信的東西：老釋經書、占卜著作、神祗的玫像和畫像。」[11]因此，對於一個基督徒來說《易經》是應該絕對予以摒棄的，而玉官卻將《聖經》、《易經》這兩種書都作為其護身符。

小說中的玉官最初接觸《聖經》是在鄰居杏官家中，她為躲避糞掃的糾纏來到杏官家，見到基督徒杏官桌上放著的金邊黑羊皮《新舊約全書》。玉官最初對於杏官的信仰是抱懷疑態度的，對於《聖經》中的說法也並不相信。「她免不了問杏官所信的都是什麼。她心裏總不明白杏官告訴她凡人都有罪，都當懺悔和重生的道理；自認為罪人，可笑；無代價地要一個非親非故來替死，可笑；人和萬物都是上帝的手捏出來的，也可笑；處女單獨懷孕，誰見過？更可笑。她笑是心裏笑，可不敢露在臉上，因為她不能與杏官辯論，也想不出什麼理由來說她不對。杏官不在的時候，她偷偷地掀開那本經書看看，可惜都是洋話，怎麼能念洋書？」最初接觸《聖經》的玉官充滿著好奇與懷疑的心態。當她進了教後，當她開始四處傳教時，她「每天到城鄉各處去派送福音書、聖跡圖，有時對著太太姑娘們講道理。她受過相當的訓練，口才非常好，誰也說她不贏。雖然她不一定完全信她自己的話，但為辯論和傳教的原故，她也能說得面面俱圓」。她雖然入教傳教，自己卻並不完全真正相信。「她那本羅馬字的白話《聖經》不能啟發她多少神學的知識。有時甚至令她覺得那班有學問的洋教士們口裏雖如此說，心裏不一定如此信。」玉官雖然成為了基督徒，雖然她四處傳教，卻對《聖經》中的教義並不以為然。

---

[11] 謝耐和著，耿升譯《中國和基督教》，上海古籍出版社 1991 年 3 月版，第 261 頁。

當玉官在教會購買的破舊大房子裏過夜時，當她從看守房子的陳廉處得知這是一所凶宅時，她懼怕鬼作祟而難以入眠，她因此「取出《聖經》放在床上，口裏不歇地念乃西信經和主禱文」，雖然她是抱著《聖經》睡著的，但是「一夜之間，她覺得被鬼壓得幾乎喘不過氣。好容易等到雞啼，東方漸白，她坐起來，抱著聖書出神。她想中國鬼大概不怕洋聖經和洋禱文，不然，昨夜又何故不得一時安寧？」當她看見陳廉的枕邊放著《易經》，「她恍然大悟中國鬼所怕的，到底是中國的聖書」，「此後每出門，她的書包裹總夾著一本《易經》。她有時也翻翻看，可是怪得很，字雖認得好些個，意義卻完全不懂！她以為這就是經典有神秘威力的所在」。作為中國最古老的一部占巫之書，包括重迭八卦而成的六十四卦，組成六十四卦的三百八十爻。「昔者聖人之作易也，將以順性命之理，是以立天之道，曰陰與陽，立地之道，曰柔與剛；立人之道，曰仁與義。兼三才而兩之，故易六畫而成卦。」[12]玉官將《易經》當作辟邪驅鬼的中國聖書，雖然她並不能讀懂此書。在躲避戰亂過程中，玉官躲進一家信教農夫的稻草房裏，附近的糞堆和茅廁的氣味難以忍受，還有老鼠穿出竄進。「她心裏斷定，凡老鼠自由來往的屋裏必定是有鬼的。不過她已得到陳廉防鬼的補術。把《聖經》和《易經》放在身邊，放心躺在稻草上。」玉官的防鬼之術十分奇特，《聖經》和《易經》就成為她辟邪驅鬼的良方。當她與一些女子被匪兵抓獲時，玉官先是給大家念《聖經》，後又以《聖經》的經文勸阻企圖欺凌這些女子的匪兵：「人都是兄弟姊妹，要彼此相愛，不得無禮」，「凡動蠻力必死於蠻力之下」，「淫人妻女自己妻女也淫於人」等，以致於使這些女子們避免遭到蹂躪。「玉官想危險期已經過去。於是叫同伴的婦女們隨便休息。她心想昨夜就像遇見鬼，平時她想著《易經》的功效可以治死鬼，如今她卻想著《新舊約聖書》倒可以治活鬼。」《聖經》和《易經》已經成為玉官人生中不可或缺的治死鬼與活鬼的法寶，她似乎將基督教文化與中國傳統文化融會在一起了。

---

[12] 戴君仁《談易》，臺灣開明書店1961年版，第20頁。

孔漢思在談到教徒的雙重身份時所說的：「一個基督教徒——無論是亞洲人或是歐洲人和北美人——也完全可以做佛教徒、儒者、道者或者任何其他教徒，這是因為他／她把哪個宗教也不當真。他／她既不真正追隨耶穌基督也不遵循佛陀的八相成道。反之，他／她按個人喜好從這兩個宗教裏各取所需，不去理睬困難麻煩的部分——從這兒挑出耶穌的一條教誡，從那兒拮來佛陀的一條教導，他／她給自己摻了一杯宗教雞尾酒；這杯雞尾酒往往外表上『神乎其神』，正是為那些厭棄自己的宗教（這不難理解）要獵奇的歐洲人和北美人調製的。」[13] 玉官正是按其個人的喜好，將基督教文化與儒家文化調和成了一杯特殊的雞尾酒，她自斟自飲，來應對複雜的環境，來慰藉自己的靈魂。

傳奇與行傳

生於僧侶的國度（？），育於神學宗教學薰染中，始終用東方的頭腦，接受一切用詩本質為基礎的各種思想學問……

——沈從文〈論落花生〉

許地山深受東西方文化的濡染，中國的傳統文化與文學在他身上留下了深深的烙印，西方基督教文化在他的人生中也有著深深的痕跡。楊義在論及許地山時指出：「許地山扛著浪漫傳奇的意識旗幟，行進在人生派的行列之中。」「這種傳奇作品受到宗教思想的影響，但它並非宣傳宗教教義，它帶有玄想的意味，卻又固執於探討人生的意義。」[14]在東方文化的積澱中，在神學宗教學的影響下，許地山的小說創作在傳奇色彩中洋溢著宗教意味。在小說〈玉官〉中，我們可以見到中國文學傳統中的傳奇色彩與基督教文化中使徒行傳的印痕。

源於唐代的傳奇小說標誌著中國古代短篇小說的趨於成熟。魯迅談到唐傳奇時說：「小說亦如詩，至唐代而一變，雖尚不離於搜奇記

[13] 孔漢思〈雙重「教籍」——向西方傳統挑戰〉，見秦家懿、孔漢思著，吳華譯《中國宗教與基督教》，三聯書店出版社 1990 年 12 月版，第 254 頁。

[14] 楊義《中國現代小說史》第 1 卷，人民文學出版社 1986 年 9 月版，第 375 頁。

異，然敘述宛轉，文辭華豔，與六朝之粗陳梗概者較，演進之跡甚明，而尤顯者乃在是時則始」[15]宋代批評家洪邁說：「唐人小說，不可不熟，有意為小說。小小情事，淒婉欲絕，詢有神遇而不自知者，與律詩可稱一代之奇。」[16]唐傳奇中出現了諸多佳作，如〈柳毅傳〉、《李娃傳》、《霍小玉傳》、《鶯鶯傳》等。「唐傳奇則比較全面地採用了史傳文學的手法，把一個人前後完整的一段生活，甚至一生的經歷都描繪下來，形象地揭露社會矛盾，表現出人物的微妙的思想感情和性格特徵。……而傳奇中大量出現的驚奇情節、大膽想像，以及生活細節的細緻刻劃，對後世戲曲小說創作都具有很大的借鑒意義。」[17]在《聖經》中，常常以傳奇筆調敘寫基督教徒多苦多難的人生，往往在人物種種不幸和苦難中突出敘寫聖徒經受磨煉和考驗，表現其對於上帝的忠誠與信仰，這在〈士師記〉、〈約伯記〉、〈約拿書〉等中都可以見。《聖經》中的〈使徒行傳〉集中敘寫了基督的使徒的生平事蹟，尤其突出對於彼得、司提反、保羅等使徒傳道中的坎坷與磨難。許地山在中國古典傳奇與《聖經》使徒行傳的影響下，努力寫出了主人公玉官具有傳奇色彩的人生與傳道的經歷，使該小說將傳奇色彩與宗教意味融合在一起。

〈玉官〉雖然也勾勒了杏官、糞掃、陳廉、建德、雅言、安妮等人物形象，但是小說主要以女主人公玉官的人生遭際為敘事內容，在人物坎坷人生複雜經歷中表現出人物微妙的思想感情和性格特徵。玉官的丈夫陣亡後，玉官決意守節撫孤成人，丈夫的叔伯弟弟糞掃卻想逼迫玉官改嫁從中獲益，玉官為此常常躲避到鄰居杏官家中。基督徒杏官的丈夫曾經反對杏官入教，他將引領杏官入教的侄兒打個半死而

15　魯迅《中國小說史略》，天津人民出版社、香港炎黃國際出版社 1999 年 2 月版，第 69 頁。

16　洪邁〈唐人說薈〉，轉引自《中國大百科全書（光碟）中國文學卷．唐代傳奇詞條》中國大百科全書出版社 2000 年 10 月出版。

17　游國恩等主編《中國文學史》第 2 卷，人民文學出版社 1979 年 11 月版，第 207 頁。

出逃。杏官將玉官介紹去為教堂洋姑娘幫傭，糞掃不敢再騷擾玉官，卻將氣發洩在杏官身上，竟偷走了杏官兩歲多的大女兒雅麗，他將雅麗給了黃道台的太太作養女，他因此被推薦進衙門當親兵什長。玉官為了讓兒子可以免費進教堂讀書而入了教，她成為了一個「聖經女人」，常常到城鄉各處去傳教。由於在教會閒置的破舊房子裏落腳，玉官結識了看房子的陳廉，瞭解到中國的鬼怕的是《易經》，玉官對陳廉有了好感，有時內心湧上彼此結為夫婦的想法。兒子建德與杏官的女兒雅言結婚了，建德卻因參加了革命黨而被捕，玉官用錢托牧師說情將兒子保了出來，中學畢業後建德被送進神學校學習。玉官與媳婦雅言的關係日惡，玉官決定辭去傳道的職業、與陳廉結婚。後來因懷疑陳廉是杏官出逃的丈夫而放棄了婚姻。媳婦難產而死，生下的孩子天錫由杏官撫養，玉官接受了教會的慰留安心栽培兒子。建德在神學校畢業後，被送往美國深造，結識了南京的女學生黃安妮。在戰亂中，玉官為匪兵抓去，她以《聖經》的信條勸說欲欺凌女子們的士兵，並帶領被抓住的女子們逃進外國人的教堂，卻被革命黨視為通敵逃走的罪犯而被處以遊刑，糞掃改名為李慕寧成為蘇區政府的重要職員，遇到玉官告訴她雅麗在美國留學。接到來信，知天錫摔斷了腰骨，玉官趕去杏官處，卻也病倒。李慕寧陣亡，兒子回國後在安妮的勸說下進衙門當了官，玉官被接去南京與兒子一同居住。兒子與安妮結婚，卻提出與玉官分居。玉官又回到故鄉，被教會指派為小學校長，她將精力和財力都放在發展學校的事業上，她常常想起已去南洋的陳廉。鄉民們自發地湊份子給玉官做生日，教會發起給玉官舉行服務滿四十年的紀念會，兒子寄回五千元說要同安妮一起回來參加盛典，大家為讚頌玉官在溪上建造了一座「玉澤橋」。盛典過後，玉官決定去南洋尋找陳廉，她將學校交給杏官，攜帶著《聖經》、《易經》、《天路歷程》隻身登上赴南洋的行程。

如同唐傳奇，許地山將主人公玉官的命運作為小說敘寫的主要內容，通過對玉官不幸而坎坷的命運的描寫，突出玉官在中國儒家文化傳統濡染下守節撫孤的理想追求，與在基督教文化影響下信仰上帝不求報酬宗教境界的信守，在對於玉官多災多難的人生敘寫中，突出了文化衝突與融合中主人公的複雜心態，小說中人物之間的巧合關係也使作品洋溢著傳奇色彩，諸如玉官想結婚的對象陳廉疑為杏官出逃的丈夫，糞掃偷走的雅言竟是建德後來的妻子安妮。如同《聖經》的使徒行傳，許地山將主人公玉官的傳教生涯作為小說敘述的核心內容，通過對玉官在傳道過程中的磨難坎坷，展現玉官在基督教文化影響下心理心態的變化，突出在儒家文化與基督教文化衝突與融合中玉官的掙扎與矛盾。茅盾在〈落花生論〉中評論許地山時指出：「〈商人婦〉裏的惜官和〈綴網勞蛛〉裏的尚潔都不是普通的教徒，他們都是不『吃』教的，他們只不過在教義裏拈取一片來幫助他們造成自己的人生哲學罷了。」[18]許地山的〈玉官〉也並不努力推崇基督教教義，而是客觀生動地寫出中國基督徒在皈依基督教前後的複雜心態，而是努力「著實地把人性在受窘壓底狀態底下怎樣掙扎的情形寫出來，為底是教讀者能把更堅定的性格培養出來」[19]。

德國批評家K・L・庫舍爾在作家與宗教時指出：「對於所有的作家而言，在批判建制化宗教時，都有同樣的矛盾心理。這種矛盾心理按照其同宗教的親疏關係，又各不相同。某些作家對基督教的批評與對它的種種期望連在一起；在有些作家那裏，既與教會保持距離，又感到教會持久的魅力。既使那些同教會和基督教關係更親近的作家，也通過個人的經歷折射出上述宗教現象的兩面性。」[20]許地山與宗教的關係也與庫舍爾所言類似，作為比較宗教學家的他能夠高屋建瓴地

[18] 茅盾〈落花生論〉，見《茅盾論中國現代作家作品》，北京大學出版社1980年1月版，第139頁。

[19] 許地山《硬漢・序》，轉引自楊劍龍《曠野的呼聲》，上海教育出版社1998年12月版，第65頁。

[20] K・L・庫舍爾〈走向作家之路——論宗教與文學的相互挑戰〉，見漢斯・昆、伯爾等著，刁承俊譯《神學與當代文藝思想》，上海三聯書店1995年12月版，第218頁。

看待宗教問題，可以說他也既與教會保持距離，又感到教會持久的魅力，作為基督徒他雖然同教會和基督教關係十分親近，但他也通過小說〈玉官〉折射宗教對於中國教徒影響的兩面性，通過玉官這個中國基督徒形象的刻畫，寫出文化衝突與融合中基督徒的複雜心態。

第十七章　論基督教文化與冰心、許地山小說的敘事模式

在現代文學史上，冰心與許地山都是深受基督教文化影響的作家，他們都曾經受洗入教，成為虔誠的基督徒；他們的創作都受到基督教文化的深刻影響，或描寫基督徒的生活，或禮贊基督教的思想，使他們的創作洋溢著濃郁的基督教色彩。在他們的小說創作中，由於受到基督教文化的影響，他們的小說敘事模式具有著獨特性，或多或少借鑒了《聖經》文本的影響，構成了他們小說創作的獨特魅力。

一

冰心於 1914 年考入了北京的教會中學貝滿女中，在四年的教會學校的學習中，在學校開設的《聖經》課上，她系統地學習了基督教的經典，在學校每天上午半小時的牧師講道中，在每個星期天教堂的禮拜中，她較為深入地瞭解了基督教教義。考入協和大學（後來併入燕京大學）後，這所教會大學仍然有《聖經》課程，冰心在一位牧師家中受洗入了教。冰心在回顧自己的創作道路時說：「中學四年之中，沒有什麼顯著的看什麼課外的新小說。……我所得的只是英文知識，同時因著基督教義的影響，潛隱的形成了我自己的『愛』的哲學。」[1]在燕京大學時，冰心在一位老牧師家裏受了基督教的洗禮。冰心後來解

[1] 见《冰心全集·自序》，范伯群編《冰心研究資料》，北京出版社 2004 年版，第 143 頁。

釋說：「因為當時先生說許多同學都在看我的樣，我不受洗她們也都不受洗，我說那容易，便那麼辦了。」[2]在冰心的文學修養中，《聖經》是對她具有極為重要影響的。她曾經回憶在中學時代仿《聖經》中的雅歌寫作的情況：「那時我在聖經班裏，正讀著『所羅門雅歌』，我便模仿雅歌的格調，寫了些讚美 T 女士的句子，在英文練習簿的後面，一頁一頁的寫下迭起。積了有十幾篇，既不敢給人看，又不忍毀去。……那年我是十五歲。」[3]冰心以雅歌的形式讚美「螓首蛾眉，齒如編貝」美麗善誘的女教員，可見《聖經》對於冰心的深刻影響。

「五四」時期，受了洗的冰心成了基督教團體「生命社」的成員。這個 1919 年成立的基督教教義辯護團，也叫證道團，「生命社的成員都是虔誠的基督教徒，其共同目標是『證明基督教的真諦和價值，以及基督教對中國的現實意義』」[4]。「五四」時期，冰心創作了不少聖詩，其中許多詩歌發表在北京基督教青年會會刊《生命》上。「五四」時期的冰心，無疑是一位虔誠的基督徒，她的小說創作也無疑受到了《聖經》直接的影響。

許地山小時候曾經跟著一位英國牧師學習英文，這大概是他最初受到基督教文化的影響[5]。1913 年許地山赴緬甸仰光中華學校任教，1916 年回國在漳州華英中學任教，在這年間許地山加入了基督教閩南倫敦會，成為一位基督徒。1917 年他到北京燕京大學讀書，「就為的是一所教會大學，有津貼」[6]。以後「不管到何地，在『主崇拜日』的時候，他必到附近教堂裏和教友一起認真地做彌撒，嚴格遵守教會的一切儀式規則」[7]。1920 年許地山在燕大文學院畢業後，又入燕大神學

2 子岡〈冰心女士訪問記〉，范伯群編《冰心研究資料》，北京出版社 2004 年版，第 102 頁。

3 冰心〈我的教師〉，見傅光明、許正林編《冰心散文全編》，浙江文藝出版社 1995 年 9 月版，第 428 頁。

4 轉引自傅光明〈冰心的佚詩佚文〉，《新聞出版報》1993 年 5 月 3 日。

5 見周俟松〈許地山傳略及其作品〉，《新文學史料》1980 年第 2 期。

6 鄭振鐸《許地山選集・序》，人民文學出版社 1958 年 12 月版，第 2 頁。

7 宋益喬《許地山傳》，海峽文藝出版社 1989 年 3 月版，第 101 頁。

院學習。1922 年他在燕大神學院畢業，獲神學學士學位。1923 年許地山與冰心一起赴美國留學，他入哥倫比亞大學研究宗教史和比較宗教學。1927 年許地山開始在燕京大學文學院、宗教學院任教，並兼北京大學、清華大學的課程，著力進行基督教、道教史、佛教史等的研究。

1923 年許地山在 4 月 14 日的《晨報副刊》上發表了〈我們要什麼樣的宗教？〉一文，認為當時中國所需要的宗教應具有如下八方面的條件：一要容易行的。二要群眾能修習的宗教。三要道德情操很強的。四要有科學精神的。五要富有感情的。六要有世界性質的。七必注重生活的。八要合於情理的。並認為「按耶教近年發展的趨勢似甚合於上述的理論」。在當時反基督教的運動中，許地山能如此推崇基督教，可見其對基督教的偏愛與執著。許地山的摯友張祝齡牧師在憶及許地山時說：「他賦性和藹，對事，對物，對人，不輕易下批評，唯對於基督教，則多有創列，他似乎不滿於現代教會固執的教義，和傳統的儀文。他要自由，他是純粹民主性。他以為基督教由希臘哲學借來的『原質觀念』的神學思想，是走不通的。他很贊成奈西亞大會所定的『耶穌性格論』，而摩爾根教父提倡的『回到基督運動』論，是他絕對歡迎的。」[8]

將冰心與許地山作比較，作為基督徒的冰心從基督教文化受到了「愛」的影響，潛隱地形成了她的「愛的哲學」，阿英在評說冰心的創作時指出：「無疑的，在她的作品中，也還有基督教思想的血液存在，這些血液，是流貫在她的愛的哲學之中。」[9]作為宗教學家的許地山，強調「宗教當使人對於社會、個人，負規善、精進的責任」[10]，並力圖「謀諸宗教的溝通」[11]。這就形成了他們在創作具有基督教色彩的小說時，呈現出不同的敘事模式。

8　張祝齡〈對於許地山教授的一個回憶〉，周俟松、杜汝淼編《許地山研究集》，南京大學出版社 1989 年 5 月版，第 376 頁。

9　阿英〈現代十六家小品序〉，見王永生等選編《中國現代文論選》第 1 冊，貴州人民出版社 1982 年版，第 514-515 頁。

10　許地山〈宗教的生長與滅亡〉，《東方雜誌》1922 年第 19 卷 10 期。

11　楊義《中國現代小說史》第一卷，人民文學出版社 1986 年 9 月出版，第

二

1921 年，冰心在她發表在《生命》上的一組聖詩前寫道：「聖經這一部書，我覺得每逢念他的時候，——無論在清晨在深夜——總在那詞句裏，不斷的含有超絕的美。」[12]可見《聖經》對於冰心的影響。1921 年 5 月 21 日，冰心在她寫的散文〈我＋基督＋？〉一文中，她寫道：「基督說：『我是世界的光。』又說：『你們當趁著有光，信從這光，使你們成為光明之子。』使徒約翰說：『那是真光，照亮凡生在世上的人。』」「誰願籠蓋在真光之下？誰願滲在基督的愛？裏誰願借著光明的反映，發揚他特具的天才，貢獻人類以偉大的效果？請銘刻這個方程在你的腦中，時時要推求這方程的答案，就是。我＋基督＋？」[13]「五四」時期的冰心，在反封建的時代浪潮中，將其對於黑暗世界的同情與拯救，與對於基督的信從融匯在一起，以充滿博愛之心觀照世界、描寫人生。

冰心曾經寫道：「『我不入地獄，誰入地獄？』『不喪掉生命的，不能得著生命。』以眾生的痛苦為痛苦，所以釋加牟尼，耶穌基督，他們奮鬥的生涯裏，註定的是永遠煩悶！」[14]以眾生的痛苦為痛苦、努力拯救痛苦的人們，成為冰心小說敘事的基本內涵。在冰心的小說中，構成了一種救贖模式，她常常在努力敘寫主人公難以擺脫的痛苦時，以一種難以理喻的契機拯救人物走出困境，擺脫痛苦獲得拯救。

小說〈最後的安息〉中的富家惠姑到鄉村別墅消夏，結識了童養媳翠兒，惠姑以充滿了同情和憐憫之心關心幫助翠兒，她帶餅乾糖果

---

376 頁。

[12] 許正林、傅光明編《冰心詩全編》，浙江文藝出版社 1994 年 5 月版，第 106 頁。

[13] 冰心〈我＋基督＋？〉，載《生命》2 卷 1 期。

[14] 冰心〈青年的煩悶〉，見《晨報》1921 年 6 月 29 日。

給翠兒，教翠兒識字，她們之間產生了深厚的友誼，倍受婆婆折磨的翠兒感受到了人間之愛。當翠兒被婆婆折磨得奄奄一息時，惠姑的到來給翠兒帶來了關愛和撫慰，「她憔悴鱗傷的面龐上，滿了微笑，燦爛的朝陽，穿進黑暗的窗櫺，正照在她的臉上，好像接她去到極樂世界，這便是可憐的翠兒，初次的安息，也就是她最後的安息。」[15]以近似於上帝拯救的情境讓翠兒離開著悲苦的世界、走向極樂世界，充滿著一種救贖的意味。

〈世界上有的是快樂……光明〉中的青年凌瑜原先懷抱著救國救民之心投身社會運動，卻受盡了挫折，他認為「這樣紛亂的國家，這樣黑暗的社會，這樣萎靡的人心，難道青年除了自殺之外，還有別的路可走麼？」[16]他煩悶悲苦到了極處的時候，忽然起了一個投海自盡的念頭。卻在海邊遇到了在沙灘上採野花的孩子，孩子勸說道：「先生！世界上有的是光明，有的是快樂，請你自己去找罷！不要走那一條黑暗悲慘的道路。」[17]小說描述凌瑜聽到這話語的反應：「這銀鐘般清朗的聲音，穿入凌瑜的耳中，心裏忽然的放了一線的光明，長了滿腔的熱氣！看著他們皎白如雪的衣裳，溫柔聖善的笑臉，金赤的夕陽，照在他們頭上，如同天使頂上的圓光，朗耀晶明，不可逼視，這時凌瑜幾乎要合掌膜拜。」[18]出自孩子口中充滿哲理的話語，在不可理喻中如天使一般拯救了凌瑜。

〈煩悶〉中的「他」「由看不起人，漸漸的沒了他『愛』的本能，漸漸的和人類絕了來往；視一切友誼，若有若無，可有可無」[19]。他常常煩悶憂鬱，似乎已經窺探了社會之謎。他認為：「人生只謀的是自己的利益，朋友的愛和仇，也只是以此為轉移，——世間沒有真正的

15　《冰心全集》第 1 卷，海峽文藝出版社 1994 年版，第 95 頁。
16　《冰心全集》第 1 卷，海峽文藝出版社 1994 年版，第 75 頁。
17　《冰心全集》第 1 卷，海峽文藝出版社 1994 年版，第 77 頁。
18　《冰心全集》第 1 卷，海峽文藝出版社 1994 年版，第 77-78 頁。
19　《冰心全集》第 1 卷，海峽文藝出版社 1994 年版，第 368 頁。

是非，人類沒有確定的心性。」[20]他回到家中，見到「母親坐在溫榻上，對著爐火，正想什麼呢。弟弟頭枕在母親的膝上，腳兒放在一邊，已經睡著了。」這時小說寫道：「他站住了，凝望著，『人生只要他一輩子是如此！』這時他一天的愁煩，都驅出心頭，卻湧作愛感之淚，聚在眼底。」[21]母愛的場景使他獲得了拯救，恢復了愛的本能。

〈超人〉中的何彬是一個冷心腸的青年，從來沒有人看見他和人有什麼來往，他認為世界是虛空的，人生是無意識的，人與人與其互相牽連、不如互相遺棄。他卻在夢中見到了「慈愛的母親，滿天的繁星，院子裏的花」[22]，樓下廚房裏跑街的孩子祿兒摔壞了腿半夜的呻吟，吵了他的好夢，他送錢給祿兒治病，呻吟停止了，他的夢卻依然擾亂著他的心境。何彬搬走前收到了祿兒送的花和留的字條，引起了他熱淚盈眶，在他留給祿兒的字條上表達了他獲得了拯救：「你深夜的呻吟，使我想起了許多的往事。頭一件就是我的母親，她的愛可以使我止水似的感情，重要蕩漾起來。我這十幾年來，錯認了世界是虛空的，人生是無意識的，愛和憐憫都是惡德。我給你那醫藥費，裏面不含著絲毫的愛和憐憫，不過是拒絕你的呻吟，拒絕我的母親，拒絕了宇宙和人生，拒絕了愛和憐憫。上帝呵！這是什麼念頭呵！我再深深的感謝你從天真裏指示我的那幾句話。小朋友呵！不錯的，世界上的母親和母親都是好朋友，世界上的兒子和兒子也都是好朋友，都是互相牽連，不是互相遺棄的。」[23]何彬從一個憎世者轉變為一個愛世者。

冰心的這些小說中都描寫了痛苦者的人生，尤其突出敘寫他們各自苦痛的心境，冰心執意寫出他們在社會生活中導致的絕望心態，寫出他們走投無路處於絕境的狀況，卻以各種偶然的契機讓他們獲得拯救，使他們從絕境中擺脫出來，尤其獲得心靈的拯救，從看破紅塵厭

---

[20] 《冰心全集》第 1 卷，海峽文藝出版社 1994 年版，第 363 頁。
[21] 《冰心全集》第 1 卷，海峽文藝出版社 1994 年版，第 372 頁。
[22] 《冰心全集》第 1 卷，海峽文藝出版社 1994 年版，第 208 頁。
[23] 《冰心全集》第 1 卷，海峽文藝出版社 1994 年版，第 211 頁。

倦人世回到擺脫痛苦熱愛人生的境界，形成了冰心小說的一種拯救模式，也構成了冰心小說的博愛世界。

三

自稱為有情人的許地山[24]，將文學分為怡情文學和養性文學，他認為怡情文學「是靜止的，是在太平時或在紛亂時代底超現實作品」；養性文學「它是活動的，是對於人間種種的不平所發出底轟天雷」，「作者著實地把人性在受窘壓底狀態底下怎樣掙扎底情形寫出來，為底是教讀者能把更堅定的性格培養出來」[25]。許地山推崇養性文學，他的小說努力將「人性在受窘壓底狀態底下怎樣掙扎底情形寫出來」，這形成了許地山小說的一種「天路歷程」的敘事模式，他的小說大多執意讓主人公經歷各種磨難與苦痛，從而凸顯性格的堅定與執著。

〈商人婦〉中的惜官十六歲嫁給林蔭喬為妻，丈夫嗜賭債臺高築，惜官摒擋東西送丈夫去南洋。十年後，惜官飄洋過海來到新加坡找到丈夫，開雜貨店的丈夫已另娶媳婦，惜官卻被賣給印度商人為妾，印度商人已有五個妻子，惜官受盡了前面幾個妻子的折磨。商人死後，惜官離家出走，並結識了以基督徒利沙伯，並常參加她們的晚禱會。惜官仍然想去新加坡找丈夫，她想知道究竟賣她的是誰，她心裏想「我很相信蔭哥必不忍做這事；縱然是他出的主意，終有一天會悔悟過來」[26]。經歷了諸多困苦的她甚至認為，「人間一切的事情本來沒有什麼苦樂的分別：你造作時是苦，希望時是樂；臨事時是苦，回想

24　見許地山〈無法投遞之郵件·給爽君夫婦〉，見《許地山選集》，人民文學出版社 1958 年 12 月版，第 211 頁。

25　許地山《硬漢·序》，見高巍選輯《許地山文集》下冊，新華出版社 1998 年版，第 831 頁。

26　見樂齊主編《許地山小說全集》，中國文聯出版公司 1996 年 5 月版，第 30 頁。

時是樂。我換一句話說：眼前所遇的都是困苦；過去、未來的回想和希望都是快樂」[27]。小說以主人公惜官的坎坷經歷苦難歷程，卻刻畫出一位堅定執著性格的女性形象。

〈綴網勞蛛〉中的尚潔，是一位虔誠的基督徒，她「她每夜睡前的功課就是跪在那墊上默記三兩節經句，或是誦幾句禱詞」[28]，「在無論什麼事情上頭都用一種宗教底精神去安排」[29]。外面傳聞她有外遇、是淫婦，她卻不在意。遇到翻牆企圖盜竊不慎摔傷的竊賊，尚潔止住了僕人對他的打罵，說「一個人走到做賊的地步是最可憐憫的」，她讓僕人將受傷的竊賊抬進屋，親自為其療治，回家後的丈夫長孫可望怒火中燒，用小刀刺傷了尚潔，教會甚至剝奪了她赴聖筵的權利。尚潔平靜地離開了家，獨自去了馬來半島的西岸，她在那裏住了三年，教採珠工人們說英吉利語，給他們念經文。長孫可望受到牧師的教誨而悔悟，他獨自到檳榔嶼悔罪。尚潔回到了久別的家中，她對朋友說：「我像蜘蛛，命運就是我的網。蜘蛛把一切有毒無毒的昆蟲吃入肚裏，回頭把網組織起來。它第一次放出來的遊絲，不曉得要被風吹到多麼遠，可是等到粘著別的東西的時候，它的網便成了。」「它不曉得那網什麼時候會破，和怎樣破法。一旦破了，它還暫時安安然然地藏起來，等有機會再結一個好的。」「人和他的命運，又何嘗不是這樣？所有的網都是自己組織得來，或完或缺，只能聽其自然罷了。」[30]這種綴網勞蛛式的人生態度，呈現出尚潔性格的倔強與堅定。

〈玉官〉中的玉官，丈夫在戰爭中陣亡，她決意守節帶大兒子，盼望兒子將來有出息給她立一個貞節牌坊。丈夫的叔伯弟弟糞掃常來騷擾她，勸說她改嫁，他可以獲得利益，玉官先採取關門的「螺介政策」，後採取了躲避的「飛鳥式生活」，她去了鄰居基督徒杏官家躲

[27] 見樂齊主編《許地山小說全集》，中國文聯出版公司 1996 年 5 月版，第 31-32 頁。
[28] 見樂齊主編《許地山小說全集》，中國文聯出版公司 1996 年 5 月版，第 75 頁。
[29] 見樂齊主編《許地山小說全集》，中國文聯出版公司 1996 年 5 月版，第 81 頁。
[30] 見樂齊主編《許地山小說全集》，中國文聯出版公司 1996 年 5 月版，第 88 頁。

避，讀到了杏官家的聖經，並被介紹去為牧師洋姑娘幫傭，兒子因此入了免費的教會學校讀書。玉官入教後逐漸成為了一位「聖經女人」，每天到城鄉各處派送福音書、講道。她結識了看守教會房子的男子陳廉，陳廉幫助她完成祭奠公婆的事情，玉官產生了與陳廉「彼此為夫婦」的念頭。兒子入了革命黨被捕，玉官請求牧師說情，將兒子建德保了出來，建德被教會送進神學校讀書。玉官打算辭去女傳道的職業，嫁給陳廉，因懷疑陳廉是杏官出逃的丈夫，玉官的心已經冷了七八分。建德的妻子病逝後，建德去美國留學，結識了女學生黃安妮。玉官在戰亂中被告作通敵逃走的罪犯，落得遊街示眾的刑罰。兒子學成歸國後，黃安妮為他還清了歷年教會的費用，到南京政府中謀了個職位，建德與安妮結婚後與玉官分開過，玉官想兒子提出要表彰節婦的牌坊，兒子說旌表節婦的時代已經過去了。玉官去教會小學任校長，她將全部精力和財務都放在學校的事業上，教會給她舉行服務滿四十周年的紀念會，人們自發地造了一座「玉澤橋」以資紀念。玉官離開了學校，去南洋尋找心中牽掛的陳廉。小說寫出了在儒家文化與基督教文化衝突交融中的玉官坎坷人生與追求，突出了玉官性格的執拗與堅定。

在許地山的創作中，〈女兒心〉中的麟趾受盡為盜賊所虜、為藝人所騙、為土豪所搶等種種磨難，然而她卻絲毫不因此而記恨父親，她始終執著地四處尋找父親。〈春桃〉中的春桃，新婚燕爾丈大被抓大抓走。她流落至京以撿破爛為生，與同鄉劉向高同居，春桃卻又在街頭碰見斷了雙腿以乞討為生的丈夫李茂，她即將李茂弄回家，與李茂、劉向高組成了一種奇異的關係，構成了一妻二夫的奇怪的家庭。〈枯楊生花〉中的雲姑，尋子未成，又失落了媳婦，只有在對年青歲月愛的憶念中消磨人生。雖然他們並非基督徒，但是許地山都執著寫出坎坷命運中人物性格的堅定與執著，形成了許地山小說創作「天路歷程」的敘事模式。

四

「文化是人類共同的財產，一個民族的文化生成後在其傳播過程中必然對於其他民族產生一定的影響，不同區域、不同民族之間的文化具有互動的影響。」[31]「五四」時期，以基督教文化為主的西方文化對於中國產生著重要影響。俄國宗教學家別爾嘉耶夫認為：「基督教是救贖宗教，以惡和苦難的存在為前提。……基督耶穌之所以出世，就是因為世界處於惡中。所以基督教告誡，世界和人都應有自己的十字架。苦難是罪和惡的結果，但是苦難也是脫離惡的道路。在基督教意識看來，苦難本身不一定是惡，也是神的苦難。」[32]基督教文化被稱為是一種罪感文化，人類的始祖亞當、夏娃犯了罪，因此人一生下來就有了罪，需要上帝的寬恕與拯救。一部《聖經》其實就是基督拯救有罪之人的寫照，無論是有病患的人們，還是有罪錯的人們，都得到了基督的救贖，基督甚至以自己在十字架上的受難，拯救有罪的人們至福樂之地。

冰心受到基督教文化的深刻影響，她的小說採取了拯救的模式敘寫故事，她總是讓作品中的主人公處於絕境之中，〈最後的安息〉中的翠兒受盡婆婆折磨，〈世界上有的是快樂……光明〉中的青年凌瑜悲苦至極決定投海自盡，〈煩悶〉中的「他」處於難以擺脫的煩悶中，〈超人〉中的何彬認為世界是虛空的、人們是互相遺棄的，他們都在社會生活中厭倦人生、心理失衡，冰心都設計了一些難以理喻的情節，讓這些人物獲得拯救，或是臨死前惠姑的關愛和撫慰，或是孩童天使般

[31] 楊劍龍〈世界格局中都市文化比較的意義與方法〉，《上海師範大學學報》2007 年第 1 期。

[32] 別爾嘉耶夫〈惡與贖〉，見劉小楓主編、楊德友、董友等譯《20 世紀西方宗教哲學文選・上卷》，上海三聯書店 1991 年 6 月出版，第 329 頁。

的告誡，或是孩童躺在母親懷中的愛的境界，或是世界上的母親與母親都是好朋友的哲理，使處於絕境中的人物走出絕境、擺脫內心的煩悶苦痛，從肉體到心靈獲得了拯救。

美國神學家坎默認為：「猶太—基督教傳統認為，儘管上帝的不斷努力能夠改善人類的處境，能夠保持宇宙萬物的平衡，但上帝不能消除罪惡強加於世界的苦難，上帝選擇的是承認痛苦與痛苦進行不懈地鬥爭。」[33]一部《聖經》寫出了諸多人物的承認痛苦與向痛苦作鬥爭的苦難歷程，這成為《聖經》中的一種敘事結構，它總讓人物處在種種的不幸與苦痛中經受磨煉與考驗，從而展示其忠誠於上帝的真心真情。〈創世紀〉中的約瑟的被推入枯井、被出賣、被誣告、被關入囹圄；〈士師記〉中的耶弗他的被眾兄弟嫌棄後的遠離家門當了土匪、被迫將獨生女獻作敬神的燔祭；〈約伯記〉中的約伯的備遭天災人禍、狂風刮倒房屋、壓死兒女、疾病纏身、窮困潦倒；〈約拿書〉中的約拿的途遇風暴、被拋入海、身陷魚腹，《聖經》大多以人物面對種種不幸與苦難中，「持之以恆，自有善果」、「雖受盡磨難，卻永不失望」、「忍耐到底，必然得救」[34]。《聖經》的這種敘事結構顯然影響了許地山的小說創作。

許地山的作品也大多讓人物歷經種種磨難與坎坷，無論是惜官的久別、被賣、逃亡，還是尚潔的被誣、被刺、離家；無論是玉官的守寡的艱難、傳教的坎坷，還是麟趾的出逃、被虜、被騙、被搶，都寫出人物經受不幸與苦難的人生歷程，而人物又大多能在不幸與苦難中不放棄希望、持之以恆，這種敘事結構顯然受到《聖經》的影響。

英國學者斯圖亞特·霍爾（Stuart Hall）提出了文化接受的三種立場：「主導——霸權立場，協商立場和對抗立場」，被稱為「霍爾模式」[35]。

33　查理斯·L·坎默《基督教倫理學》，中國社會科學出版社 1994 年 6 月版，第 76 頁。

34　見《馬太福音》第 24 章 12-13 節。

35　顏靜蘭〈以「霍爾模式」解讀跨文化交際中的傳播與接受〉，《上海師範大學學報》2007 年第 6 期。

霍爾把「主導——霸權立場」的文化接受方式稱為「優勢解讀」。「五四」時期，在全面否定中國文化文學傳統的背景中，對於西方文化的接受就成為一種「優勢解讀」，基督教文化成為向西方「拿來」的一部分，甚至為陳獨秀贊為拯救民族的思想資源，他說：「我們今後對於基督教的問題，不但要有覺悟，使他不再發生紛擾問題，而且要有甚深的覺悟，要把那耶穌崇高的、偉大的人格和熱烈的、深厚的情感，培養在我們的血裏，將我們從墮落在冷酷、黑暗、污濁坑中救起。」[36]「五四」時期基督教文化為許多作家重視，他們往往各取所需地拿來基督教文化的不同因素，冰心注重基督教文化中的博愛精神，構成了她的「愛的哲學」，許地山注重基督教文化中的歸善精進精神，構成了他的「落花生精神」。在小說敘事中，形成了他們不同的敘事模式，冰心的拯救模式與許地山的天路歷程模式，既反映了他們各自對於基督教文化的關注點，也呈現出《聖經》對於中國現代作家小說敘事模式的影響。

[36] 陳獨秀〈基督教與中國人〉，《新青年》第 7 卷第 3 號。

第十八章　基督教文化影響與中國家族觀念的嬗變

異域文化的進入，常常會與本民族傳統文化形成衝突和碰撞，與佛教文化的進入相比較，基督教文化的傳入中國似乎頗為坎坷，在盛唐、元朝、明清的每次傳教高潮後，就每每屢遭厄運和挫折，中國傳統儒家文化與基督教文化觀念的對立、幾乎已佔據國教地位的佛教文化的排拒，使傳教士們的傳教步履維艱。在明清之後的傳教過程中，傳教士們努力在瞭解研究中國傳統文化的過程中傳教，並努力以中國儒家的經典闡釋基督教，不斷擴大基督教在士大夫中間的影響，基督教文化與中國傳統文化不斷的衝撞與磨合中，對於中國以儒家文化為主的思想觀念產生了潛移默化的衝擊和影響，這在中國知識份子關於家族觀念方面的影響尤為突出。

林治平先生在談到基督教與中國社會的近代化時指出:「事實上我國的追求近代化，基督教的教士們在思想的啟迪上實扮演著重要的腳色，他們所努力指出的是希望中國在制度上、思想上的近代化，而這一方向正是當時中國所最切要的……。」[1]傳教士們在傳教過程中，將西方文化西方科學等近代文明傳播到中國，西方近代的民主自由等思想也不同程度地影響了華夏，基督教文化在其傳佈過程中不斷影響著中國人的某些傳統觀念。中國知識份子們在與基督教文化的接觸過程中，大致經歷了這樣的嬗變歷程，先是竭力以儒家文化抵禦基督教文化，接著是用儒家文化附會基督教文化，再是以基督教文化批判儒家

1　林治平《基督教與中國近代化論集》，臺灣商務印書館 1973 年 1 月版，第 5 頁。

文化，這這種嬗變的歷程中，中國知識份子們在儒家文化規範下的家族觀念不斷地受到衝擊、有所變化，在這種嬗變過程中知識份子確實受到了傳教士們的啟迪，使他們不斷掙脫中國傳統文化的束縛，從而努力走向近代化和現代化。

一

孔子所創建的學說為中國的歷代帝王尊為統治階級的思想，主要其順應了統治者大一統的統治，注重被統治者在內聖外王的倫理體系中做到服從，在中庸中和等的方式中達到對於社會矛盾的調和。

流傳了幾千年的儒家思想，有著其仁者愛人的原始人道主義色彩，但是其強調的「愛人」必須在禮的規範下，「非禮勿視，非禮勿聽，非禮勿言，非禮勿動」[2]，在關注人的自省自律中追求人在道德倫理體系中的責任，在君臣父子的嚴格規範中以盡忠孝的倫理責任。

從總體上說，儒家文化強調仁義的倫理體系中的「移孝作忠」。儒家文化將禮作為規範人們處世的準則，在禮的規範中達到仁義。孔子說:「何謂人義，父慈，子孝；兄良，弟弟；夫義，婦聽；長惠，幼順；君仁，臣忠，十者謂人之義。」[3]在被稱為「人之義」的仁義體系中，幼者順服長者，妻子聽從丈夫，臣子忠誠君王，這就構成了孟子所說的「父子有親，君臣有義，夫婦有別，長幼有序，朋友有信」[4]的倫理秩序，而在「孝」的規範中更突出了「忠」，甚至強調「移孝作忠」。在儒家的「正心、誠意、修身、齊家、治國、平天下」的追求中，卻是涇渭分明各守其職的:「天子不仁，不保四海；諸侯不仁，不保社稷；卿大夫不仁，不保宗廟；士庶人不仁，不保四體。」[5]平天下是君子之

2 《論語・顏淵》。
3 《禮記・禮運篇》。
4 《孟子・滕文公上》。
5 《孟子・離婁》。

事，保社稷為諸侯之職，卿大夫之任在於保宗廟，而士庶人只有保四體了。在這樣的差序格局中，士大夫們的治國平天下的抱負只有建築在對於君王的盡忠中了，國家與君王往往就劃上了等號，將「孝」歸結為「忠」的「移孝作忠」也就十分自然的了，並往往將忠與孝結合起來，求忠臣於孝子之門，忠君也就成為最大的孝了。

儒家文化強調在君臣父子倫理體系尊卑差等中的獨善其身。儒家強調「君君、臣臣、父父、子子」宗法社會嚴密的等級結構，強調人們在這樣的尊卑差等格局中的修身。《禮記・大學》中說：「欲治其國者，先治其家；欲齊其家者，先修其身……身修而後家齊，家齊而後國治，國治而後天下平。」在以修、齊、治、平的文化系統中，從個人走向家庭、走向社會，從獨善其身走向兼濟天下，修身是其基點與核心，格物、致知、誠意、正心、修身等，都強調個體的自省與自律。孔子在《中庸・第二十章》中：說：「自天子以至於庶人，孝是皆以修身為本。」「故君子不可以不修身。」[6]修身成為君子立身的根本。在《堯曰第二十三》中，孔子說：「不知命，無以為君子也；不知禮，無以立也；不知言，無以知人也。」在知命、知禮、知言中追求修身的境界。孔子的學生曾子曾說：「吾日三省吾身」[7]，這正是孔子推崇的修身佳境。孔子教導人們：「見賢思齊焉，見不賢而內自省也。」[8]窮不失義，獨善其身，修身是為了達到仁義，在倫理系統中做到如孔子所說的：「入則孝，出則悌，謹而信，泛愛眾，而親仁。」[9]而孟子則說：「言非禮義，謂之自暴也；吾身不能居仁而義，謂之自棄也，仁，人之安宅也；義，人之正路也。曠安宅而弗居，捨正路而不由，哀哉！」「仁之實，事親也。」[10]克己復禮，只有通過謹慎的內省、艱苦的克已，才能達到修身。

6　《中庸・第二十章》。
7　《論語・學而》。
8　《裏仁第四・十七》。
9　《論語・學而》。
10　《孟子・離婁上》。

在孟子的時代，楊朱曾經提倡「為我」，甚至主張「拔一毛以利天下而不為」；墨翟鼓吹「兼愛」，甚至主張「愛人之父如已之父」。孟子大為憤懣，罵道：「楊氏為我，是無君也；墨氏兼愛，是無父也。無父無君，是禽獸也。」[11]可見，在儒家文化的倫理體系中，個人在君臣父子的倫理差序中被置於了最無足輕重的地位，而將「孝」與「忠」的責任放到十分重要的地位。在儒家文化的倫理系統中，個人是置於血緣家族的倫理體系中的，個人的修身是最為基礎的、最為重要的，個人與社會的關係從某個角度說，也就是個人與「家」的關係，與家族的關係，個人只有通過家族才能走向社會，修身、齊家、治國、平天下的格局是個人通過家族而與國家發生關係，從獨善其身轉向兼濟天下，因此在這樣的倫理體系中，個人常常被忽略被消弭了，家族被突出了被強調了，國家的地位雖然始終似乎被注重，但是首先是與個人密切相關的家庭和家族，然後才會考慮到國家與天下。

基督教文化是一種以罪感救贖為基礎的愛的文化，他以愛上帝愛人為核心。在《聖經》中，耶穌告誡人們：「要盡心、盡性、盡意愛主你的上帝。這是誡命中的第一，且是最大的。其次也相仿，就是要愛人如己。這兩條誡命是律法和先知一切道理的總綱。」[12]愛上帝、愛鄰人成為基督教倫理的基點，愛是基督徒的根本。使徒保羅把愛視為基督徒恩典中之最：「如今常存的有信、有望、有愛，這三樣，其中最大的是愛。」[13]愛是付出，是施予，基督就是愛的化身，他的犧牲、救贖都源於對眾人的愛。因此《聖經》中說：「上帝就是愛。」[14]愛既是基督教文化的根本，也是基督教文化的體現。

基督教文化強調對上帝之愛中的犧牲與奉獻。在基督教第一的誡命就是愛上帝，上帝與愛是聯繫在一起的。因此《聖經》中說：「那不愛的，就不認識上帝，因為上帝是愛。」「上帝是愛，那存留在愛內的，

---

11 《孟子・滕文公下》。
12 《新約・馬太福音》第 22 章第 37-40 節。
13 《哥林多前書》第 13 章 13 節。
14 《約翰一書》第 14 章第 8 節。

就存留在上帝內，上帝也存留在他內。」[15]愛上帝也得敬畏上帝。路德常常說：「我們應當敬畏敬愛上帝。」耶穌為拯救眾人被釘十字架是一種捨己犧牲的愛，是基督徒的模範，無論是寬恕的愛，還是捨己的愛，其中都有著奉獻與犧牲的意味，愛有時須得捨棄自己，為愛而受苦犧牲都具有倫理的意味，犧牲並非是愛的目的，而是為達到高尚目的所採用的手段。耶穌把家庭視為原由上帝所設的人類社會基本的制度[16]，它是不可破壞的秩序，甚至基督常常以家庭關係說明上帝與人之間的關係。上帝甚至等同於父親，《聖經》中一再表達這樣的意思：「當你祈禱時，要進入你的內室，關上門，向你暗中之父祈禱；你的父在暗中看見，必要報答你。」[17]「請父看賜給我們何等的愛情，使我們得稱為上帝的子女，而且我們也真是如此。」[18]「你們的光當在人前照耀，好使他們看見你們的善行，光榮你們在天之父。」[19]基督徒更承認與注重對上帝的責任和義務，而較少強調對於家庭倫理的道義。十字架是基督為愛而犧牲奉獻的象徵，基督教強調在愛上帝中的奉獻與犧牲。

基督教文化注重愛人如己的平等之愛。在基督教文化中，只有上帝與世人有區別，世人無論貧富智愚等是絕對平等的。基督耶穌一再要求人們彼此相愛：「我給你們一條新誡命：你們該彼此相愛；如同我愛你們，你們也該照樣彼此相愛。」[20]「他的命令就是，我們必須信他的兒子耶穌基督，而且照基督的命令，彼此相愛。」[21]耶穌說：「你們願意人怎樣待你們，你們也要怎樣待人。」[22]在《聖經》中，基督常常以父母、兄弟、姐妹等家庭關係比喻要求世人的相愛：「聽了神的

[15] 《若望福音》第 14 章第 8-16 節。
[16] 《馬可福音》第 10 章第 6 節。
[17] 《瑪拉基書》第 6 章第 6 節。
[18] 《若望福音》第 13 章第 1 節。
[19] 《瑪拉基書》第 5 章第 16 節。
[20] 《若望福音》第 13 章第 34 節。
[21] 《若望福音》第 3 章第 23 節。
[22] 《馬太福音》第 7 章第 12 節。

道而遵守的人，就是偉大母親、我的弟兄。」[23]「要勸老年人如同父母親，勸少年人如同兄弟姐妹。」[24]甚至將上帝的愛和眾人的愛聯繫在一起：「沒有人看見過上帝，如果我們彼此相愛，上帝就在我們的生命裏，而他的愛在我們當中完全表達出來。」[25]尤其強調言行合一中的行：「孩子們哪！我們的愛不應該只是口舌上的愛，應該是真實的愛，也必須用行為證明出來！」[26]在這種平等愛的強調中，個人的價值與意義就得到了重視與強調。

在個人、社會、國家的觀念上，儒家文化與基督教文化有著根本的不同：以忠孝為核心的儒家文化將個人束縛在嚴密的倫理體系之中，強調個人的倫理責任和義務；以博愛為核心的基督教文化將個人置於愛上帝愛他人的倫理規範之中，強調個人奉獻與犧牲。儒家文化的獨善其身將個人的心靈束縛於君臣父子倫理規範之中；基督教文化雖然注重懺悔祈禱等儀式，但在平等博愛的光照中卻存在著個人自由的更大空間。注重血緣的儒家文化幾乎將家族等同於社會，個人與社會發生關係往往都是通過家族；強調博愛的基督教文化往往以教會構成社會關係，個人與社會的交往常常都是通過教會。相比較而言，基督教文化中家的概念並沒有儒家文化那般得到重視與強調。在「家」本位的儒家文化中對於國家的觀念明顯淡於家庭、家族的觀念，在國家與天子等同中，提到國家往往與「忠」、「孝」混在一處，在「天下興亡匹夫有責」的宏大志向中，在將國家放大到「天下」的境地中，治國、平天下更加被抽象化了。基督教文化將國家視作為民眾謀安全和利益而組織的，是一個有組織的社會，以保障人們身體、智力、道德和宗教各方面的發展，其立法的準則應該立足於公義、正直和仁愛。基督教把國家看作屬上帝的制度，源出於上帝的旨意。

---

[23] 《路加福音》第 8 章第 21 節。

[24] 《提摩太前書》第 5 章第 1-2 節。

[25] 《若望福音》第 7 章第 12 節。

[26] 《若望福音》第 3 章第 18 節。

中國社會的政治倫理觀是以封建王權為核心，具有嚴格規範的封建等級制和家族制為代表的意識形態觀念。

二

耶穌會士的第一批傳教士羅明堅（Ruggieri Michele）一抵達澳門就明顯感覺到中國文化與西方文化的明顯不同，他寫道：

> 使中華帝國歸化的最大困難不在於他們方面哪些人會抵抗——因為他們不難理解同上帝有關的事情，他們也瞭解我們的律法是神聖的和虔誠的——而是在於他們所遵守的，按照登記一些人服從另一些人，從上到下直到皇帝的那種龐大的從屬關係。那就是為什麼一切聽命於皇帝的最終意願和是否想傳喚神父們進官覲見，我並不懷疑他會立即准許他們前去佈道和向所有願意接受的人講授教義。[27]

中國社會的倫理體系既成為基督教傳教士傳教的阻力，也形成傳教士傳教的動力，君臣父子的倫理體系規定了皇帝至高無上的權利，只有獲得皇帝的恩准才能獲得傳教的通途，這也是傳教士們傳教策略的重要的一步。其實。對於基督教傳教最大的衝突與抵拒是與基督教文化截然不同的儒家文化，基督教最初的傳教就受到了標榜儒家文化的傳統士大夫們的竭力抨擊與反對。

在中國傳統的華夏中心主義中國文化本位的「以夏變夷」的思想主宰下，士大夫們往往以儒家文化來抗拒反對基督教文化，儒家傳統的忠孝與基督教的敬上帝構成了難以調和的衝突，儒家的家族觀念成為抵拒基督教文化的利器。

[27] 汾屠立〈利馬竇神父的歷史著作集〉第 2 卷第 403 頁。

清朝年間，士大夫與鄉紳們都不約而同地以儒家的忠孝觀念否定基督教，以傳統家族觀念為基石的倫理思想針砭基督教文化。清初反教士人楊光先曾著〈摘謬論〉、〈辟邪論〉等，執意攻擊基督教。在〈請誅邪教狀〉中，他強調說：「竊惟一家有一家之父子，一國有一國之君臣。不父其父，而認他人之父以為父，是為賊子；不君其君，而認海外之君為君，是為亂臣。亂臣賊子，人人得而誅之……」[28]他將基督教視作無君無父的邪教，奏請當政者予以誅除。許大受也在《破邪集》中斥責基督教：「人莫過於無君臣、父子、夫婦。故大處一不善，小處之善，衍不益也。有意為善，雖善亦私。」[29]他將忠孝看作大善，反對無視於儒家倫理道德的基督教。儒家的綱紀倫常也成為鄉紳反對基督教的緣由。在〈南陽紳民公呈〉中指出：「夫人所持為人者，綱紀倫常與夫廉恥禮儀也。彼教無君無父之尊親，惟耶蘇之是奉，是無綱紀也。無骨肉之親愛，惟主教之是從也，是為無倫常也。」[30]奉耶穌從主而棄君棄父的基督教就為信守儒家文化傳統的鄉紳們所竭力反對。

中國的士大夫們常常從傳統家族觀念的視角衡量與批評基督教，強調祭祀祖先與道德倫理相關，強調孝順父母祭祀祖先同樣重要。〈闢西洋教邪說〉中就責問道：「天主教即教人孝父母，何以不叫人祀祖先？」[31]祖先崇拜成為士大夫反對天主教、基督教的原由。清末周漢指出：「今現見人之生也，天覆之、地載之，日月照臨之，父生之，母育之，鬼神昭鑒保護之。顧不知感其恩德，獨推思於漢無見聞之天主。」[32]對於父母不孝是士大夫們所深惡痛絕的，他們是在儒家倫理

[28] 楊光先〈不得已〉上卷，轉引自孫江《十字架與龍》，浙江人民出版社 1990 年 6 月版，第 224 頁。

[29] 許大受〈佐辟〉，轉引自謝耐和《中國和基督教》，上海古籍出版社 1991 年 3 月版，第 192 頁。

[30] 《教務教案文件》第二輯（一），見孫江《十字架與龍》，浙江人民出版社 1990 年 6 月版，第 117 頁。

[31] 《朱批奏摺》「闢西洋教邪說」，咸豐七年五月二十九日

[32] 鐘始聲〈天學初證〉，《天主教東傳文獻續編》第 2 卷第 942 頁。

文化的觀念上強調家族倫理、反對基督教文化的。楊光先在〈辟邪集〉中說：「以父人君之天為役使之賤，無怪乎令皈其教者必毀天、地、君、親、師之牌位而不供奉也。不尊天地以其無頭、腹、手、足踐踏污穢而賤之也；不尊君以其為役使之子而輕之也，不尊親以耶穌之無父也，君親尚如此，又何有於師哉？此宣聖木主之所以遭其毀也。乾坤俱汨，五倫盡廢，非天主教之聖人學問斷不至此。宣其誇詡，自西但東諸大邦國咸習守之，而非一人一家一國之道也。吁嘻異乎哉！自有天地以來，未聞聖人而率天下之人於無父無君者也。諸大邦國苟聞此道，則諸大邦國皆禽獸矣。而況習守之哉？」[33]他將毀天、地、君、親、師之牌位而不供奉看作信奉天主教者的廢倫常之舉，表達了中國儒家家族倫理觀念與基督教文化的衝突。

從某種角度說，中國傳統士大夫們更注重家族，而忽略國家，他們是將祀祖與祭天截然分開，甚至將上帝等同於天，認為祀祖是臣民所為，祭天應是天子之行。許大受因此寫道：「比吾築家廟奉先，而西士見過，謂予：『此君家主，當更有大主，公知之乎？』予笑謂：『大主則上帝也，吾中國惟天子得祀上帝，余無敢干者。』」[34]天子祭天、臣民祭祖是傳統士大夫的倫理準則。對於中國文化有甚深瞭解的傳教士利馬竇在通信中寫道：「他們相信只有國王才應當祀奉和祭奠上帝，假如其他人希望如此，那他們就將被作為皇室特權的篡取者而遭受懲罰。」[35]祀祖與祭天的區別，也體現出中國士大夫更注重家族倫理的傾向。

在基督教遭到中國士大夫們的批評、反對與抵拒中，在中國的基督教教會也逐漸有所讓步，不再執著於不允許中國人祭祀祖宗，1869年，甚至在《教會新報》第八期刊載了化名為「蘇郡劫餘子」的一位

---

[33] 楊光先〈辟邪集〉，《天主教東傳文獻續編》第 1125 頁。

[34] 蔣德璟〈破邪集序〉，轉引自謝耐和《中國文化與基督教的衝撞》，於碩、紅濤、東方譯，遼寧人民出版社 1989 年 4 月版，第 122 頁。

[35] 德禮賢《利馬竇全集》第 1 卷，轉引自《中國文化與基督教的衝撞》第 121-122 頁。

儒生的〈劫餘子條議〉一文，在新教差會中引起軒然大波。〈劫餘子條議〉分為八條，其中第一條提出祭祖不同於僧道化緣，本乎人之天性，是合理的：「世間蒸嘗祭祖，乃人子報本之舉，天性所發，古禮昭然，曷宜阻止。其餘延僧超度、焚燒錠帛等項，實系俗見，概宜禁絕。」[36]「劫餘子」並非教徒，他肯定祭祖的文章能夠刊行於教會的報紙，反映出中國的教會已開始對祭祖的看法有所動搖。1890 年，中國教會人士丁韙良以缺席提交論文的形式在宗教大會上表達了自己的意見，他的論文題為〈祖先崇拜——一個請予寬容的懇求〉。在這篇文章中，丁韙良從中國家族制度的視角分析「祭祖」的問題。他認為，從本質上看，「祭祖」的目的是強化中國的家族制度，協調家庭成員間的關係，因而它不是崇拜偶像的儀式，是一種活的信仰。從而他提出應該對於中國教徒的祭祖予以寬容。[37]丁韙良的言論代表了中國教會人士對於祭祖問題的見解，從一定程度反映了教會對於敬上帝與祭祖宗之間的調和。

梁漱溟將宗教看作中西文化的分水嶺，認為西洋的宗教以基督教為中心，中國卻以非宗教的周孔教化為中心。「中國遂漸以轉進於倫理本位，而家族家庭生活乃延續於後。西洋則由基督教轉向大團體生活，而家庭以輕，家族以裂，此其大較也。」[38]在不同文化傳承中，不同的家族觀構成了東西方不同的生活態度，在儒家文化的浸淫中，中國士大夫們以儒家倫理道德抵拒基督教文化，其中傳統的家族觀念成為批判基督教文化的主要方面，在祭祀祖宗與敬拜上帝的對立中否定基督教的合理性，在對於中國傳統倫理道德的堅守中保持一種東方文明古國的心態。

---

36 孫江《十字架與龍》，浙江人民出版社 1990 年 6 月版，第 75 頁。

37 〈新教在華傳教士大會記錄〉，見孫江《十字架與龍》，浙江人民出版社 1990 年 6 月版，第 76 頁。

38 梁漱溟《中國文化要義》，學林出版社 1987 年 6 月版，第 48 頁。

三

自范禮安始，傳教士們就深刻地認識到傳教士必須學習中國文字、熟悉儒家文化，以儒釋耶就成為西方傳教士在中國傳教的一種方式，而以耶補儒也就成為靠近基督教的士大夫們的追求。

在傳教過程中，利馬竇是以儒釋耶的典範，他熟讀儒家經典，努力以儒家經典闡釋附會基督教的教義。1609 年利馬竇在給巴範濟的信中說：「在我所著的書中，我就開始一面稱讚他們，一面利用他們來攻擊別人，不是直接批駁他們而是對彼此信仰不一致的觀點進行解釋……有一位非常著名的人物是偶像崇拜派的忠實信徒，他甚至認為我是個拍儒生馬屁的人……我熱望其他人也會從這一角度來看我，因為如果我們不得不同所有三個教派作戰的話，我們要做的事情會多得多。」[39]利馬竇以向儒家文化讓步的姿態達到宣揚基督教教義的目的，他強調以儒釋耶以耶補儒，甚至認為重來世的基督教教義有助於貫徹儒家的治國原則。「重來世之益者，必輕現實之利，輕現實之利而好犯上、爭奪、弒父、弒君，未之聞也。使民皆望後世，為政何有？」[40]利馬竇以儒釋耶的方式逐漸為一些中國士大夫們所接受，17 世紀初，以儒家風範結交士大夫的利馬竇，使中國一些身居要職的士族階層皈依了基督，受洗入教的徐光啟、李之藻、孫元化被人稱為「福音化三支柱」，他們都往往用以耶補儒姿態接受基督教文化，對於基督教在中國的傳播起到了重要作用。

徐光啟在《泰西水法》的序言中說：「余嘗謂其數，必可以補儒易佛。」[41]將西方文化補儒易佛成為徐光啟等人的執著追求，他們往往

39 汾屠立〈利馬竇神父的歷史著作集〉，轉引自謝耐和《中國文化與基督教的衝撞》，於碩、紅濤、東方譯，遼寧人民出版社 1989 年 4 月版，第 50 頁。
40 利馬竇《天主實義》下卷，第六篇，慈母堂藏版，1868 年重刊。
41 徐光啟〈泰西水法序〉，徐宗澤《明清耶穌會士譯著提要》，第 308 頁。

並不將敬天主與敬祖宗對立起來，而常常既提倡敬天主，又不反對孝父母。李之藻在為利馬竇的《天主實義》寫的序言中就說：「人知事其父母，而不知天主之為大父母也；人知國家有正統，而不知天主統天之為大正統也。不事親不可為子，不知正統不可為臣，不事天主不可為人。」[42]在不否定事親為子、為國作臣的同時，更強調事天主為人的主張，顯示出與傳統士大夫迥異的家族觀念。

徐光啟認為採納天主教的事天之學具有諸多政治上的益處：「事天之學，真可以補益王化，左右儒術，救正佛法者也。蓋彼西洋鄰近三十余國，奉行數千百年以至於今。大小相恤，上下相安，封疆無守，邦君無姓，通國無欺謊之人。終古無淫盜之俗，路不拾遺，夜不閉關，至於悖逆叛亂，非獨無其事、無其人，亦賓其語言文字而無之。」[43]徐光啟從倫理教化的視閾強調事天之學對於中國的益處，認為可以補益王化，左右儒術，救正佛法，在此事天之學的規範下，可以達到「大小相恤，上下相安，封疆無守、邦君無姓」的境界，這完全打破了中國傳統的血緣家族的觀念，也遠離了中國傳統的君、臣、父、子的倫理體系。晚明奉教儒者王征有近似的見解：「夫人知事其父母，而不知天主之為大父母；人知國家有正統，而不知天主統天之為大正統也。不事親不可為子，不識正統不可為臣，不事天主不可為人。試觀今之世，小吏聊能阿好其民，便稱父母，建祠立像，佈滿郡縣，而佛殿神宮徧市彌山不止也。豈其天主至尊，無一徵壇以瞻禮敬事之乎？以化生天地萬物大公之父，又時時主宰安養無上之共君，群世人而莫之仰，莫之奉也，不將無父無君至無孝至無忠乎？」[44]他將不奉天主斥責為「無父無君至無孝至無忠」，在將天主視為大父母、大正統中，幾乎解構了中國儒家傳統的國家、家族的觀念。

---

[42] 利馬竇《天主實義》上卷，慈母堂藏版，1868 年重刊。

[43] 徐光啟〈辨學疏稿〉，《天主教東傳文獻續編》卷一第 25-26 頁

[44] 王徵〈畏天愛人極論〉，轉引自林樂昌〈現代境遇中的儒耶互動〉，見羅秉祥、趙敦華主編《基督教與近代中西文化》第 373 頁。

徐光啟將天主教教義概括為：「其說以昭事上帝為宗本，以保救身靈為切要，以忠孝慈愛為工夫，以遷善改過為入門，以懺悔滌除為進修，以升天真福為作善之榮賞，以地獄永殃為作惡之苦報。」[45]雖然，他也提到忠孝慈愛，已非儒家對君王的忠、對父母的孝了，而將此忠孝寄予上帝，將慈愛歸於世上所有的人。楊廷筠認為「西賢之行皆實行，其學皆實學也」。「以敬天地之主為宗，即小心昭事之旨也；以愛人如己為事，即成已成物之功也；以十誡為約束，即敬主愛人之條件也；以省愆悔罪為善為生善死，即改過遷善降祥降殃之明訓也。近之，愚不肖可以與能；極之，賢智聖人有所不能盡。時有課，日有稽，月有省，歲有簡察，循序漸積，皆有實功。一步蹉跌，即為玷缺，如是乃為實學耳。」[46]他將西賢之行視為實行、西賢之學視為實學，在敬主愛人中達到改過遷善道德教化。楊廷筠還將天主教與儒家學說作比照，他說：「天主以靈性付人，原是極光明之物，光明中萬理皆有。故云：『仁義禮智性也。』天主所與我者，我固有之也。聖經謂之明德，儒者謂之良知。何嘗有一不善賦在人身？後來之不善皆人所自作。」[47]楊廷筠以儒釋耶，所用的「仁義禮智」等詞語也常常是儒家的，他並未完全接受基督教罪感文化的說法，卻認為天主以靈性付人，聖經謂之明德，儒者謂之良知，在人性本善的觀念中提出「後來之不善皆人所自作」。

林樂知在〈消變明教論〉一文中認為，儒家學說中君臣、父子、夫婦、兄弟、朋友五倫關係，以及仁義禮智信五常，都不悖逆基督教教義，在《聖經》中可以找到與它對應的言詞，故而「耶穌心合孔孟者也」。有人認為：「這篇文章發表在林樂知主編的《教會新報》（1869.12-1870.1）自此以後，新教傳教士在傳教和教育活動中，開始

---

45 見《天主教東傳文獻續編》（一）第 22 頁

46 楊廷筠〈代疑數篇〉，見《天主教東傳文獻》，第 43 頁

47 楊廷筠〈天釋明辯〉，見《天主教東傳文獻續編》，學生書局 1982 年版，第 366 頁。

把儒家人倫學說和基督教結合起來，……」[48]以儒釋耶、儒耶合一成為諸多傳教士的弘揚基督教的方式，也逐漸為不少中國士大夫們所接受，尤其打動了皈依天主中國人的心。賴國華在〈中教西教異同論〉中就說：「夫中西之教，固有符節相合者，如大化聖神及天之生使獨，即西教聖父、聖子、聖靈合為獨一之上帝也；欲立欲達，己饑己溺，即西教洗禮之意也；每食必祭即西教生土餐之意也；三省內訟，月吉定講，即西教禮拜之意也。」[49]他將基督教與中國文化比照起來闡釋，認為福音與儒學並不相悖。

神學家羅傑・巴斯蒂德認為：「天主教是建立在道成肉身教條基礎上的；因此，與其說它是個會破壞現存結構（在教士進行工作的國家內）的問題，不如說它能向他們傳播新的價值觀——無疑它的價值觀念使他們起變化，但這種改變將是從內部進行的……」[50]基督教傳入中國後的漫長歷史過程中，在總體上它並未破壞中國社會的現存結構，它更多的是傳播了一種新的價值觀，尤其是對於中國傳統的家族觀念有著很大的衝擊，雖然傳教士們和士大夫們先後採取以儒釋耶、儒耶合一的方式，但是仍然潛移默化地改變著中國人的家族觀念，這種觀念的受衝擊和起變化更集中地出現在新文化運動時期。

四

「五四」新文化運動以打倒孔家店為姿態的，新文化運動的先驅者們努力反省批判中國傳統文化的弊端，竭力引進接受西方近現代文

[48] 孫江《十字架與龍》，浙江人民出版社 1990 年 6 月版，第 73 頁。

[49] 《教會新報》第 4 冊，第 1819 頁，參見梁元生《林樂知與〈萬國公報〉》（香港中大，1978 年）第 3 章丙。

[50] 羅傑・巴斯蒂德〈外因與內因〉，《社會學國際備忘錄》第 21 期（1956）第 98 頁，轉引自謝耐和《中國文化與基督教的衝撞》於碩、紅濤、東方譯，遼寧人民出版社 1989 年 4 月版，第 269 頁。

化，宣導民主科學，強調個性解放，尤其批判儒家文化中的道德倫理，反對封建家族制度對於人的個性的束縛與摧殘。在推崇西方文化引進西方思想的潮流中，基督教文化也受到新文化運動先驅者們的重視，出現了以耶反儒、以耶批儒的傾向，甚至提出用基督精神來改造中國人、拯救中國的構想，中國傳統的家族觀念受到了極大的衝擊。

1922 年 3 月，陳獨秀在〈基督教與中國人〉一文中說：「基督教在中國已經行了四五百年」，「既然許多人信仰他，便占了我們精神生活上一部分，而且影響到實際的生活，不是什麼聖教所能包辦的了，更不是豎起什麼聖教底招牌所能消滅了。所以我以為基督教底問題，是中國社會上應該研究的重大問題，我盼望我們青年不要隨著不懂事的老輩閉起眼睛瞎說！」體現出一種歷史的、客觀的實事求是態度。他提出：「我們今後對於基督教的問題，不但要有覺悟，使他不再發生紛擾問題，而且要有甚深的覺悟，要把那耶穌崇高的、偉大的人格和熱烈的、深厚的情感，培養在我們的血裏，將我們從墮落在冷酷、黑暗、污濁坑中救起。」[51]陳獨秀認為基督教已經占了我們精神生活一部分，他反對對於基督教的問題發生紛擾，甚至提倡將耶穌的人格感情來拯救民族。陳獨秀是將基督教教義和基督教教會截然分開，他否定基督教的創世、復活、神跡等聖事，而肯定基督教中的博愛、犧牲等思想。他充滿了熱情地說：「我們不用請教什麼神學，也不用依賴什麼教儀，也不用藉重什麼宗派；我們直接去敲耶穌自己的門，要求他崇高的、偉大的人格和熱烈的、深厚的情感與我合而為一。」[52]在「五四」時期，陳獨秀對於宗教的肯定、對於耶穌精神情感的推崇，成為啟蒙知識份子的代表性見解，影響了諸多知識份子對於基督教文化的關注與興趣，該文中的有些話語甚至為基督教教會人士一再引用。

51　陳獨秀〈基督教與中國人〉，《生命月刊》第 2 卷第 7 冊，1922 年 3 月

52　陳獨秀〈基督教與中國人〉，《生命月刊》第 2 卷第 7 冊，1922 年 3 月

1921 年，周作人在〈我對於基督教的感想〉中提出：「覺得要一新中國的人心，基督教實在是很適宜的。極少數的人能夠以科學藝術或社會的運動去替代他宗教的要求，但在大多數是不可能的。我想最好便以能容受科學的一神教把中國現在的野蠻殘忍的多神——其實是拜物——教打倒，民智的發達才有點希望。不過有兩大條件，要緊緊守住：其一是這新教的神切不可與舊的神的觀念去同化，以至變成一個西裝的玉皇大帝；其二是切不可造成教閥，去妨礙自由思想的發達。這第一第二的覆轍，在西洋歷史上實例已經很多，所以非竭力避免不可。」[53]周作人是在批判中國傳統文化和國民性的弊病中，思考接受基督教文化的。他尤其憎惡在儒家文化浸淫下傳統家族觀念對於人的束縛，他常常從性心理的視閾揭露批判傳統倫理道德對於人性的壓抑和摧殘。

1918 年，李大釗曾經在〈東西文明根本之異點〉一文中比較東西方文明的不同，意在反省東方民族的積弱，呼喚對於中國傳統文化的批判。他分析東西方宗教信仰的不同：「東方之宗教是解脫之宗教，西方之宗教是生活之宗教。東方教主告誡眾生以由生活解脫之事實，其教義以清淨寂滅為人生之究竟。寺院中之偶像，龕前之柳，池中之水，沉沉無聲，皆足為寂滅之象徵。西方教主於生活中尋出活潑潑地之生命，自位於眾生之中央，示人以發現新生命、創造新生命之理，其教義以永生的天、靈魂不滅為人生之究竟。教堂中之福音與祈禱，皆足以助人生之奮鬥。」[54]在東西方文化的對照中，反省批判中國傳統文化的弊端，思考西方文化的長處，是「五四」時期啟蒙知識份子的相近視閾與目的。

在新文化運動初期，新文化運動先驅者們提倡信仰自由，也鼓舞了中國基督教人士。「新文化運動初期，在反對孔教為國教的運動中，新青年們引入了信仰自由這一現代原則來反對以孔教為國教，這一原

[53] 周作人〈我對於基督教的感想〉，《生命》第 2 卷第 7 冊，1921 年 12 月

[54] 李大釗〈東西文明根本之異點〉，《言治》季刊第 3 冊，1918 年 7 月

則的誘人魅力甚至吸引了基督宗教界的一些著名人士如馬相伯、誠靜怡等人積極投身於其中，以爭取基督宗教在中國被人自由信仰及與其他宗教平等地和平共處的權利。一時間，基督徒們似乎與新文化運動的健將們分享著共同的利益，承擔著共同的使命，進入了同舟共濟的戰壕。但這些基督徒們也許根本上就沒有認識到這一點：新青年們的出發點與其說是堅執信仰自由的原則，不如說是為了藉此運動將反禮教、反儒學的反傳統主義向縱深推展。」[55]在「五四」新文化運動中，雖然他們都提倡信仰自由，但中國基督教人士與新文化運動先驅者們對待中國傳統文化有著截然不同的姿態，前者大多提倡將基督教文化與儒家文化的融合，後者則以基督教文化批判否定儒家文化。

中國基督教人士趙紫宸既反對全盤西化派，也不滿於文化保守派，他提出了中西文化融會的構想。他在談到儒家在中國的前景時，將儒家傳統中的宗教和倫理的成分區分開來。他指出：「儒家正經歷一個淨化的過程。作為一種宗教，它可以說已經死亡；然而作為一種倫理體系，它將繼續生存下去，甚至可能成為中國人生活中的一個重要因素。——經過非宗教化和改造的過程之後，儒家倫理也許還會登上中國思想和生活中的王位。」[56]趙紫宸一方面肯定儒家在中國社會中的地位與前途，另一方面也期望基督教文化為中國增加新鮮血液。他說：「基督教的宗教生活力可以侵入中國文化之內面為其新血液新生命；中國文化的精神遺傳可以將表顯宗教的方式貢獻於基督教。基督教誠能脫下西方的重重繭縛，穿上中國的闡發，必能受國人的瞭解與接納。」[57]趙紫宸希望以基督教文化為國人瞭解與接納，在中西文化的融會中對中國的發展有所作用。

---

55 孫尚揚〈現代境遇中的儒耶互動〉，見羅秉祥、趙敦華主編《基督教與近代中西文化》，北京大學出版社 2000 年 9 月版，第 330 頁。

56 參看 T. C. Chao, "Chhristianty and Confucianism", The Intebational Review of Missions, Vol.17, 1928, p.591.

57 趙紫宸《文化》第 248 頁，見姚西伊《現當代中國神學家的基督教哲學思想》，許志偉、趙敦華主編《衝突與互補：基督教哲學在中國》，社會科學與趙紫宸不同，基督教人士吳雷川卻指出中國儒家文化、家族制度的弊端中，期望以基督教倫理取代儒家倫理。他指出：中國的禮教和家族制度促成和鞏固了中國數千年君主專制制度，妨礙了中華民族的進步，其種種弊端在二十世紀日益暴露。他指出，以愛為核心的基督教倫理既保護個人的自由，又有助於健全的家庭生活，更是嚮導民主的基石。所以，「基督教的倫理可以補孔教的缺欠」。[58]吳雷川甚至提出：「現值孔教的倫理將要推翻之際，如果基督教的倫理能起而代之，不正是良好的時機麼？」[59]吳雷川在批判否定儒家文化的背景中，提出以基督教倫理取代儒家倫理，與新文化運動宣導者的思想不謀而合。

在西方近代以來的人道主義思想影響下，「五四」新文化運動先驅者們在批判儒家文化的弊端中尤其注重對於傳統家族制度的針砭，期望中國人能夠從封建家族的「鐵屋子」中走出，在個性解放中尋找民族解放的道路。

社會學家費孝通先生曾經指出：「我們如果要瞭解西洋的『團體格局』社會中的道德體系，決不能離開他們的宗教觀念的。宗教的虔誠和信賴不但是他們道德觀念的來源，而且是支援行為規範的力量，是團體的象徵。在象徵著團體的神的觀念下，有著兩個重要的派生觀念：一是每個個人在神前的平等；一是神對每個個人的公道。」[60]西洋的團體格局是與宗教有關、與教會有關的，它的道德體系強調平等與公道，中國儒家文化的倫理體系是與家族相關的，強調個人對於家族的責任，強調個人在君臣父子倫理格局中的忠孝，而忽略個人在此倫理體系中的權益和平等。「五四」時期在反對封建倫理道德中，突出對於

文獻出版社 2000 年 10 月版，第 387 頁。

58 吳雷川〈基督教倫理與中國的基督教會〉，見許志偉、趙敦華主編《衝突與互補：基督教哲學在中國》，社會科學文獻出版社 2000 年 10 月版，第 400 頁。

59 吳雷川〈基督教倫理與中國的基督教會〉，《真理與生命》第 1 卷第 7 期，第 31 頁，1926 年。

60 費孝通《鄉土中國》三聯書店（北京）1985 年版，第 29 頁。

封建家族觀念的抨擊，張揚對於個性解放平等自由的追求，基督教文化就順理成章地成為針砭批判儒家文化的利器，也顯示出中國知識份子家族觀念的變化，衝破封建家族的束縛追求個性解放，也就成為「五四」時期強烈的時代呼聲。

在基督教文化傳入中國的漫長歷程中，從以儒禦耶，到以儒釋耶，再到以耶批儒，可以見出基督教文化在中國傳統文化的抵拒中不斷加深其影響，也可以見出中國社會從封閉逐漸走向開放的過程，尤其可以見出中國近代知識份子逐漸打破天下中心的自大心態，在深沉的民族憂患意識中向西方尋求真理的軌跡，在打破儒家家族觀念中追求個性解放自由平等，使中國社會不斷走向世界走向現代化。

附錄

在文化傳佈與影響下的深入研究與探索

——評「基督教文化與中國現代文學」的研究

基督教在中國漫長的傳教過程中，由於中國傳統文化強大的排斥力，由於佛教文化的不斷抵禦，基督教在中國的傳教時乖運蹇不斷受挫，唐朝、元朝、明清之際的三次傳教高峰後，19 世紀在鴉片戰爭後諸多不平等條約，為西方的傳教士在中國的傳教打開了方便之門。「五四」以後，在反省批判否定中國傳統文化的背景中，在向西方尋找救國救民的良方中，基督教文化被諸多中國的有識之士「拿來」，作為拯救民族與國家的一味良藥，使中國現代作家受到基督教文化十分深刻的影響，他們在文學創作中或弘揚推崇基督精神，或描寫教會生活，或刻畫基督徒形象，基督教文化與中國現代文學就成為了一個十分重要的文化、文學現象，使人們對於這樣一個課題的研究有了可能。研究這個課題對於深入分析東西方文化的碰撞與交流，對於全面把握中國現代文學發展的脈絡，都有著十分重要的學術價值。

一

在基督教文化與中國現代文學的研究中，朱維之的《基督教與文學》可以說是一部開山之作，這部二十世紀四十年代初出版的著作，將研究基督教與文學的關係問題提到了一個十分重要的地位。朱維之先生在該書的導言中說：「我國近年來接受西洋文學，努力研究，介紹，作我他山之石。這無疑是有價值的努力；但在這項努力之中，要密切注意兩種思潮，不可偏廢。二十餘年來我國新文壇偏袒異教思潮的態度，非稍加矯正不可。」[1]該著以「耶穌與文學」、「聖經與文學」、「聖歌與文學」、「祈禱與文學」、「說教與文學」、「詩歌散文與基督教」、「小說戲劇與基督教」七章全面地深入淺出地論述基督教與文學的關係。

該著在論及「詩歌散文與基督教」時，指出：「中國新文學以散文小品為最成功，重要的作家中不乏基督徒作者，如謝冰心，許地山，蘇雪林，張若穀等，都是青年讀者所熟知的，周作人雖非正式基督徒，卻是同情於基督教的作家。中國基督教文學在這方面也正方興未艾，前途當有更光明的希望！」[2]雖然寥寥數語，卻給以後的研究者提供了研究的途徑。在「小說戲劇與基督教」的章節裏，談到小說時，朱維之提到了蘇雪林的《棘心》、老舍的《老張的哲學》、潘予且的《小菊》、張資平的《沖積期化石》、〈上帝的兒女們〉、滕固的〈迷宮〉、郁達夫的〈沉淪〉、〈南遷〉、胡也頻的〈聖徒〉、朱雯的〈逾越節〉、盧生的〈新生〉、巴金的《滅亡》、《新生》等小說[3]。朱維之說：「這些還只是中國基督教小說的先聲，希望今後關於這方面的作品更有偉大的出來，能夠真正表現現代基督教的精神。」[4]朱維之關於與基督教相關的中國新文學作品的勾勒，為中國現代文學與基督教文化的研究拓展了視野、提供了路徑、奠定了基礎。該著的價值與意義，正如劉廷芳先生在該著的序言中評論說：「基督教在文學史上的成績至巨大而且重要，這是盡人皆知的。然而論者只能舉其大概，至有系統的著述，在基督教先進國中，也不多見。朱君此編，在我國實為空前的第一部著作。他的

1 朱維之《基督教與文學》，上海書店 1982 年 1 月版，第 4 頁。
2 朱維之《基督教與文學》，上海書店 1982 年 1 月版，第 270 頁。
3 朱維之《基督教與文學》，上海書店 1982 年 1 月版，第 304-305 頁。
4 朱維之《基督教與文學》，上海書店 1982 年 1 月版，第 305-306 頁。

貢獻是舉隅的。在這廣大問題上，朱君為文學青年指出範圍，使有志研究者有可遵循的途徑。他並不是為整個基督教文學的領土，做鳥瞰式的地圖。他所舉的：聖經、聖歌、禱文、說教的講章、詩歌、散文、小說、戲劇、耶穌傳……雖然不是基督教文學的整個領土，卻已經是膏腴千里，心目所及，一望無垠了。」[5]

1986 年，美國學者路易士・羅賓遜的 *Double-edged sword* 英語版由 Tao Fong Shan Ecumenical Center（香港道封山全基督教中心）出版，後由傅光明翻譯成《兩刃之劍：基督教與二十世紀中國小說》由臺灣業強出版社出版。這是一部比較深入地研究中國現代文學與基督教文化的論著，該著分為「五四時期的基督教」、「受攻擊的基督教」、「戰爭年代・嚴肅的再評價」三章，第一章分別研究了創造社郁達夫的〈南遷〉、郭沫若的〈落葉〉中蘊涵的基督教色彩與精神，研究了文學研究會冰心、許地山、茅盾的創作與基督教的關聯，還研究了魯迅的《野草》、胡也頻的〈聖徒〉中體現出的基督教意味。第二章從楊儀、老舍、蕭乾等作家的創作中，分析作家們對於基督教的不滿與攻擊。第三章將研究的背景置於戰爭年代，從「《使命》」、「巴金和《火》」、「茅盾運用《聖經》的政治寓言」、「〈玉官〉：許地山的精神寓言」等方面，研究現代作家們將基督精神與民族戰爭聯繫起來的意圖。羅賓遜在該著的〈導言——歷史的延續與新的起點〉中說：「中國作家直接或間接地參照耶穌的行為標準來指出基督教行為的矛盾，並進而指出基督教自身的矛盾。這一創作方法是二十世紀中國小說對中國現代文學發展的獨特貢獻。」[6]因此，從總體上說，羅賓遜是從中國作家對於基督教文化的批評的視角來研究的。如他研究魯迅的《野草》，認為：「因此，《野草》的悲觀情調把我們正常的理性期待完全顛倒了：『基督代表著世界的光明，卻把世界推入了黑暗；撒旦，這個邪惡的靈魂，卻比殘暴的

5　朱維之《基督教與文學》，上海書店 1982 年 1 月版，第 2-3 頁。

6　羅賓遜《兩刃之劍：基督教與二十世紀中國小說》，臺灣業強出版社 1992 年版，第 2 頁。

人類更為仁慈。』」[7]如他研究老舍的小說，認為：「老舍創作生涯的早期，在英國和中國，經常受到基督教的影響，因此，宗教在他的兩篇諷刺作品（《二馬》和〈黑白李〉）中得到了重要展現。」「這兩篇小說都是以否定的態度、觀點來描寫基督教的。」[8]羅賓遜將中國現代作家小說中的人物與《聖經》中的原型相比照的研究，顯示出其豐富的宗教知識和深入深刻的學術功力。

倘若說朱維之先生的《基督教與文學》是中國現代文學與基督教文化的開山之作的話，那麼羅賓遜的《兩刃之劍：基督教與二十世紀中國小說》則可以說是該課題的奠基之作，該著涉略該課題的深與廣，都使關注該課題的學者們認識到更加進一步拓展與深入研究該課題的可能與必要。

二

1995 年 12 月，馬佳先生經過修改擴充的博士論文以《十字架下的徘徊——基督宗教文化和中國現代文學》為題由學林出版社出版。其導師葉子銘先生在序言中認為：「作者從廣泛收集、梳理、分析第一手資料入手，對基督教文化在西方的形成、發展、演變的歷史和傳入中國的歷史軌跡，特別是『五四』以後基督教文化對中國現代文學影響的複雜表現，作了比較系統扎實的基礎研究工作。」[9]該著分為六章，第一章〈兩刃的利劍——呼喚基督和基督精神〉，從魯迅、周作人、冰心、茅盾、巴金思想與創作分析現代作家對基督精神的呼喚。第二章

7 羅賓遜《兩刃之劍：基督教與二十世紀中國小說》，臺灣業強出版社 1992 年版，第 111 頁。

8 羅賓遜《兩刃之劍：基督教與二十世紀中國小說》，臺灣業強出版社 1992 年版，第 150 頁。

9 馬佳《十字架下的徘徊——基督宗教文化和中國現代文學》，學林出版社 1995 年 12 月版，第 1 頁。

〈渴求展伸的尺蠖之靈現代作家和作品中的懺悔情結〉，分析了魯迅、郭沫若、巴金、曹禺、王獨清的懺悔意識。第三章〈幻想的太陽——對基督宗教文化的禮贊〉，論析了鹿橋、郭沫若、沈從文、徐訏、無名氏、蘇雪林等作家對於基督教文化的禮贊。第四章〈神的失落〉，通過對郭沫若、田漢、張資平、冰心、王西彥作品的分析，透視中國現代作家對於基督教教會和教義的針砭批判。第五章〈信仰和反信仰的曲折〉，通過對林語堂、老舍、蕭乾創作和思想的分析，探究他們在十字架下的徘徊。第六章〈返回伊甸園〉，對於中國現代文學與基督教文化的關係作了綜合的論析。著者努力將論題置於東西方文化碰撞的世紀之交的社會背景中，意在分析出中國現代作家們對於基督教文化的複雜心態。作者在著作提要中說：「認為處在世紀之交的中國現代作家對在特定時刻以特定角色進入他們視域的基督宗教文化不得不採取了半推半就、欲迎又避的矛盾態勢，因而，較之對其他西方的文化形態、哲學思潮，他們在面對基督宗教文化時的接受心態、應答方式就顯得更加複雜和微妙。一方面他們強烈地需要基督宗教的終極價值，另一方面卻竭力回避或否定它的物質形式和某些教義信條，他們始終沒能像擁抱希臘文化那樣熱情不衰地接待基督宗教，基督宗教和中國現代作家之間一直隔著一道無形的屏障，這在更大程度上是一個缺乏神意國家的後裔想像不到宗教精神的力量其實並不遜於科學理性的智慧的必然結果。所以，儘管中國現代作家也曾熱烈地禮贊過基督文化這輪『幻想的太陽』，熱切地呼喚過基督和基督精神，並站在神聖崇高的位置，替自己和整個民族懺悔，但他們更經歷了信仰和反信仰的曲折反覆。同時，由於嚴峻冷酷、瞬息萬變的生存環境，他們無力也無法持守純粹的理想情狀，他們始終未能走出十字架的陰影，將現代文學引向神聖的伊甸園，導致了中國現代文學缺乏內在強烈的悲劇意識和持久美學意味的結局。」[10]該著將宏觀的視角、微觀的分析相結合，將軌跡

10　馬佳《十字架下的徘徊——基督宗教文化和中國現代文學》，學林出版社

的梳理、作品的分析相結合，努力道出其獨到的發現和見解。導師葉子銘在序言中指出了該著的「資料詳實」、「視野開闊」、「立論新穎」三個特點，是對該著的成分肯定。對於這樣一個具有「文化史、文學史意義的重大課題」，該著仍然有其不到之處，如有些問題的論析淺嘗輒止，對鹿橋小說《未央歌》中的基督宗教詩蘊的分析顯得牽強。但是，該著在羅賓遜的《兩刃之劍》的基礎上，將該課題的研究又推進了一步。著者在後記中說：「我曾認為，這部書稿是基督宗教文化和中國現代文學研究領域的開山之作，論文答辯時也獲得了答辯委員們的一致肯定。」[11]這顯然有過於自詡的成分，該著受到羅賓遜先生的《兩刃之劍》一著的影響的確鑿的，該課題的開山之功還是應該歸於朱維之，而羅賓遜的《兩刃之劍》是奠基之著。

1998 年 6 月，劉勇的博士論文《中國現代作家的宗教文化情結》由北京師範大學出版社出版。著者在〈引論：中國現代文學與宗教文化〉中說：「我試圖摸索相互滲透、相互融合的多種宗教文化與中國現代文學、現代作家的關係；力求通過對一些有代表性的中國現代作家創作過程及作品的深入解析來論證這種關係；並在論析的過程中，盡可能客觀、準確地探討宗教文化對中國現代作家作品產生影響的『度』，進而把握宗教文化與中國現代作家思想實際的準確關係，以此企望對『宗教文化與中國現代文學』這一新的重要課題有所推進。」[12]該著的特點與貢獻也正是在於著者從基督教、佛教、道教等多種文化的視角觀照研究中國現代作家的宗教文化情結，「將宏觀俯瞰與微觀透視緊密結合和融會貫通」[13]。

1995 年 12 月出版，第 1-2 頁。

11 馬佳《十字架下的徘徊——基督宗教文化和中國現代文學》，學林出版社 1995 年 12 月出版，第 259 頁。

12 劉勇《中國現代作家的宗教文化情結》，北京師範大學出版社 1998 年 6 月出版，第 37-38 頁。

13 林非《中國現代作家的宗教文化情結・序言》，《中國現代作家的宗教文化情結》，第 1 頁。

論著的第一章、第二章分別論析了「中國現代作家對宗教文化的理性思考」、「中國現代作家接受宗教文化的時代特徵」，認為「中國現代作家在感知宗教文化的過程中，有一個比較鮮明的特點，這就是對宗教本體論、對人類世界的起源、對神靈的本質、以及對宗教經典和習俗等方面的問題，感興趣有限，投入很少，而普遍注重於用生命去體悟和探尋宗教文化於現實人生和現實社會的實際意義，當然也包括宗教意念在思考超越現實人生和現實社會方面的實際意義」[14]。他從朱自清、蘇曼殊為例分析中國現代作家「超然與入世的難以分離」；以許地山為例分析中國現代作家的「個性修養與民族拯救的雙重追求」；以冰心、老舍為例分析中國現代作家「愛與恨相交織的生命體驗」；以林語堂、豐子愷為例分子中國現代作家「從『情深似海的基督教家庭』走來」。著者指出：「總而言之，中國現代作家在接受宗教文化思想的過程之中，在體現和反映社會人生的過程之中，既立足於對現實社會和現實人生問題的切實追尋，又表現出了對人生和整個世界終極意義的積極思考，現實與超現實，時代責任感與歷史使命感，這雙重的關注和雙重的情懷構成了中國現代文學的一種特有的情致和意蘊。」[15]論著分別對於許地山、廢名、曹禺、林語堂、郁達夫、巴金、蕭乾、郭沫若、戴望舒等作家的思想與創作的深入分析，探析在他們身上所具有的宗教文化色彩與內涵。該著「力圖從一個新的角度來審視現代文學歷史發展中的一些本質蘊涵」[16]，從而顯示出該著的獨到之處。

林非先生在該著的〈序言〉中說道：「像劉勇同志這樣全面地探討多種宗教對於一批中國現代著名作家的影響問題，就十分充分地挖掘出中國現代文學創作中所蘊含的宗教意識，他對此所作出的系統性和

14 劉勇《中國現代作家的宗教文化情結》，北京師範大學出版社 1998 年 6 月版，第 57 頁。

15 劉勇《中國現代作家的宗教文化情結》，北京師範大學出版社 1998 年 6 月版，113 頁。

16 劉勇《中國現代作家的宗教文化情結》，北京師範大學出版社 1998 年 6 月版，357 頁。

整體性的論述，實在是前所未見的一種可喜的現象，相當明顯地超越了過去數年中間在這方面的研究成果，因此他的這篇博士學位論文無疑可以說是此一領域中極具開創性和深入性的重要收穫。」[17]應該說這種評價並不為過。

1998 年 10 月，王列耀的《基督教與中國現代文學》一著由暨南大學出版社出版，該著共計五章，第一章〈多棱鏡的「創世紀」〉，梳理與分析基督教傳入中國的歷史，以及陳獨秀對待基督教將教會、傳說等與教義分開的「分離說」。第二章〈「真」的窺視鏡〉分析中國現代作家在基督教文化影響下創作的言說方式。第三章〈「愛」的放大鏡〉，分析基督教文化影響下新文學中愛的主題的表現。從總體上看，該著的前三章新意不多，倒是該著是後兩章提供了一些新的東西。第四章〈「善」的反光鏡〉，梳理「基督教題材文學」與「基督教文學」的翻譯，通過徐志摩、魯迅、茅盾的作品研究《聖經》的文學再現與改造，有其獨到之處。第五章〈「美」的變形〉，研究「《聖經》與中國現代戲劇」，通過研究田漢的翻譯劇《莎樂美》、向培良的《聖經》劇《暗嫩》、歐陽予倩的翻案劇《潘金蓮》、曹禺的成名劇《雷雨》，探討《聖經》對於中國現代戲劇的影響，體現出作者在該課題中的獨到發現。

三

1998 年 12 月，楊劍龍的《曠野的呼聲：中國現代作家與基督教文化》一著由上海教育出版社出版。陳思和先生在該著的序言〈從《兩刃之劍》到《曠野的呼聲》〉中，將美國學者羅賓遜的《兩刃之劍》與楊劍龍的《曠野的呼聲》作了比照，認為《兩刃之劍》主要「著眼於

[17] 林非《中國現代作家的宗教文化情結・序言》，《中國現代作家的宗教文化情結》，第 3 頁。

中國作家對基督教文化『反』的一面」[18]，而《曠野的呼聲》「著眼點不在中國作家如何反對基督教，而是他們在多大程度上『認同』基督教精神，更重要的是，他們如何在自己的身上的文化傳統因數裏發現基督精神的無所不在」[19]。陳思和先生認為：「在『五四』啟蒙思想下成長起來的一代知識份子很難從西方文化裏完全剔除基督教文化的陰影，而且在一定程度上必然會認同基督精神，這是由中國特定的現代文化背景所決定，這是兩者『同』的一面，《兩刃之劍》所沒有深入探討的，被楊劍龍先生接過來認真地闡發了」[20]。「劍龍先生……在《兩刃之劍》的基礎上作出了新的探索，換句話說，他仍然在填補現代文學史研究領域的某些空白」[21]。

《曠野的呼聲》一著的〈引論：「彼岸之神的幻影」〉梳理了基督教在中國傳教的坎坷歷程，對於中國現代作家對於基督教文化的接受與針砭，作了較為細緻的梳理，並勾勒了基督教與世界文學、中國文學的關聯。以作家論構成該著的章節結構，是該著的特點。著者將研究的對象置於「五四」前後的歷史氛圍中，關注在否定批判中國傳統文化的背景中，中國現代作家們對於西方文化思潮與思想的接受，對於基督教文化有選擇地接受與推崇。在分別對於中國現代作家各自與基督教文化的關聯研究的基礎上，抓住其各自對於基督教文化的態度，從其文學創作入手，分別對魯迅、周作人、許地山、冰心、蘇雪林、廬隱、張資平、郭沫若、老舍、曹禺、蕭乾、巴金、徐訏、北村、張曉風等一些具有代表性的作家及其創作作具體深入的研究分析，既分析他們對於基督教文化的接受弘揚，也分析他們中有的作家對於基

[18] 楊劍龍《曠野的呼聲：中國現代作家與基督教文化》，上海教育出版社 1998 年 12 月版，第 2 頁。

[19] 楊劍龍《曠野的呼聲：中國現代作家與基督教文化》，上海教育出版社 1998 年 12 月版，第 3 頁。

[20] 楊劍龍《曠野的呼聲：中國現代作家與基督教文化》，上海教育出版社 1998 年 12 月版，第 2 頁。

[21] 楊劍龍《曠野的呼聲：中國現代作家與基督教文化》，上海教育出版社 1998 年 12 月版，第 5 頁。

督教文化的質疑與批判，努力對資料的疏理和分析中，研究中國現代作家與基督教文化的關係及其所受到的影響，以文化學、比較文學、社會學、美學等多種研究方法進行研究。附錄中的發表於《文學評論》的論文〈論「五四」小說中的基督精神〉、發表於《二十一世紀》的論文〈「五四」小說中的基督教色彩〉，認為：基督教文化的影響，對中國的反封建運動起到了積極的促進作用，促進了人道主義在中國的深入和發展，推進了中國小說現代化的進程，但也存在著調和社會矛盾、設置虛幻理想、頌揚愚民精神的弊端。認為：基督教文化不僅使「五四」作家的思維方式、情感趨向、價值觀念發生了變化，而且對「五四」小說的敘事方式、語言色彩、藝術形式、主題表達等方面都產生了不可低估的影響和作用。

《曠野的呼聲》出版後，蔡毅研究員在《中國圖書評論》1999 年第 9 期發表書評〈曠野中探尋出一條新路〉，認為：「此書的特色是論析處處有依據，行文決不作空語。對每個作家的考查都是從他的身世和經歷入手，嚴格從實際出發，並結合作家的具體作品或心靈自述，去弄清他們的態度、觀點，辨析他們的思想、情感，以精審之眼光，抉前人著述之隱，使自己的分析、論述緊緊貼近作家之心，不作玄虛猜測，不發主觀臆斷，力求逼真地吻合敘述對象。」[22]劉克敵教授在《博覽群書》1999 年第 9 期發表〈評楊劍龍的《曠野的呼聲》〉，認為「該書在探討基督教文化對中國新文學之影響方面，填補了該領域的不少空白，具有較高的學術價值」，「客觀地講，我以為這部專著在很大程度上體現了作者的博與識，標誌著作者在此領域的研究取得了突破性的進展」[23]，「該著雖然主要從文化視角研究中國作家所受到基督教文化的深刻影響，但仍然注重文學之研究，作者努力從文學的視角探析《聖經》對於作家創作的具體深刻的影響，以及這些不同影響何以產生的內在原因」[24]。李嶺先生在《魯迅研究月刊》1999 年第 7 期

[22] 蔡毅〈曠野中探尋出一條新路〉，《中國圖書評論》1999 年第 9 期，第 41 頁。
[23] 劉克敵〈評楊劍龍的《曠野的呼聲》〉，《博覽群書》1999 年第 9 期，第 32 頁。
[24] 劉克敵〈評楊劍龍的《曠野的呼聲》〉，《博覽群書》1999 年第 9 期，第 33 頁。

發表〈藍色的精神絲線——讀《曠野的呼聲：中國現代作家與基督教文化》〉，認為：「這部專著視野開闊，舉例子得心應手，引經據典恰倒好處，文筆流暢生動，的確是一部填補現代文學研究空白的有價值的論著。」[25]

2000 年 12 月，王本朝先生的《20 世紀中國文學與基督教文化》由安徽教育出版社出版。該著分為上編〈20 世紀中國文學與基督教的歷史意義〉、中編〈20 世紀中國作家與基督教的精神遇合〉、下編〈基督教於 20 世紀中國文學的敘述方式〉。中編擇取的作家中，除了有魯迅、周作人、冰心、許地山、曹禺、蕭乾、張資平、張曉風、北村外，還有《曠野的呼聲》中未涉略的沈從文、林語堂、海子，進一步拓展了《曠野的呼聲》的研究內容。在該著的導言〈20 世紀中國文學的基督教意義〉中，著者提出：「20 世紀中國文學與基督教的關聯包含有兩個命題，一是 20 世紀中國文學因基督教而出現的新的精神意義和語言形式變化，二是在 20 世紀中國文學與基督教的互動裏，顯示了中國知識份子和文學怎樣的身份特徵，它們也涉及到中國現代文學傳統和現代思想文化的構成問題。」[26]

該著的意義和價值更主要的在於「上編」與「下編」對於 20 世紀中國文學與基督教文化的宏觀性研究。在「上編 20 世紀中國文學與基督教的歷史意義」中，著者論析了「20 世紀中國文學的基督教文化資源」，在梳理了周作人、陳獨秀、魯迅、胡適、聞一多等，在特定背景下對於基督教文化某些方面的推崇後，提到了教會學校、留學生制度、西學著作的翻譯、《聖經》的翻譯出版發行等對於基督教文化在中國的傳佈帶來的影響，還分析了基督教文化給中國現代作家帶來的某種精神體驗。在〈20 世紀中國文學與基督教的歷史性關係〉一章中，著者梳理了「五四文學裏的基督教」，從田漢、胡也頻、臧克家、老舍、

[25] 李嶺〈藍色的精神絲線——讀《曠野的呼聲：中國現代作家與基督教文化》〉《魯迅研究月刊》1999 年第 7 期。

[26] 王本朝《20 世紀中國文學與基督教文化》，安徽教育出版社 2000 年 12 月出版，第 2 頁。

蕭乾等人的創作中分析中國現代作家「反基督教的殖民性與虛偽性」，從蘇雪林、穆木天、李健吾、艾青、茅盾等人的作品中分析中國現代作家將基督教文化作為「民族救世與自救」的意義符號。著者在「新時期文學裏的基督教」一節中，比較具體地梳理了在穆旦、禮平、王蒙、張潔、張抗抗、竹林、張行健、海子、西川、史鐵生、北村等作家創作中的基督教色彩與意味，雖然是一種描述式的敘寫，卻將對於該課題的研究向新時期文學拓展了一步。

該著的「下編基督教與 20 世紀中國文學的話語方式」，將 20 世紀中國文學與基督教文化的關聯置於文學研究的視野中，從宏觀的視角研究基督教文化給中國 20 世紀文學在文學本體建構方面帶來的深刻影響。在第十五章〈《聖經》於 20 世紀中國文學的敘事方式〉中，研究《聖經》語言的移植與意義轉化，分析 20 世紀中國文學大量移植《聖經》語言和意象、大量直接引用《聖經》原文；分析《聖經》與中國文學的抒情方式的關係，認為 20 世紀中國文學中大量出現的「祈禱體」、「讚美體」、「書信體」作品，與《聖經》的影響有關，構成了獨特的抒情方式。在分析《聖經》與中國文學的敘事方式時，著者認為：「《聖經》的內在結構是雙重的，是『罪惡與救贖』、『佈道與應和』、『上帝說』與『我遇見』的對應。在上帝的聲音與信者的跟隨之間形成了多種敘事結構模式，如『尋求』與『漫遊』，『受難』與『復活』，『懺悔』與『新生』等。中國現代文學在表現有關基督宗教題材時也運用了這些敘事方式，使作品具有象徵的意義。」[27]該著的第十六章〈20 世紀中國文學裏的「上帝」話語〉，研究 20 世紀中國文學中大量使用「上帝」詞語的不同姿態與言說方式：「虛幻的上帝：在而不可信」、「真實的上帝：人的終極關懷」、「反諷的上帝：遊戲與夢」，在分析中國作家談論上帝的不同方式後，著者指出：「20 世紀中國文學裏的上帝話語也是人的自我和現實的話語，對上帝的讚美、祈禱和懺悔

[27] 王本朝《20 世紀中國文學與基督教文化》，安徽教育出版社 2000 年 12 月版，第 282 頁。

表達了中國知識份子傳統信仰的瓦解，情感的迷茫和對新的信仰的祈盼心理；他們在文學裏創造和期待著神性的出現，同時，他們又把這種情感和心理轉入對現實對應物的祈盼，把現實的理想絕對化和神聖化；這與以現實力量反駁、諷刺上帝的言說方式殊途同歸。」[28]該著的第十七章〈20 世紀中國文學的「耶穌」形象〉，認為：「耶穌被現代思想者和文學所闡釋和認同主要還是他的受難人格和犧牲精神，對他的上帝位格和復活意義的表現還不是主要的。」[29]著者通過艾青的詩、魯迅的散文詩、端木蕻良的小說，分析他們所刻畫不同的「『十字架』上的耶穌」。並認為：「20 世紀中國文學以『十字架』和耶穌意象表現的不是宗教的意義，而是現實的自我體驗和民族境遇，用它來象徵忍受苦難、擔當責任和獻身社會的自我身份和理想，或是諷刺現實裏的背叛者和偽善者。中國作家從『十字架』上體驗到的意義和情感有悲觀、絕望、死亡、悔恨、犧牲、責任、受難、希望和創造，它有積極的、有信心和希望和責任的意義，也有消極的、悲觀絕望的情感和意義。」[30]

王本朝先生對於 20 世紀中國文學與基督教的歷史意義的考察、對於基督教與 20 世紀中國文學的話語方式的研究，雖然常常有點到即止之憾，但是卻以宏觀的視野拓展了有關基督教文化與中國現代文學課題的廣度與深度。

2001 年 1 月，梁工教授主編的《基督教文學》由宗教文化出版社出版。該著從文學的視角觀照「作為文學經典的聖經」，縱覽基督教文學，梳理基督教與歐洲中世紀文學、歐洲近代文學與現當代文學，梳理基督教與俄蘇文學、與美國文學之間的關聯。由許正林博士撰寫的

---

[28] 王本朝《20 世紀中國文學與基督教文化》，安徽教育出版社 2000 年 12 月版，第 315-316 頁。

[29] 王本朝《20 世紀中國文學與基督教文化》，安徽教育出版社 2000 年 12 月版，第 317 頁。

[30] 王本朝《20 世紀中國文學與基督教文化》，安徽教育出版社 2000 年 12 月版，第 325 頁。

第八章〈有客自遠方來——基督教與中國文學〉，在勾勒了基督教流傳中國軌跡後，從基督教文化與中國現代文學觀念、與中國現代小說、與中國現代詩歌、與中國現代戲劇、與中國現代文學精神五個方面展開分析研究。著者認為：「為基督教所啟示，中國現代作家的信仰觀念、生命意識、人格主義、憂患意識、懺悔意識、獻身意識、『愛』的理想、人道主義、祈禱情感等，形成中國現代文學主體精神的重要部分，顯然具有恆久的思想價值。基督教意識使中國作家表現出的更多的人生感傷、道德懺悔、靈的祈禱以及『愛』、真誠、寧靜、神秘、希望等，同時具有永恆的審美價值。」[31]在〈基督教與中國現代小說〉的一節裏，著者主要分析「許地山和巴金『愛』的小說」、「郭沫若和郁達夫的懺悔小說」、「張資平、老舍、蕭乾的非宗教小說」。在〈基督教與中國現代詩歌〉一節中，主要分析了「冰心的讚美詩」、「徐志摩的宗教情愫」、「陳夢家的神秘體驗」、「艾青的生死感悟」。在〈基督教與中國現代戲劇〉一節中，主要對於曹禺劇作中的宗教意識作了分析。著者在〈基督教文化與中國現代文學精神〉一節中認為：「耶穌顯然是作為一種獻身人格和愛的人格被中國作家接受的，並且成為中國現代作家接受基督教影響的思想基礎。」[32]並指出，中國現代作家接受基督教文化帶著一種「宗教情感的倫理化」特點，「基督教給中國現代作家道德批判帶來一個獨特的領域」[33]。還總結說：「從宗教教義中汲取有價值的倫理內容，重視精神的作用和以精神啟悟、打通人心施行影響的方式，是中國現代作家的精神追求，也是中國現代文學宗教意識的表徵。」[34]許正林博士的這種論析，雖然沒有深入展開，但是他的分析的視角、提出的見解，還是有其獨到之處的，對於該課題的研究有著新的貢獻。

---

31 梁工《基督教文學》，宗教文化出版社 2001 年 1 月版，第 403 頁。
32 梁工《基督教文學》，宗教文化出版社 2001 年 1 月版，第 438 頁。
33 梁工《基督教文學》，宗教文化出版社 2001 年 1 月版，第 441 頁。
34 梁工《基督教文學》，宗教文化出版社 2001 年 1 月版，第 442-443 頁。

四

從二十世紀九十年代以來，對於基督教文化與中國現代文學關係的研究日趨得到學者們的重視。首先，這是由於對於中國現代文學的研究不斷深入的結果；其次，這是由於世界日益走向全球化過程中，人們對於宗教問題的日趨重視而致；再次，這是由於中國改革開放後經濟發展中對於宗教政策的不斷合理化的必然。對於基督教文化與中國現代文學課題的研究，一方面，細緻地梳理與分析東西方文化的交流、接受與影響的過程，對於深入研究不同文化的傳佈、影響的過程和作用，具有十分重要的意義。另一方面，具體深入地研究基督教文化對於中國現代文學發生與發展過程中的影響，對於全面深入地把握中國新文學的發展脈絡、文化內涵、文本價值等，都具有勿容置疑的價值。

綜觀在基督教文化與中國現代文學課題的研究中，大多以對於中國現代作家與作品的分析研究為主，而較少作宏觀的深入的研究，以致於在不同著作中選擇了相同的作家作反覆的分析與闡釋，而在宏觀的重大問題的研究中卻鮮有成果，即使有論析也常常點到即止不能深入。大多以對於中國現代作家與作品的思想傾向的分析研究為主，而較少作文學本體的深入研究與探析，在關注文化層面的研究中常常忽略了文學層面的論析。大多以中國作家與中國創作的背景為主，將中國作家對於基督教文化的接受與創作置於中國特定的文化與時代背景中作研究，而往往忽略了世界文化與世界文學的大背景，忽略了與其他國度具有基督教精神與色彩的作家作品的比照，使受到基督教文化影響的中國現代作家與創作的特點不甚分明。研究基督教文化與中國現代文學的學者大多為學習與研究文學的，他們雖然有較為深厚的文學功底，但是他們往往缺乏深厚的哲學根基，更缺乏深厚的神學素養，他們在研究文學時常常能夠得心應手遊刃有餘，在涉略神學時卻往往捉襟見肘，不僅對於基督教各學派的觀點缺少甄別與研究，就是對於基督教的思想的把握也常常只能淺嘗輒止，這就影響了該課題研究的繼續深入。

要進一步拓展與深入基督教文化與中國現代文學課題的研究，必須在梳理與研究中國現代作家與作品的基礎上，進一步開展宏觀課題的研究，諸如基督教文化與「五四」白話文運動，基督教文化與中國現代作家的人格建構、文學觀念、審美理想，基督教文化與中國文學的敘事方式、、浪漫風格、人道精神等課題的深入研究。必須在作文化研究的同時，注重對於文學文本的研究，研究作為文學文本的《聖經》對於中國現代作家的文學創作所產生的重要影響。在對於該課題的研究中，仍然需要有一種世界的眼光、全球化的境界，應該將中國現代文學置於世界文化與文學的背景中進行研究，在與其他國度作家創作的比照與研究中，更加清晰地分析與把握中國現代作家與創作的獨特之處，也更加鮮明深入地觀照出基督教文化對於世界文學所產生的重要作用與影響。文學研究出身的研究者，應該進行哲學、神學方面的學習，以彌補其後者學養方面的不足；擅長哲學、神學的研究者，也應該在文學方面作進一步的進修，以期在該課題的研究中不斷深入與拓展，期望不斷有更優秀的成果面世。

以〈評基督教文化與中國現代文學的研究〉為題
載《鄭州大學學報》2002 年第 5 期

後記

我對於基督教文化與中國現代文學關係的研究，源於 20 世紀 80 年代在揚州師範學院攻讀中國現當代文學專業碩士學位時。當時，我大量閱讀「五四」時期的文學作品，發現了一個有趣的文學現象，諸多現代作家與基督教有著某些關聯，或受洗入教，或親近基督教，在他們的創作中先後出現與基督教文化有關的題材，或描寫教會生活，或塑造教徒形象，或提倡博愛，或提倡寬恕。最初我想以此論題做碩士學位論文，後來卻以 20 世紀 20 年代鄉土文學研究為論題，但是我並沒有放棄對於基督教文化與中國現代文學關係的研究，後來便成為我的博士學位論文《曠野的呼聲：中國現代作家與基督教文化》，論文由陳思和先生作序，於 1998 年為上海教育出版社出版，2009 年為新加坡青年書局再版。

2003 年，我應香港中文大學之邀請，在崇基學院開設「基督教文化與中國現代文學」選修課，有 30 餘位博士生、碩士生選修，後來我將學生的課程作業修改編輯成《文學的綠洲——中國現代文學與基督教文化》一著，2006 年 10 月由香港學生福音團契出版社出版。在香港中文大學任客座教授期間，香港中文大學宗教與中國社會研究中心邀請我作一場公開學術報告，邀請者提出講宗教而不講文學。我經過認真準備，以「基督教文化與中國知識份子——對五四時期一個角度的回溯與思考」為題，成功地進行了演講，演講稿於 2004 年為香港中文大學出版社出版，這成為我後來申報國家社會科學基金項目的緣起。2005 年，我以〈五四新文化運動與基督教文化思潮〉為題，申報國家社會科學基金專案獲得批准。

「五四」是一個欣欣向榮的時期，「五四」也是一個十分複雜的時期，僅對於基督教文化就有著許多不同的態度，讚賞者有之、批評者有之、反對者有之，就是陳獨秀在「五四」時期對於基督教文化就有比較複雜的姿態。研究「五四」新文化運動背景中的基督教文化思潮，對於梳理探究此時期基督教文化思潮與新文化運動的關係，具有十分重要的意義。該論題獲得國家社會科學基金專案後，我努力搜尋資料探究問題，課題中的前期成果先後在學術刊物上發表：〈論基督教文化與中國現代文學的人道精神〉，《世界宗教研究》2008 年第 2 期；〈論少年中國學會的宗教論爭〉，《甘肅社會科學》2008 年第 5 期；〈論基督教文化與冰心、許地山小說的敘事模式〉，《中國比較文學》2009 年第 3 期；〈論「五四」知識份子與基督教文化〉，《江西師範大學學報》2005 年第 3 期；〈衝突與接受：基督教文化與中國家族觀念〉，《廈門大學學報》2008 年第 2 期；〈教會學校文化教育與中國現代作家〉，《江海學刊》2007 年第 4 期；〈論冰心的聖詩創作〉，《文化中國》（加拿大）2004 年第 1 期；〈寫出文化衝突與融合中基督徒的複雜心態〉，香港《二十一世紀》2005 年 12 月號；〈寬容與復仇：魯迅〈復仇（其二）〉與《聖經》之比較〉，《文化中國》（加拿大）2005 年第 2 期；〈論非基督教思潮與中國教會本色化運動〉，《甘肅社會科學》2010 年第 1 期；〈論鬱達夫小說的宗教意味〉，《江西社會科學》2008 年第 10 期；〈論「五四」新文化運動與基督教文化思潮〉，《世界宗教研究》2011 年第 3 期；〈論「五四」時期陳獨秀對基督教的複雜態度〉，《社會科學家》2011 年第 6 期。其中有些論文為中國人民大學報刊資料全文轉載，在學術界產生了一定的影響和聲譽。

該項目的階段性成果〈論「五四」小說中的基督精神〉、〈基督教文化與中國現代知識份子〉先後獲上海市哲學社會科學優秀成果三等獎，〈論基督教文化影響與中國家族觀念的嬗變〉獲上海市社會科學界第四屆學術年會優秀論文獎。

在該論題的研究中，我的幾位博士生、碩士生參與了有關章節的起草，上編第二章蔣進國、第三章第五章張勐、第六章林雪飛、第八章趙鵬，由我擬定提綱，他們起草後，由我統一修改潤色。

《基督教文化對五四新文學的影響》是一個具有相當容量和複雜性的課題，雖然該課題的研究告一段落，但是其中仍然尚有一些可以繼續深入探究的問題。

楊劍龍

2011 年 11 月 23 日

新鋭文叢07 PG0726

新鋭文創
INDEPENDENT & UNIQUE

基督教文化對五四新文學的影響

作　　者　楊劍龍
主　　編　蔡登山
責任編輯　陳佳怡
圖文排版　楊家齊
封面設計　陳佩蓉

出版策劃　新銳文創
發 行 人　宋政坤
法律顧問　毛國樑　律師
製作發行　秀威資訊科技股份有限公司
114 台北市內湖區瑞光路76巷65號1樓
電話：+886-2-2796-3638　傳真：+886-2-2796-1377
服務信箱：service@showwe.com.tw
http://www.showwe.com.tw
郵政劃撥　19563868　戶名：秀威資訊科技股份有限公司
展售門市　國家書店【松江門市】
104 台北市中山區松江路209號1樓
電話：+886-2-2518-0207　傳真：+886-2-2518-0778
網路訂購　秀威網路書店：http://www.bodbooks.com.tw
國家網路書店：http://www.govbooks.com.tw

出版日期　2012年4月BOD一版
定　　價　540元

Printed in Taiwan

國家圖書館出版品預行編目

基督教文化對五四新文學的影響 / 楊劍龍著.
-- 初版. -- 臺北市：新創文創, 2012.04
面； 公分. -- (新鋭文叢；PG0726)
ISBN 978-986-6094-70-5(平裝)

1.基督教與中國文化 2.五四新文學運動

240.1663 101004081

讀者回函卡

感謝您購買本書，為提升服務品質，請填妥以下資料，將讀者回函卡直接寄回或傳真本公司，收到您的寶貴意見後，我們會收藏記錄及檢討，謝謝！如您需要了解本公司最新出版書目、購書優惠或企劃活動，歡迎您上網查詢或下載相關資料：http:// www.showwe.com.tw

您購買的書名：________________________________

出生日期：________年________月________日

學歷：□高中（含）以下　□大專　□研究所（含）以上

職業：□製造業　□金融業　□資訊業　□軍警　□傳播業　□自由業

□服務業　□公務員　□教職　□學生　□家管　□其它_____

購書地點：□網路書店　□實體書店　□書展　□郵購　□贈閱　□其他

您從何得知本書的消息？

□網路書店　□實體書店　□網路搜尋　□電子報　□書訊　□雜誌

□傳播媒體　□親友推薦　□網站推薦　□部落格　□其他__________

您對本書的評價：（請填代號　1.非常滿意　2.滿意　3.尚可　4.再改進）

封面設計____　版面編排____　內容____　文／譯筆____　價格____

讀完書後您覺得：

□很有收穫　□有收穫　□收穫不多　□沒收穫

對我們的建議：________________________________

____

____

____

請貼
郵票

11466
台北市內湖區瑞光路 76 巷 65 號 1 樓
秀威資訊科技股份有限公司 收
BOD 數位出版事業部

(請沿線對折寄回，謝謝！)

姓　名：________________ 年齡：________ 性別：□女　□男

郵遞區號：□□□□□

地　址：________________________________

聯絡電話：(日) ________________ (夜) ________________

E-mail：________________________________